JAMAIS SANS MA FILLE

BETTY MAHMOODY
WILLIAM HOFFER

JAMAIS
SANS MA FILLE

Traduit de l'américain par
Marie-Thérèse Cuny

FIXOT

Ce livre a été publié par
St-Martin's Press, sous le titre :
NOT WITHOUT MY DAUGHTER

© Betty Mahmoody with William Hoffer, 1987
© Fixot, 1988, pour la traduction française
ISBN 2-266-02587-2

REMERCIEMENTS

Marilyn Hoffer a apporté à ce livre une contribution incalculable, ajoutant à son talent d'écrivain sa compréhension de femme, d'épouse, de mère et d'amie. Sans sa perspicacité et sa finesse, il aurait été difficile, sinon impossible, de mener à bien ce travail. Elle a été une collaboratrice idéale du début à la fin. Je l'admire et je l'aime profondément.

1

Ma fille somnole sur son siège, la tête contre le hublot du jet de la British Air Lines. Je m'attendris sur les boucles d'un brun roux qui encerclent son visage et dégringolent en cascades sur ses épaules. Elles n'ont jamais été coupées. Nous sommes le 3 août 1984.

Mon enfant chérie est épuisée par ce voyage interminable. Nous avons quitté Detroit le mercredi matin, nous atteignons la dernière étape ce vendredi, et le soleil est en train de se lever. Moody, mon mari, lève les yeux du livre qui repose en équilibre sur son estomac. Il relève ses lunettes, les coince en haut de son front dégarni.

— Tu ferais bien de te préparer, dit-il.

Je déboucle ma ceinture, attrape mon sac et me fraye un chemin dans l'allée étroite, jusqu'aux toilettes au fond de l'avion. Tout le personnel de cabine est occupé à récupérer les plateaux ou se prépare pour les premiers paliers de notre descente.

Je me dis que je suis en train de commettre une erreur, que je voudrais pouvoir sauter de cet avion à la minute. Je m'enferme dans le cabinet de toilette et jette un œil dans le miroir, pour apercevoir une femme au dernier stade de la panique. Je viens tout juste d'avoir trente-neuf ans, et à cet âge une femme devrait avoir sa vie en main. Je me demande comment j'ai pu en perdre le contrôle...

Je rafraîchis mon maquillage, essayant de me donner la meilleure apparence possible, d'occuper mon esprit. Je ne voulais pas être ici, mais j'y suis, il ne me reste plus qu'à en tirer le meilleur parti.

Ces deux semaines passeront vite, peut-être. Quand nous rentrerons à Detroit, Mahtob commencera la maternelle à l'école Montessori, en banlieue. Moody se plongera à nouveau dans le travail. Nous rêverons d'une future maison. Il suffit simplement de passer au travers de ces deux semaines.

Je fouille dans mon sac à la recherche de ces collants noirs et épais que Moody m'a recommandé de porter. Je les enfile et lisse la jupe de mon tailleur classique, vert foncé.

Une fois de plus je me regarde dans la glace, en écartant l'idée de donner un coup de brosse à mes cheveux bruns. Quel intérêt... me dis-je. Moody a également dit que je devrais porter un épais foulard vert chaque fois que nous serions à l'extérieur. Noué sous le menton, il me fait ressembler à une paysanne.

J'hésite au sujet de mes lunettes. Je sais que je suis plus jolie sans elles. La question est de savoir si je préfère impressionner la famille de Moody, ou être capable de voir à quoi ressemble ce pays inquiétant. Je décide finalement de les garder, comprenant que de toute façon le foulard a infligé des dégâts irréparables à ma silhouette.

Je regagne enfin ma place.

— J'étais en train de réfléchir, me dit Moody. Nous devons cacher nos passeports américains. S'ils les trouvent, ils nous les prendront.

— Qu'est-ce que nous pouvons faire ?

Moody hésite :

— Ils fouilleront sûrement dans ton sac, puisque tu es américaine. Laisse-moi les prendre. Moi, ils auront moins envie de me fouiller.

C'est probablement vrai. La famille de Moody est, comme l'indique son nom, une illustre lignée dans son pays. Les noms persans sont une véritable stratification de renseignements et d'indications diverses, et n'importe quel Iranien peut déduire beaucoup de choses à partir du nom complet de Moody : Sayyed Bozorg Mahmoudy.

Sayyed est un titre religieux indiquant une descendance directe du prophète Mohamed, des deux côtés de la famille. Moody possède un arbre généalogique complexe, écrit en farsi, pour le prouver. De plus, ses parents lui ont accordé la faveur de conserver l'appellation de Bozorg, espérant qu'il grandirait en méritant ce qualificatif, réservé aux grands, aux hommes vertueux et honorables. Son prénom était Hakim, à l'origine, mais Moody est né au moment où le shah a pris la décision de bannir officiellement les noms islamiques; aussi le père de Moody a-t-il transformé son prénom en Mahmoudy, ce qui est plus persan qu'islamique. C'est un diminutif de Mahmoud, qui signifie « le béni ». En plus de tous ces titres considérables, mon mari bénéficie, en Iran, du prestige de son éducation. La plupart de ses compatriotes, s'ils haïssent les Américains, admirent leur système d'études. En tant que médecin ayant profité de la formation universitaire américaine, et ayant pratiqué aux États-Unis, Moody fait désormais partie de l'élite et des privilégiés de son pays.

Je fouille dans mon sac et lui tends les passeports. Il les fait disparaître dans la poche intérieure de son veston. Les réacteurs ralentissent et l'avion pique pour une brusque et rapide descente. Moody m'explique que la ville est entourée de hautes montagnes et que l'approche aérienne est délicate. Tout l'appareil est tendu, frémissant. Effrayée, Mahtob s'accroche à ma main, cherchant un réconfort.

– Tout va bien, chérie, nous allons atterrir bientôt.

Qu'est-ce qu'une femme américaine vient faire dans ce pays, le plus ouvertement hostile aux Américains? Comment ai-je pu entraîner ma fille sur une terre en guerre ouverte et acharnée avec l'Irak? J'ai beau essayer, je n'arrive pas à me débarrasser de cette peur insidieuse qui m'habite depuis que le neveu de Moody, Mammal Ghosi, a proposé ce voyage.

Oh! bien sûr, deux semaines de vacances, n'importe

où, ne représentent pas de danger, quand on est sûr de revenir chez soi, dans son petit confort habituel. Mais je suis obsédée par une idée que mes amis ont pourtant jugée irrationnelle : Moody aurait décidé ce voyage pour nous attirer en Iran, Mahtob et moi, et s'efforcer de nous y garder pour toujours. Tous m'ont affirmé qu'il était incapable de faire ça. Selon eux, Moody est trop américanisé. Il a vécu vingt ans aux États-Unis. Tous ses biens, son cabinet médical, donc son avenir, se trouvent en Amérique. Pourquoi tracerait-il un trait sur son passé ?

Tous ces arguments sont logiques, mais personne ne connaît Moody et sa personnalité complexe aussi bien que moi. Un bon mari, certes, et un père affectueux, mais avec une tendance à ignorer les besoins et les désirs de sa propre famille. Son esprit est un mélange de brillant et de confusion noire. Intellectuellement, il représente l'association de deux cultures. Mais il ne sait jamais quelle est l'influence dominante. Alors, je me suis mis en tête qu'il a autant de raisons de nous ramener après deux semaines de vacances que de nous obliger à rester en Iran.

Devant cette éventualité qui me glace, pourquoi ai-je accepté de partir ?

Mahtob... Elle est née il y a quatre ans. C'est une enfant au tempérament heureux. Volubile, attachante, elle montre un appétit de vivre étonnant. Nos rapports mère-fille sont exceptionnellement tendres et étroits. Elle a les mêmes avec son père. Et les mêmes avec son lapin en peluche. C'est une enfant dont le regard danse de gaieté. En farsi, langue officielle de la République islamique d'Iran, Mahtob signifie « Lumière de lune ». Mais pour moi, Mahtob, c'est un rayon de soleil.

L'avion atterrit dans un léger sursaut des roues sur la piste, et je regarde Mahtob, puis Moody, son père, et je sais pourquoi je suis venue ici.

Le soleil terrible de l'été iranien nous accueille. Une chaleur de plomb, qui oppresse physiquement. Il n'est pourtant que sept heures du matin. Mahtob s'accroche solidement à ma main, ses yeux bruns immenses écarquillés à la découverte de ce monde étrange et étranger. Elle me souffle dans l'oreille :

– Maman je veux aller au petit coin.
– On va tâcher de le trouver, ma chérie.

Nous voilà dans la grande salle de l'aéroport et aussitôt une sensation désagréable nous étreint. Une odeur forte, omniprésente, puissante, celle de la sueur humaine exacerbée par la chaleur. J'espère que nous allons très vite sortir d'ici. Mais la salle est envahie par une foule de passagers débarquant de plusieurs vols en même temps.

Tout le monde bouscule tout le monde, pour parvenir à l'étroit couloir qui mène au contrôle des passeports. C'est l'unique issue. Nous voilà contraints d'assurer notre progression comme les autres, épaule contre épaule. Je maintiens ma fille devant moi, la protégeant comme je peux de cette foule agitée. Nous sommes environnées de voix criardes, piaillantes, et nous nous serrons si fort l'une contre l'autre que nous dégoulinons de transpiration.

Je sais qu'en Iran, les femmes sont obligées de se couvrir entièrement, visage, bras, jambes... Je suis tout de même surprise de voir les employées féminines de l'aéroport, comme la plupart des passagères en transit, drapées entièrement dans cet immense foulard que Moody m'a demandé de porter, le tchador. C'est une pièce de tissu taillée en demi-lune, que l'on doit enrouler autour des épaules et par-dessus la tête. Il ne doit révéler d'une femme que les yeux, le nez et la bouche. Cela me fait penser aux voiles des nonnes du siècle dernier. Les Iraniennes les plus ferventes s'autorisent simplement à y laisser passer un œil. Le spectacle de ces femmes, portant péniblement de multiples paquets d'un seule main, pour réserver l'autre au maintien du tissu autour de leur cou, est tout à fait surprenant. Les longs pans noirs de leurs tchadors se balancent comme des vagues autour d'elles, au moindre geste. Le plus surprenant est qu'elles aient fait le choix de ce vêtement bizarre. Il y a en effet d'autres manières de s'habiller pour respecter les conventions religieuses. Ces femmes ont pourtant choisi de porter le tchador de préférence à tout autre vêtement, et en dépit de la chaleur permanente. Quel fabuleux pouvoir social et religieux que celui qui a réussi à peser sur elles...

Nous avons fait la queue une bonne demi-heure, avant de parvenir au guichet des passeports. Là, tout va vite. Il suffit d'un coup d'œil officiel sur l'unique passeport iranien qui justifie nos trois identités. Un coup de tampon et nous sortons de cette vague humaine.

Nous trottinons derrière Moody qui nous entraîne vers la salle des bagages. Même foule, même bruit. Mahtob danse d'un pied sur l'autre, en réclamant toujours les toilettes. Moody demande l'endroit, en farsi, à une femme en tchador. Elle lui désigne l'autre bout de la salle et retourne précipitamment à son travail. Laissant Moody s'occuper des bagages, j'emmène Mahtob dans la direction indiquée, mais au fur et à mesure que nous approchons, j'hésite. Une puanteur nous saute au visage. Il y a là une porte, que nous nous décidons à franchir avec répugnance. Et nous voilà perdues dans un pièce sombre, à la recherche des toilettes.

Tout ce que je découvre, c'est un trou dans le ciment. Il est entouré d'une plaque de porcelaine ovale, un vestige sûrement... Tout autour, le sol est parsemé de petites horreurs, d'immondices échouées là. Les gens ont perdu ce trou de vue, si j'ose dire, ou l'ont tout simplement ignoré. Nous suffoquons. Mahtob pleurniche en me poussant dehors.

— Ça sent trop mauvais, maman...

Et nous rebroussons chemin, pour retrouver Moody. La pauvre enfant a bien du mal à se retenir, mais ne réclame plus les toilettes publiques. Elle préfère attendre que nous soyons chez la sœur de son père, une femme dont il nous a parlé en termes respectueux. Sara Mahmoudy Ghosi est l'autorité matriarcale de la famille, et chacun doit s'adresser à elle avec déférence, en l'appelant « Ameh Bozorg », autrement dit « grand-

16

tante ». Je me dis que les choses iront mieux lorsque nous aurons atteint la maison de « grand-tante ». Mahtob est épuisée, et il n'y a nulle part où s'asseoir. Nous nous résignons à lui donner la poussette, destinée à un neveu nouveau-né de Moody. Ma fille s'y installe avec soulagement. La suite des bagages n'apparaît toujours pas. Soudain un cri perçant, lancé dans notre direction, fait se retourner Moody. Cela vient du fond de la salle et ressemble à quelque chose comme « *Da-hiii-djon! Da-hiii-djon!* ».

Moody fait un signe joyeux à l'homme qui cherche à nous rejoindre et traduit pour moi :

– Il m'a appelé « cher oncle ».

Les deux hommes s'enlacent avec de grands débordements d'affection, et j'ai soudain des remords. Je répugnais à faire ce voyage, et voilà que, devant moi, les yeux de mon mari sont pleins de larmes. Il retrouve sa vraie famille, ses racines. Il est normal qu'il ait voulu revoir tout cela. C'est tout simple. Il va être heureux, pendant deux semaines, au milieu d'eux, puis nous rentrerons.

Moody me présente l'arrivant, les yeux brillants d'émotion :

– Voici Zia.

Zia Hakim me secoue fortement la main. Il fait partie de l'innombrable tribu de jeunes mâles apparentés à Moody, et qu'il a pris l'habitude de baptiser « neveux » pour simplifier. La sœur de Zia, Malouk, a épousé Mostapha, troisième fils de la vénérable sœur aînée de Moody... et son père était le frère du père de Moody... ou vice versa. La trame familiale ne sera jamais très claire pour moi. Au fond, l'appellation de neveu est effectivement pratique.

Zia est excité au plus haut point de rencontrer pour la première fois l'épouse américaine de Moody. Dans un anglais policé, il me souhaite la bienvenue en Iran et se dit très heureux de nous voir, car il nous attendait depuis longtemps. Après quoi il s'empare de Mahtob, la soulève comme une plume et la couvre de baisers.

C'est un bel homme. Physique nettement arabe et sourire vainqueur, plus grand que la plupart des Iraniens qui nous entourent. Il émane de lui un charme et une distinction immédiatement perceptibles. Il ressemble à ce que j'espérais de la famille de Moody. Ses cheveux sont brun roux, coiffés à la dernière mode. Il porte un costume impeccable, une chemise qui paraît sortir du blanchissage, col ouvert, décontracté. Un homme soigné, au sourire éclatant :

— Il y a tellement de monde qui vous attend dehors... Ils sont là depuis des heures.

— Comment as-tu passé la douane? demande Moody.

— J'ai un ami qui travaille ici.

Moody resplendit vraiment de bonheur. Subrepticement, il sort nos passeports américains de sa poche.

— Qu'est-ce qu'on peut faire de ça? demande-t-il à Zia. On ne voudrait pas se les faire confisquer.

— Je vais les garder pour vous. Est-ce que vous avez de l'argent?

Moody lui tend un paquet de billets, discrètement, et glisse les passeports en dessous. Zia disparaît alors rapidement dans la foule, en criant :

— Je vous retrouve dehors!

Je suis impressionnée. L'allure et le comportement de ce garçon confirment ce que Moody m'avait dit de sa famille. La plupart ont reçu une excellente éducation, beaucoup ont acquis des titres universitaires. Certains ont des professions médicales, comme Moody, ou sont partie prenante dans l'industrie internationale. J'ai déjà rencontré un certain nombre de ces « neveux », venus nous rendre visite aux États-Unis. Ils m'ont paru représenter un certain niveau social, bien plus élevé que la plupart de leurs concitoyens.

Pourtant, même un homme comme Zia ne pourrait accélérer le travail des porteurs de bagages. Je suis fascinée par l'apparente activité débordante qui règne autour de nous, et par le peu d'effets qui en résulte. En fin de compte, nous restons là, dans la chaleur, durant trois heures, d'abord pour récupérer nos bagages, et ensuite dans l'interminable queue du contrôle de douane.

Mahtob est particulièrement sage, silencieuse et résignée, mais j'imagine sa détresse physique. Nous voilà enfin en tête de la queue, Moody devant moi, et notre fille entre nous deux. La poussette suit derrière.

Le douanier fouille minutieusement chaque coin et recoin de nos valises. Il s'arrête net devant l'une d'elles, bourrée de médicaments, et entame un palabre compliqué et soupçonneux, en farsi. Moody me traduit l'essentiel. Il explique à l'officier des douanes qu'il est médecin et qu'il a l'intention d'offrir ces médicaments à un établissement hospitalier local. Les soupçons de l'officier montent alors d'un cran. Il faut dire que Moody a prévu une quantité impressionnante de cadeaux pour sa famille, et que certains doivent être enregistrés et taxés, selon le douanier. A présent il ouvre la valise des vêtements, et découvre le lapin en peluche de Mahtob. Ce lapin est l'éternel supplément de nos bagages. Un excellent voyageur qui nous suit partout. « Bunny » nous a accompagnés au Texas, à Mexico, au Canada et, bien entendu, juste avant le départ, Mahtob a décidé qu'elle ne pourrait voyager jusqu'en Iran sans son meilleur ami.

L'officier nous permet de conserver la valise de vêtements, ainsi que Bunny, au grand soulagement de ma fille. Mais il garde le reste, en affirmant qu'il nous sera réexpédié plus tard, après contrôle. Enfin soulagés, quatre heures après l'arrivée de l'avion, nous voilà finalement dehors.

Moody est immédiatement submergé par une foule aux vêtements amples, une humanité voilée qui s'accroche à son costume en gémissant d'extase. Plus d'une centaine de parents sont là. Ils l'entourent à l'étouffer, sautent, pleurent, crient, battent des mains, s'embrassent les uns les autres, l'embrassent lui, moi et Mahtob dans le désordre, recommencent en nous passant de bras en bras. Chacun a des fleurs à nous offrir et en quelques secondes nos bras débordent. Si seulement je ne portais pas ce tchador stupide qui entrave mes mouvements. Mes cheveux sont aplatis et je transpire tellement, là-dessous, que je dois commencer à sentir comme eux.

Moody verse des larmes de joie lorsque Ameh Bozorg le serre contre elle avec violence. Elle est enveloppée de l'inévitable tchador, lourd et noir, mais je la reconnais pour l'avoir déjà vue en photo. Son nez en bec d'oiseau est inoubliable. C'est une femme forte, solide, large d'épaules. Elle est à peine plus âgée que Moody. Elle le saisit par les épaules, enroule ses jambes autour des siennes dans un embrassement si féroce et tenace qu'on pourrait croire qu'elle ne le lâchera plus jamais.

En Amérique, Moody est un ostéopathe spécialisé en anesthésie, profession éminemment respectable, avec un revenu annuel qui frise les cent mille dollars. Ici, il est tout simplement le petit garçon d'Ameh Bozorg. Elle est sa sœur et sa mère à la fois. Lorsque leurs parents sont morts, Moody avait six ans. Et la sœur aînée l'a considéré comme son fils. Le retour de ce fils chéri, après dix ans d'absence, la met dans un tel état que les autres sont obligés de l'arracher des bras de Moody pour la calmer.

Mon mari en profite pour faire les présentations, et Ameh Bozorg retourne aussitôt son affection sur moi. Elle me couvre de baisers, de tapotements affectueux, le tout en caquetant en farsi. Son nez est si crochu que, même de près, je n'arrive pas à le croire vrai. Il jaillit entre deux yeux brun-vert extrêmement brillants, et pour l'instant remplis de larmes. De sa bouche immense, débordent des dents déchaussées ou métalliques. Elle me terrifie un peu. Moody me présente aussi son mari, Babba Hajji. Ce nom, précise-t-il, signifie « Frère revenu de La Mecque ». Il est petit, austère, vêtu d'un costume gris banal, dont le pantalon dégringole sur des chaussures de toile. Il ne dit rien. Il se tient planté devant moi mais s'arrange pour ne pas rencontrer mon regard. Je n'aperçois que deux petits trous profonds dans un visage tanné et ridé. Sa barbe blanche et pointue est la sœur jumelle de celle de l'ayatollah Khomeini.

Je me retrouve finalement couverte de fleurs, enguirlandée de couronnes plus grandes que moi. C'est probablement ce qui donne le signal du départ vers le parking où chacun s'empile dans des voitures minuscules, identiquement blanches, et ce à six, huit ou même douze... bras et jambes entremêlés, le tout occupant le moindre centimètre cube d'espace.

Moody, Mahtob et moi, sommes cérémonieusement invités à prendre place dans la voiture d'honneur, une immense Chevrolet bleu turquoise, datant du début des années 70. On nous installe tous trois sur le siège arrière. Ameh Bozorg est devant avec son fils Hossein. Ce dernier, en qualité de fils aîné, a le grand honneur de nous piloter. Zohreh, l'aînée des sœurs célibataires, prend place entre sa mère et son frère. La voiture est elle aussi décorée de fleurs, et c'est en procession bruyante et colorée que nous quittons l'aéroport. Nous contournons la gigantesque tour Shayad, incrustée de mosaïques turquoise, qui flamboie dans le soleil levant. Construite par le shah, c'est un exemple de l'exquise architecture persane. Moody m'explique que Téhéran est célèbre pour cette tour exceptionnelle, qui se tient comme une sentinelle dans les faubourgs de la ville.

Une fois la tour dépassée, la voiture file sur une autoroute et Hossein fait grimper la vieille Chevrolet au maximum de sa vitesse. Tandis que nous voguons ainsi dangereusement, Ameh Bozorg me tend un paquet ficelé. Il paraît lourd. J'interroge Moody du regard :

– Eh bien, ouvre-le! dit-il.

Je découvre une sorte de robe immense, qui doit m'arriver aux chevilles. Aucune marque de taille, pas d'étiquette de confection. Moody m'explique que le tissu est un mélange de laines extrêmement coûteuses. Mais elle pourrait tout aussi bien être en nylon. On a dû l'inventer pour augmenter la chaleur de l'été de quelques degrés... Je déteste la couleur, une espèce de vert olive. J'ai droit également à un tchador assorti, plus épais et plus lourd que celui que je porte. Heureuse, souriante, ravie de sa propre générosité, Ameh Bozorg s'adresse à moi et Moody traduit :

– La robe s'appelle un *montoe*. C'est ce que nous portons ici. Et ceci s'appelle un *roosarie*. En Iran il est indispensable de le porter pour sortir dans la rue.

Je dois porter ça, moi? Ce n'est pas ce que l'on m'avait

dit. Lorsque Mammal, le quatrième fils de Babba Hajji et Ameh Bozorg, a proposé ces vacances de deux semaines, il était en visite chez nous dans le Michigan, et je me souviens parfaitement qu'il avait simplement dit : « Pour sortir, vous porterez des pantalons longs, un foulard et des bas noirs. » Il n'avait strictement rien dit de cette monstrueuse robe de laine. Moody se veut rassurant.

— Ne te fais pas de souci pour ça. C'est un cadeau. Tu n'auras qu'à le porter si tu sors de la maison, c'est tout.

Or justement, je me fais du souci pour « ça ». Depuis un moment, j'observe les femmes qui marchent sur les trottoirs. Elles sont couvertes de la tête aux pieds. Plusieurs d'entre elles portent le tchador par-dessus une robe du genre de celle que l'on vient de m'offrir. Toutes les couleurs sont ternes.

— Qu'est-ce qu'ils me feront si je refuse de porter ça ? Est-ce qu'ils m'arrêteront ?

J'ai tourné la question deux ou trois fois dans ma tête avant de la poser à Moody. Et il me répond tranquillement :

— Bien sûr.

Mes préoccupations à propos de la mode locale disparaissent immédiatement lorsque Hossein se lance dans les embouteillages du centre ville. Toutes les rues parallèles sont envahies de voitures généralement imbriquées l'une dans l'autre. Chaque conducteur cherche un passage et, lorsqu'il en voit un, fonce pied au plancher en klaxonnant rageusement. Moody traduit les commentaires de sa sœur. Selon elle, la circulation est habituellement faible le vendredi, car c'est le jour de prière, le jour où les familles se rassemblent pour prier chez l'ancêtre du clan. Mais l'heure approche de la lecture publique du prêche du vendredi. Dans le centre ville, cette lecture est faite par l'un des plus saints parmi les saints de l'Islam. Il s'agit d'un devoir sacré, souvent rempli par le président Hojatolesman Seyed Ali Khomeini. (A ne pas confondre avec l'ayatollah Ruholla Khomeiny qui, en tant que leader religieux, est supérieur au président.) Ledit président est assisté de Hojatoleslam Ali Akbar Hashemi Rafsanjani, le président de la Chambre. Des millions de personnes, affirme Ameh Bozorg avec fierté, attendent le prêche du vendredi.

Mahtob prend les événements tranquillement, semble-t-il. Elle joue avec son lapin, l'œil attentif aux lumières, aux sons et aux odeurs de ce nouveau monde. Moi, je sais qu'elle n'attend qu'une chose, un cabinet de toilette. Au bout d'une heure livrée aux mains aventureuses d'Hossein, nous arrivons enfin devant la maison de nos hôtes, Babba Hajji et Ameh Bozorg.

Moody se fait alors un plaisir de m'expliquer que nous nous trouvons dans un quartier chic au nord de Téhéran. L'ambassade chinoise est à deux portes de là. La maison de sa sœur est séparée de la rue par une immense grille formée de barreaux de fer scellés, absolument infranchissable. Nous pénétrons par une double porte d'acier dans une cour intérieure cimentée. Mahtob sait comme moi que le port des chaussures est interdit dans la maison. Nous suivons l'exemple de Moody et ôtons les nôtres dans la cour. Il semble que beaucoup d'invités soient déjà là, car un assortiment de chaussures occupe déjà la cour. J'aperçois également des grils fonctionnant au gaz, autour desquels s'activent des traiteurs, engagés pour l'occasion. En chaussettes, nous entrons dans un hall grand comme deux living-rooms américains. Les murs sont lambrissés de noyer et les portes sculptées dans le même bois. De luxueux tapis persans, étalés par paquets de trois ou quatre, recouvrent le plancher. Quelques sofas recouverts de soie imprimée de fleurs. Pas d'autre décoration dans la pièce, à part un petit téléviseur dans un coin.

A travers les fenêtres du fond de la pièce j'aperçois un bassin immense, à l'eau bleue et scintillante. D'habitude je n'aime pas nager, mais aujourd'hui, la douceur de l'eau me paraît tentante.

23

Le reste de la famille, toujours caquetant, s'extirpe des voitures par petits paquets et nous rejoint dans le hall. Moody éclate d'un orgueil évident en présentant « l'épouse américaine » et sa fille. Il est intarissable, fier de nous exhiber à la curiosité familiale.

Ameh Bozorg nous guide enfin vers notre chambre, située à l'écart dans une aile à gauche du hall. C'est une sorte de cube rectangulaire, avec deux lits poussés l'un contre l'autre et des matelas complètement avachis en leur milieu. Une grande armoire de bois est l'unique ameublement de la pièce. Je repère en vitesse la salle de bains pour Mahtob, juste au fond du corridor qui mène à notre chambre. J'ouvre la porte, et recule de stupeur devant les cafards les plus énormes que j'ai vus de ma vie. Ils courent sur le marbre du sol, en tous sens, et Mahtob refuse d'entrer, terrifiée par les bestioles. Mais nous y sommes bien obligées. C'est une nécessité que la pauvre enfant attend d'assouvir depuis des heures, à en être malade. Il y a tout de même un lavabo à l'occidentale et même un bidet. Par contre, à la place du papier de toilette, un tuyau d'eau est accroché au mur... Peu importe, Mahtob une fois soulagée, nous retournons dans le salon à la recherche de Moody. Il m'attendait :

— Viens avec moi, j'ai quelque chose à te montrer.

Il m'entraîne vers la cour, jusqu'au seuil de ciment, et là, Mahtob se met à hurler. Devant nous, une véritable mare, presque une piscine, de sang frais, rouge et luisant, nous sépare de la rue. Ma petite fille se cache la tête dans les mains. Mais, calmement, Moody nous explique que sa famille a acheté un mouton, tout à l'heure, à un vendeur des rues, que ce dernier l'a égorgé dans la cour en notre honneur. Ce rite aurait dû être accompli avant notre arrivée, pour nous permettre de marcher dans le sang avant de pénétrer pour la première fois dans cette maison. Ce qui veut dire que nous devons refaire notre entrée, et traverser la mare sanglante pour accomplir le rituel.

— Je n'ai pas envie de faire ça, dis-je. Fais-le si tu veux...

Mais mon mari insiste. Tranquillement mais fermement.

– Tu dois le faire. Tu dois montrer ton respect. De plus, la viande est destinée aux pauvres, elle leur sera distribuée. C'est la tradition.

J'estime qu'il s'agit là d'une tradition stupide, mais je ne veux offenser personne, alors je cède. Au moment où je soulève Mahtob, de terreur elle enfouit son visage dans mon épaule. Mais nous suivons Moody autour de la piscine de sang, jusqu'à la rue, puis nous la traversons à nouveau en plein milieu, tandis que la famille entonne une sorte de prière. A présent, nous sommes officiellement les bienvenus dans la maison.

D'après ce que je sais, les cadeaux doivent faire maintenant leur apparition. C'est une autre tradition, que je connais, celle-là. L'épouse d'un Iranien nouvellement accueillie dans la famille doit recevoir des bijoux en or. Je m'attends donc à recevoir de l'or. Mais Ameh Bozorg semble ignorer cette coutume, ou alors elle l'a transformée à son gré. Elle offre à Mahtob deux bracelets d'or, mais n'a rien prévu pour moi. De toute évidence, c'est une marque de réprobation à mon égard. Je sais parfaitement qu'elle a été profondément choquée lorsque Moody a épousé une Américaine. Elle trouve plus efficace, probablement, de nous offrir des tchadors, réservés cette fois à l'usage intérieur, décorés de fleurs, mais tout aussi encombrants. Le mien est une sorte de voile couleur crème orné de fleurs pêche. Celui de Mahtob est blanc avec des roses. Je m'efforce de la remercier convenablement pour ces cadeaux, ce qui n'est pas simple en l'absence de Moody. La réception bat son plein. Les filles d'Ameh, Zohreh et Feresteh s'activent autour des invités, offrant des cigarettes aux plus importants et du thé à tout le monde. Une flopée d'enfants court au milieu de l'indifférence des adultes.

Les gens s'assoient par terre, à même le sol. Les femmes transportent des plats par-dessus leurs têtes et les déposent sur les tapis ou sur les sofas. Les plats défilent. Salades garnies de radis découpés en forme de roses ravissantes. Carottes déployées et plantées comme des arbres sur des montagnes de riz. Petits pains, galettes, fromages aigres mêlés aux fruits frais. Et le *sabzi,* cette salade de basilic frais, menthe et feuilles de poireaux. Un véritable spectacle de couleurs.

Après cela, les traiteurs présentent les plats cuisinés dans la cour, sur les grils en plein air. Il y a des douzaines de variations sur le même thème. Le thème, c'est le riz. D'énormes plats de riz blanc ou brun, cuit avec du *sabzi* et de gros haricots bruns qui ressemblent à des limaces. Ils sont préparés à l'iranienne selon une recette que Moody m'a apprise. Bouillis, puis glacés à l'huile et enfin recuits à la vapeur jusqu'à formation d'une croûte légère. Et puis il y a les sauces, les foules de sauces à base d'épices, de légumes et de minuscules morceaux de viande. On les appelle *khoreshe*. Le plat principal, du poulet bouilli avec des oignons, puis frit dans l'huile, est un luxe de fête iranien.

Le spectacle étonnant, ce sont les invités. Assis par terre, jambes croisées ou appuyés sur un genou, ils attaquent la nourriture comme des animaux affamés qui n'auraient pas mangé depuis des jours. Les seuls couverts disponibles sont d'immenses cuillères, plutôt de grandes louches, dont chacun se sert uniformément. En quelques secondes il y a de la nourriture partout. C'est indescriptible et déconcertant. Toutes ces bouches croquant, mâchant, mordant, avalant, toutes ces mains jouant avec les morceaux de viande par-dessus les sofas et les tapis, et retournant sans cesse aux plats éparpillés... Le bruit me saoule et tout cela me coupe l'appétit. C'est une véritable cacophonie en farsi, où chaque phrase se termine apparemment par un *Inch Allah* de conclusion. Si Dieu le veut... Il semble qu'il n'y ait pas d'irrespect, pour tous ces mangeurs braillards, à invoquer le nom de Dieu en crachant ici et là des morceaux de nourriture. Personne ne parle anglais. Personne ne prête la moindre attention à Mahtob ou à moi. J'essaye de manger un peu, mais j'ai du mal à parvenir jusqu'aux plats, en maintenant à la fois mon équilibre et les convenances. La jupe de mon tailleur, trop étroite, n'est pas faite pour un dîner au ras du sol.

Moody m'a enseigné la cuisine iranienne, et ma fille et moi adorons celle de plusieurs pays arabes. Mais je trouve celle-ci épouvantablement grasse. Je sais que l'huile est un baromètre de richesse en Iran. Tout y est cuit à l'huile. Et à la moindre occasion d'agapes particulières, les aliments nagent carrément dans l'huile. Mahtob et moi, nous sommes incapables d'avaler ces montagnes de graisse. Nous picorons dans les salades, mais l'appétit n'y est pas.

Je ne sais plus où est Moody. Je comprends son plaisir à retrouver famille et nourriture d'enfance, et je comprends aussi qu'il ne s'occupe pas de nous, puisque les autres s'occupent de lui. Mais je me sens tellement seule et isolée...

Étranges événements, interminable journée, qui ont tout de même calmé mes craintes de voir mon mari prolonger cette visite au-delà de la date prévue. Ces deux semaines devraient lui suffire amplement. Il a beau être heureux et excité de se retrouver là, ce genre de vie n'est pas son style. Il est médecin, soucieux de l'hygiène, et s'est habitué à une nourriture plus saine diététiquement. Sa personnalité et son caractère sont plus raffinés. Il aime son confort, les conversations calmes, sa petite sieste de l'après-midi dans son fauteuil préféré. Ici, à même le sol, il ne tient pas en place, je l'ai bien vu. Il n'est pas habitué à se tenir les jambes croisées sur un tapis. Aucun risque, aucune raison qu'il préfère l'Iran à l'Amérique, je m'en persuade.

J'échange des clins d'œil avec ma fille, et nous nous comprenons en silence. Ces vacances ne sont qu'une parenthèse dans notre vie habituelle. Nous devons et nous allons les supporter, mais personne ne nous oblige à aimer ça. A partir de cet instant, nous allons compter les jours ensemble, jusqu'au retour chez nous.

Le repas tire à sa fin, mais les grandes personnes continuent à enfourner de la nourriture et les enfants ne tiennent pas en place. Ils se chamaillent pour un rien, ils se jettent des aliments en criant à tue-tête, rampent sur les tapis, leurs petits pieds sales traînant parfois jusque dans les assiettes. J'ai remarqué que la plupart de ces enfants souffrent de défauts de naissance, de difformités diverses. Les autres ont une expression particulière, bizarre, celle que donne un cerveau vide. Je me demande s'il s'agit là des conséquences de la consanguinité. Moody a bien essayé de m'expliquer que ce problème n'existait pas en Iran, mais je sais que beaucoup de couples dans cette pièce sont formés de cousins. Le résultat de ces unions apparaît malheureusement nettement sur les enfants.

Reza, le cinquième fils de Babba Hajji et Ameh Bozorg, me présente sa femme. Je connais bien Reza. Il a vécu près de nous au Texas, à Corpus Christi, et sa présence était un réel fardeau. A tel point que j'ai posé un ultimatum à Moody. Ou Reza quittait la maison ou je ne répondais plus de rien. Devant moi, à présent, Reza affiche une mine amicale, et c'est l'un des rares à me parler anglais. Essey, sa femme, a étudié en Angleterre et parle convenablement. Elle berce un tout petit garçon dans ses bras.

Reza m'a tellement parlé de vous et de Moody... Il est si reconnaissant de ce que vous avez fait pour lui...

Je la questionne gentiment à propos du bébé et son visage se ferme tristement. Mehdi est né avec des pieds déformés, sa tête est énorme, le front bien trop large. Essey est à la fois la cousine de Reza et sa femme...

Nous parlons encore quelques instants avant que son mari ne l'entraîne ailleurs.

Mahtob tape vainement sur un moustique qui vient de lui laisser une énorme plaque rouge sur le front. Nous avons choisi la bonne époque, la grande chaleur d'août... La maison a beau être dotée de l'air conditionné, pour une raison mystérieuse, nul n'a fermé les fenêtres. Invitation pour la chaleur et les moustiques. Je me sens vraiment mal, et la petite aussi. Oppressée par le bruit, l'air étouffant, l'odeur de graisse qui traîne dans les plats, celle de la transpiration de tous ces gens, tout cela s'ajoutant à la fatigue de l'avion. La migraine me serre les tempes. J'annonce à Moody que nous allons nous coucher. Il ne s'en inquiète pas outre mesure, bien que l'après-midi soit à peine entamé. Il lui paraît normal que femme et enfant se retirent. C'est à lui que la famille s'adresse, pas à moi.

— J'ai terriblement mal à la tête, tu as un cachet?

Il s'excuse auprès des autres, me donne rapidement trois comprimés et retourne avec les siens. Je m'écroule avec ma fille sur les lits douteux. Abruties, abasourdies, les oreillers rugueux et les matelas défoncés ne nous empêcheront pas de tomber dans un sommeil de plomb.

Et je sais que ma petite fille a fait silencieusement la même prière que moi : Dieu fasse que ces deux semaines passent vite. Très vite.

2

Il est à peu près quatre heures du matin le jour suivant, lorsque Babba Hajji frappe à la porte de notre chambre. Il crie quelque chose en farsi, que je ne comprends pas. Au-dehors la voix d'un *azam,* au travers d'un micro éraillé, appelle les croyants au devoir sacré de la prière.

– C'est l'heure... me chuchote Moody.

Il bâille, s'étire, puis disparaît dans la salle de bains pour la toilette rituelle. Cela consiste à faire gicler de l'eau sur les bras, les épaules, les aisselles, un peu sur le front et le nez, un peu sur le dessus des pieds.

Je suis raide et courbatue d'avoir dormi dans un creux. Mahtob sommeille encore. Nous avons dû l'installer entre nous deux, en plein milieu des lits jumeaux. Mal à l'aise sur les bois de lit, elle s'est peu à peu glissée contre moi, et dort si profondément que je n'ose faire un mouvement. Nous restons là, blotties l'une contre l'autre malgré la chaleur poisseuse, et Moody s'en va dans le hall pour la prière. Au bout de quelques minutes, j'entends sa voix mêlée à celle de Babba Hajji, à celles d'Ameh Bozorg, Zoreh, Feresteh et Majid, le dernier fils de trente ans. (Les cinq autres fils et une fille, Ferree, ont leur propre maison.)

J'ignore combien de temps les prières dureront, je flotte entre sommeil et réveil. Je n'entends même pas le retour de Moody.

Mais les rituels religieux de la maison ne sont pas

terminés pour autant. Quelque part, la voix de Babba Hajji continue de chanter le Coran à tue-tête, et Ameh fait la même chose dans leur chambre à coucher. Ils continuent pendant des heures, me semble-t-il, jusqu'à ce que le son devienne uniforme, hypnotique. Lorsque j'émerge vraiment du sommeil, Babba Hajji a terminé ses dévotions, et il est déjà parti travailler. Il possède une firme d'import-export dénommée H.S. Salam Ghosi et fils...

Ma première idée au réveil est d'effacer par une bonne douche les effets de la chaleur épouvantable de la veille. Il n'y a pas de serviettes dans la salle de bains. Moody avoue que sa sœur n'en possède probablement pas. Il ne me reste qu'à déchirer un morceau de drap. Il nous servira de linge de toilette pour trois. Il n'y a pas de rideau de douche non plus. L'eau se déverse tout simplement dans un trou à l'extrémité du dallage. Heureusement elle est fraîche, et c'est une compensation appréciable. Mahtob se douche après moi, puis c'est au tour de Moody. J'enfile une jupe et une blouse tout à fait simples. Un petit maquillage discret, un coup de brosse sur mes cheveux... A ce propos Moody m'a affirmé qu'à l'intérieur de la maison je n'étais pas obligée de les cacher.

Ameh Bozorg s'agite déjà dans la cuisine, enroulée dans un tchador de ménage. Comme elle a besoin de ses mains pour travailler, elle a exceptionnellement entortillé le tissu autour de son corps en le coinçant sous les bras. Ce qui n'a rien de vraiment pratique car, pour le maintenir en place, elle est contrainte de garder les bras raides de chaque côté du torse. Malgré cette entrave, elle s'active dans la cuisine comme dans toute la maison. Une maison qui a dû être belle, jadis, mais s'enfonce dans un délabrement total. Les murs sont recouverts d'une couche de graisse de plusieurs années.

Les grands placards métalliques, du genre de ceux que l'on trouve dans toutes les cuisines classiques, sont rouillés entièrement. Le double évier en inox est envahi d'assiettes sales. Les tasses, les casseroles, les saladiers de tout poil sont entassés sur une table carrée minuscule. Comme elle ne dispose pas de plan de travail, Ameh utilise tout simplement le sol de la cuisine. Un sol de marbre, en partie recouvert de morceaux de tapis rouge ou noir, éparpillés de-ci de-là entre les épluchures, les résidus de graisse aussi compacts que de la colle et les traînées de sucre.

Dans ce décor douteux, trône un magnifique réfrigérateur-congélateur complet, avec compartiment spécial pour la fabrication des glaçons. Un coup d'œil à l'intérieur me révèle un extraordinaire amoncellement de plats inachevés, plantés de leur cuillère de la veille. La cuisine possède également une énorme machine à laver italienne et un téléphone.

Mais la plus grosse surprise de ce premier matin, c'est la déclaration de Moody. Selon lui, Ameh a nettoyé la maison de fond en comble en l'honneur de notre arrivée. Je me demande à quoi ressemble cette maison quand elle est sale...

Une vieille servante maigre à faire peur obéit aux ordres d'Ameh. Elle tient serrés entre ses dents usées les pans de son tchador. Assise par terre et en silence, elle prépare le thé, le pain et le fromage du petit déjeuner. Puis nous sert dans le hall, toujours par terre.

Les verres de thé sont minuscules. L'équivalent du quart d'une tasse normale. Ils sont distribués dans un ordre strict. D'abord Moody, le seul mâle présent ce matin, puis Ameh Bozorg, la femme du rang le plus élevé, mon tour vient ensuite, puis Mahtob. Ameh additionne largement son thé à coups de cuillères de sucre, pleines à ras bord. Le voyage entre le pot de sucre et le verre laisse échapper de quoi faire le bonheur des cafards qui rôdent entre les tapis. Je trouve le thé chaud, très fort, mais délicieux. Je le déguste avec plaisir lorsque Moody m'interrompt :

– Tu ne mets pas de sucre?

Question apparemment banale, mais quelque chose me frappe soudain dans sa manière de parler. Chez nous en Amérique, il aurait dit : « T'as pas mis de sucre? » La contraction familière a disparu. Comme s'il voulait montrer que l'anglais n'est jamais que sa deuxième langue. Il la prononce avec soin, en articulant chaque syllabe. Or il a américanisé son langage depuis longtemps. Pourquoi ce changement brusque? S'est-il remis à penser d'abord en farsi et à traduire ensuite sa pensée en anglais? Je me pose la question, silencieusement bien entendu. Et je réponds gentiment :

– Je n'ai pas besoin de sucre, il est très bon comme ça.

– Ameh n'est pas contente de toi, mais je lui ai dit que tu étais douce toi-même et que tu n'avais pas besoin de sucre...

Il est clair, dans les yeux d'Ameh, qu'elle n'apprécie pas ce jeu de mots approximatif. J'ai oublié que boire du thé sans sucre est une énorme gaffe en société. Et je m'en fiche. J'ai bien reçu le coup d'œil mauvais de ma belle-sœur, mais je sirote mon thé avec une petite grimace de satisfaction.

Le pain que l'on nous sert est bizarre. On dirait qu'il n'a pas levé. Plat et sec, il a la consistance d'un morceau de carton ramolli. Le fromage, une feta danoise, est délicieux, normalement. Mahtob l'aime autant que moi. Dommage qu'Ameh Bozorg ignore qu'il doit être conservé dans son liquide, afin de garder le goût prononcé qui en fait la qualité. Celui-là sent carrément le pied sale, il est sec, un véritable « étouffe-chrétien ».

Un peu plus tard dans la matinée, j'ai la visite de Majid, le plus jeune fils.

Il est amical, sympathique, et son anglais est passable. Il parle de tous les endroits où il voudrait nous emmener. Le palais du shah, le parc Mellat et son gazon si rare à Téhéran. Et le shopping! nous devons faire du shopping!

Seulement voilà, nous devrons attendre pour voir tout cela. Les premiers jours sont réservés aux visiteurs. Tous les parents et amis de près ou de loin veulent rencontrer Moody et sa famille.

A propos de famille, Moody insiste ce matin pour que j'appelle mes parents dans le Michigan, et cela me pose un problème. Mes deux fils Joe et John, qui sont restés avec mon ex-mari dans le Michigan, savent où nous sommes, mais je leur ai demandé de garder le secret. Je ne veux pas que maman et papa soient mis au courant, ils se feraient trop de souci. Et ils en ont suffisamment en ce moment. Papa se bat contre un cancer du côlon. Je n'ai pas du tout envie de leur donner une angoisse supplémentaire. C'est pourquoi je leur ai simplement dit que nous faisions un petit voyage en Europe. Pourquoi Moody veut-il absolument que je les appelle?

— Ils ne savent pas que nous sommes ici et je ne veux pas qu'ils l'apprennent.

— Mais si, ils le savent!

— Non, ils ne le savent pas! Je leur ai dit que nous allions à Londres, c'est tout.

— Possible, mais la dernière fois que nous nous sommes vus, j'ai discuté avec eux sur le pas de la porte, et je leur ai dit que nous allions en Iran.

Je n'ai plus d'arguments, il n'y a qu'à téléphoner.

A l'autre bout du monde, j'entends la voix de ma mère. Mon premier souci est de prendre des nouvelles de papa. Maman m'assure qu'il va bien mais que la chimiothérapie le fatigue beaucoup. Finalement je me décide à dire que j'appelle de Téhéran. Sa réaction est immédiate :

— Oh, mon Dieu, j'avais si peur de ça!

A la surprise effrayée qu'elle manifeste, je comprends que maman n'était pas au courant. Alors je mens et j'en rajoute :

— Ne t'inquiète pas, nous passons des vacances formidables, tout est formidable. Nous rentrons le 17! Je t'embrasse!

Je passe le téléphone à Mahtob quelques instants. Ses yeux s'éclairent au son de la voix familière de sa grand-mère. Quand elle a raccroché, je me retourne vers Moody :

— Tu m'as menti! Tu m'as affirmé que tu les avais

mis au courant de ce voyage et ils l'ignoraient!

– Mais si, je leur ai dit! grogne-t-il en haussant les épaules.

J'ai un petit vertige d'angoisse. Je ne sais plus qui croire et quoi. Est-ce que mes parents auraient mal compris? Ou est-ce que je viens de surprendre mon mari en flagrant délit de mensonge?

Les cousins, neveux, parents, tout le reste de la famille en troupeau se rassemble pour déjeuner. Les hommes se sont changés rapidement avant de nous rejoindre dans le hall, ils ont troqué leur tenue d'extérieur contre des pyjamas décontractés. Ameh Bozorg dispose pour les femmes d'un véritable arsenal de tchadors colorés. Les visiteuses passent de l'étoffe noire à celle qu'elle leur offre, sans jamais dévoiler un seul morceau de peau défendu. Étonnante adresse, due à une longue expérience.

Ici les visites sont consacrées autant à la conversation qu'au repas. Les hommes discutent et poursuivent leurs prières en même temps, répétant inlassablement que Dieu est grand. «*Allah akbar*», en égrenant leurs chapelets de plastique. Les visiteurs arrivés le matin entament vers midi une incroyable procession d'adieux et de salutations. Ils doivent d'abord se rhabiller, puis s'embrassent à nouveau pour un dernier salut, se dirigent mollement vers la porte, s'y attardent pour jacasser, s'embrassent encore un peu, avancent d'un pas, discutent encore, crient, s'interpellent, pendant une bonne demi-heure et souvent plus. Aucun d'eux ne semble tenu à un horaire quelconque. Mais ils se préparent de toute façon à partir avant le début de l'après-midi. Ces heures-là sont consacrées à la sieste, indispensable vu la chaleur et l'heure matinale des prières.

Quant aux invités du soir, qui viennent pour dîner, ils s'attardent longuement. De toute manière, nous attendons le retour de Babba Hajji, qui ne rentre jamais de son bureau avant dix heures. Dès son arrivée il rejoint le salon envahi d'hommes en pyjamas et de femmes en tchadors bariolés pour le dernier repas de la journée.

Ainsi passent les premiers jours. En principe, je ne suis pas obligée de me couvrir en privé, mais apparemment certains visiteurs sont plus intransigeants que d'autres. Il m'est arrivé une fois d'y être obligée. Un visiteur inattendu s'est présenté, et aussitôt Ameh Bozorg s'est précipitée dans notre chambre en brandissant un tchador noir à mon intention. Mon mari m'a ordonné :

– Dépêche-toi, nous avons des visiteurs importants. Ce sont des hommes-turbans.

Un homme-turban est l'équivalent d'un prêtre ou d'un pasteur, le chef d'une mosquée. On le remarque immédiatement dans la foule à son costume, et chacun lui doit le plus grand respect. Je n'avais aucune raison de refuser à Moody d'enfiler ce tchador. Mais à peine enroulée dedans, j'ai compris l'horreur qu'on m'imposait. Le voile destiné à recouvrir mon visage était constellé de taches... de salive et d'autre chose. Plutôt d'autre chose, d'ailleurs... Je n'ai jamais vu de mouchoir dans cette maison. Par contre j'ai vu les femmes utiliser le voile à sa place. L'odeur de celui-ci était répugnante.

L'homme au turban s'appelle Aga Marashi. Sa femme est la sœur de Babba Hajji. Il est aussi, bien entendu, parent éloigné de Moody. Il est arrivé courbé, s'appuyant lourdement sur une canne, progressant à petits pas incertains dans le hall, épuisé par quelque trente kilos de graisse superflue. Incapable de s'asseoir en tailleur comme les autres, il a étalé péniblement ses jambes énormes en forme de V, courbé les épaules et appuyé ses coudes sur ses cuisses, comme pris d'une immense lassitude. Sous les robes noires superposées, son ventre énorme doit toucher le sol.

Zoreh se précipite pour lui apporter des cigarettes afin de l'honorer comme il se doit. Mais d'une voix sèche il ordonne :

– Donne-moi du thé !

Il allume une cigarette après l'autre, tousse et bâille bruyamment sans mettre sa main devant sa bouche. Il noie son thé de sucre, et enfin il parle :

— Je serai bientôt ton patient, Moody, j'ai besoin d'être soigné pour le diabète.

A ce moment précis, je suis incapable de décider ce qui me dégoûte le plus : ce tchador que je tiens prudemment le plus éloigné possible de mon nez, ou cet homme-turban en l'honneur de qui je suis obligée de le porter. Je reste assise durant toute sa visite, en m'efforçant de retenir une nausée.

Aussitôt les invités partis, je me précipite pour me débarrasser du voile et le montrer à Moody. Je suis furieuse.

— Les femmes se mouchent là-dedans!

— Ce n'est pas vrai, dit-il, tu mens!

— Regarde!

Il ne veut pas me croire, mais il y est bien obligé. Et je me demande quel effet ça lui fait de constater ce genre de choses. Est-il retourné si complètement dans sa coquille d'enfance et son environnement, qu'il est incapable de voir ces détails à moins qu'on ne l'y contraigne! Ou trouve-t-il cela naturel?

Durant ces premiers jours, Mahtob et moi avons passé le maximum de temps dans notre chambre, ne sortant que sur l'ordre de Moody pour recevoir les visiteurs. Au moins, nous pouvions nous asseoir sur les lits au lieu de nous accroupir par terre. Mahtob jouait avec son lapin ou avec moi. Mais nous trouvions le temps de plus en plus long, et je me sentais de plus en plus misérable.

Tard dans la soirée, la télévision iranienne donne les nouvelles en anglais. Je les regarde sur les instances de Moody, mais surtout pour entendre parler ma langue. Le présentateur n'est jamais à l'heure. Nous avons droit à l'inévitable guerre avec l'Irak, au compte glorieux des morts de l'autre camp, mais il n'est jamais fait mention des morts iraniens. Après quoi un petit film quotidien nous montre des jeunes gens et des jeunes filles « en marche vers la guerre sainte » (les hommes pour s'y battre, les femmes pour y faire cuire le pain), suivi d'un appel patriotique au rassemblement des volontaires. Cinq minutes de nouvelles du Liban, car les musulmans chi'ites sont une faction puissante soutenue par l'Iran et entièrement dévouée à l'ayatollah Khomeiny. Pour finir, trois minutes en accéléré sur les nouvelles mondiales, toujours avec un coup de dent contre l'Amérique. Les Américains meurent du Sida comme des mouches, ils sont les premiers dans la course au divorce, et si l'aviation irakienne attaque dans le Golfe, c'est parce que les Américains lui ont ordonné de le faire.

Je me fatigue vite de cette rhétorique : si ce sont là les nouvelles destinées aux étrangers, qu'est-ce que les Iraniens doivent entendre...

Sayyed Salam Ghosi, que nous appelons Babba Hajji, est une énigme. Rarement chez lui, il ne s'adresse aux membres de sa famille que pour leur dire de prier, ou pour leur réciter le Coran.

Lorsqu'il part, tôt le matin après ses heures de prière, dans son habituel costume gris semé de taches de sueur, il marmonne des litanies en égrenant son chapelet. Sa présence et son autorité de fer se font sentir en permanence. Comme si son fantôme régnait même lorsqu'il est absent. Son père était un homme-turban, son frère a été martyrisé en Irak, et il est conscient en permanence de ces remarquables distinctions vis-à-vis de ses compatriotes. Il évolue dans l'existence d'un air définitivement supérieur.

A l'issue de sa longue journée de travail et de prières, Babba Hajji rentre chez lui et c'est le branle-bas de combat. Le bruit de la grille nous parvient comme une alarme aux environs de dix heures. Quelqu'un dit : « C'est Babba Hajji ! » et aussitôt la maisonnée s'agite. Les deux sœurs, Zohreh et Feresteh, en négligé depuis le matin, enfilent leurs tchadors précipitamment au retour du père.

Nous sommes ses hôtes depuis cinq jours, lorsque Moody me prend à part :

— Il est indispensable que tu portes le tchador dans la maison. Au moins un foulard sur la tête...

— Tu m'avais promis que je ne serais pas obligée de faire ça... Tu m'as même dit qu'ils comprendraient parce que je suis américaine. Moody, ne me force pas...

— Babba Hajji n'est pas content. Et nous sommes ici chez lui, tu comprends?

Le ton de mon mari est à la fois suppliant et désolé. Mais je sens qu'en même temps il tente de m'imposer son autorité. Cette tendance à l'autoritarisme est son défaut le plus menaçant pour notre couple, et contre lequel j'ai déjà eu à lutter dans le passé. Mais nous sommes dans *son* pays, parmi *son* peuple, dans *sa* famille, et il est clair que cette fois je n'ai pas le choix. Je m'exécute, et chaque fois que je disparais derrière un tchador en présence de Babba Hajji, je me répète silencieusement : « Nous allons bientôt rentrer dans mon pays à moi, nous allons bientôt rentrer... »

Au fur et à mesure que les jours passent, Ameh Bozorg se montre moins amicale. Elle se plaint à Moody de cette habitude dispendieuse propre aux Américains, et qui consiste à se laver tous les jours. En prévision de notre arrivée, elle s'est rendue au hammam, le bain public. Ce cérémonial lui a pris la journée. Elle ne s'est pas baignée depuis et n'a manifestement pas l'intention de le faire de sitôt. Comme elle, le reste du clan enfile chaque jour les mêmes vêtements sales, et ce, en dépit de la chaleur et de la transpiration. Elle répète sans cesse à Moody :

— Vous ne devez pas prendre une douche tous les jours!

Et Moody lui rétorque sans cesse :

— Nous avons besoin de nous laver tous les jours.

— Non, c'est ridicule de laver tous les jours les pores de sa peau. Vous allez tomber malade et attraper froid à l'estomac!

C'est son argument final.

Et nous continuons à nous doucher quotidiennement, et elle, comme toute sa famille, continue à sentir l'aigre...

Curieusement, et bien qu'il tienne à sa propre hygiène, Moody ne semble pas remarquer la saleté environnante, à moins que je ne l'y force.

– Moody, il y a des charançons dans le riz!

– Mais non! Tu te montes la tête... Tu dis ça, en réalité, parce que tu as décidé que tu ne te plaisais pas ici!

Ce soir, au dîner, j'ai réussi en douce à ramasser une cuillère pleine de petites bestioles. Je l'ai déposée dans l'assiette de Moody. Et comme il est très impoli de laisser le moindre morceau de nourriture, il a mangé les charançons. Après quoi, il s'est tout de même rangé à mon avis.

Il n'a pas remarqué non plus l'affreuse odeur qui se répand dans la maison chaque fois qu'Ameh Bozorg a décidé de chasser le diable. On chasse le diable en brûlant des graines noires au parfum agressif, dans une sorte de passoire où elles se consument lentement et sans fumée. Cette passoire, qui est par ailleurs indispensable pour la cuisson du riz en Iran, devient ce jour-là dans les mains d'Ameh Bozorg un véritable instrument de torture. Pourtant, Moody déteste cette odeur autant que moi.

Mahtob joue parfois avec des enfants en visite et attrape, de-ci de-là, quelques mots de farsi. Mais l'environnement lui est tellement étranger qu'elle préfère s'amuser avec moi, ou avec son lapin. Une fois, pour passer le temps, nous comptons les piqûres de moustique sur son visage. Il y en a trente-trois. En fait, tout son corps est recouvert de taches rouges.

Les jours défilent : Moody semble curieusement oublier notre existence. Au début, il s'efforçait de me traduire chaque conversation. A présent il le fait à peine, de moins en moins souvent, et se contente de vagues indications. Le résultat est que je reste assise avec ma fille dans un coin, pendant des heures, nous sourions aux uns et aux autres, pour garder une contenance, sans comprendre un traître mot.

Une chose me fascine. C'est le plateau de nourriture à la disposition de tout le monde, au cas où l'un d'entre nous aurait faim dans la journée. J'ai vu souvent les gens se servir à l'aide d'une cuillère débordante, enfourner le contenu dans leur bouche, racler le surplus autour de leurs lèvres, et remettre tout bonnement la cuillère dans le plat. Au mieux, ils la secouent par terre. Les dessus de table et le sol sont poisseux du sucre éparpillé sans arrêt par les buveurs de thé. Et les cafards sont aussi à l'aise dans la cuisine que dans la salle de bains.

Je n'avale presque rien. Ameh cuisine généralement une sorte de ragoût de mouton pour le dîner, en faisant généreusement usage de ce qu'elle appelle *dombeh*. Le *dombeh* est une poche de graisse assez grosse, qui pend sous la queue des moutons. On la voit se balancer au pas de l'animal. Une fois recueillie, ladite graisse, au goût rance, sert de substitut à l'huile pour la cuisine. Ameh garde son *dombeh* dans le réfrigérateur et n'entame jamais la cuisson d'un plat sans en découper un bon morceau qu'elle étale dans la poêle. Après quoi, elle y ajoute quelques oignons, des morceaux de viande et tous les haricots ou légumes qui lui tombent sous la main. Et cette odeur de graisse pénétrante envahit la maison à chaque repas.

Au bout de quelques jours, Moody semble enfin réagir. En tant que médecin tout d'abord, et surtout parce que je me plains sans cesse des mauvaises conditions d'hygiène.

Affronter sa sœur n'est pourtant pas facile, mais il se lance :

— Ameh, je te parle comme médecin, et je pense que vous devez tous écouter mes conseils. Vous n'êtes pas propres dans cette maison. Vous devez vous laver. Et c'est une nécessité d'apprendre aux enfants à le faire. Je suis malheureux de vous voir comme ça...

Mais elle n'a que faire des conseils de son cadet. Derrière son dos, elle me jette un œil noir, histoire de bien me faire comprendre que je ne suis qu'une faiseuse d'ennuis. D'ailleurs, la douche quotidienne n'est pas la seule coutume exotique qui offense ma belle-sœur. Si Moody m'embrasse sur la joue pour me dire au revoir, elle bondit d'indignation :

– Tu ne dois pas faire ça dans cette maison! Il y a des enfants!

Le fait que « l'enfant » le plus jeune prépare sa rentrée à l'université ne fait aucune différence pour elle.

Après quelques jours sans sortir de la lugubre demeure, nous allons enfin faire des emplettes. Je pensais depuis longtemps au plaisir d'acheter des cadeaux pour nos amis. Nous voulions aussi profiter des prix, extrêmement bas à Téhéran, pour ramener des tapis et des bijoux.

Le matin, c'est toute une affaire d'aller en ville. Zohreh ou Majid nous y conduisent. Mais chaque déplacement est une aventure, dans cette ville qui est passée de cinq à quatorze millions d'habitants en quatre ans de Révolution. Et il est impossible d'y faire un recensement précis. Tous les habitants des villages désertés par la crise économique affluent vers Téhéran à la recherche de nourriture ou de logements. Sans compter les milliers, peut-être les millions de réfugiés d'Afghanistan qui se sont entassés dans la ville.

Où que nous allions, nous rencontrons des hordes de gens courant à leur travail, visages sombres et fermés. Pas un sourire alentour. Zohreh et Majid pilotent la voiture au milieu des embouteillages incroyables, des gens qui traînent dans la rue sans but, et des enfants qui foncent comme des flèches en plein milieu des carrefours. Des gouttières sauvages ont été installées le long des trottoirs. Elles récupèrent l'eau qui dégringole des montagnes environnantes. Les gens profitent gratuitement de ce précieux apport. En fait, ces gouttières sont de longues poubelles qui drainent avec elles tous les détritus de la ville. Les commerçants y trempent leurs balais, des passants urinent, d'autres s'y lavent les mains. Et à chaque coin de rue, il faut sauter par-dessus ce courant fétide.

On construit partout, dans toute la ville, la plupart du temps à la main, sans outillage et complètement au hasard. Si bien que les bâtiments semblent collés les uns aux autres comme les pièces d'un Meccano en désordre. La qualité des matériaux est évidemment douteuse. La ville elle-même est assiégée. Tout est surveillé par des soldats lourdement armés et une police menaçante. Il est assez effrayant d'ailleurs de circuler dans les rues, nez à nez avec tous ces fusils chargés. Les hommes en uniforme bleu de la police sont partout, l'arme braquée sur les gens qui passent, barrant le passage et visant tout le monde. J'ai souvent des frissons dans le dos à l'idée qu'un coup pourrait partir par accident. Un doigt un peu trop nerveux sur une gâchette sensible...

Les soldats de la Révolution, dans leur tenue de camouflage, sont omniprésents eux aussi. Ils arrêtent les voitures sans distinction à la recherche d'articles contre-révolutionnaires : drogues, livres critiquant l'Islam chi'ite, cassettes de musique américaine. Le dernier délit peut valoir six mois de prison.

Et puis il y a les sinistres « Pasdar ». Une force spéciale de police qui se déplace dans de petites voitures blanches. Tout le monde en a peur et craint même d'en parler, semble-t-il. Elle représente la réponse des ayatollahs à la Savak du shah, l'ancienne police secrète. De sombres histoires courent sur les Pasdar, qui ne seraient qu'un ramassis d'étrangleurs de rues, dotés brusquement d'un pouvoir officiel. L'une de leurs tâches est de s'assurer que les femmes sont correctement vêtues. Il m'est très difficile de comprendre ça. Les mères allaitent leurs bébés devant tout le monde sans se soucier de montrer leurs seins, alors que le reste, menton, poignets, chevilles, est entièrement dissimulé !

Moody m'a expliqué que sa famille représente l'élite au milieu de cette étrange société. Prestige d'une lignée respectable qui, comparée aux normes iraniennes, est très avancée culturellement. Voire d'une certaine « sophistication »... Il faut croire qu'Ameh Bozorg est un parangon de sagesse et de propreté à côté du bas peuple de la rue. Et, toutes proportions gardées, la famille est riche.

Mon mari m'avait dit qu'il emportait deux mille dollars avec lui en traveller's cheques. Apparemment, il en a apporté davantage, car il dépense sans compter. Le change entre le rial et le dollar est difficile à estimer. La banque donne environ cent rials pour un dollar, mais il paraît que le cours au marché noir est bien plus intéressant. Je suppose que c'est la raison pour laquelle Moody sort souvent sans moi pour aller faire des courses. Il a tant d'argent liquide qu'il lui est impossible de le garder sur lui, d'ailleurs. Il en bourre les poches de ses vêtements dans l'armoire. Je comprends pourquoi : j'ai vu dans la rue des gens ouvrir d'immenses portefeuilles, presque des sacs, il faut une montagne de rials pour acheter la moindre chose. Le crédit n'existe pas en Iran et personne ne paie par chèque. On perd facilement la notion de la valeur de cet argent liquide, il nous donne l'impression d'être riches et nous dépensons en conséquence. Nous avons acheté des coussins brodés, des miniatures incrustées d'or et des bijoux.

Moody a offert à sa fille des boucles d'oreilles superbes, en diamant, montées sur or, et à moi un bracelet, une paire de boucles d'oreilles également, mais surtout un magnifique collier d'or. Aux États-Unis il vaudrait environ trois mille dollars... Ici c'est évidemment bien moins cher. Nous choisissons aussi des meubles anciens. Majid dit qu'il va s'occuper de leur expédition en Amérique. Moody est heureux de cet achat et cela fait beaucoup pour apaiser mes craintes : il veut réellement rentrer à la maison.

En dehors de ces promenades réservées au shopping, nous sommes conviés chaque soir à une réception chez l'un ou l'autre des nombreux cousins de Moody. Ma fille et moi, nous représentons toujours la curiosité de la famille. Les soirées sont, au mieux, ennuyeuses, mais elles nous donnent une chance d'échapper à l'atroce maison d'Ameh Bozorg.

Il devient évident que les parents de Moody se divisent en deux catégories. Ceux qui vivent comme Ameh Bozorg, dans la saleté et le respect des coutumes, manifestant ouvertement leur attachement à l'ayatollah Khomeini, l'idolâtrant même. Les autres semblent plus occidentalisés, plus ouverts à l'évolution des mœurs, plus cultivés, plus amicaux, et surtout plus propres.

Cela dit, on me permet rarement d'oublier que je représente « l'ennemi américain ». Un après-midi par exemple, nous sommes invités chez une cousine, Fatimah Hakim. Certaines épouses iraniennes portent le nom de leur mari après le mariage, mais la plupart conservent le leur. Pour Fatimah, aucun problème, elle est née Hakim et a épousé un Hakim. C'est une femme agréable d'environ cinquante ans, qui me sourit toujours avec gentillesse. Elle ne parle pas anglais mais, pendant le dîner, se montre très attentive à notre présence. Son fils par contre est un être bizarre. Il a trente-cinq ans, mais la taille et les traits d'un petit garçon. Je me demande s'il est lui aussi le résultat de ces mélanges génétiques entre cousins. Au cours du repas il s'est adressé à moi brièvement, mais en anglais et avec un accent extrêmement britannique. J'apprécie cette courtoisie, mais moins le personnage. Il ne me regarde jamais en face en parlant.

Le dîner terminé, il nous invite à monter au premier étage. C'est un univers totalement différent qui nous attend. Des étagères chargées de livres en anglais, un salon meublé à l'américaine, confortable, où la famille nous rejoint. Je me demande ce que cela veut dire et jette un coup d'œil interrogateur à Moody qui n'en sait pas plus que moi, apparemment. Le maître de maison, l'époux de Fatimah prononce quelques paroles en farsi, que son fils traduit à mon intention. Le petit gnome ne me regarde toujours pas en face :

– Aimez-vous le président Reagan ?

Prise de court, mais cherchant à rester polie, je réponds :

– Eh bien... oui.

A partir de là, on me bombarde de questions du genre : « Aimez-vous le président Carter ? Que pensez-vous des relations de Carter avec l'Iran ? » etc.

Cette fois, je me bute. Il n'est pas question de défendre

mon pays devant cette assemblée iranienne qui ne cherche qu'à me piéger.

– Je n'aime pas discuter de ces choses-là. Je ne me suis
jamais intéressée à la politique.

Le gnome insiste :

– Je suis sûr qu'avant de venir, on vous a bourré le
crâne à propos de la façon dont les femmes seraient
soi-disant opprimées en Iran. Je suis sûr qu'à présent vous
vous rendez compte que rien n'est vrai dans tout ça. Que
toutes ces histoires sont des mensonges...

Cette question est trop ridicule pour que je la laisse
passer.

– Ce n'est pas du tout ce que j'ai constaté.

Je me sens prête à me lancer dans une tirade à propos
de l'oppression des femmes, mais tout autour de moi que
vois-je? Des hommes confits dans leur prétention, agitant
leurs grains de chapelet en marmonnant des *Allah akbar*
sentencieux, et des femmes assises, ficelées dans leurs
tchadors et muettes d'obéissance. Alors...

– Je ne veux pas discuter de ce genre de choses et je
n'ai pas l'intention de répondre à d'autres questions...
Moody, tu ferais mieux de m'emmener d'ici, je n'aime pas
beaucoup me retrouver la cible dans un stand de tir.

Moody est mal à l'aise, pris entre deux feux, sa femme
et son devoir familial de respect. Alors il ne bouge pas, ne
fait rien, ne dit rien, et la conversation glisse sur un débat
religieux.

Le gnome m'offre un livre qu'il a dédicacé : « A Betty,
ce cadeau, de tout cœur. » C'est un livre consacré à
l'enseignement de l'imam Ali, fondateur de la secte
chi'ite. Il y est dit que Mahomet lui-même a désigné
l'imam Ali comme son successeur, mais qu'après la mort
du Prophète, la secte sunnite s'est emparée indûment du
pouvoir. C'est encore et toujours le sujet de discorde entre
sunnites et chi'ites.

J'essaie d'accepter le cadeau aussi gracieusement que
possible, mais la journée s'est achevée sur une note
discordante, et nous quittons la maison rapidement.

A peine rentrés chez la sœur de Moody, dans notre chambre à coucher, mon mari m'agresse :

— Tu n'as pas été polie, tu aurais pu dire comme eux...

— Mais ce n'est pas la vérité!

— Si, c'est la vérité!

Incroyable... Voilà que mon propre mari prend le parti chi'ite, voilà qu'il affirme que les femmes en Iran ont plus de droits que n'importe qui et que personne n'opprime personne, et surtout pas les femmes, dans son pays! Voilà qu'il m'accuse d'avoir des idées préconçues. Il a pourtant vu, de ses yeux vu, à quel point les épouses étaient esclaves de leurs maris, comment la religion, autant que le pouvoir, les coincent sur chaque chose de la vie quotidienne... et la pratique de plus en plus étendue d'un code civil moyenâgeux et malsain.

Nous nous couchons dos à dos, aussi furieux l'un que l'autre.

Beaucoup de membres de la famille insistaient pour nous faire visiter l'un des palais de l'ancien shah. En arrivant, on nous sépare par sexe. Je suis donc les autres femmes dans une antichambre où l'on se met à nous fouiller, au cas où nous ferions de la contrebande, mais aussi pour vérifier que nous sommes habillées réglementairement. Je porte la robe et le tchador offerts par Ameh Bozorg, et des bas noirs. Je ne montre pas la moindre parcelle de peau, mais j'échoue tout de même à l'inspection. Selon la traductrice, il me manque les pantalons longs exigés par une matrone. Moody, qui s'inquiétait de ne pas me voir, est arrivé et a tenté d'expliquer que j'étais une étrangère et que, bien entendu, je n'avais pas dans mes bagages les pantalons en question. Mais cela ne semble pas convaincre la matrone et tout le monde doit attendre que l'une des cousines aille chercher chez elle lesdits pantalons. Pendant ce temps, Moody insiste pour me faire comprendre qu'il ne s'agit pas là d'une forme de répression :

— Essaie de comprendre, c'est seulement une bonne femme qui veut faire preuve d'autorité.

Et il s'ingénie à me convaincre de ne pas en tirer de conclusions générales.

48

Lorsque enfin nous pouvons visiter le palais, c'est une grande déception. L'opulence légendaire des lieux appartient au passé. Les maraudeurs de la Révolution se sont chargés de la faire disparaître objet par objet. Le peu qu'il en reste est réduit en morceaux. Aucun souvenir de l'existence du shah, mais le guide s'acharne à nous décrire la vie fastueuse de l'ex-empereur contemplant sans frémir l'affreuse pauvreté du peuple du haut de ses fenêtres.

Nous sommes promenés de salle en salle. L'attraction la plus importante est de toute évidence le stand où l'on vend de la littérature islamique. Bien que l'expérience n'ait aucun intérêt, elle a le mérite de nous avoir fait passer encore une journée avant le départ.

Car le temps passe avec une lenteur décourageante. Mahtob et moi, nous sommes impatientes de rentrer aux États-Unis pour retrouver la normale, le confort et la propreté de chez nous.

Vers le milieu de la deuxième semaine de vacances, Reza et Essey, qui se souviennent des repas de Noël à Corpus Christi lorsqu'ils nous rendaient visite, m'offrent l'occasion d'un semblant de retour chez nous. Ils me demandent de préparer une dinde. Ravie, je donne à Reza une liste de choses à acheter, et il passe la journée à remplir sa mission. La dinde qu'il me ramène est un espèce d'oiseau décharné, avec tête, pattes et entrailles, le tout bien ficelé. Cuisiner cette chose représente une véritable tour de force et j'y passe la journée entière. Heureusement, la cuisine de mes hôtes est moins sale et relativement plus pratique que celle d'Amed Bozorg. Je m'y active avec un certain plaisir. Mais pour leur offrir un festin à l'américaine, je dois m'adapter à pas mal de transformations culinaires. Pas de sauge, j'utilise une herbe à épices qui lui ressemble vaguement et du céleri frais, que le pauvre Reza a finalement dégotté après des heures de recherches au marché. C'est à peu près la même chose pour chaque ingrédient. La moindre tâche se complique du fait de la différence des cultures. Peu d'ustensiles de cuisine, pas de cocottes, pas de papier sulfurisé pour la cuisson, encore moins de papier d'aluminium (les Iraniens se servent de papier journal). Mon plan de tarte aux pommes est tombé à l'eau en l'absence de farine, alors j'ai fait des beignets de pommes. Après avoir œuvré toute la journée, j'ai enfin servi chaude une dinde desséchée, famélique et relativement dépourvue de goût. Mais Reza et Essey l'ont trouvée délicieuse et je dois dire que, moi-même, j'ai apprécié ce qui représentait un petit festin en comparaison de la nourriture lourde et graisseuse qu'on nous offre depuis une dizaine de jours. De plus Moody était réellement fier de moi...

Voici venir enfin le dernier jour de notre visite en Iran. Majid insiste pour que nous le passions au parc Mellat. Promenade très agréable. Majid est le seul membre vraiment sympathique de la famille d'Ameh Bozorg. Le seul à montrer cette petite étincelle de vie dans l'œil qui le distingue de ses cousins amorphes. Majid et Zia m'avaient déjà impressionnée à l'aéroport. Ils sont propriétaires d'une fabrique de cosmétiques et leur principal produit est un déodorant! Ce qui n'est pas évident dans la maison d'Ameh Bozorg. Le monde du travail semble laisser à Majid tous les loisirs dont il a besoin et il passe son temps à folâtrer en compagnie de la multitude d'enfants de son clan. En fait, il est le seul adulte à s'intéresser véritablement aux enfants. Mahtob et moi, nous l'avons surnommé le « Joker ». Cette balade dans le parc est uniquement réservée à notre petit groupe : Majid, Mahtob, Moody et moi. Et c'est la plus agréable journée que je puisse imaginer pour clore ces deux interminables semaines. A présent, avec Mahtob, nous comptons les heures avant le départ.

Ce parc est une oasis de verdure ornée de jardins de fleurs superbes. Mahtob est heureuse de pouvoir se défouler enfin, elle joue avec Majid et ils se courent après comme deux gosses. Tout cela pourrait être formidable s'il n'y avait pas ces vêtements ridicules. Comme je déteste cette chaleur et la mauvaise odeur des gens qui ont cet éden. Dieu que je déteste l'Iran!

Je m'aperçois tout à coup que la main de Moody tenant

la mienne dans ce parc est une petite violation aux coutumes chi'ites. Il a l'air pensif. Malheureux.

— Betty... Quelque chose est arrivé avant que nous partions... Et tu n'es pas au courant.

— Quoi? Qu'est-ce qui se passe?

— J'ai été viré de mon job.

Je me détache de lui brusquement. Je flaire un piège, un danger, toutes mes angoisses du départ me reviennent.

— Pourquoi?

— La clinique voulait engager quelqu'un pour travailler à ma place, quelqu'un qui demandait un salaire moins important.

— Moody, tu es en train de me mentir! Ce n'est pas vrai!

— Si, c'est vrai.

Nous nous asseyons dans l'herbe pour discuter. Je redécouvre sur le visage de mon mari les traces de la profonde dépression qu'il a subie ces deux dernières années. Comme tous les jeunes, il a quitté son pays natal pour chercher fortune à l'Ouest. Il a travaillé dur, il a fait son chemin à l'école, obtenu sa licence, et il s'est retrouvé diplômé de médecine en ostéopathie. Après quoi il s'est perfectionné en anesthésie. Ensemble, nous nous sommes installés d'abord à Corpus Christi, puis à Alpena, une petite ville au nord de la péninsule du Michigan. Et nous avons vécu tranquilles jusqu'à ce que les ennuis arrivent. La plupart de ces ennuis venaient de Moody lui-même, bien qu'il refusât de le reconnaître. Le reste venait des préjugés raciaux, et de la malchance aussi. Mais quelle que soit la cause de ces problèmes, les débuts de Moody étaient compromis et son orgueil professionnel sérieusement entamé. Nous avons quitté Alpena la mort dans l'âme. Nous aimions tant cette petite ville. Depuis plus d'un an, il exerçait à Detroit, dans la clinique de la 14e Rue. Un travail qu'il avait finalement décroché parce que je l'avais talonné sans relâche. Apparemment, tout était foutu à présent.

Mais l'avenir n'était peut-être pas aussi sombre. Assise dans ce parc et retenant mes larmes, je m'efforce de l'encourager.

— Je ne me fais pas de souci pour toi, tu retrouveras du travail, et je m'y mettrai moi aussi.

Moody me paraît inconsolable. Le regard perdu, vide, il ressemble soudain à tous ces Iraniens sans espoir que nous croisons tous les jours.

En fin d'après-midi, j'entreprends avec Mahtob un travail passionnant : faire les bagages. La chose que nous désirons le plus au monde est de rentrer chez nous. Je n'ai jamais ressenti le désir de quitter un endroit avec autant de force. Plus un seul dîner iranien à avaler... il ne reste qu'une demi-journée à passer au milieu de ces gens que, décidément, je n'arrive ni à supporter ni à comprendre. Dans un petit coin de ma tête, je compatis à la tristesse de Moody et, comme il sait parfaitement que j'ai mal supporté ce voyage, j'essaie de ne pas trop montrer ma joie de partir. Je suis tout de même bien obligée de le pousser à se préparer.

Je tourne en rond dans la petite pièce, cherchant ce que j'aurais pu oublier, et m'aperçois qu'il reste assis sur le lit, l'air toujours préoccupé.

— Allez, remue-toi, Moody... il faut rassembler les affaires.

La valise pleine des médicaments qu'il avait prévu de donner à un hôpital local est toujours là. Il ne s'en est pas occupé.

— Qu'est-ce que tu vas faire de ça?

— Je ne sais pas.

— Pourquoi est-ce que tu ne les donnerais pas à Hossein?

Le fils aîné de Babba Hajji et Ameh Bozorg est un pharmacien prospère.

Au loin le téléphone sonne, mais je prête une vague attention à ce détail, je veux finir mes paquets.

Moody ne bouge toujours pas. Il parle tout seul d'une voix plate et douce, il a l'air de contempler je ne sais quoi dans le vide :

— Oui... je n'ai pas décidé ce que je vais faire de ça...

Il ne termine pas sa phrase car on l'appelle au téléphone et je le suis dans la cuisine où se trouve l'appareil. C'est Majid qui appelle pour confirmer nos réservations. Ils parlent quelques minutes en farsi, puis Moody s'exprime soudain en anglais :

– Tu ferais mieux d'en parler à Betty...

Je n'aime pas ça. Une vague appréhension me saisit en prenant l'appareil des mains de Moody. Soudain, chaque chose semble prendre sa place, comme dans une terrifiante mosaïque...

Il y a l'attirance irrésistible de Moody vers sa famille et son affinité avec la révolution islamique... Il y a cette folie de dépenser dont il a fait preuve... Il y a tous ces objets qu'il a achetés et pour lesquels il n'a pas prévu de transport vers l'Amérique... Et cette coïncidence qui a fait disparaître Majid dans le parc ce matin avec Mahtob, alors que mon mari m'annonçait qu'il était sans travail... Et je me rappelle soudain ces conversations bizarres en farsi, entre Moody et Mammal, lorsque ce dernier vivait avec nous dans le Michigan. J'étais alors à deux doigts de supposer qu'ils tramaient quelque chose contre moi.

Alors, je me doute de ce que Majid va dire, avant même qu'il le dise :

– Vous n'allez pas pouvoir partir demain...

J'essaye de garder une voix calme et de ne pas avoir l'air effrayé :

– Qu'est-ce que ça veut dire « ne pas pouvoir partir » ?

– Vous devez apporter vos passeports à l'aéroport trois jours avant le départ pour qu'ils soient vérifiés, sinon il est impossible de quitter le pays.

– Je ne savais pas! Et ce n'était pas à moi de le faire...

– C'est vrai. Mais vous ne pouvez pas partir demain.

Il y a un brin de condescendance dans la voix de Majid, comme s'il disait : « Vous les femmes, et surtout vous les femmes étrangères, vous ne comprendrez jamais comment tourne le monde. » Il y a aussi et surtout dans la voix de cet homme une froideur nouvelle. Une dureté qui fait que je le raye définitivement de ma sympathie. Je crie dans l'appareil :

– Quel est le premier avion que nous pouvons prendre pour partir d'ici?

– Je ne sais pas. Il faut que je me renseigne.

Je raccroche avec l'impression que le sang quitte mon corps. Je n'ai plus d'énergie. J'ai beau me dire qu'il ne s'agit que d'un problème administratif, j'ai peur.

J'entraîne Moody dans notre chambre :

– Qu'est-ce qui se passe?

– Rien... mais rien, je t'assure. Nous partirons par le prochain vol, c'est tout.

– Pourquoi est-ce que tu ne t'es pas occupé des passeports?

– C'est une erreur, personne n'y a pensé...

Cette fois, c'est la panique. Je ne veux pas perdre mon calme, mais je commence à trembler physiquement. Le ton de ma voix devient aigu, je ne peux pas l'empêcher de trembler d'émotion :

– Je ne te crois pas! Tu es en train de me raconter des histoires! Prends les passeports, prends tes affaires, nous partons pour l'aéroport! Nous leur dirons que nous ne connaissions pas cette histoire de délai de trois jours et ils nous laisseront peut-être embarquer. Et s'ils ne veulent pas, nous resterons là, jusqu'à ce que nous puissions monter dans un avion!

J'ai crié très fort et Moody, lui, reste silencieux. Puis il paraît malheureux. Nous avons passé les sept années de notre mariage sans beaucoup de disputes et sans véritable affrontement. Nous avons toujours temporisé, même lorsque les problèmes de la vie commune nous assaillaient comme tout le monde. A présent, il sait qu'il ne pourra pas me mentir plus longtemps et, avant qu'il le dise, je sais ce qu'il va m'annoncer.

Il s'assoit près de moi sur le lit, tente de me prendre dans ses bras, mais je le repousse. Alors il parle calmement et fermement, l'autorité de sa voix me glace.

– Je ne savais vraiment pas comment te dire ça... Mais nous ne rentrons pas, nous restons ici.

Je m'attendais à entendre ça, mais chaque mot n'a fait que décupler ma rage. Je bondis, en hurlant comme une hystérique :

– Menteur! menteur! menteur! espèce de lâche! comment peux-tu me faire ça? Tu sais parfaitement pourquoi j'ai accepté de venir ici, il s'agissait de vacances. Tu dois me laisser partir!

Évidemment que Moody savait... Mais apparemment il s'en fout. Mahtob nous observe, incapable de comprendre ce qui se passe, et surtout la terrible différence de comportement de son père qui gronde :

– Je ne suis pas obligé de te laisser partir. Et de toute façon, tu dois faire ce que je dis, et tu resteras ici!

Il m'a repoussée si brutalement que je retombe sur le lit. Il ricane même, comme s'il venait de remporter une victoire inattendue dans une guerre non déclarée.

– Tu es ici pour le reste de ta vie, tu comprends ça? Tu ne quitteras jamais l'Iran! Tu y resteras jusqu'à ta mort!

Je suis effondrée sur le lit, en larmes, j'entends la voix de Moody comme à travers un immense tunnel.

Mahtob s'est mise à pleurer, accrochée à son lapin. L'épouvantable vérité éclate et tout cela me paraît pourtant irréel. Est-ce que nous sommes vraiment prisonnières, Mahtob et moi? Sommes-nous des otages? Sommes-nous les captives de cet étranger venimeux, que nous prenions pour un mari amoureux et un père affectueux? Il y a sûrement une issue à cette situation démente. Tout à coup, je réalise avec ironie que Dieu est de mon côté.

Les yeux encore pleins de larmes de rage, je sors de la chambre en courant et tombe sur Ameh Bozorg et quelques autres, guettant comme d'habitude le moindre de nos gestes.

– Vous n'êtes qu'une bande de menteurs!

Personne ne semble comprendre, personne ne se demande ce qui arrive à l'épouse américaine de Moody. C'est comme si je n'existais pas. Mais je reste plantée devant eux, je ne lâche pas des yeux les visages hostiles, même si je me sens ridicule et impuissante. Mon nez dégouline, les larmes coulent sur mes joues. Je n'ai pas de mouchoir, alors je fais comme tout le monde ici, je me mouche dans mon voile. Et je hurle encore :

– J'exige de parler à la famille tout entière!

D'une manière ou d'une autre le message sera transmis,

et les cousins, neveux et parents divers se passeront le mot.

Je reste plusieurs heures dans la chambre avec Mahtob, sans voir personne, pleurant et luttant contre la nausée, hésitant entre la colère furieuse et la paralysie totale. Je ne sais plus où j'en suis moralement et physiquement.

Quand Moody réclame mon chéquier je le lui tends sans résistance, presque humblement.

– Où sont les autres? Nous avons trois comptes.

– Je n'en ai pris qu'un en partant.

L'explication semble le satisfaire et il ne fouille pas dans mon sac. Il me laisse seule à nouveau, mais de toute façon je dois trouver le courage d'organiser ma défense. Et pour cela je suis vraiment seule.

Il est tard dans la soirée lorsque Babba Hajji rentre de son bureau. J'attends qu'il ait dîné, que la famille lui ait fait part des événements et de ma sommation, puis je me présente dans le hall, sûre d'être convenablement couverte, respectueuse des interdits. Ma stratégie est simple. Je compte sur la morale religieuse exacerbée du maître de maison.

Le plus dur est de garder une voix calme :

– Reza, traduis ceci pour Babba Hajji...

En entendant prononcer son nom, le vieil homme me jette un coup d'œil rapide, puis baisse aussitôt la tête, comme il le fait toujours, refusant pieusement de me regarder en face. Alors, en espérant que mes paroles seront exactement traduites en farsi, je plonge la tête la première dans une défense désespérée. J'explique à Babba Hajji que je ne voulais pas venir en Iran, parce que si je venais en Iran, j'étais sûre d'abandonner les droits fondamentaux qui appartiennent à chaque femme américaine. Je craignais cela, car je savais qu'aussi longtemps que je serais en Iran, Moody serait mon maître. Et je pose la question de base : « Pourquoi suis-je quand même venue? » Je suis venue pour rencontrer la famille de Moody, pour lui permettre de connaître Mahtob. Il y a d'autres raisons aussi, plus profondes et plus terribles, mais que je ne peux pas partager avec eux. Des choses indicibles... Mais je vais tout de même leur raconter l'histoire du blasphème de Moody.

Rien n'est plus difficile que d'assurer sa défense devant un tribunal qui ne comprend pas un traître mot de ce que l'on dit. Je suis obligée d'utiliser des mots simples et de résumer. Mais j'entame courageusement l'histoire qui fait partie de mon plan de défense.

— Il y a quelque temps, à Detroit, alors que j'expliquais à Moody ma crainte d'être retenue en Iran contre mon gré, il m'a prouvé par un seul acte la sincérité de ses bonnes intentions. Moody a juré sur le Coran qu'il ne me garderait pas malgré moi.

Je viens de lâcher mon argument massue, et j'espère que Babba Hajji a bien entendu et bien compris. Après la traduction, que je ne peux malheureusement pas contrôler, j'insiste :

— Vous êtes un homme de Dieu. Comment pouvez-vous lui permettre de me faire ça, alors qu'il a juré sur le Coran?

Moody est à terre... mais seulement un court instant. Il reconnaît la vérité, il a effectivement juré sur le Coran. Mais...

— J'ai des excuses. Dieu doit me pardonner, car si je n'avais pas fait cela elle ne serait jamais venue.

La décision de Babba Hajji est rapide et sans appel. Reza la traduit :

— Quels que soient les souhaits de Moody, nous les suivrons...

Je sens, presque de façon palpable, la présence du Mal. Mais mieux vaut tourner ma langue dans ma bouche plutôt que de la dire. De toute façon l'argument est futile et je ne peux rien... Rien que hurler à nouveau :

— Vous êtes une bande de menteurs! Vous saviez tout d'avance. C'était un piège. Vous prépariez ce plan depuis des mois, et je vous hais, tous!

Fini le calme, je suis hors de moi et ne domine plus mes mots.

— Un jour je serai plus forte que vous. Vous décidez sous l'autorité de l'Islam, parce que vous savez que je

voulais la respecter. Mais un jour, vous paierez pour ça!
Dieu vous punira un jour!

La totalité de la famille se désintéresse de moi et de ma
condition. Ils se lancent des coups d'œil entendus, visiblement heureux de voir s'exercer sur moi le pouvoir de
Moody.

J'ai perdu.

3

Nous avons pleuré toutes les deux pendant des heures. Puis Mahtob est tombée d'épuisement. Je reste éveillée toute la nuit, les tempes battantes, le front serré dans un étau. Je déteste cet homme qui dort de l'autre côté du lit. Et j'en ai peur.

Au milieu, entre nos deux corps immobiles, Mahtob gémit parfois dans son sommeil et chaque soupir de ma fille me brise le cœur. Comment peut-il dormir à côté, en toute tranquillité après ce qu'il vient de lui faire? En ce qui me concerne c'est différent, j'avais fait mon choix. Mais elle? Elle n'a rien à dire. Elle est la victime innocente, une victime de quatre ans, un tout petit bout de femme confrontée déjà à la cruelle réalité de ce mariage devenu je ne sais comment un mélodrame de plus, dans cette grande foire, cet inextricable chaos de la politique mondiale.

Je me sens coupable à en mourir. Comment ai-je pu l'entraîner dans cette histoire? Je connais la réponse. Pourquoi?... parce que je ne pouvais pas faire autrement. Aussi étrange que cela paraisse, la seule manière que je concevais de garder Mahtob définitivement en dehors de ce pays, c'était de l'y emmener provisoirement, de temps en temps. Je le croyais, et voilà comment cette manœuvre désespérée est devenue un fiasco. Je ne m'étais jamais intéressée à la politique et à ses complexes implications internationales. Tout ce que je voulais, c'était le bonheur et l'harmonie dans ma famille. Mais cette nuit, en faisant

59

défiler tous mes souvenirs, des milliers de souvenirs, je crois bien que les quelques moments de joie que nous avons connus, me sont toujours plus ou moins apparus liés à la souffrance. C'est une souffrance en effet qui nous a rassemblés, Moody et moi, durant plus d'une dizaine d'années. Souffrance physique qui a commencé bizarrement dans ma tête, avant de gagner rapidement tout le corps. Ce n'était qu'une migraine au début, qui harcelait le côté gauche de mon crâne.

Cette migraine m'a prise en février 1974, provoquant des vertiges, des nausées et une sensation de fatigue insurmontable. Cela commençait à me marteler la tête dès le matin, dès que j'ouvrais les yeux. Souvent cela déclenchait une sorte de bourdonnement, puis de véritables contractions, des spasmes, comme si j'allais mourir, ma nuque se crispait, toute ma colonne vertébrale se raidissait. Impossible de dormir autrement qu'en utilisant des médicaments puissants. Cette maladie était d'autant plus un handicap qu'à l'âge de vingt-huit ans, je me sentais enfin prête à vivre une vie de femme adulte, en ne comptant que sur moi-même. Je m'étais mariée impulsivement, après mes études, plongée corps et âme dans une passion amoureuse qui venait de se terminer lamentablement par un long et difficile divorce. Après cela, je me croyais enfin à l'aube d'une période de stabilité et de bonheur tranquille, acquis par mes propres efforts. Mon travail chez ITT Hancock, à Elsie, une petite ville du Michigan, promettait de s'améliorer : alors que j'avais été engagée à l'origine comme simple employée, j'étais parvenue à diriger un bureau entier, sous les ordres immédiats du directeur. Mon salaire était suffisant pour nous fournir, à mes deux fils et moi, une maison confortable bien que modeste. J'avais trouvé une activité bénévole dans une association locale d'aide aux myopathes, dont l'action culmine dans la grande émission de solidarité – le téléthon – de Jerry Lewis. On m'avait vue à l'écran à la dernière fête du travail. Je me sentais bien dans ma peau et découvrais en moi des ressources nouvelles pour mener une vie indépendante. Je progressais, les choses se mettaient en place, je me découvrais vaguement ambitieuse, comme une adolescente, et c'était bon. Autour de moi, je ne voyais que des cols bleus contents de leur modeste sort. Je voulais obtenir mieux de la vie, peut-être un diplôme, peut-être une carrière de journaliste, ou progresser dans mon propre travail, peut-être... je ne sais pas... En fait, je voulais plus et mieux qu'une existence banale, comme j'en voyais tant autour de moi.

C'est à ce moment-là que les maux de tête m'ont terrassée. Pendant des jours et des jours ma seule ambition s'est réduite à l'espoir de me débarrasser de cette souffrance qui me rendait impuissante. En désespoir de cause je suis allée voir le docteur Morris, notre médecin de famille depuis toujours. Et un après-midi, il a pris la décision de me mettre en observation au Carson City Hospital, dans un service d'ostéopathie.

On m'a donné un lit dans une chambre individuelle, rideaux fermés, lumières éteintes. Je me suis recroquevillée dans ce lit, en position fœtale. J'entendais les médecins parler de possibilité de tumeur au cerveau et je ne voulais pas y croire. Je serrais les dents pour ne pas y croire.

Mes parents venaient me voir avec Joe et John, bien qu'ils fussent trop petits pour les visites. Cette dérogation aux règles de l'hôpital me semblait un signe inquiétant, au point que, le lendemain, j'ai dit au médecin que je voulais faire mon testament!

Mon cas était déconcertant. Les médecins m'ont d'abord prescrit des séances quotidiennes de manipulations et des périodes de repos strict, dans le noir de ma chambre. La technique de manipulation est la grande différence entre l'ostéopathie et les traitements classiques. Elle est pratiquée par des spécialistes diplômés qui ont une formation médicale identique aux autres, mais une approche différente de la maladie. Ils se préoccupent de soigner le corps dans son entier, et pas seulement l'endroit malade. J'étais dans un tel état que je n'ai pas fait attention à l'interne qui s'est occupé de moi pour la première séance. D'ailleurs, j'étais allongée sur une table, à plat ventre, je ne voyais pas grand-chose, uniquement préoccupée de suivre le travail des mains sur les muscles de mon dos. Tout ce que j'ai remarqué, à ce moment-là, c'est la douceur de ses gestes et une grande courtoisie. Il m'a aidée à me retourner avec précaution afin de poursuivre le traitement au niveau du cou et des épaules. La dernière manipulation consistait à débloquer rapidement le cou, en un tournemain qui provoquait un craquement sourd. Il m'a expliqué que l'air s'échappait ainsi des vertèbres, apportant un soulagement immédiat.

C'est là, allongée sur le dos, que je l'ai regardé pour la première fois. Un peu plus âgé que moi (de cinq ans), il paraissait aussi plus vieux que la plupart des internes. Il perdait déjà quelques cheveux par-ci par-là, sur le front. Cette maturité était un avantage pour lui, cela lui donnait de l'autorité. Ce n'était pas un don Juan, mais il était bâti solidement et il avait du charme. Il portait de grosses lunettes d'étudiant attardé et son visage aux traits doux, de type arabe, disparaissait presque derrière les verres. Sa peau était à peine plus sombre que la mienne et, à part un léger accent, son langage et ses manières étaient typiquement américains.

C'était le docteur Sayyed Bozorg Mahmoody, mais ses collègues l'avaient baptisé Moody.

Le traitement du docteur Mahmoody devint très vite essentiel au cours de mon séjour à l'hôpital. Il calmait temporairement la douleur et la simple présence de cet homme était en elle-même une thérapeutique. C'était le plus décontracté des médecins que j'aie connus. Je le voyais quotidiennement pour les soins, mais il lui arrivait souvent de me croiser dans l'hôpital et de s'arrêter simplement pour me demander comment j'allais. Souvent, en fin de journée, il passait me dire bonsoir.

Tout l'arsenal des tests et des examens de contrôle avait écarté l'éventualité d'une tumeur au cerveau et les médecins en concluaient que je souffrais uniquement d'une forme sévère de migraine, qui pourrait un jour disparaître d'elle-même, comme elle était venue. Ce diagnostic était vague mais apparemment correct car, après quelques semaines, la douleur commença à s'atténuer. Cet incident ne me laissa pas de traces physiques, mais il devait changer complètement le cours de ma vie.

C'était ma dernière journée d'hôpital, et la dernière séance avec le docteur Mahmody. Soudain, au milieu du traitement, il s'arrêta pour me dire :

– J'aime votre parfum. Maintenant je l'ai complètement associé à vous... Quand je rentre chez moi le soir, je peux encore le sentir sur mes mains...

Mon parfum c'est *Charlie,* je l'ai toujours porté. La remarque, ou le compliment, était agréable...

– Je vous appellerai pour prendre de vos nouvelles. Si vous le permettez...

– Bien sûr...

J'étais un peu émue, en le regardant recopier attentivement dans son carnet mon adresse et mon numéro de téléphone.

Il a repris son travail, triturant mon dos, mes épaules, et enfin me dévissant le cou comme d'habitude. Cela fait, il s'est tout simplement penché sur moi, tranquillement, doucement, et m'a embrassée sur les lèvres. Je ne pouvais pas savoir jusqu'où ce simple baiser allait m'emporter.

Moody n'aimait pas parler de l'Iran. Il disait : « Je ne retournerai jamais là-bas. J'ai trop changé, ma famille ne me comprend plus et je ne m'entends plus avec elle. »

Il aimait ce que l'on appelle l'*American way of life,* mais détestait le shah pour avoir tenté d'américaniser l'Iran. L'un de ses dadas favoris était de déplorer en grognant la disparition des marchands de brochettes à tous les coins de rue au profit des McDonalds et autres fast-food qui poussaient comme des champignons. Il avait été élevé au pays des chiche-kebabs de mouton odorants et des plats de riz aux épices.

Moody est né à Shushtar, au sud-ouest de l'Iran, mais à la mort de ses parents, il a vécu avec sa sœur à Khoramshar, dans la même province. L'Iran est l'exemple type de ces nations du tiers monde où la différence entre les deux couches de la population, pauvre et riche, est particulièrement importante. S'il était né dans une famille pauvre, Moody aurait passé sa vie à Téhéran, boutiquier misérable ou manœuvre de chantier, survivant de mille et un petits boulots. Mais sa famille avait de l'argent et un certain pouvoir. Alors il avait pu choisir son destin à la fin de ses études. Et il était ambitieux à l'époque. Beaucoup de jeunes Iraniens venaient étudier aux États-Unis, encouragés par le gouvernement du shah, qui espérait ainsi moderniser son pays dans l'avenir. Mais cette stratégie a finalement échoué. Les Iraniens se sont révélés incapables d'assimiler véritablement la culture américaine. Et ce, avec un entêtement et une obstination remarquables. Même ceux qui vivent aux États-Unis depuis une dizaine d'années font bande à part et ne se retrouvent qu'entre expatriés. Ils ont conservé leur religion et leurs coutumes. J'ai rencontré une Iranienne qui y résidait depuis vingt ans et ne savait toujours pas à quoi ressemble un torchon à vaisselle. Quand je lui ai expliqué la chose, elle a trouvé l'invention formidable!

L'explosion des étudiants iraniens vient, je crois, de la prise de conscience brutale qui s'est produite lorsqu'ils ont réalisé qu'ils pouvaient être partie prenante dans les décisions du gouvernement. Qu'ils avaient une voix et qu'il leur suffisait de s'en servir. Ce bond fantastique les a rendus adultes en politique et a provoqué la chute du shah.

La culture de Moody avait quelque chose d'atypique. Depuis une vingtaine d'années, il avait adopté en gros la manière de vivre américaine. Au contraire de ses compatriotes, il se tenait même à l'écart de la politique. En somme, il avait découvert un nouveau monde, différent de celui de son enfance, mais qui lui offrait des possibilités énormes : culture, réussite, dignité humaine basée sur des droits fondamentaux. Et cela dépassait de loin ce que la société iranienne pouvait lui donner. Moody voulait réellement devenir un Occidental.

Il avait séjourné à Londres tout d'abord, pour y apprendre la langue pendant deux ans. Et il était arrivé en Amérique avec un visa d'étudiant, le 11 juillet 1961. Après ses examens de licence à l'université du Missouri, il a passé quelques années à enseigner les mathématiques. Un garçon doué, capable de dominer beaucoup de sujets, et qui découvrait cependant que ce côté brillant et touche-à-tout l'empêchait de s'accomplir vraiment. Il reprit des études d'ingénieur, pour travailler ensuite dans un établissement dirigé par un homme d'affaires turc. Cette firme était l'un des sous-traitants de la NASA et participait activement à la mission Apollo. Moody aimait à dire avec orgueil qu'il avait « aidé à mettre un homme sur la Lune »...

A l'approche de la trentaine, la bougeotte le reprit. Son attention se fixa alors uniquement sur une profession que ses compatriotes vénèrent quasiment et que son père et sa mère avaient pratiquée tous les deux avant lui. Il décida de devenir médecin. Malgré tous ses diplômes, aussi brillants soient-ils, beaucoup d'écoles de médecine refusaient sa candidature à cause de son âge. Et c'est en fin de compte le Collège d'Ostéopathie de Kansas City qui l'accepta.

A l'époque où nous commencions à nous fréquenter, il arrivait au bout de son internat et désirait passer trois ans à Detroit, dans un hôpital de sa spécialité où il pourrait aussi devenir anesthésiste. Je lui disais souvent : « Tu devrais faire de la médecine générale, tu as un excellent contact avec les malades. » Ce à quoi il répondait : « Là où il y a de l'argent, il y a des anesthésistes. »

Sans aucun doute, il était devenu américain !

Il obtint sa carte verte, qui lui permettait d'exercer officiellement la médecine aux États-Unis. Je le croyais vraiment décidé à rompre définitivement ses liens familiaux. Il écrivait rarement à ses oncles, parfois une lettre à sa sœur, Ameh Bozorg, qui habitait maintenant Téhéran. Et ce peu de contacts avec sa famille m'attristait un peu. J'avais moi aussi quelques difficultés relationnelles avec ma propre famille, pour être honnête ; mais au fond de moi, j'ai toujours accordé une réelle importance aux liens naturels.

A cette époque j'insistais pour qu'il fasse un effort : « Tu devrais tout de même les appeler. Tu es médecin maintenant, tu peux te permettre d'appeler en Iran une fois par mois... » Et c'est ainsi que je l'avais encouragé à retourner dans son pays natal. Après son internat, il s'est finalement résolu à rendre visite à sa sœur Ameh Bozorg.

Pendant son séjour il m'a écrit chaque jour que je lui manquais. Et j'ai été surprise de constater qu'il me manquait aussi. Vraiment. C'est là que j'ai réalisé que j'étais tombée amoureuse de lui.

Nous nous sommes fréquentés régulièrement pendant trois ans et il me faisait une cour en règle. Il avait toujours des friandises pour Joe et John, des fleurs, des bijoux et des parfums pour moi. Mon premier mari n'oubliait jamais les fêtes mais Moody, lui, profitait de la moindre occasion pour y ajouter sa touche personnelle. Pour mon anniversaire, il m'a offert une petite boîte à musique, précieuse et délicate, ornée d'une statuette représentant une mère berçant un enfant dans ses bras.

– Parce que tu es une mère formidable... disait-il.

Et je pris l'habitude de bercer mon petit John pour l'endormir le soir au son de sa berceuse de Brahms. Ma vie était brodée de roses... Pour autant, je ne songeais pas à me remarier. Je prétextais mon besoin de liberté. Ma crainte de me lier à quelqu'un. Et à l'époque, il pensait comme moi.

Moody avait réussi à combiner son stage à l'hôpital de Detroit, en service de nuit, avec un poste de médecine générale dans une clinique. De mon côté, de retour à Elsie, je m'efforçais de concilier mes tâches professionnelles et mes responsabilités familiales.

Chaque fois qu'il pouvait s'échapper pour un week-end, Moody venait passer deux ou trois heures avec moi et les enfants, les bras toujours chargés de cadeaux. Les autres week-ends, lorsqu'il était de garde, je le rejoignais à Detroit dans son appartement. Un seul baiser de lui me faisait tout oublier. C'était un amant adorable, aussi préoccupé de mon plaisir que du sien. Je n'avais jamais connu une attirance physique aussi forte. Nous ne pouvions pas être plus proches. Nous dormions dans les bras l'un de l'autre des nuits entières.

La vie était formidable, passionnante, pleine de bonheur. Moody était un père-copain pour mes deux fils. Nous allions ensemble au zoo, en pique-nique, dans les festivals folkloriques, pour nous familiariser avec les cultures orientales. Moody m'apprenait la cuisine arabe, le mouton grillé, les sauces piquantes, mes enfants et tous mes amis adoraient ça. Moi aussi. Tout allait si bien.

Sans m'en rendre compte, j'ai commencé à m'occuper uniquement de son bien-être. J'adorais qu'il reste avec moi, j'adorais faire la cuisine et les courses pour lui. Son appartement d'étudiant célibataire avait vraiment besoin d'une petite touche féminine. Il avait peu d'amis, mais les miens s'attachèrent rapidement à lui. Il avait un talent naturel (quelques livres l'aidaient, aussi...) pour les plaisanteries et les tours de magie, et il devint sans effort le centre d'attraction de notre petit cercle.

Et puis il m'enseigna un peu la philosophie de l'Islam et je découvris avec étonnement qu'elle avait beaucoup de liens avec nos traditions judéo-chrétiennes. Allah n'était pas loin du Dieu de mon Église méthodiste. Moody m'expliqua aussi que les musulmans étaient divisés en plusieurs sectes, comme les chrétiens en baptistes, catholiques ou luthériens. Sa famille appartenait à la secte des musulmans chi'ites... Des fondamentalistes fanatiques, de l'avis de Moody. Et bien qu'ils n'aient disposé à l'époque d'aucun pouvoir dans le gouvernement du shah, ils représentaient pourtant la secte dominante. Moody avait peu pratiqué cette forme extrême de la religion au cours de son éducation là-bas. Il dédaignait la viande de porc, mais acceptait avec plaisir un verre d'alcool. Il n'utilisait que rarement son tapis de prières pour remplir ses devoirs religieux.

Je me souviens qu'un jour, en arrivant chez lui pour le week-end, le téléphone a sonné. Une urgence, il devait s'absenter. J'en profitai pour sauter dans ma voiture et faire une razzia de provisions, vins, gâteaux et spécialités iraniennes. Des amis me rejoignirent à Detroit, où nous attendions son retour. Et lorsqu'il apparut, la petite troupe le surprit d'un « Bon anniversaire ». C'était inattendu, et je l'ai rarement vu si heureux. Il venait d'avoir trente-neuf ans mais s'amusa ce jour-là comme un gosse.

De plus en plus, il a envahi ma vie, il était devenu même ma raison de vivre. Au bout de deux ans, je ne pensais plus qu'à lui. Mon intérêt pour le travail diminuait. Seuls comptaient les week-ends. Ma carrière en pâtissait. J'accomplissais le travail d'un homme, mais j'étais moins bien payée. Je me sentais frustrée, d'autant plus qu'il me fallait régulièrement repousser les avances d'un cadre du service, qui estimait qu'une femme célibataire est forcément une femme disponible. Il était clair que je devais coucher avec lui si je voulais de l'avancement. Les bagarres à ce sujet devenaient insupportables et je n'attendais qu'une chose, le samedi, pour me débarrasser de cette tension permanente.

L'un de ces week-ends fut particulièrement heureux. Je fis la preuve, aussi bien à Moody qu'à moi-même, que j'étais capable d'assurer l'organisation d'une grande réception. Je fus une hôtesse parfaite pour ses invités, tous médecins, et leurs épouses. C'était pourtant très différent de mes petites réunions amicales, dans ma petite ville, dans mon petit monde. La réception se termina tard dans la nuit. Le dernier invité parti, Moody me prit dans ses bras pour me dire :

– Je t'aime pour tout ça...

Il proposa de m'épouser en janvier 1977.

Trois ans plus tôt, j'aurais dit non. A lui comme à un autre. Mais j'avais changé. J'avais fait le tour de mon indépendance, je me savais capable d'assumer ma vie et celle de ma famille. Mais je n'aimais plus autant vivre seule. Et je détestais être une divorcée, c'était comme une tare. Et puis j'aimais Moody et je savais qu'il m'aimait. En trois ans nous n'avions pas eu une seule dispute!

J'avais une chance de recommencer ma vie, d'être à la fois une mère et une femme. Je m'imaginais donnant des réceptions mondaines, le docteur et madame Mahmoody recevraient beaucoup... Je reprendrais peut-être mes études, nous aurions peut-être un enfant ensemble...

Sept ans plus tard, je me retrouve dans le même lit que cet homme, pour une nuit d'insomnie affreuse, et je me rappelle tout ça. Il y a eu tant de signes, tant d'alertes auxquels je n'ai pas pris garde. Je n'ai pas fait attention. Mais on ne vit pas en « faisant attention ».

Me plonger dans le passé ne m'aidera pas. Nous sommes là, Mahtob et moi, otages dans ce pays bizarre. Et en ce moment les pourquoi et les comment qui m'ont précipitée dans cette situation sont secondaires, face à la réalité des jours qui vont suivre. Des jours?

Des semaines? Des mois? Combien de temps pourrons-nous tenir? Je n'arrive pas à penser en termes d'années. Moody ne veut pas, ne peut pas, nous faire ça... Il va se rendre compte de toute cette saleté. Il en tombera malade. Il se rendra compte que son seul avenir est en Amérique, et non dans ce pays attardé qui doit encore apprendre les bases élémentaires de l'hygiène et de la justice sociale. Il changera d'idée. Il nous ramènera à la maison, sans se douter qu'à peine le pied posé sur le sol américain, j'attraperai ma fille par la main et me précipiterai chez le premier avocat que je trouverai. Et s'il ne changeait pas d'idée? Que se passera-t-il? Quelqu'un m'aidera sûrement. Mes parents? Mes amis, là-bas dans le Michigan? Ou la police, le département d'État?

Nous sommes, ma fille et moi, des ressortissantes américaines, même si Moody ne l'est pas. Nous avons des droits. Il suffit de trouver le moyen de faire respecter ces droits.

Mais comment? Et combien de temps cela prendra-t-il, mon Dieu?

4

Le cauchemar des jours a passé dans une sorte de brouillard. J'essaye tout de même de garder un minimum de présence d'esprit et d'inventorier mes biens. Moody m'a confisqué mon chéquier, je me demande d'ailleurs ce que j'aurais pu acheter avec. En vidant mon sac j'ai découvert un petit trésor, rescapé de la frénésie d'achat qui a précédé ce faux départ. Je possède presque deux cent mille rials et cent dollars en monnaie américaine. Les rials valent à peu près deux mille dollars, et je pourrais multiplier mes dollars par six si je pouvais les négocier au marché noir. J'ai caché cette petite fortune sous le mince matelas de mon lit et, chaque matin, pendant que Moody et les autres marmonnent leurs prières je la transfère sous mes vêtements « au cas où ». J'ignore quelle occasion improbable pourrait se présenter dans la journée et ce que je pourrais faire avec cet argent, mais il représente mon unique ressource, ma survie. Je pourrais peut-être acheter ma liberté. Un jour, je ne sais pas comment, nous sortirons de cette prison. Car c'est bien une prison. Moody détient nos passeports et nos extraits de naissance. Privées de ces papiers vitaux, nous ne pouvons pas espérer sortir de Téhéran, si par bonheur nous arrivions à nous échapper de cette maison.

Depuis plusieurs jours, nous n'avons presque pas mis les pieds hors de la chambre. Je suis terrassée par toutes sortes de maux. Je n'avale que du riz, et par petites portions. En dépit de l'épuisement nerveux, je n'arrive pas à dormir. Moody m'a donné des médicaments. Sans commentaires. La plupart du temps, il nous laisse seules, espérant que nous accepterons notre sort, que nous nous résignerons à passer le reste de nos vies en Iran.

Il me traite avec mépris, en geôlier plus qu'en mari. Et il affiche un espoir, complètement stupide, à propos de Mahtob. Il croit vraiment que ma petite fille, qui approche de ses cinq ans, acceptera de gaieté de cœur, sans traumatisme, sans pleurer, ce changement brutal dans son existence. Il essaie de la cajoler pour récupérer son affection, mais elle a une nette attitude de recul et de méfiance vis-à-vis de lui. Chaque fois qu'il veut la prendre par la main, elle s'échappe et s'accroche à moi. Je vois bien dans ses yeux effrayés qu'elle ne comprend plus. Son père est devenu un ennemi.

Elle pleure toutes les nuits dans son sommeil, et a toujours peur d'aller dans la salle de bains toute seule, avec les cafards. Nous souffrons toutes les deux de crampes d'estomac et de diarrhée, et malheureusement cette salle de bains infestée de bestioles est devenue notre sanctuaire. D'ailleurs c'est le seul endroit où nous pouvons être tranquilles et c'est là que nous faisons notre prière rituelle : « Mon Dieu, je t'en prie, aide-nous à sortir de là, aide-nous à trouver le moyen de nous échapper, pour rentrer ensemble en Amérique et retrouver notre famille. »

J'insiste pour lui faire comprendre qu'il est essentiel que nous restions ensemble. J'ai une peur noire que Moody ne l'éloigne de moi.

Le Coran est la seule distraction qui me soit permise. Une traduction anglaise de Rashad Khalifa, imam de la mosquée de Tucson en Arizona, m'a été fournie pour mon édification. Je suis tellement désespérée que je guette les premières lueurs de l'aube à travers les volets pour pouvoir lire. Cette chambre est dépourvue de lampe et les volets sont toujours clos. Dans le hall les incantations monotones de Babba Hajji me servent de fond sonore, tandis que j'étudie attentivement les écritures islamiques. J'y cherche les passages concernant les relations entre homme et femme. Si par hasard je découvrais dans le

Coran quelque chose qui puisse servir ma cause, qui proclame les droits des mères et des enfants, je m'en servirais devant Moody et son tribunal de famille.

Dans la sourate (le chapitre) 4 verset 34, j'ai trouvé une réflexion désolante, émise par le Prophète :

« Les hommes sont responsables des femmes, c'est pourquoi Dieu leur a donné les qualités nécessaires. Ils sont les pourvoyeurs de pain. C'est pourquoi les femmes vertueuses doivent accepter cette loi avec obéissance et honorer leurs époux, même en leur absence, selon les commandements de Dieu. Si l'une de tes femmes montre de la rébellion, tu devras tout d'abord l'éclairer de ta connaissance, puis la chasser de ton lit, et en dernier ressort la battre. Mais si elles t'obéissent, tu n'auras aucune excuse d'enfreindre la loi. Dieu est au-dessus de toi et plus puissant que toi. »

Aucune raison de se réjouir en ce qui me concerne, mais c'est dans le passage suivant que j'ai trouvé une raison d'espérer :

« Lorsqu'un couple rencontre des difficultés dans son mariage, ils doivent prendre l'avis d'un juge de la famille du mari et celui d'un juge de la famille de l'épouse. Si le couple se réconcilie, Dieu les fera vivre ensemble à nouveau. Dieu est le savoir et la connaissance. »

Je tente ma chance, en montrant ce verset du Coran à Moody :

– Nos deux familles doivent nous aider à résoudre nos problèmes... c'est écrit là.

– Ta famille n'est pas musulmane, elle ne compte pas. De plus c'est ton problème, pas le « nôtre ».

Ce sont des musulmans chi'ites emportés par la gloire de leur Révolution, enfermés comme dans du béton à l'intérieur de leur fanatisme. Comment pourrais-je, moi, une Américaine, pis, une femme américaine, oser leur proposer mon explication du Coran en passant par-dessus l'imam Reza, l'ayatollah Khomeiny, Babba Hajji, et bien entendu mon propre mari? Si tant est que cela concerne quelqu'un dans cette maison, en tant qu'épouse de Moody, je suis son bien. Son meuble en quelque sorte. Et il peut faire de moi exactement ce qu'il veut.

Au troisième jour de prison, ce jour où nous aurions dû arriver dans le Michigan, il me force à appeler mes parents. Il m'indique ce que je dois leur dire et écoute attentivement la conversation. Son attitude est suffisamment menaçante pour que je me contente d'obéir.

– Moody a décidé que nous resterions un peu plus longtemps. Nous n'allons pas revenir tout de suite...

Mes parents sont tout de même inquiets. Je suis obligée de les rassurer, la gorge serrée :

– Ne vous en faites pas... Nous serons là bientôt... Même si nous restons quelque temps... c'est promis, nous reviendrons bientôt.

J'ai dit cela avec toute mon affection et le ton les a rassurés. Je déteste leur mentir ainsi, mais, avec Moody qui me surveille, je n'ai aucun moyen de faire autrement. J'aimerais tant être avec eux, embrasser mes fils Joe et John... Est-ce que je les reverrai jamais ?

Moody devient de plus en plus pénible. Renfrogné, menaçant, avec Mahtob comme avec moi. Capricieux, il lui arrive d'essayer d'être gentil par moments, presque aimable. Je me demande s'il n'est pas aussi désorienté que moi, tout doit être confus dans sa tête. Épisodiquement, il fait des tentatives pour m'intégrer à sa famille. Un jour il annonce à brûle-pourpoint :

– Betty va nous concocter un petit dîner ce soir...

Et il m'emmène au marché. Ma première réaction est presque de bonheur. Retrouver l'air du dehors et les chauds rayons du soleil... Mais le spectacle, les bruits et les odeurs de la ville sont plus étranges et repoussants que jamais. Nous parcourons des rues interminables jusqu'à l'échoppe d'un boucher, pour nous entendre dire : « Pas de viande avant quatre heures cet après-midi. Revenez à quatre heures ! »

Beaucoup d'autres boutiques nous assènent la même réponse. Nous reprenons l'expédition dans l'après-midi et finissons par trouver un rôti de bœuf dans une boutique distante de trois kilomètres de la maison.

Je fais de mon mieux dans la misérable cuisine d'Ameh Bozorg pour dénicher les ustensiles nécessaires à l'élaboration d'un semblant de repas familial à l'américaine. De mon mieux également pour ignorer les froncements de sourcil renfrognés de ma belle-sœur. Après le dîner, elle exerce opportunément son pouvoir maternel envers son jeune frère pour le mettre en garde :

– Notre estomac ne supporte pas la viande de bœuf, dit-elle fermement. Dorénavant, nous ne mangerons plus de bœuf dans cette maison.

En Iran, il faut dire que le bœuf est considéré comme un plat de basse classe. Et ce qu'elle veut dire en réalité, c'est que le plat préparé par moi a offensé sa dignité.

Incapable de contrer sa sœur, Moody laisse filer le sujet, lâchement. Mais il est clair que cette femme n'acceptera jamais une quelconque contribution de ma part à la vie quotidienne de son foyer. Toute sa famille, en fait, m'ignore. Ils tournent le dos quand j'entre dans une pièce ou, ce qui est pire, me fixent d'un air menaçant. Le fait que je sois américaine l'emporte d'évidence sur mon rôle, même douteux, d'épouse de Moody. Durant cette première semaine d'emprisonnement, Essey a été la seule à me parler gentiment. Un jour, même, alors qu'elle est en visite avec Reza, elle se débrouille pour me prendre à part :

– Je suis vraiment désolée, Betty, je t'aime beaucoup, mais ils nous ont recommandé à tous de nous tenir à l'écart de toi. Nous n'avons pas la permission de nous asseoir près de toi ou de te parler. Je ressens très mal ce qui t'arrive, mais je m'attirerais des ennuis en jetant le trouble dans la famille.

Autrement dit, Ameh Bozorg espère que je vais vivre indéfiniment dans l'isolement et la contrainte. Que va-t-il se passer dans cette maison de fous ?

Moody, lui, semble content de vivre des largesses de sa famille. Il marmonne vaguement à propos d'un travail qu'il serait en train de chercher, mais son idée de la chasse au job consiste à expédier un de ses neveux se renseigner sur sa licence de médecin. Il est sûr que son expérience aux États-Unis va lui ouvrir les portes d'un centre médical. Il veut pratiquer son métier ici.

Le temps ne signifie rien pour la plupart des Iraniens et Moody adopte ce comportement avec une grande aisance.

Il passe ses journées à écouter la radio, à lire les journaux et discute de tout et de rien pendant des heures avec sa sœur. Il lui arrive parfois de nous sortir, moi et Mahtob, pour de courtes promenades, mais il garde un œil attentif sur nous. Quelquefois aussi, il va passer l'après-midi ou la soirée chez un de ses neveux, mais il ne sort qu'après s'être assuré que quelqu'un de la famille me surveille. Il arrive qu'il participe à une manifestation antiaméricaine et qu'il rentre excité, en déblatérant contre les États-Unis.

Les jours passent, d'une misère indicible, des jours de chaleur, de maladie, des jours fastidieux, des jours d'angoisse. Je m'enfonce lentement mais sûrement dans la mélancolie. Cela ressemble à la mort. Je mange à peine, je dors sans dormir, bien que Moody m'abrutisse de tranquillisants. Comment se fait-il que personne ne m'aide ?

Chance. Un après-midi, vers le milieu de ma deuxième semaine de captivité, je me trouve près du téléphone au moment où il sonne. Instinctivement, je décroche l'appareil et je bondis en entendant la voix de ma mère qui appelle de chez nous. Elle a essayé de me joindre plusieurs fois auparavant et ne veut pas perdre de temps en conversations inutiles. Elle me donne le numéro de téléphone et l'adresse de la section des intérêts américains à l'ambassade de Suisse de Téhéran. Mon cœur galope. J'inscris les renseignements dans ma mémoire. Il était temps. Moody accourt, furieux, m'arrache le téléphone et raccroche brutalement.

– Tu n'es pas autorisée à leur parler hors de ma présence.

Il a décrété. Mais j'ai le cœur qui éclate.

Cette nuit, dans ma chambre, j'invente un petit code simple pour dissimuler l'adresse et le numéro de l'ambassade, et je recopie l'information dans mon carnet d'adresses que je dissimule avec l'argent sous mon matelas. Par précaution supplémentaire, j'ai répété les numéros dans ma tête presque toute la nuit. L'espoir d'un secours est enfin arrivé. Je suis citoyenne américaine, l'ambassade doit être capable de nous arracher à cette prison, si j'arrive à trouver un contact avec l'un de ses représentants. L'occasion se présente justement l'après-midi suivant. Moody est sorti, sans me dire où il allait, bien entendu. Ameh Bozorg et le reste du clan se sont enfoncés dans la torpeur de leur sieste habituelle. Le cœur battant, je me faufile jusqu'à la cuisine, décroche doucement le récepteur du téléphone et compose le numéro que j'ai mémorisé. Les secondes me paraissent des heures, j'entends le bruit caractéristique de la ligne qui cherche la connexion... comme dans une caisse de résonance. Puis la sonnerie, une fois, deux fois, trois fois... Je prie pour que quelqu'un décroche, vite, vite... Enfin, quelqu'un! Et juste à ce moment, Ameh Bozorg et sa fille Feresteh surgissent dans la pièce! Du calme. Elles n'ont jamais parlé anglais, je suis sûre qu'elles ne pourront pas comprendre la conversation. En retenant mon souffle, je murmure : « Allô? »

A l'autre bout du fil, une voix de femme :

— Parlez plus fort!

— Je ne peux pas... Je vous en prie, aidez-moi, je suis un otage!

— Parlez plus fort, je ne vous entends pas!

Je lutte contre les larmes et la rage pour élever le ton de ma voix aussi naturellement que possible. Les deux femmes dans mon dos, je les sens à l'affût.

— Au secours, je suis un otage!

— Parlez plus fort, je ne comprends pas!

Et la femme raccroche.

Dix minutes plus tard, Moody est de retour, il me pousse en me bousculant dans la chambre, me jette sur le lit et me secoue violemment par les épaules :

— Avec qui parlais-tu?

La maisonnée est contre moi, je le sais, mais je ne m'attendais pas à ce que Feresteh me dénonce aussi vite. Il me faut un mensonge acceptable, vite.

— A personne...

Ce qui n'est qu'un demi-mensonge en l'occurrence.

— Tu as parlé au téléphone à quelqu'un aujourd'hui! Qui?

— Je n'ai parlé à personne. J'ai seulement essayé d'appeler Essey. Mais je n'ai pas réussi à la joindre, j'ai dû faire un faux numéro.

Les doigts de Moody s'enfoncent dans ma chair avec violence. Mahtob se met à pleurer de l'autre côté du lit.

– Tu me racontes des histoires!

Sa fureur, la violence qu'il a peine à retenir me font vraiment peur. Pendant plusieurs minutes il laisse éclater sa colère, en me secouant, puis sort brusquement.

– Ne touche plus jamais au téléphone! Tu entends? Plus jamais!

L'attitude de mon mari change souvent. Un jour bon, un jour mauvais, il m'est difficile d'établir un plan dans ces conditions. Lorsqu'il se montre menaçant, il me conforte dans ma résolution d'avertir l'ambassade. Mais le lendemain, le voilà tout à coup prévenant, calme, et je reprends espoir de le voir changer de décision. Il joue avec moi et m'empêche de voir clair, donc de décider quoi que ce soit. Chaque soir je m'endors soulagée, grâce aux pilules qu'il me fournit généreusement. Et chaque matin je me réveille angoissée.

Un matin, vers la fin du mois d'août (nous sommes en Iran depuis un mois), il me propose d'organiser une petite réception pour l'anniversaire de Mahtob. Je trouve l'idée bizarre, car il me suggère d'organiser cette fête le vendredi à venir alors que l'anniversaire de Mahtob est pour le 4 septembre, un mardi. Je le lui fait remarquer, en lui demandant de respecter le jour. Un anniversaire est un anniversaire...

Mon mari s'énerve. M'explique qu'en Iran on fête les anniversaires le vendredi, parce que le vendredi les gens ne travaillent pas. Et aussi qu'un anniversaire est un événement « social » important, prétexte à réunir la famille. Le vendredi, et pas un autre jour!

Je continue à résister. Par principe. Si je suis obligée d'être là contre mon gré, je tiens au moins à lutter pour chaque petit bonheur concernant ma fille. Et je me fiche complètement des coutumes iraniennes...

A ma surprise et au mécontentement de sa famille, Moody accepte. Alors je profite de mon avantage :

– Je voudrais lui acheter une poupée.

Et il accepte aussi. Il arrange même une sortie pour moi, avec Majid.

Nous faisons donc le tour des magasins. Les poupées iraniennes sont vraiment trop minables. Je découvre finalement une poupée de fabrication japonaise, habillée d'un pyjama rouge et blanc. Elle a une sucette dans la bouche et quand on la secoue elle rit ou pleure. Le tout pour à peu près l'équivalent de trente dollars. Moody décrète :

– C'est trop cher! On ne peut pas se permettre de dépenser autant d'argent pour une poupée!

– Si, on peut! Elle n'a pas de poupée ici et nous allons lui offrir celle-là!

J'ai encore gagné. Il cède. Minuscule victoire, j'en conviens, mais je voudrais tant que cet anniversaire soit un vrai moment de joie pour Mahtob. Le seul et le premier en un mois. Elle attend cette fête avec tant d'enthousiasme. Et c'est bon de la voir sourire, rire même.

Mais deux jours avant la fête tant attendue, un accident rafraîchit notre pauvre petit enthousiasme. En jouant dans la cuisine, Mahtob dégringole d'un petit tabouret qui se brise sous son poids. L'un des pieds, transformé en écharde, pénètre profondément dans son bras. Elle hurle, je me précipite, effrayée de voir le sang couler à flot. Aussitôt Moody improvise un garot et Majid nous assure qu'il va nous emmener très vite à l'hôpital le plus proche. Dans la voiture, je serre ma petite fille en larmes contre moi. Son père se veut rassurant. Nous ne sommes qu'à quelques coins de rue de l'hôpital. Malheureusement, à notre arrivée, un employé nous refoule :

– Il n'y a pas de service d'urgence ici...

Il ne se rend même pas compte du danger que court l'enfant. Pas d'urgence, pas de soins. Nous filons à travers la circulation vers un autre hôpital dont Majid affirme qu'il possède un service d'urgence. Il y en a un effectivement, mais nous nous trouvons devant une salle d'attente minuscule bourrée de pauvres gens sales, malades et dont personne ne semble s'occuper. Il n'y a pas d'autre endroit où aller.

Moody attrape au vol un médecin et s'explique en farsi, à toute vitesse. Je comprends vaguement qu'il se présente comme un médecin venant d'Amérique et de passage dans le pays, dont la fille a besoin de soins d'urgence. L'Iranien nous entraîne immédiatement vers une autre salle de soins et propose même courtoisement d'intervenir gratuitement pour un confrère.

Mahtob, se réfugie contre moi peureusement tandis qu'il examine la blessure et prépare ses instruments. Je l'observe et m'inquiète :

– Vous n'avez pas d'anesthésique?

C'est Moody qui répond : « Non ».

Pas d'anesthésique dans un hôpital au service d'urgence! J'ai l'estomac retourné, mais il ne faut pas que j'inquiète ma fille :

– Mahtob ma chérie, il va falloir être courageuse.

Mais comment empêcher une enfant de cinq ans d'être terrorisée par l'aiguille à suture que le médecin ajuste devant elle? Moody cherche à la calmer, d'un ton sec, et l'immobilise fermement sur la table de soins. Ses petits ongles griffent ma main. Prise d'une crise de larmes qui frise l'hystérie, la pauvre petite se débat malgré les bras musclés de son père qui la maintient avec force. Je ne peux pas regarder cette aiguille qui lui perce la peau. Elle pousse des cris aigus qui résonnent dans la petite pièce, et chaque cri me brise le cœur. La haine me submerge. C'est sa faute, sa faute à lui, le père, qui nous a entraînées dans cet enfer.

L'intervention prend quelques minutes, interminables, les larmes coulent sur mes joues sans retenue. Il n'y a rien de plus dur pour une mère que d'être là, impuissante, devant la douleur de son enfant. On voudrait prendre la souffrance pour soi, être torturée à sa place et on ne peut pas. J'ai mal au ventre, je transpire d'angoisse, mais c'est Mahtob qui supporte la douleur physique. Et il n'y a rien que je puisse faire pour l'aider.

Enfin c'est terminé. Le médecin iranien fait une ordonnance pour une piqûre antitétanique et se lance dans des recommandations que je ne comprends pas. Mahtob gémit encore, la tête enfouie dans mon cou, mais nous sortons avec soulagement. Il nous reste à suivre une procédure compliquée, une sorte d'expédition au bout du monde. Il faut d'abord dénicher une pharmacie susceptible de nous vendre le vaccin, ce qui n'est pas évident. Après quoi nous devrons trouver une clinique autorisée à pratiquer ce genre d'injection. Ce qui n'est pas évident non plus...

Je ne comprends pas, vraiment pas comment Moody a pu décider d'exercer son métier ici plutôt qu'en Amérique. D'autant plus qu'il critique le travail de son collègue. S'il avait eu, dit-il, ses instruments à lui il aurait fait une meilleure suture.

Mahtob est épuisée lorsque nous rentrons et tombe dans un sommeil agité. Je suis malade pour elle. Je vais essayer de faire bonne figure pendant ces deux jours et de lui organiser une vraie fête. Un anniversaire spécial, dans cette prison spéciale...

Le mardi matin, Moody m'entraîne avec lui dans une boulangerie pour y acheter un énorme gâteau en forme de guitare, Dieu sait pourquoi. Il ressemble vaguement en consistance et en couleur au cake américain traditionnel, mais sans beaucoup de goût.

— Tu devrais le décorer toi-même... suggère Moody.

C'est en principe l'un de mes talents. J'aimais faire cela chez nous, là-bas.

— Non. Je n'ai rien, ni ustensiles ni produits.

Sans se décourager, il cherche à épater le boulanger :

— Elle sait très bien décorer les gâteaux !

Immédiatement, le marchand propose en anglais :

— Vous voulez le faire ici ?

Ma réponse claque :

— Non.

Je ne veux rien faire qui ressemble de près ou de loin à un travail, en Iran.

Nous rentrons à la maison pour préparer la réception. Plus d'une centaine de parents vont arriver, bien qu'ils aient dû prendre pour cela du temps sur leur travail. Dans la cuisine, Ameh Bozorg tente de fabriquer une sorte de salade de poulet, noyée dans la mayonnaise. Et elle utilise de la purée pour écrire le nom de Mahtob en farsi, à la surface de cette chose étrange. Ses filles préparent des brochettes, du fromage, des légumes dans les plats de fête.

Ils arrivent. Morteza, le second fils de Babba Hajji, avec sa femme et leur petite fille d'un an. Mahtob joue avec elle, pendant que ses parents décorent le hall de ballons multicolores. Elle a un peu oublié l'accident et voudrait bien ouvrir ses cadeaux.

Ils arrivent. Leur nombre m'étonne toujours. Une vraie foule. Ils portent des paquets brillants et enturbannés, et les yeux de ma fille s'agrandissent devant cette montagne de présents qu'ils empilent devant elle.

Morteza et sa femme ont apporté un gâteau surprise. Il n'y a pas de surprise en réalité car il ressemble comme deux gouttes d'eau à celui que nous avons acheté. Pour comble de coïncidence, Nelufar, la femme de Morteza entre par une porte avec un gâteau au moment même ou Majid passe par une autre avec le nôtre. En riant, ils se précipitent l'un vers l'autre et Nelufar fait mine de lui arracher le plat. L'un des gâteaux se retrouve par terre, en miettes, à leur grande consternation. Au moins, il nous en reste un...

Mammal est chargé d'animer la soirée. Il tape dans ses mains rythmant les couplets d'inépuisables chansons enfantines, étranges et gutturales. J'en arrive à la conclusion qu'il doit être interdit par la loi, dans ce pays, d'afficher le moindre sourire. Personne n'a l'air heureux. Pourtant, aujourd'hui, la famille semble partager sincèrement la joie de cet anniversaire.

Les chansons ont bien duré trois quarts d'heure. Mammal et Reza, particulièrement de bonne humeur jouent avec les enfants. Soudain, comme mus par un signal, les deux hommes plongent dans la pile de cadeaux et commencent à défaire les emballages.

Mahtob n'en croit pas ses yeux. De grosses larmes roulent sur ses joues et elle m'appelle au secours :

– Maman! ils ouvrent mes cadeaux!

Je me retourne vers Moody :

– Je n'aime pas ça... empêche-les! Laissez-la ouvrir les paquets!

Les trois hommes palabrent un moment. Ils veulent bien autoriser Mahtob à en ouvrir quelques-uns. Mais quelques-uns seulement. Je ne comprends pas. Moody m'apprend une nouvelle coutume : en Iran, ce sont les hommes qui ouvrent les cadeaux pour les enfants.

Le désappointement de ma fille est heureusement tempéré par le flot de trésors qui lui arrive. Un nombre incroyable de jouets iraniens : un petit ange rose et blanc qui se balance au bout d'une ficelle, une balle, un maillot de bain et une bouée pour la piscine, une drôle de petite lampe surmontée de petits ballons... et des tas et des tas de vêtements, et puis sa poupée.

Il y a bien trop de jouets pour qu'elle s'amuse avec tous en même temps. Mais il lui faut s'accrocher fermement à sa poupée, car les autres enfants farfouillent dans les cadeaux, les emportent, les dispersent dans la pièce et, une fois de plus, Mahtob fond en larmes. Il est totalement impossible de contrôler cette foule de gamins désobéissants, d'autant que les parents ne prêtent aucune attention à leur comportement.

Sans lâcher sa poupée, qu'elle serre précieusement contre elle, Mahtob reste sombre pendant tout le dîner, mais son regard s'illumine à la vue du gâteau. Je la regarde dévorer, le cœur déchiré, incapable que je suis de lui offrir le seul cadeau dont elle ait besoin, la liberté.

Cette fête d'anniversaire nous a replongées, finalement, dans une mélancolie profonde. Septembre est là. Nous devrions être chez nous depuis trois semaines déjà.

Un autre anniversaire ajoute à ma dépression. Celui de l'imam Reza, fondateur du chi'isme. En un si beau jour, tout chi'ite se doit, normalement, de rendre visite à la tombe de l'imam. Mais comme il est enterré en territoire ennemi, en Irak, nous devons nous rendre sur la tombe de sa sœur, à Rey, l'ancienne capitale de l'Iran, à une heure environ vers le sud.

Je ne tiens pas du tout à y aller, je l'ai dit à Moody ce matin, mais il a simplement répliqué :

— Tu dois venir.

C'est comme ça et pas autrement... Ils sont une vingtaine à se préparer au départ dans la maison d'Ameh Bozorg. Vingt personnes pour deux voitures. Ma petite fille est aussi malheureuse que moi et, avant de partir, nous faisons encore une prière, enfermées dans la salle de bains : « Mon Dieu, s'il vous plaît, faites que nous rentrions chez nous saines et sauves. »

Pour cette occasion exceptionnelle, Moody m'a obligée à revêtir un tchador encore plus noir et plus épais que d'habitude. Dans la voiture bondée, je dois m'asseoir sur ses genoux avec Mahtob dans les bras. Une heure de voyage pénible et nous arrivons à Rey. Dans un nuage de poussière, la troupe de pèlerins débarque en désordre, au coude à coude; machinalement, Mahtob et moi, nous suivons les femmes vers l'entrée du sanctuaire.

Mais Moody me rattrape :

— Mahtob peut venir avec moi, je la porterai.

Ma fille ne veut pas me quitter, elle hurle à l'approche de son père. Il l'attrape par la main, elle le repousse comme elle peut et les gens commencent à se retourner pour voir d'où vient cette agitation. Mahtob continue de crier : « Nooon!!! »

Furieux de sa résistance, son père la rejette vers moi avec violence. Et en même temps, il lui lance un coup de pied brutal dans le dos. Encombrée par mon tchador, je me précipite vers ma fille en criant à mon tour. Et il retourne sa rage contre moi, hurle des injures et toutes les obscénités qu'il trouve à formuler en anglais. Je m'effondre en larmes, impuissante à endiguer sa fureur. Mahtob vient à mon secours, la pauvre gosse essaie de se glisser entre nous. Son père lui jette un regard terrible et la gifle avec une telle violence que le sang gicle de sa lèvre fendue. Les yeux écarquillés d'horreur, je fixe les petites taches rouges dans la poussière.

Autour de nous, les gens marmonnent de dégoût. En Iran le sang est considéré comme contagieux et doit être nettoyé aussi vite que possible. Pourtant, personne n'intervient, car il est évident qu'il s'agit là d'une querelle domestique. Ni Ameh Bozorg, ni personne ne tente de calmer Moody. Ils regardent fixement le sol, ou autour d'eux, comme si rien ne se passait.

J'attrape ma fille pour la consoler et essuyer le sang avec le coin de mon tchador. Complètement hystérique, Moody continue de brailler des horreurs, des insanités que je n'imaginais pas qu'il puisse dire. A travers mes larmes j'entrevois son visage tordu de haine, grimaçant, affreux. Et j'ai tout de même le courage de réclamer de la glace pour soigner Mahtob. Son visage est couvert de sang à présent et Moody paraît s'en rendre compte. Il se calme un peu, mais ne manifeste aucun remords. Nous partons à la recherche d'un marchand de glace, qui nous en découpe au ciseau un petit morceau dans un bloc sale. Mahtob pleurniche, tandis que son père, toujours sans s'excuser, se met à bouder. C'est insensé. Je suis en train de me demander si je n'ai pas épousé un malade mental qui m'a kidnappée dans un pays où la loi lui donne tous les droits. Il y a près d'un mois qu'il nous retient en Iran. Et plus le temps passe, plus il cède au pouvoir insondable de sa culture d'origine. Quelque chose dans la personnalité de cet homme m'apparaît soudain comme inquiétant. Je dois absolument me sortir de ce bourbier, et en sortir ma fille surtout, avant qu'il nous tue.

Quelques jours plus tard, profitant des heures de sieste et Moody étant sorti, je tente une course désespérée vers la liberté. Je sors mes rials de leur cachette, attrape Mahtob et quitte la maison silencieusement. Puisque je ne peux pas joindre l'ambassade par téléphone, il faut que je trouve quelqu'un qui m'indique la direction. Bien emmitouflée dans mes vêtements et le tchador, j'espère passer inaperçue. Normalement on ne peut pas deviner que je suis étrangère et je n'ai pas l'intention de m'expliquer avec qui que ce soit. Je maintiens soigneusement le voile sur mon visage, de manière à ne pas attirer l'attention des Pasdar, l'omniprésente et terrifiante police secrète.

— Où est-ce qu'on va, maman?

— Je te le dirai plus tard, dépêche-toi...

Inutile de donner de faux espoirs à ma fille avant d'être à l'abri.

Nous marchons vite, un peu effrayées par l'agitation de

la ville, et ne sachant pas du tout où aller. Mon cœur saute dans ma poitrine à en étouffer. Cette fois je ne peux plus reculer. Je n'ose même pas imaginer la réaction de Moody quand il s'apercevra que nous avons filé. Féroce sûrement. Mais je n'ai aucune intention de retourner là-bas. Je m'autorise même à soupirer de soulagement à l'idée de ne plus jamais le revoir.

Enfin j'aperçois un bâtiment sur lequel est inscrit le mot « taxis ». Je pénètre à l'intérieur, demande une voiture et, en quelques minutes, nous voilà sur le chemin de la liberté. J'essaie d'expliquer au chauffeur ma destination, l'ambassade de Suisse, mais il ne comprend rien. Je répète l'adresse que m'a donnée ma mère : « Park Avenue, 7e Rue ». Son visage s'éclaire soudain il a compris « Park Avenue » et se lance dans le tumulte de la circulation.

Mahtob répète inlassablement : « Où est-ce qu'on va, maman?... où est-ce qu'on va? » Un peu rassurée maintenant que nous sommes en route, je lui explique que nous allons à l'ambassade. Que là-bas nous serons libres et que nous pourrons repartir chez nous. Elle saute de joie sur la banquette. Après avoir tournicoté dans les rues de Téhéran au moins une demi-heure, le chauffeur s'arrête dans Park Avenue devant l'ambassade d'Australie. Il s'adresse à un garde, qui lui indique un autre coin de rue. Un moment plus tard, nous descendons devant la porte de notre refuge. Un immeuble moderne, immense, orné d'une plaque affirmant sans équivoque possible que nous sommes à la section américaine de l'ambassade de Suisse. L'entrée est gardée par des barrières métalliques et un policier iranien. Je paie le taxi et appuie sur le bouton d'un interphone. Un système électronique débloque la porte d'entrée et nous nous précipitons toutes les deux à l'intérieur, en territoire suisse. Nous sommes en Suisse, ce sol carrelé est suisse. Pas iranien.

L'homme qui s'adresse à moi est iranien mais parle anglais. Il réclame nos passeports.

– Nous n'avons plus nos passeports...

Ma réponse le laisse perplexe. Il nous examine de près, admet que nous sommes américaines et nous laisse passer.

Nous devons nous soumettre à la fouille, mais chaque moment qui passe amplifie le sentiment fantastique d'être libre... libre... J'en suis comme saoule.

Nous sommes enfin autorisées à pénétrer dans un bureau. Une femme me reçoit, austère mais plutôt amicale. Elle s'appelle Hélène Balassanian. Elle est moitié arménienne et moitié iranienne. Et elle écoute silencieusement ce que je lui raconte.

C'est une grande femme mince, d'environ quarante ans, habillée à l'européenne, résolument non iranienne. La jupe de son tailleur lui arrive au genou et sa tête n'est pas couverte. Hélène nous regarde avec sympathie, tandis que je plaide ma cause :

— Gardez-nous ici, je vous en prie, et trouvez le moyen de nous faire partir.

— Mais de quoi parlez-vous ? Vous ne pouvez pas rester ici !

— Nous ne pouvons pas retourner dans cette maison...

— Vous êtes citoyenne iranienne, me dit-elle doucement. Et je bondis :

— Non, je suis citoyenne américaine !

— Non, vous êtes iranienne, et vous devez respecter la loi iranienne.

Et elle m'explique, gentiment mais fermement, qu'à partir du moment où j'ai épousé un Iranien, je suis devenue citoyenne de ce pays, de par la loi. Légalement, aussi bien Mahtob que moi, nous sommes iraniennes.

Un frisson glacé m'envahit.

— Je ne veux pas, je refuse ! Il est impossible que je sois iranienne. Je suis née en Amérique, moi ! Je veux être américaine !

Mais Hélène hoche doucement la tête et répète :

— Non... Vous devez retourner avec lui, c'est la loi.

— Il va me rouer de coups ! Il va assommer sa fille. Il en est capable, il l'a déjà frappée...

Je crie de peur. Mon Dieu, faites qu'on ne nous oblige pas à retourner là-bas...

— Je vous en prie, nous nous sommes sauvées, nous étions prisonnières dans cette maison. Nous avons pu le faire pendant qu'ils dormaient, nous ne pouvons pas y retourner. Il va nous enfermer à nouveau, et j'ai peur de ce qui va nous arriver...

Je pleure de grosses larmes, comme une enfant. Hélène me regarde, étonnée :

– Je ne comprends pas pourquoi les femmes américaines se marient comme ça, sans savoir... Écoutez-moi, je peux vous donner des vêtements, je peux envoyer une lettre pour vous, prendre contact avec votre famille et leur dire que vous êtes en bonne santé. Je peux faire ce genre de choses pour vous, sans problème, mais je ne peux rien d'autre, vous comprenez?

Je ne comprends qu'une chose, c'est que nous sommes toutes les deux condamnées à subir les lois patriarcales et fanatiques de ce pays. Je passe une heure dans l'ambassade, en état de choc, faisant ce qu'il m'est permis de faire. J'appelle les États-Unis et je hurle dans le téléphone à ma mère :

– Je suis en train d'essayer de rentrer chez nous. Est-ce que tu peux faire quelque chose de là-bas?

Ma mère a la voix brisée.

– Nous faisons tout ce que nous pouvons.

Après quoi Hélène m'aide à écrire une lettre au département d'État, qui transitera par la Suisse. J'y explique que j'ai été séquestrée en Iran et que je ne veux pas que mon mari puisse y transférer nos biens.

De son côté, elle remplit des formulaires et me demande des détails sur Moody. Elle est particulièrement intéressée par son statut juridique. Il n'a pas demandé sa naturalisation aux États-Unis; dans la tourmente de la Révolution iranienne, c'était difficile. Hélène s'inquiète aussi de sa carte d'étranger, son permis officiel de vivre et de travailler aux États-Unis. S'il attend trop longtemps, il ne sera pas renouvelé et il n'en obtiendra plus jamais d'autre.

A mon avis, il est bien plus à craindre qu'il cherche à travailler en Iran. S'il est autorisé à le faire, nous ne rentrerons jamais. Le piège se refermera. Mais s'il n'a pas d'emploi ici, il décidera peut-être de rentrer.

Ayant fait ce qu'elle a pu, Hélène est obligée de nous renvoyer.

– Il faut retourner là-bas, maintenant. Nous allons faire tout ce qu'il est possible de faire, mais il faut être patiente.

Elle appelle un taxi, que nous attendons ensemble, et donne des indications au chauffeur, de manière qu'il nous ramène par le plus court chemin chez Ameh Bozorg. Mais nous descendrons avant, de façon que Moody ne nous voie pas arriver en taxi.

J'ai la nausée, l'estomac contracté douloureusement. C'est la peur, la déception, l'angoisse à nouveau. A nouveau les rues de Téhéran, et nulle part où aller, sinon chez un mari, un père transformé en gardien de prison et tout-puissant.

Il faut que je remette mes idées en ordre. Et que Mahtob comprenne qu'elle ne doit surtout pas dire où nous sommes allées. Ni à son père ni à qui que ce soit.

– Écoute bien, ma chérie, je vais lui dire que nous sommes allées en promenade et que je me suis perdue. Tu as compris? S'il te demande quelque chose, ne réponds pas.

Mahtob comprend parfaitement, elle est bien obligée de grandir vite en ce moment.

Nous y voilà. Moody nous attend dans le salon, il grogne :

– Où étais-tu?

– Nous avons fait une promenade et je me suis un peu perdue. Je suis allée plus loin que je ne pensais, il y a tellement de choses à voir...

Il enregistre ma réponse, en silence. Puis décide qu'elle ne lui plaît pas. Il connaît trop mon sens de l'orientation. Ses yeux deviennent mauvais. Ce sont les yeux d'un musulman qu'une misérable femme, une chienne de femme vient de tromper. Il m'attrape violemment par un bras, empoigne mes cheveux et me traîne devant le reste de la famille. Ils sont une dizaine dans le hall, à déambuler en attendant la suite de l'orage. C'est à eux qu'il s'adresse :

– Il est interdit à cette femme de quitter la maison!

C'est un ordre pour eux, et maintenant une menace pour moi :

— Si tu essayes encore de sortir d'ici, je te tuerai!

A nouveau l'affreuse chambre isolée de tout. A nouveau les jours qui passent, le néant, les nausées, les vomissements et la dépression de plus en plus profonde. S'il m'arrive de faire quelques pas en dehors de la chambre, Ameh Bozorg, ou l'une de ses filles, ne me lâchent pas d'une semelle. Tous mes espoirs s'écroulent peu à peu. Je réalise vraiment ma situation. Je n'ai plus qu'à accepter ma condition, oublier ma famille et mon pays pour toujours.

Coupée du monde, il m'arrive de penser à des choses absurdes. Nous sommes dans le dernier mois de la saison de base-ball et je n'ai aucune idée de ce que deviennent les Tigers. Ils avaient changé de division lorsque nous sommes partis pour l'Iran... J'avais prévu d'emmener papa voir un match à notre retour. Je savais que c'était sa dernière chance d'en voir un.

Tout cela est d'une ironie noire. J'ai le mal du pays. Un jour, je décide d'écrire à ma mère et à mon père sans même savoir comment je pourrai expédier la lettre. Ma main tremble tellement que je suis incapable de gribouiller mon propre nom.

Je rumine pendant des heures. Malade, à bout de nerfs, déprimée, je perds le sens de la réalité. Moody paraît satisfait de me voir ainsi acculée, sûr que je ne veux ni ne peux me redresser et lutter pour ma liberté.

Ma douce petite fille est dans un état lamentable, la peau du visage boursouflée par les piqûres incessantes des moustiques. L'été se termine, l'hiver va bientôt venir. Les saisons, le temps lui-même, s'enfoncent dans le néant. Plus nous resterons là, plus il sera facile de nous dominer.

L'une des phrases favorites de mon père danse dans ma tête : « Quand on veut, on peut. » Mais en admettant que j'aie une volonté, qui a le moyen de m'aider? Y a-t-il quelqu'un quelque part capable de nous sortir, ma fille et moi, de ce cauchemar?

90

En dépit du brouillard dans lequel je survis, malade et abrutie par les médicaments et les drogues de Moody, la réponse m'apparaît clairement.

Personne ne peut m'aider.

Il n'y a que moi pour nous sortir de là.

5

Un soir, peu après le coucher du soleil, j'entends soudain l'énorme grondement d'un avion, volant à basse altitude et approchant de notre quartier. Des éclairs lumineux traversent le ciel, immédiatement suivis par une série d'explosions.

C'est la guerre à Téhéran! Je m'affole, cherche Mahtob partout, prête à courir je ne sais où pour la mettre à l'abri. La guerre, mon Dieu! ma frayeur est telle que Majid cherche à me rassurer :

– Ce n'est qu'un exercice, une manifestation pour la semaine de la Guerre.

Moody m'explique que la semaine de la Guerre est célébrée chaque année à la gloire des combattants de l'Islam, de ceux qui participent à l'interminable guerre avec l'Irak, et par conséquent avec l'Amérique puisque, selon la propagande officielle, l'Irak n'est qu'un pantin, armé et contrôlé par les États-Unis. Avec un plaisir non dissimulé, mon mari ajoute :

– Nous allons faire la guerre à l'Amérique. Ce n'est que justice, ton père a tué mon père...

Je ne comprends pas ce qu'il veut dire. Alors, complaisamment, il me raconte que durant la Deuxième Guerre mondiale, mon père servait dans les forces américaines à Abadan, au sud de l'Iran. Et que son père, médecin dans l'armée, avait soigné beaucoup de G.I. atteints de la malaria. Qu'il avait fini par en mourir. Maintenant, nous allions payer ça, nous Américains.

— Ton fils Joe mourra dans la guerre au Moyen-Orient. Tu peux en être sûre.

Je me rends bien compte qu'il est en train de me provoquer, mais j'ai tout de même du mal à séparer la réalité de ses inventions sadiques. Cet homme ne ressemble plus en rien à l'homme que j'ai épousé. Comment saurais-je à présent ce qui est réel dans tout cela?

— Viens sur la terrasse!

— Pourquoi?

— Une manifestation!

Une manifestation antiaméricaine, bien entendu.

— Non, je n'irai pas.

Sans un mot, Moody attrape sa fille et l'emmène hors de la pièce. Elle a beau pleurer de surprise et de peur, se débattre, il ne la lâche pas et l'emmène sur la terrasse avec le reste de la famille. J'entends tout autour de la maison, par les fenêtres ouvertes, monter les horribles chants de guerre.

« *Maag barg Amrika!* » Les voix s'élèvent à l'unisson de toutes les terrasses environnantes. « *Maag barg Amrika!* » J'ai entendu ça des centaines de fois dans les journaux d'information iraniens. « A mort l'Amérique... » Les chants s'amplifient, le ton monte jusqu'à la folie, l'hystérie. Je me bouche les oreilles, mais les rugissements fanatiques me parviennent quand même. « A mort l'Amérique... » Là-haut, Mahtob se tortille dans les griffes de son maniaque de père, qui veut l'obliger à renier son pays. J'en pleure. « A mort l'Amérique... » A Téhéran cette nuit-là, près de quatorze millions de voix n'en font qu'une. Roulant de toit en toit en un crescendo puissant, engloutissant la populace, l'hypnotisant, ce chant humiliant, débilitant, horrifiant, me déchire jusqu'à l'âme. « A mort l'Amérique... » Des millions et des millions de fois hurlé...

Mon mari a décidé que nous irions demain à Qom. J'apprends que Qom est le centre théologique de l'Iran, une ville sainte. Demain est le premier vendredi du « Moharram », le mois de deuil. A Qom se trouve un mausolée où nous devons aller. Je devrai porter le tchador noir.

Je me rappelle notre dernier voyage à Rey, un cauchemar qui s'est terminé par une gifle sanglante que Mahtob a reçue de la main de son père. Pourquoi s'obstinent-ils à nous entraîner dans ces pèlerinages ridicules?

– Je ne veux pas y aller.

– Tu iras, c'est tout.

Je connais suffisamment les lois religieuses pour trouver une objection valable.

– Je ne peux pas me rendre dans un mausolée. J'ai mes règles.

Moody se renfrogne. Chaque fois que je suis dans cet état, et cela depuis cinq ans que Mahtob est née, Moody remarque que j'ai été incapable de lui donner un autre enfant. Un fils bien sûr. Il ignore le prétexte invoqué, cette fois, et décide que nous irons quand même.

La perspective du lendemain nous déprime. Mahtob a une crise de coliques. Tension nerveuse. Je commence à m'y habituer. J'ai beau expliquer à son père qu'elle est malade et qu'il vaudrait mieux la garder à la maison, il s'obstine. Je m'habille mélancoliquement, j'enfile l'uniforme déprimant. Pantalons noirs, bas noirs, longue robe noire, voile noir, autour de ma tête. Et par-dessus tout ce bazar, l'épais tchador, noir lui aussi, que je hais plus que tout.

Le voyage est harassant, comme d'habitude. Qom est une ville de poussière rouge. Aucune des rues n'est pavée et les voitures, par centaines, soulèvent partout un nuage opaque et sale. En sortant de la voiture je suis immédiatement couverte de sueur, et mes vêtements de poussière.

Au centre de la place, une immense piscine olympique, entourée de pèlerins vociférants, se bousculant pour atteindre l'eau et y faire leurs ablutions rituelles. Aucun signe de tolérance chez ces gens. Ils ne songent qu'à assurer leur position à coups d'épaule ou de pied.

Des bruits d'éclaboussures, de-ci de-là, et des cris furieux signalent qu'un pèlerin de plus vient de recevoir un baptême inattendu en dégringolant dans la piscine. Nous n'avons heureusement pas à nous tremper dans cette eau sale, puisque nous ne pratiquons pas la prière,

Mahtob et moi. Alors, nous attendons patiemment que les autres aient fini. Après quoi on nous sépare par sexe et nous entrons dans la partie du temple réservée aux femmes. Il n'y a pas de salle où déposer nos chaussures, chacun empile les siennes sur un énorme tas qui menace de s'écrouler.

Mahtob s'accroche à moi, la pauvre petite est ballottée d'un côté et de l'autre. Nous pénétrons dans une grande salle aux murs couverts de miroirs. Des flots de musique islamique jaillissent des haut-parleurs, mais n'arrivent pas à couvrir les voix des milliers de femmes en tchador noir. Assises par terre, elles se frappent la poitrine en chantant des prières. Elles pleurent abondamment, de grosses larmes en signe de deuil.

Les miroirs gigantesques sont incrustés d'or et d'argent, et les reflets métalliques dansent de l'un à l'autre, dans un curieux contraste avec les noires silhouettes en tchador. L'effet son et lumière a quelque chose d'hypnotique. Ameh Bozorg nous intime l'ordre de nous asseoir par terre, puis de regarder dans les miroirs.

Elle se dirige avec sa fille Feresteh vers un grand cercueil richement décoré, placé dans une pièce attenante.

Je regarde dans les miroirs. Par instants, je sens comme une sorte de transe s'emparer de moi. Le spectacle de ces miroirs donne une sensation vertigineuse d'infini. La musique, le rythme lancinant des prières, les mouvements réguliers des femmes se frappant la poitrine, annihilent toute volonté et captivent l'esprit malgré soi. Pour ceux qui croient, ce doit être une expérience inoubliable.

J'ignore combien de temps nous sommes restées là à fixer ces miroirs. J'ai dû me réveiller lorsque Ameh Bozorg et Feresteh sont revenues de la salle au cercueil. Ameh, la vieille sorcière, avance droit sur moi, se lamentant à pleins poumons en farsi et pointe un doigt décharné dans ma direction. Innocemment je demande :

— Qu'est-ce que je dois faire maintenant ?

Je ne comprends rien à ce qu'elle répond, à part un mot : *Amrika*. Des larmes de rage jaillissent de ses yeux.

Elle s'arrache les cheveux par-dessous son tchador, se frappe le front et la poitrine. Elle nous ordonne de sortir, de quitter ces lieux, prise soudain d'une fureur religieuse.

Je n'y comprends rien. Nous ressortons dans la cour derrière elle, à la recherche de nos chaussures. Moody et Morteza ont accompli leurs dévotions et nous y attendent déjà. A ce moment, Ameh Bozorg surgit derrière nous, dans un état d'excitation incompréhensible, se frappant toujours la poitrine. Elle braille des imprécations en farsi à l'intention des deux hommes. Naïvement, je demande à Moody ce qui se passe. Et il se tourne vers moi, furieux :

— Pourquoi as-tu refusé d'aller au *haram* ?
— *Haram* ? Qu'est-ce que c'est *haram* ?
— La tombe ! Tu n'y es pas allée...
— Elle m'a dit de m'asseoir et de regarder dans les glaces !

Il semble bien que nous répétions le même cauchemar que lors de notre visite à Rey. Mon mari est si furieux que j'ai bien peur qu'il ne saute sur moi pour me battre. Instinctivement, je tire Mahtob derrière moi, pour la mettre à l'abri. Cette vieille sorcière cherche à me faire des sales coups en permanence. Elle veut la bagarre entre Moody et moi, je le sais. Elle a encore essayé de m'avoir aujourd'hui. J'attends patiemment que Moody arrive au bout de sa tirade furieuse. Puis, aussi calmement et gentiment que possible, je dis :

— Tu ferais mieux de réfléchir à ce que tu es en train de me reprocher. Elle m'a dit de m'asseoir et de regarder dans les miroirs. Je l'ai fait.

Le frère et la sœur entament une discussion en farsi, à l'issue de laquelle Moody déclare, sentencieux :

— Elle t'a dit de t'asseoir, de regarder dans les miroirs, mais elle ne t'a pas dit de rester comme ça.

Bon sang que je déteste cette femme ! un vrai serpent !

— J'étais assise à côté de Nastaran. Nastaran n'y est pas allée. Pourquoi ?

Nouveau palabre entre Moody et sa sœur. Je remarque

qu'il est tellement en colère après moi qu'il traduit les réponses sans réfléchir.

– Nastaran a ses règles. Elle ne pouvait pas...

Et là il se rappelle... que moi aussi.

La logique de la situation semble tout de même le frapper. Son attitude envers moi s'adoucit immédiatement, mais il se venge sur sa sœur. Ils discutent pendant un bon moment et continuent le débat dans la voiture sur le chemin du retour. Finalement j'ai droit à une explication :

– J'ai dit à ma sœur qu'elle n'était pas loyale avec toi. Que tu ne comprends pas notre langue et qu'elle n'était pas suffisamment patiente.

Il est amical tout à coup, presque gentil. Une fois encore il me protège. Aujourd'hui il a compris. Mais demain? Qui protègera-t-il? Sa sœur ou moi?

C'est la rentrée des classes. Le premier jour d'école, les instituteurs promènent les enfants à travers toute la ville pour une grande manifestation. Des centaines d'enfants de l'école voisine passent devant la maison, chantant à tue-tête le slogan sinistre : « *Maag barg Amrika* ». Ils y ont ajouté un autre ennemi : « *Maag barg Israeel.* »

Dans sa chambre, Mahtob se bouche les oreilles mais le son lui parvient quand même.

Cet exemple édifiant du rôle de l'école dans la vie des enfants donne des idées à Moody. Il décide de faire de sa fille une petite Iranienne obéissante. Et quelques jours plus tard, il m'annonce brutalement :

– Mahtob rentre à l'école demain.

– Tu ne peux pas faire ça!

Mahtob a compris et se jette dans mes bras en pleurant. Elle a terriblement peur d'être éloignée de moi. Et nous savons bien l'une et l'autre que l'école va s'en charger. En éloignant ma fille, Moody espère prendre le pouvoir dans son esprit. Nous avons beau le supplier, il est intraitable. Je n'obtiens qu'une chose, la permission de visiter l'école avant qu'on y boucle ma fille.

Tôt dans l'après-midi, nous nous y rendons tous les

trois. Je découvre, avec surprise, un établissement moderne, propre, entouré de magnifiques jardins, une piscine et des vestiaires avec douches, à l'américaine. Il s'agit d'une école privée.

Chaque enfant iranien qui atteint ce que l'on appelle là-bas le premier degré scolaire doit se présenter dans un établissement du gouvernement. Mahtob est juste à la limite qui lui permet de fréquenter encore une école maternelle privée, avant d'être transférée dans le secteur public, beaucoup plus sévère et contraignant. Aux États-Unis, Mahtob aurait déjà franchi ce premier degré, mais je me retiens de le dire, pendant que Moody discute avec le directeur et traduit mes questions.

Je demande si quelqu'un parle anglais dans l'école, car Mahtob ne connaît pas très bien le farsi. Il y a quelqu'un, mais il n'est pas disponible...

Moody désire que sa fille commence dès le lendemain, or le directeur lui fait comprendre qu'il a une liste d'attente de six mois...

Bonheur pour ma fille. Voilà qui résout provisoirement la crise. Mais sur le chemin du retour, je râle intérieurement. Si Moody avait mené à bien son plan, ç'aurait été pour moi le commencement de la défaite. Il aurait franchi un pas décisif dans le but qu'il s'est assigné : nous établir définitivement en Iran. Mais ç'aurait peut-être aussi été un petit pas vers la liberté. Au fond, ce ne serait pas une mauvaise idée que d'avoir l'air d'accepter la « normalisation » à l'iranienne. Moody est paranoïaquement attentif à chacune de mes réactions. Dans les circonstances présentes, je n'ai aucun moyen de faire avancer mon plan d'évasion. Je commence à me rendre compte que la seule façon de faire se relâcher la surveillance qu'il exerce sur moi est de faire semblant d'accepter de vivre ici.

Depuis que j'ai eu cette idée, je passe mes après-midi et mes soirées à réfléchir, dans cette chambre transformée en cellule. J'essaie de mettre au point un plan d'action. J'ai l'esprit embrouillé mais je m'efforce d'être logique et rationnelle. En premier lieu, il faut que je m'occupe de ma santé. Affaiblie par la maladie et la dépression, mangeant et dormant trop peu, j'ai cherché refuge dans les médicaments fournis par Moody. Je dois arrêter ça.

Ensuite, il faudrait que j'arrive à persuader Moody de quitter cette maison et de vivre ailleurs. Chaque membre de la famille est un geôlier pour moi. En six semaines de vie commune avec Babba Hajji et Ameh Bozorg, le mépris qu'ils éprouvaient à mon endroit n'a fait que grandir. Babba Hajji me réclame maintenant pour les prières. Il trouve insupportable que j'ignore le rituel. C'est d'ailleurs un point de conflit permanent entre Moody et lui. Moody lui a expliqué que j'étudiais le Coran et me documentais sur l'Islam à mon rythme. Et qu'il ne voulait pas me forcer à prier pour l'instant. J'en conclus que mon mari espère que je vais m'acclimater toute seule. Il compte là-dessus.

Il est à peu près sûr qu'il ne souhaite pas faire vivre sa famille dans les conditions actuelles de façon permanente. Nous n'avons pas fait l'amour depuis six semaines. Mahtob ne peut pas retenir la répulsion qu'elle éprouve pour lui. Quelque part dans l'esprit perturbé de mon mari, a dû germer l'idée que nous pourrons un jour retrouver une vie normale en Iran. Donc, la seule façon d'endormir sa vigilance est bien de le convaincre que j'accède à son désir, et que je suis d'accord pour vivre en Iran.

En imaginant la tâche qui m'attend, une vague de doute me submerge. La route vers la liberté exige de moi un véritable exploit. Me transformer en actrice de grand talent. Je dois persuader Moody que je l'aime toujours et encore... alors que je prie secrètement pour sa mort. J'entame les exercices dès le lendemain matin. Pour la première fois depuis des semaines, je me coiffe et me maquille. Je choisis une jolie robe longue, de coton bleu, style pakistanais, avec des manches larges et des broderies. Moody s'aperçoit immédiatement de ma transformation et, lorsque je lui propose de parler un peu, il accepte immédiatement. Nous nous réfugions tous les deux dans le jardin intérieur, près de la piscine, pour bavarder.

– Je n'ai pas été bien ces derniers temps. Je me sentais faible, je n'arrivais même plus à écrire mon nom...

Il fait un léger signe de tête, qui me paraît compréhensif.

– Je n'ai plus besoin de médicaments à présent.

Il ne peut qu'être d'accord sur le principe, je le sais, car en qualité de médecin ostéopathe, il est opposé à la surmédication. Il reconnaît avoir essayé de m'aider en ces moments difficiles, en utilisant des tranquillisants, mais convient qu'il est temps de stopper. Encouragée par cette réponse, je me lance :

– Tu sais, Moody, j'ai fini par accepter l'idée de vivre à Téhéran. Et j'aimerais bien que nous commencions une nouvelle vie. Je voudrais vraiment nous faire une existence ici.

Méfiance sur le visage de mon mari, Mais je plonge tête la première sans le laisser respirer :

– Je veux nous organiser une vraie vie à nous, mais j'ai besoin que tu m'aides. Toute seule, je ne peux pas. En tout cas pas dans cette maison.

D'une voix sèche, il m'interrompt :

– Tu le dois! Ameh Bozorg est ma sœur, je lui dois le respect.

– Je ne peux pas rester dans cette maison.

On a beau avoir une tactique, il est difficile de la suivre à la lettre. Je pleure à chaudes larmes, sans pouvoir maîtriser ma pensée.

– Je la déteste. Elle est sale, répugnante. Chaque fois qu'on entre dans la cuisine, on trouve quelqu'un en train de manger, à même les casseroles, la nourriture se répand partout. Ils servent le thé et ne lavent pas les verres. Il y a des cafards dans les plats et des vers dans le riz. Et la maison pue véritablement. Tu veux que nous vivions comme ça?

En dépit de mes précautions, je n'ai réussi qu'à réveiller sa colère. Une faute pour moi.

– Nous devons vivre ici!

Nous discutons âprement une bonne partie de la matinée. J'essaie de le persuader que la maison d'Ameh Bozorg est déprimante de misère et de saleté. Mais il défend sa sœur avec obstination. Ma première tentative est en train de faire faillite, et je m'efforce de reprendre pied, en jouant les femmes soumises. J'essuie mes larmes, pour changer de ton :

– S'il te plaît... Je veux te rendre heureux, je veux que Mahtob soit heureuse... Je t'en prie, fais quelque chose pour m'aider. Tu dois me sortir de cette maison, si tu veux que nous prenions un nouveau départ et que ce soit ici, à Téhéran.

Cette fois, la réponse est plus douce. Il admet que je dis la vérité, mais il ne sait pas comment concilier les souhaits de sa sœur et ceux de sa femme. Et il ajoute :

– D'ailleurs, nous n'avons nulle part où aller.

Je m'attendais à ça :

– Demande à Reza si nous pouvons nous installer chez lui...

– Tu n'aimes pas Reza.

– Si! Il s'est toujours montré gentil avec moi depuis notre arrivée. Sa femme aussi.

– D'accord... J'ignore si ça pourra s'arranger, mais on verra..

– Il insiste toujours pour qu'on lui rende visite.

– C'est une question de politesse uniquement. Ça ne veut pas dire qu'il le pense. La coutume veut que l'on fasse preuve d'amabilité avec ce genre d'invitations vagues...

– Bon, alors profite de cette amabilité...

Pendant quelques jours encore je harcèle Moody sur ce sujet. Mais il a tout loisir de constater, pendant ce temps, que je me montre plus amicale avec les autres. Mes idées sont plus claires, depuis que j'ai supprimé les médicaments, et j'ai un moral d'acier face à la tâche périlleuse que j'ai entreprise.

Enfin, Moody vient m'avertir que Reza doit venir ce soir, et qu'il me donne la permission de lui parler de notre déménagement. Reza est décidément très aimable :

– Bien sûr que vous pouvez venir. Mais pas ce soir, nous avons un rendez-vous ce soir... *Taraf!*

Taraf, c'est un mot, le fameux mot de politesse iranienne qui ne veut rien dire, paraît-il. *Taraf* égale « avec plaisir », « pourquoi pas... » Ça n'engage à rien de le dire.

J'insiste :

– Et demain?

– Absolument! J'emprunterai une voiture et nous viendrons vous chercher! *Taraf*...

Moody m'autorise à emporter quelques affaires parmi les maigres réserves de vêtements dont je dispose.

Quant à Ameh Bozorg, qui me hait pourtant tellement, elle se sent insultée par notre départ. Pour pouvoir laisser chez elle la plupart de nos affaires, Moody tente de lui expliquer que notre séjour chez Reza ne sera pas très long. Mais il passe la journée à éviter les regards furieux et menaçants de son aînée.

Le lendemain, à dix heures du soir, Reza n'est toujours pas arrivé et j'insiste auprès de Moody pour qu'il me permette de lui téléphoner. Il se tient planté derrière moi, pendant que je parle.

– Nous t'attendons, Reza... Tu viens nous chercher?

– Ah oui... c'est-à-dire que nous étions occupés. Nous viendrons demain. *Taraf*...

– Je ne peux pas attendre jusqu'à demain, Reza. Est-ce que tu peux essayer de venir ce soir? S'il te plaît...

Finalement, Reza décide qu'il aurait mauvaise grâce à ne pas tenir sa promesse. Il arrive.

Je suis fin prête à l'instant où il franchit le seuil de la porte. Mais il s'attarde au nom de la coutume, change de vêtements, réclame du thé, des fruits et engage une interminable conversation avec sa mère, Ameh Bozorg. Les au revoir, les embrassades et les palabres dans la cour prennent encore une bonne heure.

Minuit est largement passé lorsque nous partons enfin. Reza et Essey habitent un rez-de-chaussée avec leur fils Mehdi qui n'a que quatre mois et Marhyam, de trois ans plus âgée. Un autre frère, Mammal, et sa femme Nasserine logent au-dessus avec leur fils Amir.

A notre arrivée, Essey est encore en train de nettoyer frénétiquement la maison, ce qui explique pourquoi Reza s'est attardé si longtemps. Apparemment elle ne s'attendait pas vraiment à ce que nous profitions de leur invitation « *Taraf* »...

Quoi qu'il en soit, elle nous accueille chaleureusement. Il est si tard que je me précipite dans la chambre pour me changer. J'enfile une chemise de nuit et cache mon argent avec mon carnet d'adresses sous le matelas. J'habille Mahtob pour la nuit, j'attends qu'elle s'endorme. Et j'attaque la seconde phase de mon plan.

J'appelle Moody pour qu'il vienne se coucher, j'effleure légèrement son bras au passage...

– Je t'aime de nous avoir emmenées ici...

Alors il me prend dans ses bras, doucement d'abord, dans l'attente d'un signe d'encouragement. Cela fait six semaines...

Je me serre contre lui, et lui offre mon visage, pour un baiser. Pendant les quelques minutes qui suivent, je fais tout ce que je peux pour avoir l'air heureuse et pour ne pas vomir de dégoût. Je le hais! Je le hais! Je le hais! Je me répète que je le hais pendant toute la durée de cet acte horrible. Mais quand c'est fini, je murmure : « Je t'aime »...

Taraf!

6.

Moody se lève de bonne heure ce matin. Conformément à la règle islamique, il doit se débarrasser par une toilette rituelle de la souillure de l'acte sexuel. Et ce spectacle bruyant renseigne tout le monde, Reza et Essey, comme Mammal et Nasserine au premier étage, sur nos « bonnes » relations. Rien de vrai là-dedans bien entendu. Faire l'amour avec Moody est la pire des expériences que j'ai vécues, et je la vivrai encore malheureusement, pour gagner ma liberté.

Mahtob joue avec la petite Marhyam. A trois ans, elle possède une collection inimaginable de jouets en provenance d'Angleterre où vivent ses oncles. Elle dispose même d'une balançoire dans le jardin intérieur. Ce jardin est une petite île de douceur et de tranquillité au milieu de la ville bruyante et poussiéreuse. En dehors de la balançoire, il y a un cèdre magnifique, un grenadier, des buissons de roses et une vigne qui court le long des murs de brique hauts de trois mètres. La maison elle-même se trouve au milieu d'un bloc d'habitations toutes semblables et reliées entre elles par des murs communs. Le tout est assez tristement banal, mais chaque maison a son petit jardin identique, mêmes dimensions, mêmes plantations. Derrière le mur au fond du jardin, s'élève un autre quartier tout pareil.

Essey est une meilleure maîtresse de maison qu'Ameh Bozorg pour bien des choses. Mais tout est relatif. Les cafards se promènent partout et, chaque fois que nous enfilons une paire de chaussures pour sortir, il faut prendre soin de les secouer. La pagaille qui règne partout est assortie d'une odeur d'urine, car le bébé traîne sur les tapis toute la journée, se soulageant où bon lui semble. Essey s'empresse de nettoyer les petits tas d'immondices mais l'urine, elle, disparaît tout simplement dans l'épaisseur des tapis persans.

Peut-être incommodé lui-même par l'odeur – et bien qu'il s'en défende – Moody nous emmène en promenade avec Mahtob et Marhyam. Pour cette première sortie, nous nous contenterons d'un petit parc à quelques rues de là. Nous gagnons une allée qui serpente entre les maisons. Mon mari est nerveux, perpétuellement en alerte. Il regarde à droite, à gauche, pour être sûr que personne ne nous voit. Je m'efforce de ne pas y prêter attention. Sa crainte d'être remarqué avec une étrangère dans ce nouveau quartier est évidente. Moi, je préfère étudier mon nouvel environnement. L'architecture de l'endroit est d'une banalité répétitive étonnante. Toutes les maisons se ressemblent, prises en sandwichs entre les murs et les jardins. Aussi loin que je puisse voir, ce sont les mêmes terrasses, les mêmes maisons à deux étages, les mêmes couleurs, les mêmes murs. Des centaines, peut-être des milliers de gens sont entassés dans ces petites villes miniatures aux ruelles bruissantes d'activité.

La lumière de ce mois de septembre finissant a une teinte d'automne. Le parc offre un contraste agréable avec toutes ces enfilades de maisons. L'herbe y est épaisse, les fleurs ravissantes et les arbres hauts et droits.

On y trouve des fontaines décorées, malheureusement hors service. L'État parvient tout juste à fournir les maisons en électricité et ne peut pas se permettre d'entretenir un réseau de pompage pour de l'eau inutile.

Les enfants jouent et se balancent, c'est un moment presque heureux. Mais Moody s'impatiente. Il veut rentrer.

– Pourquoi? On n'est pas bien ici?

– Il faut qu'on rentre maintenant!

Le ton est brutal. Conformément à mes plans, j'acquiesce calmement. Éviter les tensions à tout prix...

Au bout de quelques jours, je suis presque habituée à l'atmosphère et à la puanteur de l'appartement, ainsi qu'à la bruyante activité du voisinage. La voix des marchands ambulants, hurlant leur marchandise à longueur de temps, me devient familière.

«*Ashkhalee! Ashkhalee! Ashkhalee!*» C'est le collecteur d'ordures. Il se promène avec une petite carriole dans les rues étroites et les ménagères se précipitent pour déposer leurs déchets sur le trottoir. Parfois, après avoir ramassé les ordures, il revient avec un énorme balai, confectionné à l'aide de paquets d'herbes séchées, attachés à un bâton. A l'aide de cet instrument archaïque, il nettoie ce que les rats et les chats du voisinage ont éparpillé, il pousse le tout dans les caniveaux que personne ne semble être chargé de nettoyer par ailleurs.

« *Namakieh!* », hurle le marchand de sel, en trimbalant sa poussette remplie d'une montagne de sel agglutiné et humide. A son signal les femmes rassemblent les épluchures et les trognons de pain, qu'elles échangeront contre du sel, et l'homme à son tour revendra toutes ces raclures en guise de nourriture pour le bétail.

« *Sabzi!* » C'est la carriole du marchand de légumes, bourrée d'épinards, de persil, de basilic, de citrons et de tous les légumes de la saison. Parfois il annonce son arrivée en criant dans un mégaphone, mais s'il survient à l'improviste, Essey bondit dans son tchador pour courir faire son marché. L'arrivée du marchand de moutons, elle, est précédée de bêlements affreux. Puis apparaît un troupeau de dix ou douze bêtes dont les *dombehs*, ces fameux sacs de graisse, se balancent comme les mamelles d'une vache. Ils sont marqués d'un cercle de peinture à la couleur de leur propriétaire, le vendeur n'étant lui-même qu'un agent intermédiaire.

A l'occasion, c'est la tournée de l'aiguiseur de couteaux, cahotant sur son vélo déglingué, en haillons. Essey m'a dit que tous ces gens étaient désespérément pauvres et vivaient pour la plupart dans leurs carrioles ambulantes. Leurs homologues femmes sont encore plus misérables et, vêtues de ce qui n'est même plus un haillon de tchador, sonnent à toutes les portes, réclamant un peu de nourriture ou un malheureux rial. L'œil sous le voile en lambeau, elles pleurent misère. Essey leur répond toujours par un petit don. Mais la femme de Mammal, Nasserine, refuse systématiquement, même aux plus désespérées.

Tout cela donne une étrange symphonie, la symphonie des damnés de la terre, acharnés à survivre.

Mes rapports avec Essey sont aussi bons qu'il est possible en de si bizarres circonstances. Ici nous pouvons parler. C'est une chance de me retrouver dans une maison où on parle anglais. Et au contraire d'Ameh Bozorg, Essey ne refuse pas que je l'aide.

C'est une maîtresse de maison désordonnée, mais une cuisinière consciencieuse. Chaque fois que je l'aide à préparer les repas, j'admire l'organisation impeccable de son réfrigérateur. Viandes et légumes, propres, enveloppés et prêts à l'emploi, sont séparés ou conservés dans des boîtes de plastique. Les menus sont planifiés pour un mois, et la liste accrochée au mur de la cuisine. Les mets sont équilibrés et elle respecte une hygiène normale. Ensemble, nous passons un temps fou à extirper les charançons qui pullulent dans le riz avant de le cuire. Incroyable! Moi, Betty, en extase devant la possibilité d'écarter la vermine de ma propre nourriture... En deux mois, mes exigences ont bien changé. Dramatiquement changé. Et je réalise combien la manière de vivre aux États-Unis m'a gâtée, au point d'être parfois tracassée par des choses mineures. Ici tout est différent. J'apprends tous les jours à ne pas me laisser ronger par les détails au détriment des choses plus importantes. S'il y a des charançons dans le riz, on les enlève. Si le bébé s'endort sur le tapis et se laisse aller, on nettoie les dégâts. Si le mari veut interrompre sa promenade dans le parc, on le suit. C'est tout.

Zohreh nous a amené Ameh Bozorg en visite. Celle-ci nous offre un oreiller, ce qui gêne Moody. Il explique qu'il est de coutume de faire un présent aux invités qui s'en vont. La traduction de ce geste est claire. Ameh Bozorg estime que notre séjour ici n'est pas temporaire. Elle se considère insultée, du fait que son frère a rejeté son hospitalité. Nous n'avons pas l'occasion de débattre de ce sujet, car Zohreh refuse le verre de thé que lui offre Essey, prétextant qu'elle doit accompagner sa mère au hammam. Moody marmonne :

– Il est temps en effet... Nous sommes ici depuis huit semaines et c'est la première fois qu'elle va prendre un bain.

Dans la soirée, Zohreh téléphone :

– Moody, s'il te plaît, viens... Maman est malade.

A son retour, tard dans la nuit, Moody est furieux après sa sœur. Pour échapper aux rigueurs d'un bain, Ameh Bozorg a fait demi-tour devant le hammam et s'est mise au lit, en se plaignant de douleurs diverses. Elle a ordonné à Zohreh de préparer le henné, d'en faire une pâte avec de l'eau (ce qui le transforme en médicament universel) et de l'en badigeonner sur le front et les mains. Moody l'a découverte disparaissant sous des couches de vêtements, emmitouflée dans des couvertures pour chasser le démon par sudation. Il lui a fait une piqûre contre la douleur. Mais il est furieux :

– Elle n'est pas malade. Elle voulait simplement échapper au hammam.

L'amitié que me porte Reza est surprenante. Quand je l'ai « viré » de chez nous à Corpus Christi, il n'avait pas ménagé les épithètes désagréables à mon endroit. Mais il semble avoir oublié cette tension qui s'était installée entre nous et, en dépit de son soutien à la

Révolution islamique, il garde d'excellents souvenirs des États-Unis.

C'est ainsi qu'il décide un soir de nous offrir un petit parfum d'Amérique en nous emmenant manger une pizza. Mahtob est toute contente, moi aussi, cela nous met en appétit. Mais ledit appétit tombe devant la pizza qu'on nous présente... La croûte n'est pas une croûte, c'est du *lavash,* cette sorte de pain mince et plat si courant en Iran. Quelques cuillerées de concentré de tomate, quelques tranches d'agneau... Il n'y a pas de fromage et le goût est épouvantable. Mais nous l'avalons malgré tout et je suis reconnaissante à Reza de cette gentillesse.

Il est content de sa propre générosité et fier aussi de pouvoir aborder la culture occidentale. Après ce dîner, il suggère quelque chose qui devrait aider mes plans.

— Betty, tu devrais donner des cours de cuisine américaine à Essey.

Apprendre à Essey comment faire griller un steak ou mélanger une purée oblige à courir les marchés à la recherche d'ingrédients souvent introuvables et très chers. J'accepte avec empressement, avant que Moody ne puisse inventer une objection. Et les jours suivants, mon mari nous emmène toutes les deux à l'aventure à travers les marchés iraniens.

L'esprit toujours en alerte, je profite de cette occasion pour me repérer dans la ville. J'apprends qu'il vaut mieux prendre les taxis « orange » que les autres, beaucoup plus chers, et qu'il est très difficile de trouver des taxis-radio. Un chauffeur de taxi orange est quelqu'un qui espère posséder une voiture un jour et cherche à gagner le maximum de rials en transportant une douzaine de passagers en même temps, les uns sur les autres. Un taxi orange circule plus ou moins sur des trajets réguliers, comme les autobus.

Mais la présence de Moody est gênante. J'espère qu'il va se lasser de ces interminables marchés et relâcher un peu sa surveillance. J'espère qu'il va nous laisser entre femmes, que nous pourrons faire le marché toutes seules. J'espère enfin que je pourrai me promener seule avec Mahtob. Cela fait beaucoup d'espoirs, mais c'est ma seule chance de pouvoir contacter l'ambassade à nouveau, de voir Hélène et peut-être d'avoir des nouvelles, une lettre, un avis du département d'État. Savoir s'ils peuvent faire quelque chose pour m'aider... Moody est paresseux de nature. Je suis sûre que si j'arrive à le persuader peu à peu que je m'intègre à la vie iranienne, il finira par trouver fatigant de nous accompagner dans ces tâches féminines.

Vers la fin de la deuxième semaine de notre séjour chez Reza et Essey, je réalise qu'il me reste peu de temps devant moi. Jour après jour je me rends compte que notre présence gêne nos hôtes et les fatigue. Marhyam est une enfant égoïste, incapable de partager ses jouets avec Mahtob. Essey s'efforce à l'amabilité, mais nous sommes trop nombreux et à l'étroit dans cet appartement. Nous nous gênons. Reza continue de se montrer gentil, mais lorsqu'il rentre d'une longue journée de travail, dans les bureaux de Babba Hajji, import-export et surmenage en tout genre, je le sens mécontent de l'oisiveté de Moody. Les cartes ont changé. En Amérique, il était bien content de profiter de sa générosité. Ici, il a du mal à prendre en charge son « cher oncle ». Finalement, leur invitation était uniquement *taraf,* vague politesse.

Moody estime que son neveu a la mémoire courte. Mais plutôt que de se reposer sur son prestige et son standing dans la famille, il préfère s'en aller. Et il m'annonce que nous ne pouvons plus rester. Il s'agissait d'un petit séjour, pour me permettre de m'adapter plus facilement, pour que je me sente mieux... Des vacances en quelque sorte. A présent il faut rentrer au bercail.

— Je ne peux pas contrarier ma sœur plus longtemps...

Une nouvelle vague de panique me submerge. Je supplie Moody de ne pas nous ramener dans cette prison, cette horrible maison d'Ameh Bozorg, mais il est inflexible. Quant à Mahtob, elle est tout comme moi assommée par la nouvelle. En dépit de ses petites bagarres avec Marhyam à propos des jouets, elle préfère évidemment cette maison. Dans la salle de bains ce soir, nous prions toutes les deux, pour que Dieu nous aide.

Et Il le fait. J'ignore si Moody, voyant notre tristesse, leur avait parlé avant, mais voilà que Mammal et Nasserine viennent nous proposer une solution. Je suis surprise d'entendre Nasserine parler couramment anglais. C'est un secret qu'elle a longtemps gardé vis-à-vis de moi.

– Voilà, explique Nasserine, Mammal travaille toute la journée, et moi je vais à l'université tous les après-midi. Nous avons besoin de quelqu'un pour garder le bébé.

Mahtob est folle de joie. Le fils aîné de Nasserine, Amir, est un enfant vif et intelligent, elle adore jouer avec lui. De plus, il porte de vraies couches...

Aux États-Unis, je détestais Mammal encore plus que Reza. Nasserine m'a snobée longtemps, à mon arrivée en Iran. Mais peu importe. Vivre avec eux à l'étage au-dessus m'évite de retourner chez Ameh Bozorg. Et leur proposition n'a rien de *taraf*. Ils ont vraiment besoin que nous vivions avec eux. Ils le désirent sans équivoque. Moody accepte mais me prévient, une fois de plus, que ce séjour ne peut être que temporaire. Un jour ou l'autre, bientôt, nous devrons rentrer chez sa sœur.

Nous n'avions emporté que quelques vêtements avec nous, le déménagement n'est pas compliqué. Nos pénates installées au premier étage, je rejoins Nasserine auprès de son bébé. Elle est en train de secouer au-dessus de sa tête un brûle-parfum qui diffuse des nuages de vapeurs lourdes. Elle chasse ainsi l'œil du démon qui pourrait l'empêcher de dormir. A mon avis, une petite histoire et une bonne tasse de lait chaud seraient plus efficaces. Mais je retiens ma langue.

Ils nous ont prêté leur chambre à coucher et se sont installés dans une autre pièce, par terre, beaucoup moins confortablement que dans leur lit à deux places. En fait, ils dédaignent totalement le mobilier classique.

La salle à manger est meublée d'une grande table et d'une douzaine de chaises, le salon est confortable, moderne, tout en velours vert. Mais ils ignorent ces reliques européennes, qui datent de l'influence du shah. Les portes de ces deux pièces sont toujours fermées, car ils préfèrent manger et discuter par terre, sur le sol de l'entrée traditionnelle. Elle est ornée de tapis persans, il y a le téléphone et une télévision allemande, en couleurs. Rien d'autre.

Nasserine est une maîtresse de maison plus soignée que Essey, mais je découvre vite qu'elle est une cuisinière atroce. Elle ignore à peu près tout de l'hygiène, des règles simples de nutrition et du goût des aliments. Si elle achète un morceau d'agneau, ou si par bonheur elle déniche un poulet, elle l'enveloppe tout simplement avec poils ou plumes dans du papier journal et le range dans le freezer. Si bien que la même viande peut être décongelée et recongelée cinq ou six fois jusqu'à ce qu'elle l'ait utilisée entièrement. Ses réserves de riz sont les plus répugnantes que j'ai vues. Non seulement truffées de charançons, mais pourries par des vers blancs. Elle ne prend pas la précaution de laver le riz avant de le faire cuire. Une horreur...

Fort heureusement le rôle de cuisinière ne tarde pas à m'échoir. Mammal ne réclame que de la cuisine iranienne, mais au moins je peux être sûre qu'elle est propre et mangeable.

En fin de compte, j'ai quelque chose à faire de mes journées. Pendant que Nasserine est à l'université, je m'occupe de la maison. Je fais la poussière, je balaie, lave, nettoie, récure. Mammal fait partie de la direction d'un laboratoire pharmaceutique iranien et cela lui permet souvent de nous ramener des produits rares. Les placards de Nasserine sont remplis de merveilles du genre gants de caoutchouc, de douzaines de bouteilles de shampooings et de centaines de paquets de lessive, introuvables d'habitude.

Nasserine est complètement sidérée d'apprendre que l'on peut laver les murs d'une maison, que les siens étaient blancs avant d'être grisâtres. Je la crois heureuse de bénéficier de mon aide domestique, car cela lui permet de passer le plus clair de son temps à étudier, et des heures supplémentaires en prières et lecture du Coran. Bien plus dévote que sa belle-sœur Essey, elle ne quitte pas le tchador, même chez elle. Les premiers jours, Mahtob joue tranquillement avec le bébé, tandis que je m'active à la cuisine ou au ménage. Moody passe son temps à ne rien faire.

Nous sommes relativement contents. Moody ne reparle pas de rentrer chez sa sœur.

Les Iraniens font tout pour se compliquer la vie. Par exemple, Moody m'emmène acheter du sucre. Et cette simple course nous prend toute la journée. Les Iraniens ont leurs préférences, ainsi ils n'utilisent pas forcément le même genre de sucre pour le thé. Ameh Bozorg préfère le sucre en poudre, qu'elle gaspille généreusement, le semant par terre à chaque cuillerée. Mammal préfère coincer un morceau de sucre entre ses dents, et boire le thé au travers. Il fournit à Moody des coupons de rationnement destinés à acheter tous les mois des réserves de sucre, sous toutes ses formes. Le propriétaire de la boutique vérifie les coupons puis nous sert quelques kilos de sucre en poudre, en puisant dans une petite montagne à même le sol. Une invitation porte ouverte à la vermine... Ensuite, à l'aide d'un marteau, il casse des morceaux à partir d'un énorme pain de sucre. A la maison, il me reste à transformer les morceaux en petits cubes. D'abord en morcelant le tout, de façon à obtenir des morceaux plus petits. Ensuite je taille les cubes à l'aide d'une sorte de petit piolet qui me blesse les mains à chaque fois.

Les sombres jours d'octobre 1984 s'écoulent ainsi en tâches diverses, mais je sens un progrès. La surveillance de Moody s'est relâchée petit à petit. A son avis, je suis meilleure en cuisine iranienne que les Iraniennes elles-mêmes. Et il n'ignore pas que j'achète tous les jours au marché des produits frais, choisis avec soin. Chaque matin, accompagnée des deux enfants emmi-

114

touflés, car le vent d'automne devient frais, je pars à la recherche de provisions, de boutique en boutique.

J'ai dégoté une boutique moitié pizzeria moitié hamburger, où on me fournit, parce que je suis américaine, deux kilos d'un fromage iranien assez rare. Il ressemble à de la mozarrella. Avec ça, j'ai inventé une assez bonne imitation de pizza à l'américaine. Le patron de la boutique m'a d'ailleurs dit qu'il acceptait de me vendre ce fromage, chaque fois que j'en voudrais, et uniquement à moi. C'est bien la première fois que ma nationalité me sert à quelque chose...

Les premières fois, Moody m'a accompagnée, me surveillant sans relâche. Mais ça l'ennuie, son état d'esprit commence à changer. Une fois il m'a laissée seule en compagnie de Nasserine. Je voulais tricoter un pull pour Mahtob. Nous sommes parties en chasse toute la matinée à la recherche d'aiguilles à tricoter, sans succès. Nasserine estime que je n'ai aucune chance d'en trouver, et me propose d'utiliser les siennes.

En douceur, je suis en train d'enfoncer dans le crâne de mon mari l'idée que faire les courses et le marché est une véritable corvée. Je me débrouille pour avoir besoin de quelque chose au dernier moment, juste avant de préparer le repas. J'ai absolument besoin de haricots, ou de fromage ou de pain, ou même de ketchup, dont les Iraniens sont friands sur leurs plats. Si bien qu'au bout de quelques jours, pour une raison qu'il ne formule pas verbalement, Moody fait une tête plus maussade que d'habitude. Et un beau jour, probablement davantage préoccupé par ses propres soucis, il se plaint de ne pas avoir le temps de m'accompagner au marché. « Vas-y toi-même », dit-il.

Mais cette décision me met de toute façon face à un autre problème. Il ne souhaite pas me voir disposer d'argent personnel. L'argent représente tout de même une forme de liberté. (Il n'est toujours pas au courant de mon petit pécule.) Alors il décide :

— Tu vas d'abord te renseigner sur le prix. Ensuite tu reviens à la maison, je te donne de quoi payer et tu retournes acheter ce dont tu as besoin.

C'est un problème difficile, mais je suis déterminée à le surmonter. La plupart des choses se vendent au kilo, mais les poids et mesures en farsi sont incompréhensibles pour moi. Je commence par prendre un papier et un crayon, et je demande au commis de m'écrire les prix. Cela me permet d'apprendre à lire graduellement les chiffres persans.

Cet arrangement ponctuel est en fait un progrès supplémentaire dans l'élaboration de mon plan. Car il me permet de m'éloigner de Moody deux fois pour la même course, même si elle est brève.

Les premières fois que je sors sans lui, je suis exactement ses instructions, de manière à ne provoquer ni colère ni défiance de sa part. Je dois aussi me méfier, il est capable de me suivre et d'épier mes gestes. Puis, lorsque la routine semble bien installée, je prolonge peu à peu mes absences, en me plaignant chaque fois des boutiques bondées et du service approximatif. Ce sont là des excuses parfaitement légitimes dans une ville aussi peuplée que Téhéran. Enfin, au bout du quatrième ou cinquième essai, je me décide à risquer un appel téléphonique à l'ambassade de Suisse. Je dissimule quelques rials sous mes vêtements et je cours à travers la ville, Mahtob d'un côté, Amir de l'autre, à la recherche d'un téléphone public, d'où je pourrai mettre mon plan à exécution.

J'en trouve un assez rapidement, juste le temps de m'apercevoir que mes billets ne me sont d'aucune utilité. J'aurais dû prendre seulement des *dozari*, des pièces de deux rials d'une valeur approximative d'un demi-cent, relativement rares. Je me précipite dans les boutiques, pour échanger mes billets contre des *dozari*, mais les marchands sont trop occupés ou m'ignorent carrément, jusqu'à ce que je me présente dans un magasin de vêtements masculins.

— Vous avez des *dozari* ?

Derrière le comptoir, un homme grand, aux cheveux noirs, m'observe un moment puis demande :

— Vous parlez anglais ?

— Oui. J'ai besoin de monnaie pour téléphoner, s'il vous plaît.

– Vous pouvez vous servir de mon téléphone...

Il s'appelle Hamid et me raconte fièrement qu'il a voyagé plusieurs fois aux États-Unis. Pendant qu'il s'occupe de son travail, je me débrouille pour avoir Hélène au téléphone.

– Vous avez reçu notre message? me dit-elle joyeusement.

– Quel message?

– Votre mari vous a dit d'appeler?

– Non...

Hélène paraît surprise :

– Oh... Eh bien, nous avons essayé de vous joindre. Vos parents ont prévenu le département d'État et nous avons été chargés de vérifier votre adresse, et de nous informer de l'état de santé de votre fille et du vôtre. J'ai appelé votre belle-sœur plusieurs fois, mais elle m'a dit que vous étiez en voyage au bord de la mer Caspienne.

– Je ne suis jamais allée au bord de la mer Caspienne!

– Ah bon? Votre belle-sœur m'a dit qu'elle ne savait pas quand vous seriez de retour, et je lui ai confirmé que j'avais besoin de vous joindre d'urgence.

Hélène est en train de m'expliquer que la seule petite chose que le gouvernement iranien permette à la section des Intérêts américains, à l'intérieur de l'ambassade de Suisse, est de contraindre mon mari à tenir ma famille informée de l'endroit où nous vivons et à lui dire si nous y sommes en bonne santé!

Elle a expédié deux lettres recommandées à Moody, lui ordonnant de se présenter à l'ambassade avec nous. Il a ignoré la première lettre, mais vient justement de répondre ce matin à la seconde. Hélène me dit :

– Il n'est pas très coopératif.

Je suis morte de peur. Moody sait maintenant que mes parents utilisent des moyens officiels et font ce qu'ils peuvent pour m'aider. Serait-ce la raison de sa mauvaise humeur de ces derniers jours? Je ne peux plus perdre de temps pour rentrer, et j'ai encore le pain à acheter. Mais au moment où je raccroche,

Hamid, le vendeur, insiste pour me parler quelques minutes.

– Vous avez un problème?

Mis à part l'ambassade, je n'ai raconté mon histoire à personne. Mes seuls contacts étant la famille de Moody, ma seule façon de juger l'attitude des Iraniens envers les Américains était de la juger à travers eux. Et leurs réactions sont franchement hostiles. J'ignore si tous les Iraniens se comportent ainsi. Il y a bien le propriétaire de la boutique de pizzas... mais c'est une exception. Comment faire confiance à d'autres?

Ravalant mes larmes, je suis mon instinct. Je sais bien qu'un jour ou l'autre il me faudra trouver de l'aide ailleurs que dans la famille de Moody. Je « crache le morceau » à cet étranger.

– Chaque fois que je pourrai vous aider je le ferai, me promet Hamid. Tous les Iraniens ne sont pas comme votre mari. Chaque fois que vous aurez besoin de téléphoner, venez ici. Mais laissez-moi faire une petite enquête, j'ai quelques amis au service des passeports.

En remerciant Dieu de m'avoir fait rencontrer Hamid, je me précipite dans la boutique du boulanger, traînant toujours Mahtob et le bébé. Nous avons besoin de *lavash* pour le dîner. C'est mon prétexte à cette sortie. Comme d'habitude, nous faisons la queue interminablement, en contemplant le travail des employés. La procession commence au fin fond du magasin, là où se trouve une étagère métallique immense et large, pliant sous le poids de la pâte. Les hommes travaillent mécaniquement, transpirant énormément dans la chaleur intense du four. Un homme se saisit d'une poignée de pâte, la jette sur une balance, la réduit pour obtenir une portion correcte, après quoi il balance la pâte sur le sol de ciment, où deux ouvriers pieds nus la travaillent sur un tapis de farine.

Assis les jambes croisées, se balançant en récitant de mémoire un texte du Coran, un autre ouvrier s'empare de la pâte humide, la plonge dans un sac de farine et la roule en boule. Après quoi il la dépose à nouveau sur le sol, en ligne à peu près droite avec les autres boules de pâte. Un autre ouvrier les prend une à une et les place sur une étagère. Il utilise un instrument de bois, une sorte de rouleau à pâtisserie, pour aplatir chaque boule et la transformer en une galette plate. Il la jette en l'air plusieurs fois, la rattrape au bout de sa palette à long manche puis, d'un mouvement rapide de la main, il tapote la pâte jusqu'à lui donner une forme légèrement convexe. Le dernier ouvrier se tient dans une fosse creusée dans le sol de ciment. On ne voit que sa tête, ses épaules et ses bras. Le bord de la fosse est protégé par des morceaux de pâte, censés l'isoler de la chaleur intense du four voisin. C'est lui qui du même mouvement lent et fluide, transforme le tout en petites portions bien cuites de *lavash*. C'est long et laborieux.

Nous avons attendu plus longtemps que d'habitude, aujourd'hui, et je m'inquiète de la réaction de Moody.

Nous rentrons en courant. J'explique à Mahtob qu'elle doit garder secrète l'histoire du téléphone et la rencontre avec Hamid. Ces recommandations sont d'ailleurs inutiles, mon petit bout d'à peine plus de cinq ans sait parfaitement où se trouvent ses ennemis et ses amis.

Bien entendu Moody m'interroge sur ce retard. Je ne panique pas, j'ai un mensonge tout prêt. Je me plains amèrement d'avoir fait la queue dans une boulangerie pour m'entendre dire qu'il n'y avait plus de pain, lorsque mon tour est arrivé. J'ai dû refaire la queue dans une autre boulangerie.

Soit qu'il doute de mon histoire, soit que la lettre de l'ambassade l'ait mis sur ses gardes, Moody se montre de plus en plus méfiant, menaçant et coléreux, au cours des jours qui suivent.

Le plus gros des ennuis m'arrive sous la forme d'une lettre angoissée, écrite par ma mère. Depuis le début, Moody a intercepté toutes les lettres envoyées par ma famille ou mes amis inquiets. Mais cette fois, pour une raison que j'ignore, il m'apporte une enveloppe non ouverte où je reconnais l'écriture de maman. C'est la première fois depuis que nous sommes en Iran. Moody s'assoit par terre à côté de moi et lit par-dessus mon épaule. La lettre dit :

Chères Betty et Mahtob,
Nous sommes si inquiets à votre sujet. J'ai fait un cauchemar avant que vous partiez, dans lequel tout cela arrivait. Il vous emmenait et ne vous laissait pas revenir. Je n'ai pas voulu t'en parler, parce que je ne voulais pas me mêler de ton ménage. Mais cette fois, j'ai fait un autre cauchemar. J'ai vu Mahtob perdre une jambe dans l'explosion d'une bombe. Si quoi que ce soit arrive à l'une de vous, il en sera responsable. C'est lui le coupable, c'est entièrement de sa faute si...

Moody m'arrache la lettre des mains.
— C'est un ramassis d'ordures! hurle-t-il. Je ne te laisserai plus jamais recevoir des lettres d'eux, et même leur parler.

Il me suit partout à nouveau les jours suivants, m'accompagne pour la moindre course, et j'attrape des sueurs froides, surtout lorsque nous passons devant le magasin d'Hamid.

Moody semble avoir complètement oublié que le monde existe, en dehors de l'Iran. Cette inconscience commence à se retourner contre lui pour le prendre au piège.

Avant de quitter l'Amérique, il s'est embarqué dans une furie de dépenses. A mon insu, il a dépensé plus de quatre mille dollars par carte de crédit, pour acheter de somptueux cadeaux à sa famille. Nous avons signé un bail pour la location d'une maison à Detroit, mais il n'y a personne chez nous pour payer au propriétaire les six cents dollars du loyer mensuel. Nous possédons pas mal de choses, accumulées durant les années où Moody gagnait bien sa vie. Nous avons des économies. Moody a retiré subrepticement de grosses sommes de la banque, avant notre départ, mais il n'a pas pu tout réaliser de nos affaires, cela m'aurait rendue méfiante. Nous avons une maison meublée plus qu'il ne faut, pleine d'objets coûteux, et deux voitures. Nous avons aussi une petite maison, que nous avons mise en location, à Corpus Christi. Nos économies s'élèvent à plus de dix mille dollars, placés à la banque. Moody a décidé de les transférer en Iran. Mais il ignore que j'ai envoyé une lettre d'opposition au département d'État. Et comme il n'a aucunement l'intention de se mettre en règle avec les États-Unis, il refuse de laisser le moindre cent de « son » argent au Trésor américain, il dit qu'il a déjà donné et qu'on ne lui tirera pas un dollar de plus. Il sait que nos dettes s'accumulent et que nos créanciers ont toujours la possibilité de récupérer leur argent en justice, et avec intérêts. Chaque jour qui passe rogne un peu plus nos économies.

– Tes parents pourraient vendre quelque chose! Et nous envoyer l'argent!

Il est incroyable. Comme si j'étais responsable de ce désastre financier et mes parents obligés de le gérer à sa place! Moody est tout simplement incapable d'agir. Et au fur et à mesure que les jours passent, notre retour aux États-Unis devient de plus en plus impossible. Il a tellement embrouillé sa vie, et la nôtre, qu'il n'y a plus moyen de revenir en arrière. En Amérique il sera cerné par les créanciers et, il doit le savoir, contraint au divorce.

Déjà en Iran, ses diplômes médicaux sont moins estimés que d'autres. Des pressions se font sentir, on le tolère mal, il irrite beaucoup de monde.

Mahtob et moi nous nous écartons de lui le plus possible, dans la crainte d'un mauvais coup. Il a le regard mauvais, dangereux.

Des travaux de construction sur le réseau nous privent d'eau potable pendant deux jours. La vaisselle s'entasse. Et je ne peux même pas laver les légumes. Mammal promet de nous emmener au restaurant le lendemain soir. Dans la famille de Moody on ne mange jamais hors de chez soi, c'est donc une occasion exceptionnelle. Nous allons essayer de nous faire belles, autant que possible vu les circonstances.

Nous sommes prêtes lorsque Mammal rentre du bureau, mais il grommelle : « On ne sort pas. » Encore une invitation *taraf*. On a si peu d'occasions de plaisir dans la vie... Je suggère à Moody d'appeler un taxi et de sortir tous les trois. Réponse :

— Pas question. Nous ne sortirons pas sans eux. Et comme ils ne veulent pas sortir, va faire la cuisine !

En cet instant de désappointement, je perds toute prudence. J'oublie ma position de femme soumise et un petit vent de révolte me soulève :

— Nous en avons discuté hier. Nous devions sortir pour dîner ce soir. Mammal ne veut pas. Ça ne nous concerne pas !

Cet homme est à l'origine de tous mes ennuis. Il est le seul à nous avoir invités en Iran. Je le revois encore, l'air hypocrite, revenant à Detroit pour m'assurer que jamais, jamais sa famille ne laisserait Moody me garder contre ma volonté.

Je me lève. Je regarde d'en haut Moody, assis par terre les jambes croisées. Je lui crie par-dessus la tête :

— C'est un menteur ! Ce n'est qu'un sale menteur !

Moody saute sur ses pieds, le visage déformé de rage :

— Tu dis que Mammal est un menteur ?

— Absolument ! Je l'ai traité de menteur. Et tu en es un aussi. Tous les deux vous passez votre temps à raconter des histoires...

Mon éclat de colère est coupé net par le terrible coup de poing de Moody. Il m'a touchée en plein visage du côté droit. Je reste un moment sans réaction, trop sonnée pour ressentir la douleur. J'entrevois Mammal et Nasserine qui entrent dans la pièce, curieux de l'incident. J'entends les hurlements terrifiés de ma fille. Et les malédictions enragées de Moody. Et puis la pièce se met à tourner devant mes yeux. Je trébuche jusqu'à la chambre à coucher, le seul refuge, dans l'idée de m'y enfermer jusqu'à ce que la colère de Moody se calme. Mahtob me suit en pleurant. J'atteins la chambre, la petite sur mes talons, mais Moody est déjà derrière moi. Ma fille essaie de se glisser entre nous pour nous séparer, il la repousse si brutalement qu'elle va valdinguer contre le mur, en hurlant de douleur. Et comme je tente de me précipiter vers elle, Moody me flanque sur le lit d'une bourrade.

Je me mets à crier : « Au secours, Mammal, aide-moi ! » La main droite de Moody attrape mes cheveux, et de l'autre il me martèle le visage, Mahtob court à nouveau à mon secours, et à nouveau il l'envoie valdinguer. J'essaie de m'accrocher à lui, mais il est trop fort pour moi. Il me gifle à pleine main, fou de rage :

– Je vais te tuer... Je vais te tuer !

Je lui donne un coup de pied, j'arrive à me dégager un peu de son emprise pour ramper plus loin. Mais il s'acharne sur mon dos à coups de pied vicieux. Une douleur fulgurante me paralyse la colonne vertébrale.

Mahtob pleurant dans un coin et moi à sa merci, il devient plus méthodique. D'un poing, il me frappe sans discontinuer, de l'autre main il me tire par les cheveux. Une gifle après l'autre, et les injures pleuvent. Il ne cesse de répéter : « Je vais te tuer ! Je vais te tuer ! » J'ai beau appeler au secours, ni Mammal ni sa femme n'interviennent. Pas plus que Reza ou Essey, qui m'entendent forcément à l'étage au-dessous.

Je ne sais pas combien de temps ça a duré. Il frappe. Je suis tombée dans une inconscience proche de la mort qu'il me souhaitait. La force des coups s'est atténuée peu à peu. Il s'arrête pour reprendre souffle, mais ne me lâche pas. De l'autre côté du lit, Mahtob pleure hystériquement.

Enfin une voix douce s'élève de l'entrée : « *Dahe-joon... Dahejoon... cher petit oncle...* » C'est Mammal. Enfin. Moody redresse la tête, il semble que la voix de Mammal, calme et douce, le ramène de très loin.

« *Dahejoon...* » Mammal répète le surnom affectueux et repousse doucement Moody loin de moi. Il l'emmène dans l'entrée. Aussitôt Mahtob se précipite dans mes bras. Nous berçons notre souffrance. Non seulement les blessures corporelles, mais surtout l'effroyable choc nerveux qui fait battre douloureusement le sang dans nos têtes. Nous pleurons et hoquetons pour reprendre souffle, mais ni l'une ni l'autre n'arrivons à parler pendant plusieurs minutes.

J'ai le corps complètement meurtri. Par deux fois les coups de poing m'ont atteinte en plein visage et j'ai peur des dégâts. Mes bras, mon dos, sont en morceaux. L'une de mes jambes a pris tellement de mauvais coups que je boiterai sûrement pendant quelques jours. Je me demande à quoi ressemble mon visage.

Quelques minutes plus tard, Nasserine trottine vers la chambre, image même de la femme iranienne soumise, sa main droite tenant le tchador bien serré sur sa tête.

Nous pleurons encore toutes les deux, nerveusement. Nasserine s'assied près de moi sur le lit et m'entoure de ses bras :

— Ne t'inquiète pas, tout va bien.

— Tout va bien?

C'est le comble!

— Tout va bien quand il me tape dessus, c'est ça? Tout va bien quand il dit qu'il va me tuer? C'est comme ça que tout va bien pour lui?

— Il ne va pas te tuer.

— En tout cas il était prêt à le faire. J'ai appelé au secours, tu ne m'as pas aidée! Pourquoi? Pourquoi est-ce que tu n'as pas essayé quelque chose, n'importe quoi?

Nasserine essaye de son mieux de me faire comprendre les règles du jeu dans ce pays horrible.

— On ne peut pas intervenir. On ne peut pas aller contre « Dahejoon ».

Mahtob écoute avec attention chaque mot et je vois bien, dans ses pauvres petits yeux pleins de larmes, qu'elle essaye de comprendre. Une nouvelle frayeur court le long de mon dos meurtri. Un doute affreux. Et si Moody allait me tuer réellement? Que se passerait-il pour Mahtob? Est-ce qu'il la tuerait aussi? A moins qu'elle ne grandisse en se pliant à ses exigences folles. Alors elle deviendrait comme Nasserine, comme Essey, enfermant son intelligence et sa beauté, son âme, son esprit, derrière un tchador.

Est-ce que Moody la marierait à un cousin quelconque? Est-ce qu'elle porterait elle aussi un enfant au regard vague et aux pieds informes? Un bébé sans avenir?

— Nous ne pouvons pas contrarier « Dahejoon », répète Nasserine. Mais tout va bien. Tous les hommes sont comme ça.

— Non, tous les hommes ne sont pas comme ça... Je le sais.

— Mais si, dit-elle solennellement, mais si... Mammal fait pareil avec moi, et Reza fait pareil avec Essey. Tous les hommes sont comme ça.

Mon Dieu... Qu'est-ce qui m'attend à présent?

7

J'ai boité pendant des jours, et je ne me sens pas encore assez bien pour faire le trajet jusqu'au marché. D'autant que je n'ai pas envie d'être vue. Même recouvert par le voile, mon visage est trop abîmé pour que je le montre sans être embarrassée.

Mahtob s'éloigne toujours plus de son père. Chaque nuit elle pleure pour s'endormir. Moody nous oblige à vivre dans la peur. Il promène une mine maussade et prétentieuse à la fois. Sans secours, sans espoir, la vie est de plus en plus dure, et les jours s'écoulent tendus, dans cet univers déprimant. La correction sévère que j'ai reçue n'a fait qu'augmenter les risques déjà existants. Chacune de mes blessures le prouve, il est devenu fou et capable de me tuer – de nous tuer – si quoi que ce soit le met en colère. La poursuite de mon vague plan de liberté devra, plus encore, se faire au péril de ma vie, j'en ai peur. D'ailleurs nos deux existences dépendent du caprice de cet homme. Chaque fois que je suis obligée de négocier avec lui pour quelque chose, de lui parler, de le regarder, ou simplement de penser à lui, je me sens plus déterminée. Je le connais trop bien maintenant. J'ai vu la méchanceté l'envahir depuis quelques années. Je ne me paye pas le luxe d'être sage après coup ou de m'attendrir sur moi-même, mais je ne peux pas m'empêcher de revoir le passé. Si seulement j'avais écouté mes craintes, avant d'embarquer pour Téhéran!... Chaque fois que je repense à cela, je me sens davantage prise au piège. Je peux énumérer toutes les raisons qui nous ont fait venir ici. Financières, légales, sentimentales, et même médicales. Elles nous ont fait couler à pic. Ironie du sort, j'ai emmené Mahtob en Iran avec l'espoir désespéré que cela assurerait sa liberté. Comment faire pour supporter la vie en Iran en préservant ma fille? Difficile.

Moody peut être conciliant, attentionné, quand il le veut. Mais je sais que cette folie qui l'habite refera surface périodiquement. Pour sauver la vie de Mahtob, je dois la mettre en danger, et même si ce danger vient de m'être cruellement démontré. Au lieu de me soumettre, la violence de Moody m'a endurcie. Je n'exécute quotidiennement que des tâches banales, mais chacune de mes pensées, chacun de mes gestes est dirigé vers un seul but.

Mahtob renforce encore ma résolution. Nous sommes toutes les deux dans la salle de bains, elle pleure doucement sans bruit et me supplie de l'emmener loin de son père, et de rentrer chez nous en Amérique.

— Maman, je sais comment on peut aller en Amérique. Quand papa dort, on n'a qu'à se sauver jusqu'à l'aéroport et prendre un avion.

La vie peut être si simple à cinq ans. Et si compliquée... Nous prions beaucoup. Je n'ai pas mis les pieds dans une église depuis longtemps, mais j'ai toujours gardé ma foi en Dieu. J'ignore par quel insondable mystère il nous a imposé cette épreuve, mais je sais que nous n'en sortirons pas sans Son aide.

Une autre aide me parvient, en la personne d'Hamid, le propriétaire du magasin de vêtements pour hommes. La première fois que je me risque à aller chez lui, après cette bagarre, il me demande, surpris:

— Qu'est-ce qui vous est arrivé?

Je lui raconte mon histoire.

— Il est sûrement fou!

Puis d'un ton calme et décidé il ajoute:

— Dites-moi où vous habitez, je peux lui envoyer quelqu'un qui s'occupera de lui!

Ce serait une possibilité, mais en y réfléchissant, une telle intervention ferait comprendre à Moody que j'ai secrètement des amis.

Lorsque j'aurai récupéré et que je pourrai m'aventurer plus souvent à l'extérieur, je m'arrêterai chez Hamid chaque fois que possible, pour appeler Hélène à l'ambassade. Et aussi pour parler de mes ennuis avec mon nouvel ami. C'est un soulagement d'avoir quelqu'un à qui parler.

Hamid est un ancien officier de l'armée du shah. Il vit maintenant dans la clandestinité, déguisé en commerçant. Il pense que le peuple d'Iran voulait la révolution, mais pas « ça ». Pour Hamid « ça », c'est une horde de tristes fanatiques gueulant dans les rues de la République islamique des ayatollahs. On ne voulait pas ça... Hamid cherche lui aussi à quitter l'Iran avec sa famille. Mais il a beaucoup de choses à régler avant. Il doit vendre son commerce, réaliser ses économies et s'entourer lui-même d'une foule de précautions. Pourtant il est déterminé à s'échapper avant que son propre passé ne le rattrape. Il a un groupe d'amis influents aux États-Unis. Ils font ce qu'ils peuvent pour lui.

Ma famille et mes amis font aussi ce qu'ils peuvent pour moi et Mahtob. Apparemment, ils ne peuvent pas grand-chose par les voies officielles.

Le téléphone d'Hamid m'est d'un grand secours. Même si les informations que je reçois de l'ambassade sont démoralisantes, c'est mon seul point de contact avec chez nous. L'amitié de cet homme est également réconfortante en ce sens qu'il est le premier à me démontrer que nombre d'Iraniens ont gardé un bon souvenir du style de vie occidental, et qu'ils se rebiffent contre l'attitude de leur gouvernement vis-à-vis de l'Amérique.

Tout de même, au fur et à mesure que le temps passe, je me rends compte que Moody n'est pas le potentat tout-puissant qu'il croit être. Il obtient peu de résultats dans son ambition de pratiquer officiellement la médecine en Iran. En d'autres circonstances, ses diplômes américains lui auraient donné un certain prestige. Mais sous le régime des ayatollahs, celui lui porte au contraire un certain préjudice.

Il ne se situe pas non plus au sommet de la hiérarchie compliquée de sa famille. Pour ses parents plus âgés, il n'est rien de plus que ses cadets. Et il ne peut pas se soustraire aux obligations familiales. Tout cela commence à travailler en ma faveur. Ses parents étaient ravis, émerveillés de notre venue, de celle de Mahtob surtout. Et pendant les deux premières semaines, il nous a fait parader de l'un à l'autre. Beaucoup de ses cousins auraient voulu nous voir davantage. Et Moody sait bien qu'il ne pourra pas nous cacher éternellement.

C'est donc à contrecœur qu'il vient d'accepter une invitation à dîner dans la maison de « Monsieur Hakim » (*Aga* Hakim) envers qui il éprouve un grand respect. Ils sont cousins directs et font partie de la généalogie compliquée de l'arbre familial.

Ainsi, le fils de la sœur d'Aga Hakim a épousé la sœur de Essey et Ize, fille de sa sœur, a épousé le frère de Essey. Zia Hakim, que nous avons rencontré en premier à l'aéroport, est le neveu de Aga Hakim, aux premier, deuxième ou troisième degrés... Et *Khanum* (« lady ») Hakim, sa femme, est également une cousine de Moody. La chaîne continue à l'infini.

Toutes ces relations familiales exigent le respect, mais le pouvoir le plus important qu'exerce Aga Hakim sur Moody est son statut d'homme-turban, chef de la mosquée de Niavaran, près du palais du shah. Il enseigne également à l'université de Théologie de Téhéran. Il est l'auteur respecté de nombre d'ouvrages de doctrine islamique et a traduit de l'arabe en farsi un nombre important d'essais didactiques, commis par Tagatie Hakim, leur grand-père commun. Pendant la Révolution, il a brillamment occupé le palais du shah, ce qui lui a valu son portrait dans *Newsweek*. Pour couronner le tout, son épouse Khanum Hakim porte orgueilleusement le surnom de Bebe Hajji : « la femme qui a visité La Mecque ».

Moody ne peut donc pas refuser l'invitation. Et il

me rappelle à l'obligation du port du tchador. Pas question que je me rende chez eux autrement.

Dans le quartier élégant de Niavaram, au nord de la ville, ils occupent une maison spacieuse mais pratiquement vide. Je suis contente de cette sortie, mais contrariée par les impératifs de l'habillement. Je m'attends à une soirée sinistre au milieu des hommes-turbans.

Aga Hakim est un homme mince, un peu plus grand que Moody, avec une barbe poivre et sel, et il arbore une perpétuelle grimace disgracieuse en guise de sourire. Il est entièrement vêtu de noir, turban compris. Ceci est important. Beaucoup de turbans masculins sont blancs. Le turban noir de cet homme indique qu'il est un descendant direct du prophète Mohamed.

A ma grande surprise, il n'est pas saint au point de ne pas me regarder dans les yeux quand il parle.

Par l'intermédiaire de Moody, il demande :

– Pourquoi portez-vous le tchador?

– Je pense qu'il le faut.

Moody doit être sérieusement embarrassé par la traduction de la réponse :

– Vous n'êtes pas à l'aise en tchador. Le tchador n'est pas islamique, il est perse. Vous n'avez pas à le porter chez moi.

J'aime cet homme!

Il m'interroge sur ma famille aux États-Unis, il est le premier Iranien à faire ça. Je lui explique que mon père est en train de mourir d'un cancer et que je suis terriblement préoccupée à son sujet, comme de ma mère et de mes fils.

Il hoche la tête avec sympathie. Il comprend l'importance des liens familiaux.

Moody tenait quelque chose en réserve pour Mahtob, et il le lui annonce d'une manière brutale, caractéristique de son manque de sentiments. Sans aucune précaution, il lui dit un matin :

– Mahtob, aujourd'hui nous allons à l'école.

Je fonds en larmes, comme elle, craignant la séparation. Je tente de l'amadouer, mais il insiste. Il prétend que Mahtob doit préparer son intégration et que l'école est le premier stade indispensable. De toute façon elle a acquis un minimum de connaissances en farsi, assez pour pouvoir communiquer avec les autres enfants. Il est temps d'aller à l'école.

Moody a dû attendre l'ouverture de l'école privée que nous avions déjà visitée. Sa nièce Ferree y est institutrice et a fait enregistrer Mahtob sur la liste de la maternelle. Il est très difficile d'obtenir une place, et il a accompli cet exploit avec son aide, il ne manque pas de me le faire remarquer. Je le supplie de me laisser les accompagner et il se laisse attendrir.

Nous nous emmitouflons, pour lutter contre le vent d'automne glacial qui souffle des montagnes. Nous marchons jusqu'à Shiariati Street, l'avenue principale, où Moody hèle un taxi orange. Nous nous entassons à l'intérieur avec une demi-douzaine d'Iraniens, pour un trajet d'une dizaine de minutes. L'école Zainab est un bâtiment bas, de ciment peint en vert foncé, qui ressemble de loin à une forteresse. A l'intérieur, des petites filles de tous âges, vêtues de gris ou de noir, portant le voile. Mahtob et moi suivons Moody en traînant les pieds, au long d'une allée. Une femme de garde à l'entrée empêche Moody d'avancer. Nous sommes dans une école de filles. A toute vitesse elle va prévenir la direction qu'un homme essaye de pénétrer dans l'établissement !

Nous attendons la directrice dans un bureau. Une femme ficelée dans son tchador noir, si étroitement qu'elle le maintient à deux mains autour de son visage. Pendant que Moody parle, elle fixe obstinément le sol, me jetant parfois un coup d'œil, mais jamais à l'homme en sa présence.

Au bout d'un moment, Moody se retourne vers moi, furieux :

– Elle dit que ma femme n'a pas l'air très contente...

Ses yeux m'ordonnent de coopérer. Mais une fois de plus, le bien-être de Mahtob passe au premier plan et je trouve le courage de l'affronter.

– Je n'aime pas cette école. Et je veux voir la classe où on veut la mettre.

Il discute encore avec la directrice.

– « Khanum » Shaheen, c'est la directrice, va te montrer. C'est une école de filles. Les hommes ne sont pas autorisés à rester ici.

Khanum Shaheen est une jeune femme dans les vingt-cinq ans, jolie sous son tchador, et son regard se pose sur mon attitude hostile avec apparemment une sincère compréhension. Elle est l'une des rares Iraniennes que j'ai vues portant des lunettes. Nous communiquons comme nous pouvons, moitié par gestes moitié à l'aide des quelques mots de farsi que je connais. Je suis épouvantée de la nullité des activités scolaires que l'on pratique ici. Nous traversons des halls défraîchis, passons sous le portrait d'un ayatollah menaçant et d'innombrables affiches à la gloire de la guerre. La posture favorite de tous ces vaillants soldats est toujours la même. Ils se tiennent fièrement debout avec leur fusil, auréolés de la gloire d'un bandage sanglant autour du crâne.

Les écolières se tiennent serrées les unes contre les autres sur de longues banquettes et, bien que je comprenne peu le farsi, la technique d'enseignement est facile à saisir. Tout est entièrement mécanique, du « par cœur ». L'institutrice chante une phrase et les élèves la répètent à leur tour, à l'unisson. Je croyais avoir vu là le pire de ce que l'Iran peut offrir en matière d'enseignement, avant d'avoir visité les vestiaires et les toilettes. Un seul coin pour cinq cents élèves. Un local minuscule, doté d'une fenêtre grande ouverte pour laisser entrer le vent, la pluie, la neige, les mouches et les moustiques. Les toilettes elles-mêmes, un trou dans le sol, que beaucoup d'occupants semblent utiliser au petit bonheur. En guise de papier de toilette un jet d'eau glacée.

A peine de retour dans le bureau, je dis à Moody que je ne quitterai pas cet endroit avant qu'il l'ait lui-même visité.

– Je ne peux pas croire que tu veuilles laisser ta fille dans une école pareille !

Il demande à visiter. Mais la réponse est non. « Pas d'hommes. » Ma voix devient menaçante, la voix d'une mère en furie :

– Nous ne partirons pas avant que tu aies vu cette école!

Et finalement la directrice se laisse convaincre. Elle expédie une surveillante en éclaireuse, afin de prévenir élèves et institutrices qu'un homme pénètre en territoire interdit. Puis elle l'emmène faire le tour du bâtiment, pendant que nous attendons au bureau.

– D'accord, tu as raison, dit-il à son retour. Je n'aime pas ça non plus. C'est terrible. Mais c'est l'école d'ici et c'est l'école où elle ira. C'est encore mieux que l'école où je suis allé à son âge.

Mahtob accueille la décision en silence, les larmes au bord des yeux. Elle fond en sanglots lorsqu'elle entend son père dire : « Elles ne peuvent pas la prendre aujourd'hui, elle commencera demain. » Pendant que le taxi nous ramène à la maison, elle supplie son père de ne pas l'obliger à aller dans cette école, mais il est décidément inflexible. Tout l'après-midi, elle pleure sur mon épaule. Elle va prier dans la salle de bains : « Dieu, s'il te plaît, fait qu'il arrive quelque chose et que je n'aille pas dans cette école. »

En écoutant la prière de ma fille, quelque chose me vient à l'esprit. Peut-être par hasard, ou par intuition, je me souviens de mes leçons de catéchisme, à propos des prières. Et je m'efforce de le faire comprendre à Mahtob :

– Je sais que le Bon Dieu répondra à nos prières. Mais il ne répond pas toujours dans le sens où nous le lui demandons. Il faut peut-être que tu ailles dans cette école, et c'est peut-être ce que veut le Bon Dieu. Il nous arrivera peut-être quelque chose de bien, justement parce que tu iras dans cette école...

Mahtob est inconsolable, mais je me sens un peu plus en paix. Il est possible en effet que quelque chose de bon survienne. L'école suppose évidemment que nous nous installons pour longtemps et nous haïssons cette idée, mais... je réalise alors que ma fille sera occupée ailleurs de huit heures du matin à midi, six jours par semaine. Et que tous les jours sauf le vendredi, nous aurons un prétexte pour sortir de cette maison. Et qui peut dire ce que cela nous apportera? Quelles nouvelles possibilités?

Nous sommes debout de bonne heure, tous les trois, le lendemain matin. Et cela seul me donne une nouvelle raison d'être optimiste à long terme. En ce moment, Moody se prend pour le maître spirituel de cette maison. Il se lève bien avant l'aube, pour s'assurer que chacun, excepté sa femme et sa fille, participe à la prière. Cette attitude est parfaitement théorique en ce qui concerne Nasserine et Mammal, qui sont également consciencieux. Mais Moody a étendu son autorité à l'étage inférieur, car Reza et Essey sont plutôt laxistes dans leurs dévotions. Surtout Reza qui doit assumer une longue journée de travail, alors que Moody retourne traîner au lit jusqu'à une heure avancée.

Fatigué par la prière de l'aube, il a pris en effet l'habitude de dormir ensuite jusqu'à onze heures. Il me paraît donc évident qu'il se fatiguera très vite de l'emploi du temps de Mahtob. Cela prendra du temps, certainement, avant qu'il se résigne à me laisser la conduire seule à l'école, mais je sais que cela augmente considérablement mes chances de liberté.

Malgré cet espoir, la matinée est tendue. Mahtob n'ouvre pas la bouche pendant que je l'habille comme les autres élèves. Pas un mot non plus quand nous arrivons à l'école et que la maîtresse la prend par la main pour l'emmener en classe. C'est à ce moment-là seulement qu'elle fond en larmes. Elle s'accroche avec obstination au bas de ma robe.

Aucune compassion dans les yeux de son père, mais une menace. J'ai moi-même du mal à garder mon calme, mais je dois intervenir :

– Mahtob, il faut y aller! Tout ira bien. Nous reviendrons te chercher, ne t'inquiète pas.

La maîtresse entraîne doucement ma fille. La pauvre enfant essaie d'être courageuse, mais, au moment où nous nous en allons, je l'entends gémir. La séparation est trop dure. J'ai le cœur brisé mais ce n'est pas le moment de lancer un défi à ce fou qui, d'un bras de fer, me tire vers la rue.

Nous rentrons silencieusement à la maison, dans un taxi orange. Nasserine nous y attend, avec un message :

– L'école a téléphoné. Mahtob fait trop de scandale. Il faut que vous retourniez la chercher.

Évidemment, Moody me crache au visage :

– C'est de ta faute! Tu lui as mis ça dans la tête. Elle ne sera jamais une enfant normale. Tu es trop possessive!

Je reçois l'invective en silence. Ne pas prendre de risques... Ma faute? J'en pleurerais! Si je pouvais lui crier à la figure, moi aussi, qu'il a fichu sa vie en l'air, la vie de sa propre fille! Mais je retiens ma langue. D'ailleurs il n'a pas tout à fait tort pour une fois. Je me suis montrée protectrice avec Mahtob. J'avais si peur de la perdre. Je craignais tant les sombres desseins que sa famille ou lui-même pouvaient concocter pour l'éloigner de moi. Alors c'est cela ma faute? S'il y a une situation où une mère doit se montrer surprotectrice, c'est bien celle-là.

Moody ressort de la maison en coup de vent et réapparaît quelque temps plus tard, traînant une Mahtob complètement abrutie et soumise.

– Écoute-moi bien, sale gamine, demain tu vas retourner dans cette école! Et tu y resteras de bon gré! Je ne veux plus te voir pleurer.

Chaque fois que j'en ai eu l'occasion, dans l'après-midi et la soirée j'ai parlé en tête à tête avec ma fille.

– Tu dois y aller, ma puce. Sois forte, sois une grande fille. Tu sais que le Bon Dieu est avec toi.

Et elle de pleurer :

– J'ai fait une prière pour qu'il ne m'oblige pas à aller à l'école. Et il n'a pas répondu!

– Il l'a peut-être fait. Rappelle-toi ce que je t'ai dit, il y a peut-être une bonne raison pour que tu ailles dans cette école. Ne pense plus jamais que tu es toute

136

seule, Mahtob. Dieu est toujours avec toi. Il prendra soin de toi. N'oublie pas, quand tu te sentiras trop seule et trop effrayée, et que tu te demanderas ce qu'il va t'arriver, prie. Ne t'occupe pas de ce que les gens disent. Prie et tout ira bien.

En dépit de ce sermon, Mahtob se lève, le lendemain matin, effrayée et en larmes. J'ai le cœur en mille morceaux quand son père la bouscule méchamment et la traîne à l'école, en me défendant de les accompagner. Longtemps après qu'elle est partie, l'écho de ses hurlements de terreur me résonne aux oreilles. Je fais nerveusement les cent pas dans l'appartement en attendant qu'il revienne.

Et juste au moment où il rentre, seul, Essey l'arrête en haut des escaliers pour lui dire que l'école a appelé une fois de plus. Et qu'il doit une fois de plus retourner la chercher. Elle ne veut pas coopérer. Ses pleurs et ses hurlements perturbent toute l'école.

Il me regarde, les yeux noirs de colère :

— Je retourne la chercher. Je vais lui flanquer une telle raclée qu'elle y restera, la prochaine fois!

— S'il te plaît, ne la bats pas! Je t'en prie... laisse-moi lui parler!...

Il est déjà loin.

Il ne l'a pas battue. Mais c'est contre moi qu'il est en colère en rentrant. Car la directrice lui a demandé une chose qu'il ne voulait pas m'accorder.

— Elles veulent que tu ailles à l'école avec elle. Et que tu restes dans le bureau pendant qu'elle sera en classe. Seulement pour quelques jours d'ailleurs. C'est la seule manière pour qu'elles l'acceptent.

Il se passe quelque chose, ça y est. J'en avais le pressentiment. Je n'étais pas d'accord, et même malade à l'idée qu'il oblige Mahtob à fréquenter l'école iranienne, mais voilà que soudain l'occasion m'est offerte de sortir de cette maison régulièrement.

Moody est furieux, mais il ne voit pas d'autre solution. Il établit des règles strictes :

— Tu devras rester dans le bureau et tu n'iras nulle part jusqu'à ce que je vienne vous chercher. Je t'interdis de te servir du téléphone.

Je promets : « Oui ». Avec un *taraf* dans mon cœur.

Le matin suivant, nous prenons un taxi tous les trois. Mahtob est encore craintive, mais plus calme que les jours précédents.

— Ta mère va rester là, lui explique Moody en lui montrant une chaise dans l'allée, à l'extérieur du bureau. Elle sera là tout le temps, pendant que tu iras en classe.

Mahtob hoche la tête et veut bien suivre la maîtresse. A mi-chemin, elle s'arrête pour jeter un coup d'œil en arrière. En me voyant assise sur la chaise, elle continue.

Et Moody me répète hargneusement :

— Reste là jusqu'à ce que je vienne te chercher!

Il est parti.

La matinée s'écoule lentement. Je n'ai rien emmené avec moi pour passer le temps. Les couloirs se vident lorsque les élèves pénètrent dans leurs salles de classe pour la journée. Et je prends vite connaissance du premier exercice matinal : « *Maag barg Amrika*. Le chant s'élève de toutes les classes en même temps. « *Maag barg Amrika... Maag barg Amrika...* » Le voilà encore, ce chant qui vrille dans l'esprit malléable de chaque écolier la politique officielle de la République islamique d'Iran, qui pénètre dans les oreilles de ma petite fille innocente : « Mort à l'Amérique »!

Lorsque le lavage de cerveau politique est terminé, on entend le bruissement routinier des leçons. Dans chaque classe, même celles des plus âgés, les maîtres chantent une question et les élèves chantent la réponse, en utilisant les mêmes mots. Pas le moindre écart, pas le plus petit changement dans l'inflexion des voix, pas de place pour une pensée personnelle ou une interrogation quelconque. Ceci est l'éducation qu'a reçue Moody enfant. Et en réfléchissant là-dessus, je comprends mieux pourquoi tant d'Iraniens sont capables de supporter l'autoritarisme. Pourquoi ils ont tous l'air incapables de prendre une décision.

Soumis à une telle éducation, il paraît naturel de s'insérer dans une hiérarchie intransigeante où les subalternes obéissent aveuglément à leurs supérieurs. C'est un tel système scolaire qui a fabriqué un Moody qui demande et attend de sa famille une soumission totale. Une Nasserine capable de se plier à la dominance du mâle supérieur. Un tel système peut fabriquer une nation tout entière obéissante, soumise jusqu'à la mort à un ayatollah qui sert de conscience et d'intelligence au pays. Et s'ils peuvent faire cela, que vont-ils faire à ma petite fille de cinq ans?

Khanum Shaheen s'aventure dans le couloir et me demande de la rejoindre dans le bureau. Je réponds d'un geste de refus à l'Iranienne, en secouant dédaigneusement la tête et en faisant claquer ma langue. A cet instant précis, je déteste la vue de tous les Iraniens, et en particulier de ces femmes trop humbles en tchador. Mais la directrice insiste, en chuchotant quelques mots amicaux.

J'entre donc dans le bureau. Avec d'autres mimiques, Khanum Shaheen m'offre un siège plus confortable et un verre de thé. J'accepte et en sirotant le breuvage, j'observe les femmes qui travaillent dans ce bureau. En dépit du cantique antiaméricain qu'elles enseignent à leurs élèves, elles semblent me regarder gentiment. Nous faisons quelques tentatives de conversation, sans grand résultat. Je meurs d'envie d'attraper le téléphone pour appeler l'ambassade, il est tout près de moi, mais j'ai peur de trop m'aventurer pour ce premier jour.

Il y a trois bureaux pour cinq employées dans ce petit local. La directrice se tient dans un coin, apparemment inactive. Les autres femmes mélangent quelques papiers d'une main et maintiennent leur tchador de l'autre. A un moment l'une d'elles fait sonner une cloche. Elles reçoivent quelques coups de téléphone. Elles passent la plupart de leur temps à caqueter et jacasser. Je ne comprends rien à ce qu'elles disent, je suis pourtant sûre que c'est un tissu de méchancetés.

Au milieu de la matinée, je suis alertée par des bruits dans le hall. Une institutrice s'engouffre dans le bureau, traînant une élève, tête basse. La maîtresse se répand en accusations diverses. Khanum Shaheen et les autres se mêlent de l'affaire.

D'une voix unique, elles entreprennent d'abreuver la petite fille d'injures, l'humiliant jusqu'aux larmes. Et tandis que la harangue continue, une employée s'empare du téléphone. Quelques minutes plus tard, une femme à l'œil furibond pénètre dans le bureau. La mère de toute évidence. Elle hurle et pointe un doigt accusateur en direction de sa propre fille, déversant son courroux sur la tête de l'enfant sans défense. Je comprends qu'elle la traite de « mauvaise ». L'enfant ne répond que par de petits soupirs étouffés par les larmes.

La scène dure un bon moment, assez dégradante et humiliante, jusqu'à ce que la mère attrape sa fille par le bras et la pousse dehors.

Immédiatement, Khanum Shaheen et les autres femmes cessent leurs mimiques. Elles se congratulent les unes les autres. Elles sont fières du devoir accompli, lequel consistait apparemment à ce que l'enfant déclarée « mauvaise » se sente effectivement « mauvaise ». Elles l'ont assez répété, et la mère aussi, pour que ce sentiment pénètre dans le crâne de la petite fille. J'ignore quelle était sa faute. Je ne peux que la plaindre. Et faire des prières pour que Mahtob ne soit pas un jour le sujet d'un tel procès.

Pour elle, la matinée s'est déroulée sans incident. Si elle n'est pas heureuse, elle est au moins sûre que je suis près d'elle. Et à midi, la classe de maternelle terminée, Moody vient nous escorter jusqu'à la maison, en taxi.

Le matin suivant, alors que je suis assise dans le bureau, Khanum Shaheen ramène avec elle une institutrice qui veut me voir. Elle s'appelle Mrs. Azahr, parle un anglais approximatif et s'assoit près de moi. Elle me sent sur mes gardes :

— Nous savons que vous ne nous aimez pas. Et nous ne voulons pas que vous pensiez du mal de nous. Vous n'aimez pas cette école ?

— Elle est sale. Ça ne me plaît pas que Mahtob soit ici.

– Nous sommes désolées. Vous pensez cela parce que vous êtes étrangère. Nous voudrions faire quelque chose pour vous.

Khanum Shaheen nous tourne autour. Je me demande dans quelle mesure elle comprend la conversation. Elle dit quelque chose en farsi, que Mrs. Azahr me traduit :

– La directrice dit que tout le monde ici voudrait apprendre l'anglais. Voudriez-vous venir chaque jour? Pendant que Mahtob est en classe, vous pourriez enseigner votre langue. Et les femmes vous enseigneraient le farsi...

C'est la réponse à mes prières, je suis sûre. Ainsi, je pourrais rencontrer d'autres gens. J'accepte, évidemment.

Dans ce bureau, les femmes sont très peu occupées. Mis à part les séances occasionnelles réservées à l'humiliation disciplinaire, telle que je l'ai vue pratiquée. Nous passons l'après-midi en cours collectif. Et au fur et à mesure de ce travail, je commence à comprendre un peu la mentalité de ces femmes. Quels que soient leur monde, leurs coutumes et leurs rêves, elles sont malgré tout des femmes inquiètes pour ces enfants, et qui veulent les élever de la seule manière qu'elles connaissent. Elles sont empêtrées dans un système éducatif qui leur dit exactement quoi faire et comment le faire, mais quelques étincelles d'individualité brillent par-ci par-là.

La communication est difficile, mais ce que je vois ici me donne l'impression qu'il y a pas mal d'Iraniens démoralisés par l'état des choses dans leur pays. A leur niveau personnel, mes nouvelles amies paraissent se préoccuper sincèrement de moi et de ma fille. Chaque matin, elles se précipitent sur Mahtob pour l'accueillir et l'embrasser. Khanum Shaheen lui répète toujours qu'elle adore son odeur. Elle fait allusion au parfum d'eau de toilette, illégal ici, dont je la frictionne le matin. En privé, ces femmes manifestent du mépris envers Moody, qui continue à nous amener le matin et à venir nous chercher à midi, se conduisant comme un gardien de prison. Mais la prudence veut qu'elles dissimulent leurs sentiments envers sa femme et sa fille.

Mrs. Azahr est enseignante, elle ne peut donc pas passer beaucoup de temps avec nous, mais elle se précipite dans le bureau à chaque occasion. J'apprends un jour un détail surprenant à son sujet. Elle était directrice de cette école avant la Révolution. Sous le nouveau gouvernement, cette femme professionnellement compétente, nantie de diplômes et d'années d'expérience, a été « démissionnée » et remplacée par des cadres plus politiquement concernés, généralement plus jeunes et moins cultivés, mais qui pratiquent la religion avec zèle, ce qui est devenu la priorité essentielle du gouvernement.

Mrs. Azhar me confie que Khanum Shaheen a été choisie pour cette raison :

— Elle et sa famille sont très religieux. Il faut être issu d'une famille fanatique. Ils font des enquêtes. On ne peut pas se contenter de simuler dans ce travail.

Khanum Shaheen est très clairement antiaméricaine. Mais depuis que notre association forcée se développe, elle commence à m'aimer, en dépit de ma nationalité.

Un jour, à l'issue d'une conversation tranquille avec Khanum Shaheen, Mrs. Azhar me dit :

— Nous voudrions réellement faire quelque chose pour vous.

Je fais un plongeon :

— D'accord. Laissez-moi seulement me servir du téléphone!

Mrs. Azhar répète ma demande à Khanum Shaheen, qui redresse la tête et claque de la langue. Attitude de refus classique. Elle murmure quelques mots que Mrs. Azhar me traduit :

— Nous avons promis à votre mari de ne pas vous laisser sortir et de ne pas vous permettre d'utiliser le téléphone.

Je réalise maintenant que ces femmes sont prises au

piège aussi sûrement que je le suis. Soumises aux règles du monde des hommes contre leur gré, mais obéissantes. Je regarde autour de moi dans la pièce, je sonde les regards de chaque femme. Je n'y vois qu'une profonde compréhension.

8

Par une chaude journée d'automne exceptionnellement ensoleillée pour la saison, Moody accepte de mauvaise grâce la promenade dans le parc que lui réclame Mahtob.

Nous n'avons à parcourir que quelques pâtés de maisons, mais il grogne à propos de la distance.

— Nous ne pourrons rester que quelques minutes, dit-il maussadement.

Je sais qu'il a des choses à faire. Des journaux à lire, le charabia de la radio à écouter, des petites siestes...

En arrivant du côté des balançoires, Mahtob pousse des cris de joie à la vue d'une petite fille blonde d'environ quatre ans. Vêtue d'un short, elle porte les mêmes chaussures de tennis, couleur framboise, que Mahtob a emportées d'Amérique. Un couple la surveille tandis qu'elle joue sur le toboggan. La mère est une jolie jeune femme aux boucles blondes qui s'échappent de son voile. Elle porte un manteau de cuir ceinturé, au lieu du costume iranien.

— Elle est américaine!

Moody grommelle :

— Mais non. Elle parle allemand!

Mahtob court vers le toboggan pour jouer avec la petite fille et je me dirige vers la mère, malgré les objurgations de Moody. Elle est en train de parler avec un Iranien, mais elle lui parle en anglais!

Je me présente toute seule. Moody se tient près de moi, méfiant.

Elle s'appelle Judy. Son mari, d'origine iranienne, est entrepreneur de construction à New York, où il est resté. Judy voulait emmener ses deux enfants rendre visite à leurs grands-parents iraniens. Ils sont en vacances pour deux semaines. Dieu que j'envie leurs billets d'avion, leurs passeports, leurs visas de sortie! Mais je ne peux rien dire à ce sujet, Moody me surveille de très près.

Judy me présente l'Iranien qui l'accompagne, son beau-frère Ali. En apprenant que Moody est médecin, il explique qu'il est en train d'essayer d'obtenir un visa, pour subir aux États-Unis un traitement spécial. Il est cardiaque. Judy ajoute qu'elle prend l'avion la semaine suivante pour Francfort, où elle espère obtenir ce visa pour lui, auprès de l'ambassade américaine. Ils sont intéressés de connaître l'avis d'un médecin irano-américain. Moody se gonfle d'importance pour parler de lui et détourne son attention de moi.

Les enfants, qui s'amusaient sur le toboggan, réclament les balançoires. Judy et moi nous les suivons pour les surveiller. Dès que je suis loin des oreilles de Moody, je ne perds pas de temps.

– Je suis ici en otage...

Je parle bas, vite.

– ... Il faut que vous m'aidiez. Je vous en prie, dites à l'ambassade, à Francfort, que je suis ici. Ils doivent m'aider.

Moody et Ali se rapprochent lentement de nous, babillant ensemble. Judy me fait un clin d'œil et nous marchons devant eux.

– Il ne me laisse parler à personne. Je suis enfermée et je n'ai plus aucun contact avec ma famille.

– Qu'est-ce que je peux faire pour vous?

Je réfléchis un instant, puis une idée me vient.

– Vous le gonfleriez d'orgueil, si vous l'entrepreniez sur un sujet médical...

– Formidable. De toute façon, nous devons obtenir un visa médical pour Ali. Voyons si votre mari pourrait s'en occuper...

Nous faisons demi-tour en direction des deux hommes et je demande innocemment à Moody :

146

– Est-ce que tu peux l'aider?

– J'en serais très heureux.

Il ressemble de nouveau à un médecin, ce qui n'était plus le cas depuis des mois. Il se sent manifestement à l'aise, mieux qu'il n'a été depuis longtemps.

– Je vais préparer une lettre... Je sais qui contacter. J'ai encore quelques formulaires avec des en-têtes américains...

Il hésite un instant avant d'ajouter :

– Mais j'aurais besoin d'une machine à écrire.

Judy assure qu'elle peut la lui fournir.

Nous échangeons nos numéros de téléphone et fixons un prochain rendez-vous dans le parc.

Le court trajet de retour me ragaillardit complètement. Moody est au mieux de sa forme. Aveuglé de prétention, il ne se rend pas compte que son fallacieux prestige vient uniquement du fait que j'ai pu parler quelques minutes avec une femme américaine.

Judy travaille vite. Deux jours plus tard, elle appelle pour m'inviter avec Mahtob à un rendez-vous dans le parc. J'ai le faible espoir que Moody nous laissera y aller seules, mais il s'en tient à la conduite qu'il s'est fixée. Je ne crois pas qu'il me suspecte d'une conspiration quelconque, il est tout simplement décidé à nous tenir à l'œil.

Un petit Iranien barbu, d'environ trente ans, accompagne cette fois Judy. Elle me le présente comme le directeur d'une grande clinique. Il se nomme Rachid. Moody est si content de pouvoir parler médecine à nouveau qu'il presse cet homme de questions à propos de la procédure d'obtention des licences pour pratiquer en Iran.

Judy et moi, nous pouvons parler.

– Ne vous faites pas de souci. Rachid sait tout à propos de vous. Il fera attention à ce qu'il dit à votre mari. Nous aurions préféré pouvoir vous parler seule, mais il sait comment l'occuper pour que nous soyons tranquilles...

Elle me tend discrètement quelques timbres.

– Si vous pouvez vous approcher d'une boîte, vous pourrez poster des lettres.

Après quoi elle m'explique le reste de son plan. Dans

quelques jours, sa belle-mère donnera un dîner d'adieu pour elle et ses enfants. Judy s'est arrangée pour me faire inviter avec Mahtob. Elle a loué une machine à écrire, afin que je puisse taper la lettre de Moody pour Ali. Et au milieu du remue-ménage de la garden-party, elle espère que je pourrai parler en privé avec Rachid car, me dit-elle, il connaît des gens qui font partir des fugitifs par la Turquie.

Les deux jours suivants n'en finissent pas de s'écouler. Je ne pense qu'à ce dîner, où j'aurai une chance de trouver le moyen de m'échapper d'Iran. Je me demande comment ils font sortir les gens. Est-ce qu'ils leur font prendre l'avion? Est-ce qu'ils les emmènent en voiture? Quelle est la motivation de ces convoyeurs? Pourquoi risquent-ils les peines sévères instaurées par l'Ayatollah en cas de violation des lois islamiques?

Est-ce que cela coûte très cher? Est-ce que nous aurons besoin de nos passeports?

Je prie le Bon Dieu qu'il m'arrange une petite entrevue avec Rachid. En attendant, je décide de me servir de Judy comme boîte postale. Je prépare des lettres pour papa et maman, Joe et John, en leur disant combien je les aime, combien ils me manquent, et en leur donnant des détails sur ma vie ici. En les relisant, je m'aperçois qu'elles sont tristes et pleines de désespoir. Je suis sur le point de les déchirer mais finalement je les enverrai telles quelles. Après tout, elles sont le reflet de mon chagrin.

J'écris une autre lettre à mon frère Jim et sa femme Robin, pour leur proposer un plan. Moody a des inquiétudes financières. Je leur explique donc que nous avons beaucoup dépensé ici et qu'il n'a pas encore trouvé de travail. Que tous nos biens sont aux États-Unis. Que Moody a peut-être besoin d'un prétexte pour rentrer. Je propose donc que Jim nous appelle pour nous donner des nouvelles de l'état de papa, qui aurait empiré, et qu'il nous demande de venir le voir. Une simple « visite ». Jim pourrait dire aussi que la famille fait bourse commune pour nous offrir le voyage. Ce qui permettrait à Moody, fauché, de faire un voyage gratuit.

Enfin arrive le grand soir. La réception chez la

belle-mère de Judy est brillante. En pénétrant dans la maison, nous sommes assourdis par la musique américaine et saisis par le spectacle aussi étonnant qu'impensable de musulmans chi'ites dansant le rock and roll. Les femmes sont habillées à l'européenne, aucune d'elles ne porte le tchador.

Et les invités conspirent en ma faveur sans le savoir. Ils sont tellement contents et honorés de recevoir un médecin américain à leur petite fête, que Moody est immédiatement cerné par des auditeurs attentifs. Il frétile d'aise et Judy m'emmène, avec le consentement de mon brillant époux, dans une chambre où je pourrai taper la fameuse lettre. Rachid m'y attend et entre immédiatement dans le vif du sujet :

— Un ami à moi emmène des gens en Turquie. Cela coûte trente mille dollars.

— Je me fiche de l'argent, ce que je veux c'est partir d'ici avec ma fille.

Je sais que ma famille et mes amis pourront et voudront payer, quel que soit le prix. Anxieusement, je pose la question essentielle :

— Quand pourrons-nous partir ?

— En ce moment il est en Turquie et le temps va devenir mauvais. J'ignore si vous pourrez partir en hiver avant la fonte des neiges. Appelez-moi dans deux semaines, je me renseignerai.

J'enregistre le numéro de téléphone de Rachid et l'ajoute sur mon carnet, avant qu'il nous quitte.

Avec Judy, nous bavardons encore longtemps après que j'ai tapé la lettre de Moody. Je ne peux pas m'empêcher de regarder sans cesse par-dessus mon épaule, de peur de le voir surgir, mais il n'apparaît pas.

Je confie à Judy les lettres pour ma famille, elle les postera à Francfort. Tout en évoquant l'Amérique inlassablement, je l'aide à faire ses bagages. Elle quitte l'Iran demain. Ni elle ni moi, nous ne savons ce qu'elle pourra faire, comme nous ignorons si l'ami de Rachid pourra nous emmener en Turquie. En tout cas, elle est décidée à faire de son mieux.

— J'ai d'autres amis, je les contacterai.

Vers la fin de la soirée, Moody est en extase :

— Rachid m'offre un emploi dans sa clinique !

Il en bave de joie.

— Je n'ai plus qu'à faire les papiers pour mes autorisations !

Il est tard lorsque nous partons. Judy a les larmes aux yeux, moi aussi. Nous reverrons-nous ?

Ameh Bozorg a l'habitude de rassembler toute la famille chez elle le vendredi, pour célébrer le sabbat. Mais Moody me semble moins empressé auprès d'elle car, cette semaine, il a prétendu avoir d'autres projets pour le vendredi.

Le jeudi soir, Ameh Bozorg est gravement malade. Zohreh appelle Moody pour le lui annoncer au téléphone :

— Maman va mourir. Il faut que tu passes ces dernières minutes avec elle.

Furieux de la paranoïa de sa sœur, Moody se précipite chez elle en taxi, et nous emmène bien entendu. Zohreh et Feresteh nous conduisent dans la chambre à coucher où Ameh Bozorg gît, par terre au milieu de la pièce. Sa tête est enveloppée d'un turban en lambeaux. Une pile de couvertures la recouvre. Son front est couvert de sueur qu'elle essuie de ses mains. Elle se tord de souffrance et marmonne sans arrêt en farsi : « Je vais mourir... Je vais mourir... »

Majid et Reza sont présents, et le reste de la famille est en route.

Moody a beau examiner soigneusement sa sœur, il ne trouve rien. Il me chuchote qu'à son avis, cet excès de transpiration est dû aux couvertures entassées sur elle et non à la fièvre. Mais elle se plaint sans discontinuer, son corps est paraît-il en morceaux, et elle chantonne : « Je vais mourir... je vais mourir... »

Zohreh et Feresteh lui préparent une soupe au poulet qu'elles amènent dans la chambre mortuaire, et toute la famille avec un bel ensemble supplie Ameh Bozorg de prendre un peu de nourriture. Son jeune fils Majid lui

150

présente une pleine cuillère de soupe à portée des lèvres, mais elle garde les dents serrées et refuse d'avaler.

Finalement, Moody parvient à enfourner une bonne cuillerée dans la gorge de sa sœur et, au bruit de déglutition, la foule des observateurs éclate d'un cri de triomphe.

La veillée se prolonge toute la nuit et le jour suivant. Régulièrement Babba Hajji vient jeter un œil dans la chambre, mais il passe la majeure partie de son temps à prier et lire le Coran.

Nous sommes tous les trois de plus en plus fatigués devant cette évidente comédie. Je voudrais bien rentrer avec Mahtob, mais Moody est toujours partagé entre une saine logique et le respect dû à la famille.

Ameh Bozorg reste dans son lit de mort jusqu'au vendredi soir. C'est juste ce moment-là que nous étions supposés venir chez elle... Rendant grâce à Allah de cette guérison subite, elle abandonne son grabat pour annoncer qu'elle entreprend immédiatement un pèlerinage à la ville sacrée de Meshed, dans l'extrême Nord-Est du pays, où se tient un grand mage connu pour ses pouvoirs de guérisseur. Et le samedi, le clan accompagne une Ameh Bozorg en pleine forme jusqu'à l'aéroport et la met dans un avion. Les femmes pleurent des larmes de douleur et les hommes agitent leurs chapelets en priant pour un miracle...

Moody joue le jeu, conformément à ses obligations, mais dès que nous sommes seuls, il grommelle :

– Tout ça est uniquement dans sa tête !

Octobre est devenu novembre. Dans cette maison mal isolée, l'hiver est aussi glacial que les étés sont brûlants. Et nous sommes arrivés dans ce pays absolument pas préparés pour l'hiver, bien entendu. Mahtob, particulièrement, a besoin d'un vêtement chaud. Moody est contre cet achat et je me rends compte qu'il est devenu frénétiquement radin.

Le plan élaboré avec mon frère Jim a échoué. Deux semaines après que j'ai confié les lettres à Judy, il a téléphoné chez Mammal. Suivant mes instructions, il a expliqué à Moody que papa était très malade et que la famille avait réuni l'argent de notre voyage. Il a demandé s'il devait envoyer les billets et quelle date il pouvait indiquer à l'agence de voyages.

Mais Moody a hurlé dans le téléphone :

— C'est un piège! Elle ne rentrera pas! Je ne la laisserai pas y aller...

Et il a raccroché violemment, avant de tourner sa colère contre moi. Nous avons discuté âprement à propos d'argent. L'emploi offert par Rachid ne s'était pas matérialisé. Je soupçonne que cette proposition était encore sur le mode *taraf*.

De toute façon, son autorisation d'exercer la médecine traîne encore dans les limbes administratifs et il clame haut et fort que c'est ma faute s'il ne peut pas travailler. De plus en plus illogique, il prétend qu'il estcontraint de rester à la maison pour prendre soin de moi.

— Il me faudrait une baby-sitter pour toi. Je ne peux plus bouger à cause de toi. Et la C.I.A. me court après parce que tu t'es débrouillée pour que tes compatriotes demandent de tes nouvelles!

Qu'est-ce qui te fait penser que mes amis se préoccupent de moi et de Mahtob?

Il me répond par un regard qui en dit long. Mais que sait-il? Je me le demande. Je sais, moi, que l'ambassade l'a appelé à mon sujet, mais il ignore que je le sais. Est-ce qu'il l'ignore au fait?

En tout cas il a sa petite liste de questions difficiles : comment pourrait-il me faire confiance? Quand pourrat-il croire que je ne cherche plus à m'évader? Quand vais-je me résigner à la soumission absolue?... Il m'a fait du chantage pour que je vienne ici et m'y a piégée. Maintenant, il ne sait plus quoi faire de moi.

— Je veux que tu écrives à tes parents. Dis-leur qu'ils expédient nos affaires ici! Toutes nos affaires!

C'est une lettre difficile à faire, surtout avec Moody sur le dos, lisant et vérifiant chaque mot. Mais j'obéis à ses ordres, sûre que mes parents n'accéderont pas à cette demande.

Cela fait, Moody accepte finalement d'offrir un manteau à sa fille. Nasserine et Amir nous accompagneront et il restera à la maison. Il sait que Nasserine est un espion et un geôlier efficace.

Il a donc décidé de rester pour faire la sieste tranquillement. Mais au moment où nous nous apprêtons à sortir, le téléphone sonne et Nasserine me dit d'un air torve :

– C'est pour toi. C'est une dame qui parle anglais.

Elle me tend le récepteur et se tient à un millimètre de moi pendant que je bafouille :

– Allô?

Une voix répond :

– C'est Hélène!

Je prends un coup dans l'estomac. Comment peuvent-ils penser une minute que l'on peut m'appeler ici? Du calme, il ne faut pas que Nasserine s'aperçoive que j'ai peur. Hélène parle :

– Il faut qu'on se voie.

– Euh, vous avez dû faire un faux numéro...

Hélène ignore ma réponse, se doutant de mon problème. Elle s'explique rapidement :

– Je ne voulais pas vous appeler à la maison, mais quelqu'un nous a contactés à votre sujet. J'ai besoin de vous parler. Appelez-moi ou venez le plus vite que vous pourrez.

– Je ne comprends pas ce que vous dites... Vous avez fait un faux numéro...

J'ai à peine raccroché que Nasserine a déjà filé dans notre chambre tirer Moody de sa sieste. Je suis furieuse après elle, mais je n'ai pas le temps de discuter. Moody m'appelle, fou de rage.

– Qui était-ce? Qui a appelé au téléphone?

– Je ne sais pas. Une femme... J'ignore qui c'était.

Moody est hors de lui.

– Tu sais parfaitement qui c'était! Je veux savoir!

En essayant de garder mon calme, je manœuvre pour que Mahtob se réfugie derrière moi, au cas où sa violence éclaterait une fois de plus. Et je répète courageusement :

– Je ne sais pas.

Nasserine, parfaite espionne islamique, attire son fils Amir dans un coin. Moody s'obstine :

— Je veux savoir exactement ce qu'elle a dit !

— C'était une femme qui a demandé : « C'est Betty ? » J'ai répondu oui et elle a dit encore : « Est-ce que vous et Mahtob, vous allez bien ? » J'ai répondu : « Oui, nous allons bien. » Et ça a été la fin de la conversation. On a été coupées.

— Mais tu sais qui c'était ?

— Absolument pas...

Au travers des brumes de sa sieste interrompue, il tente de considérer le problème logiquement. Il sait que l'ambassade essaie de me joindre, mais il croit que je l'ignore. Il décide donc de me laisser dans cette ignorance. Mais il est, lui, forcément alerté par le fait que quelqu'un, probablement de l'ambassade, ait retrouvé ma trace chez Mammal.

Le résultat est qu'il demande à Nasserine, et le soir même à Mammal, de me surveiller encore plus étroitement.

— Quelqu'un est après elle. Ils peuvent la repérer et l'enlever dans la rue.

Pendant les jours qui suivent, ce coup de téléphone m'a laissée perplexe. Que se passe-t-il de si important pour qu'Hélène prenne le risque d'appeler ici ? Elle sait que Moody peut s'en prendre à moi, et pour autant elle a jugé l'information plus importante que le risque. Je n'ai plus qu'à vivre de suppositions. Et cela dure une semaine. Car Moody a intensifié la garde autour de moi depuis cet appel. On me suit partout, au marché, à l'école. Les rouages de la liberté tournent peut-être pour moi quelque part, mais je ne sais pas où. Le délai tire à sa fin.

Enfin, arrive un après-midi béni des dieux. Nasserine est à l'université et Moody a la flemme de m'accompagner au marché. Il me permet d'y aller seule avec Mahtob.

Je cours à la boutique d'Hamid, comme une folle, pour appeler Hélène. Elle me supplie d'être prudente :

— Deux femmes sont venues ici pour s'occuper de vous. Elles ont parlé à votre famille et veulent vous faire sortir du pays. Mais soyez très prudente, car elles ignorent de quoi elles parlent... Essayez de venir me voir au plus vite. Nous devons discuter d'une foule de choses.

Cette conversation me laisse plus perplexe que jamais. Qui sont ces deux mystérieuses femmes? S'agit-il d'un complot ourdi par Judy pour nous faire sortir d'Iran? Est-ce que je peux faire confiance à ces gens? Ont-ils les connaissances et les influences nécessaires? Hélène ne semble pas le penser, puisqu'elle a pris le risque de réveiller la fureur de Moody pour m'avertir de leur présence à Téhéran. Cette histoire est tellement incroyable... Dans quel guêpier me suis-je fourrée?

Un matin glacial de décembre, quelques jours après ma conversation avec Hélène, on sonne à la porte. A l'étage au-dessous, Essey ouvre à une femme grande et mince, drapée dans un tchador noir, et qui demande à voir le docteur Mahmoudy.

Essey l'a conduite au premier. En dépit du tchador, elle n'a pas l'air iranien mais je suis incapable de déterminer sa nationalité. Elle parle un anglais parfait :

– Je voudrais voir le docteur Mahmoudy, dit-elle à nouveau.

Mon mari me repousse à l'intérieur de l'appartement et referme la porte. Il reste sur le palier avec la visiteuse et je suis obligée de coller mon oreille contre le bois pour entendre.

– Je suis américaine. J'ai beaucoup de problèmes en ce moment, je suis diabétique. Est-ce que vous pourriez me faire un examen sanguin?

Elle explique qu'elle est mariée à un iranien de Meshed, la ville où justement Ameh Bozorg effectue un pèlerinage ces temps-ci. Son mari fait la guerre contre l'Irak, il est loin, c'est pourquoi elle demeure provisoirement dans sa famille à Téhéran.

– Je suis vraiment malade. Ceux qui m'entourent ne comprennent rien au diabète. Il faut que vous m'aidiez.

– Je ne peux pas faire un test sanguin, comme ça... répond Moody sur le ton de quelqu'un qui examine à toute vitesse un millier de probabilités.

Il n'est pas autorisé à exercer en Iran. Mais il y a là une

155

patiente qui demande de l'aide. Il n'a pas de travail. Il pourrait peut-être prendre l'argent d'un unique client... Mais, la semaine dernière, une mystérieuse femme a essayé de me joindre. Et il y a maintenant une mystérieuse femme sur le pas de la porte...

— Venez demain matin à neuf heures, dit-il finalement. Et restez à jeun toute la nuit.

— Je ne peux pas, je suis des cours pour étudier le Coran.

De l'autre côté de la porte, cette histoire sonne complètement faux à mon oreille. Si elle est à Téhéran provisoirement, pour un mois a-t-elle dit, pourquoi entamer des cours de Coran ici? Et si elle est vraiment malade du diabète, pourquoi n'écoute-t-elle pas les ordres du médecin qu'elle est venue voir?

Moody suggère que la visiteuse lui laisse un numéro de téléphone. Il l'appellera et ils s'arrangeront.

— Je ne peux pas vous donner de numéro, répond la femme. La famille de mon mari ignore que je viens consulter un médecin américain. Cela me ferait trop d'ennuis.

— Comment êtes-vous venue ici? demande Moody, méfiant.

— En taxi. Il m'attend dehors.

Je frémis. Il est impossible que Moody croie ça. Pour lui, une Américaine est incapable de se diriger seule à Téhéran.

Après le départ de la femme, il reste perdu dans ses réflexions tout l'après-midi. Il se décide à appeler sa sœur au téléphone, à Meshed, pour savoir si elle a dit à quelqu'un là-bas qu'elle avait un frère médecin américain. Négatif.

Et ce soir, Moody raconte à Mammal et Nasserine, sans se préoccuper que j'entende ou non, l'incroyable histoire, avec tous les détails qui lui paraissent suspects.

— Je sais qu'elle avait un micro caché sous ses vêtements. J'ai compris qu'elle était de la C.I.A.

Est-ce possible? Est-ce que cette femme était un agent? Comme un animal acculé, braquée sur l'unique désir de m'échapper, je rumine sans cesse, tournant et retournant dans ma tête chaque mot de chaque conversation, chaque incident, pour lui trouver une signification.

Après bien des réflexions, je commence à douter de la thèse de Moody. Cette femme agissait comme un amateur. Et que viendrait faire la C.I.A. là-dedans? Je ne crois pas que Mahtob et moi l'intéressions à ce point. Quel serait son intérêt à nous sortir d'Iran? La C.I.A. est-elle aussi puissante et infiltrée partout que le dit sa légende? Il est impensable que des agents américains puissent faire grand-chose en Iran. Les propres agents des ayatollahs, les soldats, la police et la « Pasdar » sont partout. Comme beaucoup d'Américains surprotégés, j'ai surestimé le pouvoir de mon gouvernement dans ses négociations avec ce pays fanatique.

Plus simplement, je pense que cette femme a été contactée par Judy ou par Hamid. Je n'ai d'ailleurs aucun moyen de chercher plus loin. Il ne me reste qu'à attendre les événements, s'il y en a...

L'incertitude augmente la tension mais entretient l'excitation de l'espoir. Pour la première fois je constate le résultat de ma petite stratégie. Je dois faire tout ce que je peux, parler à tous ceux en qui je pourrai croire et, tôt ou tard, je trouverai celui ou celle qui pourra m'aider. Et pendant tout ce temps, je n'ignore pas qu'il me faudra redoubler de prudence et ajuster mes efforts à la surveillance omniprésente de Moody.

Un matin, en faisant le marché, je me faufile jusque chez Hamid pour appeler Rachid, l'ami de Judy. Celui qui a promis de contacter le passeur pour la Turquie. Il l'a fait.

— Je suis désolé, il n'emmène pas les enfants.

— Laissez-moi lui parler, je vous en prie. Je peux porter Mahtob, il n'y a pas de problème.

— Impossible. Il m'a dit que c'était même difficile de vous prendre en tant que femme seule. C'est déjà dur pour un homme. Il y a quatre jours de marche à travers la montagne. Impossible de le faire avec un enfant.

— Je suis très forte vous savez... Je suis en pleine forme, je peux la porter pendant tout le trajet, sans problème. Laissez-moi parler à cet homme.

Je ne crois qu'à moitié dans mon mensonge.

— Ça ne donnerait rien de bon maintenant. Il neige en montagne. Vous ne pouvez pas traverser la Turquie en plein hiver !

Décembre a défilé. Moody me conseille d'oublier l'approche des fêtes de Noël. Il ne m'autorise pas à faire de cadeau à Mahtob, ni à célébrer quoi que ce soit. Personne parmi nos connaissances en Iran ne se préoccupe de Noël.

L'hiver tombe sur la ville, venant des montagnes environnantes. Un vent glacé souffle en tourbillons de neige. Les rues verglacées sont la cause de nombreux accidents, mais rien ne ralentit la vitesse des conducteurs fous, quasi maniaques dans ce pays.

Moody a pris froid. Il veut se lever un matin pour nous conduire à l'école, mais l'effort est trop grand pour lui. Je tâte son front. Il a de la fièvre.

— Ce froid... grommelle-t-il. Nous devrions avoir nos vêtements d'hiver. Tes parents auraient pu avoir le bon sens de nous les envoyer.

Je méprise ses jérémiades égoïstes. Il s'attendrit sur lui-même. Et je ne veux pas entamer une dispute, en particulier ce matin, alors que je viens d'entrevoir une chance d'améliorer ma situation. En brossant les cheveux de Mahtob et en essayant de rester maîtresse de moi, je dis, l'air de rien :

— C'est bon, nous pouvons nous débrouiller toutes seules pour aller à l'école.

Moody est trop fatigué pour être vraiment méfiant. Mais il ne croit pas que je puisse accomplir cette tâche.

— Tu es incapable de prendre un taxi toute seule.

— Si, je peux. J'ai regardé tous les jours comment tu t'y prenais.

Et je lui explique que je vais aller jusqu'à Shariati Street et que là je crierai « *Seda Zafar* ». Ce qui veut dire que je cherche un taxi qui va en direction de Zafar Street.

– Tu dois bien insister sur la direction.

– Je le ferai.

Moody se recroqueville pour dormir, en maugréant son accord. L'air du matin sent la glace mais je m'en fiche. Nous attendons un temps fou avant qu'un taxi veuille bien s'arrêter. J'ai finalement risqué ma vie, en me jetant au-devant de lui. Mais je suis fière de ma réussite. Oui, je suis capable de me diriger à Téhéran. C'est le premier pas accompli dans le but de trouver mon chemin hors de la ville, et dans la région.

Le taxi est bourré d'Iraniens. Il navigue à travers la circulation à fond de train, avec de brusques arrêts. Le chauffeur klaxonne alors méchamment, en traitant ses frères islamiques de « Saag », épithète particulièrement véhémente et insultante qui signifie littéralement « chien ».

Mais nous arrivons à l'école juste à l'heure et sans incident. Quatre heures plus tard, alors que nous attendons un taxi orange pour le trajet du retour, devant l'école, je vois passer une Pakon blanche, sorte de voiture tout venant fabriquée en Iran. A l'intérieur, quatre femmes en tchador noir. La voiture passe lentement au bord du trottoir et, à ma grande surprise, la femme assise sur le siège avant se retourne vers moi et crie quelque chose en farsi. Est-ce qu'elle me demande une direction, un renseignement?

La voiture avance jusqu'au virage, à peu de distance de nous. Les quatre femmes en jaillissent et courent vers nous. En maintenant leurs tchadors serrés autour du cou, elles crient après moi à l'unisson.

Je ne peux imaginer en quoi mon attitude a fait bondir ces femmes, c'est Mahtob qui me donne la réponse de sa petite voix :

– Attache ton tchador.

Je tâte le tissu et m'aperçois qu'une minuscule touffe de cheveux s'en est échappée. Je tire pour le ramener bas sur mon front.

Et aussi soudainement qu'elles avaient surgi, les quatre femmes disparaissent dans la voiture et s'en vont. Je hèle un taxi orange et nous rentrons à la maison. Moody est fier que j'aie pu accomplir le trajet et moi aussi, pour d'autres raisons. Mais nous sommes, tous les deux, perplexes au sujet des quatre femmes dans la Pakon.

C'est Mrs. Azahr, l'ex-directrice de l'école, qui lève le voile, si j'ose dire, sur ce mystère.

— J'ai vu que vous aviez des ennuis, hier. J'ai vu ces femmes se précipiter vers vous, après l'école, pendant que vous attendiez un taxi. Je voulais venir vous aider, mais elles sont parties.

— Qui étaient-ce?

— Pasdar. Ce sont des femmes de la Pasdar.

Voici venir enfin l'égalité dans ce pays : les femelles de la police spéciale ont autant de pouvoir que leurs confrères mâles pour faire appliquer la loi sur le vêtement des femmes.

Le 25 décembre 1984 est le jour le plus difficile de ma vie. Rien d'extraordinaire ne se passe et c'est bien la cause de mon chagrin. Je n'ai pas de cadeau pour Mahtob et, en l'état des choses, je ne dois rien faire pour accentuer chez elle le mal du pays. Toutes mes pensées ce jour-là sont tournées vers le Michigan. Vers Joe et John, et mes parents. Moody ne me laisse même pas les appeler pour leur souhaiter un joyeux Noël. Il y a des semaines que je n'ai pas pu parler à Hélène à l'ambassade, depuis qu'elle m'a alertée à propos de ces femmes mystérieuses qui voulaient me voir. Je n'ai aucune nouvelle sur l'état de mon père, aucune nouvelle de mes fils.

A Téhéran, on ignore officiellement ce jour de Noël, ce qui veut dire que Mahtob ira à l'école comme d'habitude. Moody est toujours enrhumé et prétend que je suis une mauvaise femme. Je devrais rester à la maison avec lui, pour lui faire une soupe de poulet, au lieu d'accompagner Mahtob.

— Tu sais bien qu'elle ne peut pas y aller toute seule. Nasserine te fera ta soupe de poulet.

Nasserine est une si mauvaise cuisinière que Moody fait la grimace.

J'espère que cette soupe va le tuer. Qu'elle va lui coller

une fièvre de cheval. Mon Dieu, faites qu'il lui arrive un accident. Faites qu'il saute sur une bombe avec cette maison. Faites qu'il ait une attaque cardiaque... Je sais que c'est mal de souhaiter de pareilles choses, mais j'y pense constamment quelque part.

A l'école, ce jour-là, les institutrices et les employées de bureau font de leur mieux pour me réconforter. Mrs. Azhar m'accueille d'un « Joyeux Noël! » en me tendant un paquet. Je découvre une très belle édition illustrée des poèmes d'Omar Khayyam, avec traduction en anglais, en français et en farsi.

Khanum Shaheen est une musulmane intégriste et je ne pensais pas qu'elle puisse considérer Noël comme un événement. Mais elle s'approche de moi avec une série de manuels islamiques détaillant les règles et obligations des prières, les jours saints et autres rituels. Le livre qui m'intéresse le plus est une traduction anglaise de la Constitution iranienne. Je l'étudie avec soin ce matin-là et les jours suivants, en notant spécialement les passages qui concernent les droits des femmes.

Un paragraphe est consacré aux problèmes du mariage. Il apparaît qu'une femme en conflit avec son mari peut présenter son cas auprès d'un certain bureau d'un certain ministère. On enquêtera sur le ménage, et le mari et la femme seront tous deux interrogés. Ils devront se soumettre ensuite à l'arbitrage d'un juge, iranien évidemment. Une stratégie qui ne me convient pas.

Le paragraphe concernant l'argent et les biens est très clair. Le mari possède tout. La femme rien. Et la propriété inclut les enfants. Les enfants d'un divorce vivent avec leur père. La Constitution s'attache à diriger le moindre détail de la vie privée, même ce qu'il y a de plus intime dans la vie d'une femme adulte. Par exemple, c'est un crime pour une femme d'utiliser la contraception contre le souhait de son mari. Je le savais. En fait, Moody m'a dit un jour que c'était un péché mortel.

Mais de le voir écrit, et de le lire ici, est source d'angoisse. J'ai transgressé déjà un certain nombre de lois iraniennes et je vais sûrement continuer à le faire. Mais il est déconcertant de savoir que je porte à l'intérieur de mon corps, et à l'insu de Moody, un stérilet qui peut mettre ma vie en danger. Est-ce qu'ils exécutent vraiment les femmes qui pratiquent la contraception? Je connais la réponse à cela. Dans ce pays, les hommes peuvent faire ce qu'ils veulent aux femmes.

Un autre passage de la Constitution m'effraie encore plus. Il explique qu'en cas de mort du mari, les enfants ne deviennent pas la propriété de sa veuve, mais de sa lignée à lui. Si Moody vient à mourir, Mahtob ne sera pas à moi. Pis, elle sera placée sous la garde stricte des membres de la famille de Moody, donc d'Ameh Bozorg! Je cesse immédiatement de prier pour la mort de mon mari.

Nulle part dans la Constitution de l'Iran, dans aucun texte de loi, dans aucun règlement administratif ou coutumier, je ne trouverai le plus petit bout d'espoir. Ce livre confirme ce que je savais intuitivement depuis le début : en dehors de la permission de Moody, il n'y a aucun moyen légal pour Mahtob et moi de quitter ce pays ensemble.

Certaines éventualités, telles que le divorce ou la mort de Moody, pourraient même me conduire à l'expulsion. Mais Mahtob serait perdue pour moi à jamais. Je mourrais plutôt que de laisser une telle chose arriver. Je suis venue en Iran justement pour éviter cette terrible possibilité. Silencieusement, je renouvelle mon serment : Nous partirons. Toutes les deux. Ensemble. D'une façon ou d'une autre. Un jour ou l'autre.

Mon moral remonte un peu, alors que le nouvel an approche. Je ne suis pas bloquée toute la journée dans l'appartement de Mammal. J'ai trouvé des amies à l'école. Ce sont des élèves de bonne volonté et reconnaissantes d'apprendre l'anglais. De mon côté, je m'aperçois que chaque mot que j'apprends en farsi est un apport appréciable, pour trouver mon chemin et sortir de Téhéran. Je peux raisonnablement estimer que l'année 1985 sera celle de notre retour à la maison. De toute façon, je ne pourrais pas supporter de penser autrement.

Moody se montre plus imprévisible que jamais, parfois

chaleureux et tendre, parfois brusque et malveillant. Mais finalement, il est assez content de notre manière de vivre et ne parle plus de retourner chez Ameh Bozorg. Comme je l'espérais, sa paresse l'emporte aussi sur sa méfiance. Il nous laisse de plus en plus nous rendre seules à l'école. Et peu à peu il abandonne l'idée de venir nous chercher à midi. Du moment que nous rentrons à l'heure, il est content. Et je fonde un espoir nouveau sur cette latitude accrue qu'il me laisse.

Khanum Shaheen a également noté ce changement et constaté que Moody ne se montrait à l'école que rarement. Un jour, par l'intermédiaire de Mrs. Azhar, nous avons une petite conversation discrète.

— Nous avons promis à votre mari que nous ne vous laisserions pas vous servir du téléphone ni quitter l'établissement. Et nous tiendrons ces promesses... Mais nous ne lui avons pas promis de le mettre au courant si vous arriviez en retard. Donc, nous ne lui dirons rien si vous arrivez en retard. Ne nous dites surtout pas où vous allez, car s'il nous le demandait, nous devrions le révéler. Si nous ne savons pas, nous ne pourrons pas le lui dire...

9

Toujours grippé, de plus en plus paresseux, Moody relâche donc sa surveillance. Il est apparemment persuadé que les institutrices iraniennes me surveillent par respect pour lui et ne se doute de rien.

Un jour, j'arrive en retard à l'école, d'à peine quelques minutes, pour tester les réactions. Il ne se passe rien. Khanum Shaheen tient sa parole. J'utilise ce temps pour téléphoner à Hélène à l'ambassade et elle me met en garde, encore davantage, au sujet de ces deux femmes mystérieuses qui semblent vouloir m'aider. Elle veut me voir en personne. Mais j'hésite à tenter cette trop longue et dangereuse escapade. Un embouteillage imprévu pourrait me retarder dangereusement.

Mais le besoin d'action devient impérieux pour moi et ce pour une raison précise qui me tracasse : Mahtob s'amuse habituellement avec Marhyam. Les deux petites filles aiment à jouer à la maîtresse de maison avec leurs poupées et leurs dînettes. Elles sont heureuses d'être ensemble pour singer l'activité des ménagères. Tout cela serait innocent, si Marhyam ne faisait soudain mine de crier : « Un homme arrive ! » Et les deux gamines se dissimulent à toute vitesse dans leurs tchadors.

Voilà pourquoi je plonge tête baissée dans l'action, une fois de plus. Je suis avec ma fille près de Shariati Street, là où normalement je dois prendre un taxi orange pour aller à l'école. Je surveille bien les alentours au cas où Moody ou quelqu'un d'autre me suivrait. Il n'en est rien. Alors je dis à ma fille :

– Mahtob, nous allons à l'ambassade ce matin. Tu ne dois pas le dire à ton père.

– *Chash.*

Inconsciemment, elle a répondu oui en farsi. Cela justifie la nécessité d'agir. Mahtob désire s'en aller, plus que jamais, mais elle est absorbée lentement, insidieusement, par la culture iranienne, un peu plus chaque jour.

A force, je le sais, ma petite fille se retrouvera intégrée, même contre sa volonté.

Je trouve un bureau d'appel pour les radiotéléphones et donne au conducteur l'adresse de l'ambassade de Suisse, section des affaires américaines. Mahtob m'aide pour la traduction. Après un trajet épuisant à travers la ville et le fastidieux parcours d'autorisations administratives, nous parvenons enfin au bureau d'Hélène.

Je dévore rapidement les lettres de maman et papa, celles de Joe et John. Celle de John est particulièrement poignante : *Je t'en prie, prends bien soin de Mahtob et garde-la toujours près de toi...* Hélène me fait un rapport :

– Il s'est passé des choses. En tout cas quelque chose. Le département d'État sait où vous êtes et va faire ce qu'il peut.

A mon avis, c'est la moindre des choses.

– Il y a aussi cette femme américaine qui a prévenu l'ambassade de Francfort. Eux aussi vont faire leur possible.

Alors, pourquoi sommes-nous encore là? J'ai envie de crier.

– L'une des choses que nous pouvons faire est de vous donner de nouveaux passeports américains. Ils seront établis par l'ambassade des États-Unis en Suisse. Ils n'auront pas de visas appropriés bien entendu, mais ils pourront être utiles un jour. Nous les garderons ici pour vous.

Je passe une demi-heure à remplir les formulaires nécessaires pour ces nouveaux passeports. Puis Hélène me parle des deux femmes.

– Elles ont rencontré votre famille en Amérique. Mais

je vous en conjure, soyez très prudente. Elles ne comprennent pas la situation. Ne faites pas ce qu'elles veulent, ou vous iriez au-devant des pires ennuis!

Les femmes en question sont toutes les deux mariées à des Iraniens. L'une d'elles s'appelle Trish, son conjoint est pilote d'avion. L'autre s'appelle Suzanne, elle a épousé un membre important du gouvernement. Elles sont libres toutes les deux de sortir du pays quand elles le désirent. Elles ont pris ma cause en sympathie et veulent m'aider.

– Comment faire pour les contacter?

Hélène grimace, mécontente que je veuille aller plus loin avec elles. Mais je suis de plus en plus démoralisée par l'absence d'un pouvoir officiel et elle peut lire l'angoisse sur mon visage.

– Venez avec moi.

Elle nous emmène dans le bureau de son patron. M. Vincop, le vice-consul suisse.

– Je vous en prie, dit-il, n'entrez pas dans le jeu de ces femmes. Elles sont folles. Elles ne savent pas ce qu'elles font. Elles nous ont dit qu'un de leurs plans, parmi d'autres, était de vous kidnapper dans la rue pour vous faire sortir du pays. Mais elles ignorent comment. Elles voient ça comme au cinéma. Ça ne peut pas marcher.

Ma vie me paraît bien plus compliquée qu'un scénario de cinéma. N'importe quoi peut arriver. De toute façon, qu'est-ce qui m'empêche de rencontrer ces femmes? Puis je suggère autre chose:

– Que pensez-vous de l'idée de passer par la Turquie?

M. Vincop est tranchant sur la question.

– Impossible. C'est trop dangereux. Il y a des gens qui prétendent vous faire sortir du pays. Ils prennent votre argent, ils vous entraînent dans un chemin, vous violent, vous tuent, au mieux vous ramènent aux autorités. Vous ne pouvez pas envisager cela sans risquer la vie de votre fille. C'est tout simplement trop dangereux.

Les yeux de Mahtob se remplissent de peur et mon cœur bat la chamade. Jusqu'à présent Mahtob ne s'était pas rendu compte que nous courions un danger physique en voulant retourner aux États-Unis. Elle se réfugie dans mes bras, terrorisée.

Et c'est au tour d'Hélène d'en rajouter. Récemment, une femme iranienne a tenté de s'échapper avec sa fille. Elle a payé des passeurs pour la conduire. Ils l'ont emmenée jusqu'en Turquie et l'ont tout simplement abandonnée dans la montagne. La petite fille est morte de froid et de faim. La pauvre femme a réussi à atteindre un village où elle est arrivée à moitié folle et presque mourante. Elle avait perdu toutes ses dents.

— Comprenez bien, Betty, de tous les moyens, c'est le dernier à choisir. Passer par la Turquie est plus dangereux que tout. Vous pouvez divorcer! Je vous confierai aux Nations Unies, vous pourrez rendre ce divorce effectif, au nom des droits de l'homme, et vous serez ensuite autorisée à regagner les États-Unis.

— Jamais sans ma fille!

— Vous êtes folle!

Et devant Mahtob, Hélène ajoute :

— Pourquoi ne pas partir et la laisser ici? Fichez le camp de ce pays et efforcez-vous d'oublier votre fille.

J'ai peine à croire qu'Hélène soit insensible au point de dire ça devant Mahtob. Apparemment elle ignore tout des liens profonds existant entre une mère et son enfant.

Mahtob s'est écriée :

— Maman, ne pars pas en Amérique sans moi!

Je la serre contre ma poitrine et je lui jure que jamais, jamais, je ne la laisserai derrière moi. Ce moment douloureux renforce ma décision d'agir, et d'agir maintenant.

— Je veux rencontrer ces deux femmes! dis-je fermement.

Hélène écarquille les yeux et M. Vincop tousse nerveusement.

Pendant un temps, personne ne parle. Puis voyant que je reste inflexible sur ma position, M. Vincop dit dans un soupir :

— Il est de notre devoir de vous informer. C'est notre travail. Mais je suis résolument contre...

— Mon devoir à moi est de saisir la plus petite chance.

168

Je dois examiner chaque possibilité qui m'est offerte.

Il me donne le numéro de téléphone de la femme prénommée Trish et je l'appelle immédiatement.

Elle est tout bonnement extasiée de m'entendre. Je précise que je suis à l'ambassade.

– C'est extraordinaire! J'ai parlé à votre mère justement la nuit dernière. Nous parlons tous les jours. Elle pleure sans arrêt, elle est vraiment déprimée. Elle nous a demandé de faire quelque chose et nous lui avons promis de tenter l'impossible. Nous attendions, en essayant de vous contacter. Comment pouvons-nous nous rencontrer?

Nous mettons au point tous les détails. Demain, je dirai à Moody que je dois faire des courses au marché en rentrant de l'école et que je rentrerai un peu plus tard que d'habitude. S'il ne se méfie pas, j'appellerai Trish pour confirmer le rendez-vous. Mahtob et moi, nous nous trouverons à l'entrée du parc Karosh à midi quinze. Trish et Suzanne arriveront dans une Pakon blanche.

– Formidable! Nous y serons!

Je suis à la fois heureuse et effrayée de cet enthousiasme. Que cherche-t-elle? De l'argent? ou tout simplement l'aventure? Je me sens capable de comprendre sa motivation mais qu'en est-il de sa compétence? D'un autre côté, elle me redonne de l'optimisme et j'en ai bien besoin en ce moment. Il n'y a plus qu'à attendre le rendez-vous et voir ce qu'il en résultera.

– Qu'est-ce que tu dirais d'une pizza pour dîner demain?

Moody et les autres ont répondu oui d'une seule voix. Aucun d'eux ne subodore un piège.

Je passe une nuit agitée. Il tourne trop de choses dans ma tête pour que je puisse dormir. Est-ce que j'agis rationnellement? Dois-je suivre les conseils de l'ambassade ou me jeter sur la liberté de n'importe quelle manière? Suis-je en train de faire courir un danger à Mahtob? Est-ce que j'en ai le droit? Et si nous étions prises? Est-ce qu'on me renverrait à Moody, ou pis, est-ce qu'on me déporterait? Mahtob serait-elle confiée à son père, son propriétaire légal? Ce serait le pire des cauchemars. Je ne veux pas rentrer sans elle.

Il m'est impossible d'évaluer les dangers dans ma tête. Je n'y arrive pas. A l'aube, quand Moody se lève pour la prière, je suis toujours éveillée et toujours indécise. Quand il se glisse à nouveau dans le lit et se serre contre moi pour trouver un peu de chaleur, en ce matin d'hiver, je fais semblant de dormir et prends ma décision rapidement. Il faut absolument que je quitte cet homme répugnant.

Deux heures plus tard, Moody traîne encore au lit, tandis que je prépare Mahtob pour l'école.

– Je serai un peu en retard aujourd'hui... Je dois m'arrêter chez le marchand de pizzas pour du fromage...

– Mmmmph!... marmonne Moody.

Je prends cela pour un accord.

A midi, lorsque la classe maternelle finit, Mahtob et moi, nous sommes aussi excitées l'une que l'autre. Peut-être ferions-nous mieux de le cacher. Nous attrapons un taxi et arrivons au park Karosh où je déniche un téléphone payant.

– Nous sommes là.

– Nous arrivons dans cinq minutes.

La Pakon blanche est à l'heure, avec les deux femmes et quelques enfants braillards. Une femme saute de la voiture, me prend par le bras et me pousse dans le véhicule.

– Vous venez avec nous!

Je dégage mon bras.

– Nous devons parler d'abord. Qu'est-ce qui se passe?

– Nous vous cherchons depuis des semaines, dit la femme, et nous vous emmenons maintenant.

Elle saisit mon bras à nouveau et attrape Mahtob de l'autre main.

– Vous devez venir maintenant. Nous ne vous donnerons pas d'autre choix. C'est maintenant ou nous ne pourrons plus vous aider.

– Écoutez, je ne vous connais même pas. Dites-moi

comment vous pensez me sortir d'ici. Quel est votre plan?

La femme parle très vite, essayant de tempérer la frayeur de Mahtob. Et tout en parlant, elle jette des regards autour d'elle, nerveusement, elle a peur que la scène n'attire l'attention de la police ou de la Pasdar.

– Bon, écoutez. Je m'appelle Trish. Judy nous a parlé de vous. Nous lui téléphonons tous les jours. Nous parlons à vos amis tous les jours. Et nous savons comment vous faire sortir du pays!

– Comment?

– Nous allons vous emmener dans un appartement. Vous devrez vous y cacher, peut-être un mois, peut-être quelques jours, ou quelques heures, on ne sait pas. Mais à partir de là, on vous sortira du pays.

La conductrice est descendue de voiture pour comprendre la raison de notre retard. Je reconnais en elle la femme « diabétique » qui voulait voir Moody. Trish me la présente :

– C'est Suzanne.

– D'accord, dites-moi le plan. Je le suivrai.

La réponse de Trish n'est pas nette.

– Il est tout à fait au point. Mais on ne peut pas vous en dire plus.

Une multitude de questions m'assaillent en même temps, et je ne suis pas décidée à monter dans cette voiture avec ces femmes étranges et excitées avant d'obtenir quelques réponses.

– Rentrez chez vous et mettez ça au point. Nous nous reverrons une autre fois, et quand vous serez prêtes, je viendrai.

– Nous avons passé notre temps à parcourir les rues! A vous chercher nuit et jour! A travailler à votre départ! C'est votre chance, venez maintenant ou oubliez-la!

– Je vous en prie, donnez-moi vingt-quatre heures... Affinez votre plan...

– Non, c'est maintenant ou jamais!

Nous discutons encore dans la rue quelques minutes, mais je ne me résous pas à me jeter vers la liberté offerte en coup de vent et sans réfléchir. Que se passerait-il si nous restions cachées toutes les deux dans cet appartement et qu'elles n'arrivent pas à réaliser leur plan? Combien de temps une Américaine et sa fille en fuite peuvent-elles éviter de se faire repérer dans un pays qui hait les Américains? Finalement, je les remercie et leur dis au revoir.

Trish se détourne et ouvre la portière de la voiture, furieuse après moi.

– Vous ne voulez pas le quitter! Vous ne le quitterez jamais! Vous faites semblant pour que les gens pensent que vous voulez partir. On ne vous croira plus. Vous voulez réellement demeurer ici!

Et la voiture disparaît dans la circulation bruyante de Téhéran.

Nous nous retrouvons seules. Paradoxalement isolées au milieu de la foule des piétons. La diatribe de cette femme me résonne encore aux oreilles. Pourquoi n'ai-je pas saisi la chance offerte? N'y a-t-il pas un peu de vérité dans son accusation? Suis-je en train de m'abuser moi-même? De me persuader que je voudrais ou pourrais un jour m'échapper avec Mahtob?

Voilà d'effrayantes questions. J'aurais pu filer avec ma fille dans cette voiture, vers une destination inconnue et un avenir incertain, périlleux peut-être. Au lieu de cela, nous courons à la boutique de pizzas acheter du fromage pour préparer un plat spécial pour mon mari...

10

Nous fréquentons régulièrement Aga et Khanum Hakim. J'aime beaucoup l'homme-turban, car il garde la religion à sa vraie place. Moody l'aime aussi. D'ailleurs il est en train de l'aider à trouver un emploi pour exercer la médecine, ou du moins enseigner. Aga Hakim l'encourage aussi à travailler à la maison sur la traduction en anglais des ouvrages de son grand-père. Moody achète une machine à écrire et m'annonce que je suis devenue sa secrétaire, et que je dois l'aider à traduire en anglais un essai intitulé *Père et enfant*. Ouvrage qui résume les idées de Tagatie Hakim sur le sujet.

La table de la salle à manger, qui sert rarement aux repas chez Mammal et Nasserine, est bientôt couverte de piles de papiers manuscrits. Moody est à un bout, il écrit la traduction et me passe les feuilles à taper.

Pendant que nous travaillons ainsi, je découvre et comprends un peu mieux les comportements de Moody. Selon Tagatie Hakim, un père porte l'entière responsabilité d'instruire son enfant, de lui apprendre à bien se comporter, à être respectueux du devoir, à penser correctement et à vivre en accord avec les dogmes de l'Islam. La mère ne tient aucun rôle dans l'histoire.

Pendant des semaines nous travaillerons laborieusement. Le grand-père de Moody a pondu une prose accablante, ronflante et didactique. Chaque après-midi en rentrant de l'école avec Mahtob, je trouve une pile de feuilles fraîches qui m'attend. Et Moody compte que je me mette au travail immédiatement, car il considère ce projet comme d'une grande importance.

Une fois, les mots employés par le grand-père m'affectent profondément. Il détaille les devoirs d'un enfant envers son père et prend un exemple concret. L'histoire raconte qu'un père mourant souffrait dans l'attente de voir son fils une dernière fois. Et les larmes coulent sur mes joues. Les mots sur la page me bouleversent. Mon propre père est en train de mourir et je devrais être à ses côtés.

Moody voit mes larmes.

– Qu'est-ce qui ne va pas?

– Cette histoire à propos d'un père mourant. Comment peux-tu me tenir éloignée de mon père alors qu'il va mourir? Tu ne suis même pas les règles écrites par ton propre grand-père!

– Est-ce que ton père est musulman? demande-t-il, sarcastique.

– Bien sûr que non.

– Alors ça ne compte pas. Il ne compte pas.

Je cours dans la chambre pour y pleurer tranquille. La solitude m'accable tant que j'en étouffe. Le visage de mon père m'apparaît, je le vois nettement, les yeux fermés et pleins de larmes. Et je l'entends dire une fois de plus : « Quand on veut, on peut. » Il y a un moyen, je me le répète. Il faut qu'il y ait un moyen...

À l'occasion de l'une de nos visites, Aga et Khanum Hakim font une suggestion. Mahtob et moi nous devrions suivre les cours d'apprentissage du Coran pour les femmes de langue anglaise, tous les mercredis après-midi, à la mosquée Hossaini Ershad. Cette suggestion fait montre de leurs bonnes intentions envers moi. Ils espèrent sûrement me convertir. Ce regain d'intérêt sincère pour mon bonheur et mon bien-être, venant d'eux, me touche, bien qu'il me ramène à l'Islam. C'est en réalité un message implicite destiné à Moody, il devrait me laisser sortir plus souvent et me permettre de rencontrer des gens qui parlent ma langue. Les Hakim seraient enchantés que je devienne une femme soumise et respectueuse de l'Islam, mais seulement de mon plein gré.

174

L'idée me remonte le moral immédiatement. Non que je brûle d'étudier le Coran, mais la possibilité de rencontrer régulièrement un groupe de femmes parlant anglais est revigorante.

Moody est réticent car c'est une occasion pour moi d'échapper un peu à son contrôle. Mais je sais qu'il va y réfléchir. Une « suggestion » de Aga Hakim est toujours un ordre pour lui.

Après l'école, le mercredi suivant, il se résout péniblement à nous emmener toutes les deux à la mosquée. Il essaie bien d'affirmer son importance en entrant dans la classe pour l'inspecter le premier. Mais une Anglaise lui barre résolument la route.

– Je voulais seulement voir comment ça se passe...

– Non. Les femmes seulement. Nous n'autorisons pas les hommes à entrer.

J'ai bien peur que Moody ne pique une colère et contrarie pour une fois les souhaits de Aga Hakim. Il fronce les sourcils pour inspecter les femmes qui arrivent pour les cours. Elles sont toutes impeccablement habillées dans les normes, la plupart portent le tchador. Elles donnent l'impression d'être de bonnes musulmanes, bien qu'elles parlent anglais. Aucune d'elles n'a la tête d'un agent de la C.I.A.

Après quelques instants d'indécision, Moody doit se dire que Aga Hakim a raison, que cela me permettra une meilleure intégration à l'Iran, une façon de m'acclimater à la ville. Un mouvement d'épaules méprisant et il sort, nous laissant à la garde des Anglaises.

Elles m'expliquent le règlement.

– Cet endroit n'est pas un parloir pour les commères. Nous sommes ici pour étudier le Coran et uniquement pour ça.

Et nous étudions. Nous lisons le Coran à l'unisson. Nous participons à un colloque sur les questions et les réponses qui font l'apologie de l'Islam contre le Christianisme. Et nous chantons ensemble les prières. Ce n'est pas très drôle en soi, mais je peux exercer ma curiosité en étudiant les visages de ces femmes. J'aimerais connaître leur histoire, ce qu'elles font ici. Savoir si elles viennent contraintes et forcées. Si elles sont devenues des esclaves comme moi.

Je m'attendais à trouver Moody à la sortie, mais je ne le vois pas dans la foule, toujours pressée et bruyante, des Iraniens qui défilent sur le trottoir. Pour ne pas réveiller sa méfiance, à l'occasion de ce premier jour de classe, j'attrape un taxi orange et nous rentrons à la maison. Moody jette un coup d'œil à sa montre au moment où je franchis la porte d'entrée. Il est satisfait que je n'aie pas profité de l'occasion.

— Cette classe m'impressionne beaucoup... On y travaille sérieusement. On ne te laisse pas entrer si tu ne viens pas pour étudier. Je crois que j'apprendrai énormément de choses!

— Parfait.

Il apprécie, avec circonspection, le fait que son épouse fasse un effort sérieux pour assumer son propre rôle dans la République islamique d'Iran.

Et j'apprécie également, mais pour une raison contraire. Je viens de faire un tout petit pas de plus pour m'évader de la République islamique d'Iran. La classe coranique commence très peu de temps après la fin de l'école de Mahtob. Il trouvera sûrement indispensable de nous accompagner quelque temps, mais je sais qu'avant peu, il nous permettra d'y aller seules et que j'aurai les mercredis entiers pour moi toute seule.

Bien que l'endroit ne soit pas un rendez-vous de commères, selon le règlement, de petites conversations s'échangent naturellement entre les cours. A l'issue de la dernière leçon, une femme m'interroge :

— D'où êtes-vous?

— Michigan...

— Oh! vous devriez rencontrer Ellen. Elle est aussi du Michigan.

On nous présente. C'est une grande et forte femme. Ellen Rafaie n'a que la trentaine, mais sa peau est sèche et ridée. Elle porte le voile si étroitement contre son visage, que je ne peux pas discerner la couleur de ses cheveux.

Dans le Michigan, elle habitait près de Lansing dans un

petit coin dont personne n'a entendu parler, dit-elle. Lansing, je connais... J'ai vécu tout près de Lansing et, coïncidence, elle est née à Owosso, là ou j'allais à l'école.

Nous voilà excitées comme des écolières devant ces ressemblances. Nous avons sûrement des tas de choses à nous dire. Ellen me demande de venir chez elle vendredi après-midi, avec ma famille...

– Je ne sais pas si c'est possible. Mon mari ne me laisse pas parler aux gens, ni allez chez eux. Je lui demanderai, mais je ne sais pas s'il acceptera.

Cette fois Moody est devant la mosquée, pour nous ramener à la maison. Il est surpris de me voir sourire.

– Tu sais quoi? Tu ne devineras jamais ce qui m'est arrivé! J'ai rencontré une femme qui vient de Owosso!

Il est content pour moi. C'est la première fois qu'il me voit gaie, depuis des mois. Je le présente à Ellen, nous parlons quelques minutes avant que j'ose dire :

– Ellen nous a invités pour vendredi après-midi.

Je m'attends à ce qu'il décline l'invitation comme d'habitude. Mais il est d'accord!

Ellen a quitté l'université en première année pour épouser Hormoz Rafaie, dont elle est devenue la femme soumise et complètement dépendante. Hormoz a fait ses études d'ingénieur électricien aux États-Unis et il jouissait, au moment de leur mariage, d'une situation financière et sociale bien supérieure à celle d'Ellen. Il était naturel pour lui d'assumer le rôle de protecteur et d'y prendre goût.

Tout comme Moody, il a d'abord subi l'influence américaine. En Iran, il était fiché comme un ennemi du régime du shah. Retourner dans son pays d'origine à cette époque, c'était connaître la prison, et très probablement la torture et la mort dans les mains de la Savak. Comme Moody il pensait que les événements politiques dans cette partie du monde pouvaient affecter profondément son destin personnel.

Il trouva un travail dans le Minnesota et vécut, avec Ellen, la petite vie classique d'une famille américaine. Ils avaient déjà une fille, Jessica, et pour accoucher d'un second enfant, Ellen retourna à Owosso. Le 28 février 1979, elle donnait naissance à un fils et appelait son mari au téléphone pour lui faire partager sa joie. La réponse fut : « Je ne peux pas te parler pour l'instant, j'écoute les nouvelles. »

Ce jour-là, précisément, le shah quittait l'Iran. Combien furent-ils à cette époque, les Moody et les Hormoz, qui reçurent l'exil et la disgrâce de l'empereur comme un appel à la reconquête du passé?

Lorsqu'il eut enfin le temps de s'occuper de son fils, Hormoz lui trouva un prénom digne de son pays : Ali. Et leur vie changea immédiatement.

Moody, lui, a résisté cinq ans à l'appel. Mais Hormoz décida de partir sur-le-champ vivre sous le régime de Khomeiny.

Ellen était une Américaine loyale à son pays et cette idée ne lui plaisait pas. Mais elle était l'épouse et surtout la mère des enfants d'Hormoz. Il lui fit comprendre qu'il avait décidé ce retour, avec ou sans sa famille. Prise ainsi entre deux feux, Ellen décida de tenter l'expérience de vivre en Iran, mais temporairement. Son mari lui avait assuré que, si elle se sentait malheureuse à Téhéran, elle pourrait retourner aux États-Unis avec les enfants, quand elle voudrait.

Et une fois à Téhéran, Ellen se retrouva en otage, exactement comme moi. Hormoz décréta qu'elle ne retournerait jamais chez elle. Qu'elle était devenue une citoyenne iranienne, soumise aux lois du pays et à lui-même. Il l'enferma quelque temps et se mit à la battre.

Quelle chose étrange que d'entendre cette histoire! Hormoz et Ellen nous la racontent ensemble, dans l'entrée de leur appartement mal tenu ce vendredi après-midi. Au début j'ai craint que Moody ne se sente mal à l'aise dans cette conversation, mais je m'aperçois qu'elle lui plaît au contraire. Il connaît la fin de l'histoire. Au bout de six ans, Ellen est toujours là, à Téhéran, et il est clair qu'elle a accepté de vivre dans le pays de son mari. C'était exactement ce que Moody voulait que j'entende.

Hormoz nous confie que la première année fut terrible.

— Mais ça s'est amélioré.

Un an après leur arrivée à Téhéran, il a dit à sa femme :

— O.K., rentre chez toi! Je voulais que tu restes au moins un an, pour voir si tu te déciderais à vivre ici. Maintenant, rentre chez toi!

C'est exactement ce que je voulais faire entendre à Moody. J'ai tant prié, tandis qu'il écoutait attentivement, qu'il ait la sagesse de me donner le même choix...

Mais au fur et à mesure du récit, je me sens plus nerveuse. Ellen est retournée aux États-Unis, en effet, avec ses enfants mais six semaines plus tard elle appelait son mari au téléphone :

— Viens me chercher.

Et, incroyablement, la chose se reproduisit. Par deux fois, Ellen quitta l'Iran avec la permission d'Hormoz, et par deux fois elle revint. C'est si difficile à croire, et pourtant, elle est là, épouse musulmane soumise. Elle travaille comme rédactrice en chef, pour *Majuboh*, un magazine anglais destiné aux femmes islamiques et diffusé dans le monde entier. Tout ce qu'elle prépare pour sa publication doit être approuvé par un conseil de direction islamique, avec lequel elle entretient de bons rapports.

J'attends désespérément de parler à Ellen seule à seule, pour sonder ses véritables motivations, mais je n'en aurai pas l'occasion cet après-midi-là. Car son histoire me laisse malade de jalousie et d'étonnement. Comment une femme américaine, n'importe quelle femme d'ailleurs, peut-elle choisir l'Iran de préférence aux États-Unis? J'ai envie de secouer Ellen par les épaules et de lui crier : Pourquoi?

La conversation prend une autre tournure aussi déplaisante. Hormoz vient d'hériter de son père décédé et ils sont en train de faire construire leur propre maison, laquelle sera bientôt terminée. Tout joyeux, Moody s'exclame :

— Nous voudrions aussi construire une maison. Nous

étions en train de le faire à Detroit, mais maintenant nous la bâtirons ici, dès que nous pourrons transférer notre argent en Iran.

Je frissonne à cette idée...

Nous avons rapidement pris le couple en amitié et nous les fréquentons régulièrement à présent. Pour moi c'est une expérience douce-amère. C'est merveilleux de trouver une amie qui parle ma langue, spécialement quelqu'un du pays natal. Il est en effet très différent de converser avec une Iranienne parlant anglais, dont je ne suis jamais sûre qu'elle me comprenne parfaitement.

Avec Ellen, je peux parler librement et être sûre de sa compréhension. Mais il m'est difficile de voir ensemble Ellen et Hormoz... cela ressemble trop à un horrible miroir du futur pour moi. Je me désespère de ne pouvoir passer un peu de temps seule avec Ellen. Moody est prudent, il veut évidemment la connaître mieux avant de nous permettre de nous voir en privé.

Ellen et Hormoz n'ont pas le téléphone. C'est un luxe qui requiert un permis spécial et des années d'attente avant de l'obtenir. Comme beaucoup de gens, ils se sont arrangés avec un commerçant voisin et utilisent son appareil en cas de besoin.

Un jour, Ellen appelle de chez celui-ci pour m'inviter avec Mahtob à un goûter l'après-midi. Moody me permet à contrecœur de lui parler. Il veut éviter de lui montrer la sévérité de ma captivité.

— J'ai fait des beignets avec du chocolat chaud. Vous venez?

Je bouche le récepteur de ma main et demande l'accord de Moody. Suspicieusement il s'informe :

— Et moi, je suis invité?

— Je ne crois pas qu'Hormoz soit chez lui, si j'ai bien compris.

— Alors tu n'y vas pas.

Mon visage doit refléter l'ampleur de ma déception. A ce moment-là, je ne pense pas tellement à m'éloigner de Moody, mais plutôt aux beignets et au chocolat... En fin de compte, il semble dans de meilleures dispositions aujourd'hui et il doit estimer que le bénéfice de l'amitié

180

d'Ellen était plus important qu'une bagarre avec moi cet après-midi. Après un court instant, il accepte.

Les beignets sont délicieux, et quel bonheur de parler librement avec Ellen! Mahtob joue avec la petite Jessica, dont le nom s'est islamisé en Myriam. Elle a neuf ans et le petit Ali en a six. Et, bonheur suprême, ils ont des jouets américains, des livres, des puzzles et une poupée Barbie!

Pendant que les enfants jouent, nous avons toutes les deux une conversation sérieuse. Je lui pose la question qui me tracasse tant : Pourquoi?

– Si je m'étais trouvée dans votre situation, je serais peut-être restée aux États-Unis, dit-elle après avoir réfléchi intensément. Mais tout ce que je possède est ici. Mes parents sont retraités et n'ont pas d'argent pour m'aider. D'ailleurs je n'ai ni argent, ni diplômes, ni talents particuliers. Et j'ai deux enfants.

Malgré tout il m'est difficile de la comprendre. D'autant plus qu'elle parle d'Hormoz avec rancune :

– Il m'a battue, il a battu les enfants. Et il ne voyait aucun mal à ça!

La phrase de Nasserine me revient alors : « Tous les hommes sont comme ça »...

Ellen a pris sa décision poussée par la peur et non par l'amour. Pour des motifs plus matériels que sentimentaux. Elle se sentait incapable de faire face à l'insécurité qui est le prix de toute émancipation. En fait, elle a choisi une existence horrible au quotidien, mais qui lui offre un semblant de ce qu'elle appelle la sécurité.

Finalement elle répond à mon angoissant « pourquoi » avec une crise de larmes :

– Si je retournais en Amérique à présent, j'aurais peur de ne pas le supporter.

Je me mets à pleurer avec elle. Et il se passe un long moment avant qu'elle fasse à nouveau bonne figure et que j'aie moi-même le courage d'aborder un autre thème qui fait partie de mes préoccupations.

– Il y a autre chose, Ellen, dont j'aimerais bien vous parler. Mais j'ignore si vous serez capable de le taire à votre mari. Si vous êtes d'accord, si vous pouvez garder le secret, je vous en parlerai. Sinon, je ne veux pas troubler votre vie avec ça.

Ellen réfléchit sérieusement à la question. Elle m'explique que, lors de son second retour en Iran, elle s'était promis de faire de son mieux pour devenir une musulmane complètement soumise et dévouée à son mari. Elle s'est convertie à l'Islam chi'ite, a adopté le vêtement traditionnel, même à l'intérieur de chez elle. Elle fait les prières aux heures dites, vénère tous les hommes saints, étudie le Coran et accepte véritablement son sort, comme étant le vœu d'Allah.

C'est une épouse musulmane méritante, mais c'est aussi une Américaine curieuse. Elle promet finalement qu'elle ne dira rien.

— Il le faut, Ellen. Je veux que vous n'en parliez à personne, jamais.

— Je vous promets.

Je prend une bonne inspiration, et me lance dans mon speech.

— Si je vous parle, c'est que vous êtes américaine et que j'ai besoin d'aide. Je veux partir d'ici.

— Vous ne pouvez pas! Si lui ne le veut pas, il n'y a aucun moyen.

— Si, il y en a un. Je veux m'évader.

— Vous êtes folle! Vous ne pouvez pas faire ça!

— Je ne suis pas en train de vous demander de vous en mêler. Tout ce que je souhaite de votre part, c'est de m'aider à sortir de chez moi de temps en temps, comme aujourd'hui, en m'invitant. Cela me permettra d'aller à l'ambassade de Suisse.

Je lui raconte mes contacts avec l'ambassade, comment ils expédient et reçoivent des lettres pour moi, et font ce qu'ils peuvent pour m'aider. Elle veut savoir s'ils m'aideront aussi à sortir du pays.

— Non. Je peux seulement faire passer des informations grâce à eux, c'est tout. Si quelqu'un veut me contacter, ils peuvent arranger la chose.

— Moi, je ne veux pas y aller. Je n'y suis jamais allée. Quand nous sommes arrivés, mon mari m'a dit que je n'avais pas l'autorisation d'y aller, alors, l'ambassade je ne l'ai même jamais vue.

– Vous n'aurez pas à y aller. Cela peut prendre du temps avant que Moody nous laisse faire des choses ensemble, mais je crois qu'éventuellement, il accepterait que nous sortions ensemble. Vous lui plaisez. Débrouillez-vous pour inventer des prétextes qui me permettent de sortir de la maison. Dites que vous allez faire du shopping ou n'importe quoi d'autre, et ensuite couvrez-moi pendant ce laps de temps.

Ellen a besoin de réfléchir longtemps avant de me donner son accord. Nous passons le reste de la journée à imaginer des astuces, sans savoir si nous pourrons les mettre à profit, ni quand.

Mahtob s'amuse tellement avec ses nouveaux camarades qu'elle ne veut plus partir. Les enfants adoucissent un peu son cafard en lui prêtant quelques livres. Elle emporte *Oscar le Grognon*, *Les chercheurs d'or et les trois ours* et un Donald Duck. Quant à Ellen, elle possède un Nouveau Testament qu'elle me prêtera plus tard, une autre fois.

La dureté de Moody vacille parfois. Il lui arrive encore d'affirmer sa supériorité physique mais, à d'autres moments, il tente de se faire aimer en étant plus gentil. Un jour de février il déclare :

– Sortons dîner ce soir. C'est la Saint-Valentin.

Il a prévu de nous emmener à l'hôtel Khayam, qui se vante de pratiquer le service à l'anglaise. Mahtob est aussi contente que moi et nous nous préparons joyeusement, tout l'après-midi. Je porte un tailleur de soie rouge, parfait pour une sortie, mais tout à fait scandaleux en Iran. Bien entendu je dois le recouvrir du long manteau traditionnel et porter un voile sur la tête. Mais j'espère que cet hôtel est suffisamment américanisé et que je pourrai m'en débarrasser au restaurant. J'attache soigneusement mes cheveux et porte des verres de contact à la place de mes lunettes. Mahtob est en robe blanche ornée de petites roses et en chaussures de cuir blanc également. Nous marchons tous les trois en direction de Shariati Street pour prendre un taxi orange. Il faut traverser la ville en direction de l'est vers l'une des artères principales, que beaucoup de gens appellent encore l'avenue Pahlavi bien qu'elle ait été débaptisée depuis le départ du shah.

En sortant du taxi, Moody s'arrête un instant pour payer le chauffeur. La circulation est dense dans les deux sens. Je me trouve face à l'un de ces larges caniveaux débordant d'eau insalubre, qui nous empêche de passer de la rue au trottoir. Le ruisseau est beaucoup trop large pour sauter par-dessus.

Je prends donc Mahtob par la main et nous nous avançons jusqu'à une grille d'égout où il est possible de traverser. Et au moment où nous posons le pied sur cette grille, j'aperçois soudain un énorme rat, aussi gros qu'un chat, perché sur la chaussure blanche de Mahtob! Je fais un bond en arrière avec ma fille, qui n'a rien compris. Le rat se sauve et derrière moi j'entends Moody hurler :

— Mais qu'est-ce que tu fais ?

— J'ai eu peur qu'elle soit heurtée par une voiture...

Je mens pour éviter de parler du rat devant Mahtob et de l'effrayer. En remontant la rue jusque vers l'hôtel, je chuchote l'histoire à Moody, mais il ne paraît pas s'en émouvoir outre mesure. Les rats, ici, font partie de la vie.

J'essaie de ne plus y penser, pour profiter de cette soirée. Contrairement à la publicité, personne dans cet hôtel ne parle anglais. Et je dois garder mon déguisement pour pouvoir dîner au restaurant. J'affronte tout de même la colère d'Allah en déboutonnant un peu l'affreux manteau et nous nous régalons d'un rare dîner de crevettes et de frites françaises.

Moody se montre particulièrement généreux en insistant pour que nous commandions ensuite du café, chaque tasse coûtant l'équivalent de quatre dollars. On nous le sert dans de petites tasses « expresso » et il a le goût d'un café instantané très fort. Ce n'est pas très bon mais le geste de Moody compense la chose. Il est en train d'essayer de me faire plaisir et, de mon côté, j'essaie aussi de lui montrer bonne figure. Mais je n'oublie pas. Il est capable de changer d'attitude en une seconde et de se transformer en démon.

Une idée me travaille continuellement. Aurions-nous dû, Mahtob et moi, partir avec Trish et Suzanne? Je ne sais pas. Je n'ai aucun moyen de savoir ce qui serait arrivé. En soupesant toutes les éventualités, je crois encore que ma décision a été raisonnable. Ces deux amateurs avaient concocté le plus nébuleux des plans. Seule, j'aurais pu les suivre, mais je n'avais pas le droit d'entraîner Mahtob dans de tels dangers. Ce qui ne m'empêche pas d'être assaillie par le doute, chaque fois que Moody se met en colère. Et si je faisais courir à ma fille le pire des dangers? Celui de vivre aux côtés de son père...

Le bruit d'une énorme et terrifiante explosion me réveille en sursaut. A travers la fenêtre je peux voir le ciel embrasé. Des explosions encore plus violentes se succèdent tout autour de nous, rapides, effrayantes. La maison est secouée. Je hurle :

– Des bombes! Ils nous bombardent!

J'entends le sifflement des avions à réaction au-dessus de nos têtes. Des éclairs de lumière jaune ou blanche, presque surnaturels, traversent les vitres et nous éblouissent, suivis comme dans un orage par des grondements monstrueux.

Mahtob éclate en sanglots. Moody l'attrape pour la caler entre nous deux au milieu du lit. Nous tremblons ensemble, complètement démunis et seuls devant la fatalité de la guerre.

Moody se répand en prières hystériques, la panique dans la voix. Il crie ses supplications vers Allah. Il nous serre contre lui, d'une manière qui se voudrait protectrice mais qui ne fait qu'augmenter notre frayeur, tellement il tremble. Je prie en anglais avec Mahtob, persuadée que nous allons mourir. Je n'ai jamais ressenti une telle peur. Mon cœur s'est emballé. Mes oreilles sonnent, emplies du grondement omniprésent de la déflagration générale.

Les avions arrivent par vagues, nous laissant une minute de répit, puis déversant leurs bombes encore et encore. Les moteurs hurlent puissamment leur haine pour

185

le peuple d'en bas. Les éclairs orange et blancs de la défense antiaérienne illuminent le ciel. Chaque fois qu'un avion siffle au-dessus de nos têtes, nous nous attendons à mourir dans un éblouissement de lumière et l'explosion d'une bombe. Parfois la lumière s'atténue et le bruit devient plus sourd. Puis elle éclate à nouveau, illumine la pièce; le bruit de l'explosion secoue la maison jusque dans ses fondations, faisant trembler les fenêtres, et nous faisant hurler de terreur.

Dans le reflet des éclairs de bombes, des tirs antiaériens et l'incandescence des immeubles en flammes, je vois que Moody est aussi terrifié que nous. Il nous serre toujours contre lui et ma haine se transforme en une véritable envie de meurtre. Avec des accès de terreur glacée, je me souviens de la lettre de ma mère parlant de ce cauchemar où Mahtob perdait une jambe lors de l'explosion d'une bombe...

« Mon Dieu, je t'en prie, Mon Dieu, aide-nous. Je t'en prie, viens à notre secours. Protège-nous, protège Mahtob... »

La vague de bombardiers s'éloigne et disparaît. Nous attendons en retenant notre souffle. Les minutes passent et nous nous détendons lentement, graduellement, relâchant notre étreinte, espérant que l'enfer est terminé. De longues minutes passent encore avant que nous nous laissions aller à une bruyante crise de larmes. Le raid n'a duré que quinze minutes environ mais il nous a paru bien plus long. Des heures.

Brusquement ma peur se transforme en fureur :

— Tu vois ce que tu nous fais subir? C'est ça que tu veux pour nous? Pour ta famille?

Moody retourne dans son coin de lit. Il ne peut pas s'empêcher de hurler aussi :

— Non! Je n'ai pas voulu ça! Ton pays s'acharne après mon peuple. Ton propre pays va finir par te tuer!

Avant que la discussion n'aille plus loin, Mammal passe une tête dans l'entrebâillement de la porte et dit :

— Ne t'inquiète pas, mon cher oncle, ce n'est qu'un exercice antiaérien.

Je bondis :

– Nous avons entendu les avions!

– Mais non... mais non...

Incroyable! Il voudrait me faire croire qu'il s'agit là d'un nouvel exercice, comme pour la semaine de la Guerre...

Le téléphone sonne dans le hall et nous suivons Mammal qui s'empresse de répondre. Dormir le reste de la nuit, après ça, est impossible. Il n'y a plus d'électricité. La ville entière est plongée dans le noir, éclairée seulement par les incendies allumés ici et là par l'attaque.

C'est Ameh Bozorg qui appelait. Moody et Mammal, avec un bel ensemble, lui assurent que nous allons tous très bien.

Nasserine allume des bougies et prépare du thé pour tenter de calmer nos nerfs. Avec un aplomb enfantin, elle nous affirme qu'il n'y a pas là de quoi s'inquiéter.

– Ils ne peuvent pas nous atteindre!

Sa foi en Allah est indestructible, soutenue par la pensée sereine que si Allah permettait qu'elle succombe aux bombes irakiennes, il n'est pas de mort plus glorieuse que celle de martyr dans une guerre sainte.

Mammal réaffirme qu'il n'y avait pas de bombes. Je lui demande pourquoi, en ce cas, le bruit était si fort que la maison a tremblé de partout. Il hausse les épaules de mépris.

Au matin, la ville est en état de choc. Elle lèche ses plaies et hurle vengeance. Bien entendu les raids sont l'œuvre de l'aviation irakienne, mais la radio déverse la théorie attendue. Les Irakiens sont soutenus par les Américains. Leurs pilotes sont entraînés par les États-Unis. Le raid a été organisé et supervisé par des conseillers américains. Tout ce que sait un Iranien moyen, c'est que le président Reagan lui-même a dirigé ce plan d'attaque. Il ne fait pas bon être américain ce jour-là en Iran...

Pressentant le danger, Moody se fait protecteur. Mahtob n'ira pas à l'école aujourd'hui. D'ailleurs les dégâts les plus importants se sont produits près du bâtiment scolaire et on déplore beaucoup de morts.

Plus tard dans la journée, Ellen et Hormoz nous

emmènent voir les effets sur le terrain. Des pâtés entiers de maisons ont été soufflés, balayés, ou détruits par les incendies. La fumée s'élève encore un peu partout.

Nous sommes tous d'accord sur le principe que cette guerre est horrible, mais nous avons des opinions différentes quant à sa cause. Je la vois comme une conséquence inhérente à la vie sous un régime fanatique. Moody et Hormoz accusent les Américains d'holocauste. Et Ellen... est d'accord avec les hommes.

Moody entraîne Hormoz dans une discussion sur l'un de ses sujets favoris, la duplicité du gouvernement américain. Il dit que, dans le but de maintenir l'équilibre des puissances dans le golfe Persique, les États-Unis jouent des deux côtés, soutenant à la fois l'Irak et l'Iran. Il est convaincu qu'ils ont non seulement fourni les bombes lancées par les avions irakiens, mais également le système antiaérien utilisé par les Iraniens. Seulement, en raison de cet interminable embargo sur les armes, l'Amérique ne peut soutenir l'Iran que d'une manière clandestine. Selon lui, l'Iran doit dépenser tout son argent dans cette guerre. A cause de l'embargo, le pays est contraint d'acheter des armes par l'intermédiaire d'un troisième pays et doit payer beaucoup plus cher.

Nous prions tous pour que ce raid ne soit qu'un événement isolé. La radio assure que c'est le cas et que la sainte armée chi'ite se prépare à une vengeance rapide et efficace contre les pantins américains.

Grâce au bouche à oreille, tout le monde à Téhéran sait que des douzaines, peut-être des centaines de gens ont été tués pendant ce raid. Mais les communiqués officiels ne comptabilisent que six morts et ajoutent sans vergogne à cette nouvelle que l'aviation irakienne a fait ainsi la preuve qu'Allah était du côté de l'Iran. Ceci, parce que l'une des bombes, incontestablement guidée par Allah, a justement détruit la maison des antikhomeinistes, le mouvement de résistance pro-Pahlavi. Des fouilles dans les ruines de cette maison ont permis de découvrir des armes et des munitions et, pis encore, une production d'alcool de contrebande! C'est la preuve indiscutable, dit le gouvernement, qu'Allah veut que l'Iran gagne la guerre et débarrasse en prime le pays de ces *Munafaquins* démoniaques.

La ville est sur le pied de guerre. De nombreux centraux ayant été détruits, il est recommandé à la population de n'utiliser qu'un minimum d'électricité. Cette nuit et toutes les autres nuits, la ville subira le black-out, autant pour économiser l'énergie que pour la défense passive. Il n'y a pas de réverbères. A la maison, nous ne pouvons utiliser que les veilleuses et seulement lorsqu'elles ne peuvent pas être vues de l'extérieur. Moody s'est muni d'une petite lampe de poche qui ne le quitte jamais.

Les journées entières de discussion sont suivies par des nuits de peur et de tension. Pendant plusieurs semaines, les raids se sont renouvelés toutes les deux ou trois nuits. Maintenant ils sont quotidiens. Chaque soir à la tombée du jour, Mahtob se plaint de maux d'estomac. Nous passons des heures dans la salle de bains à prier, pleurer et trembler. Nous avons abandonné notre lit pour dormir sous la table de la salle à manger, enveloppés dans des couvertures pour nous protéger des éclats de verre. Nous souffrons tous du manque de sommeil. Un raid de bombardiers, c'est l'horreur indicible, la pire que l'on puisse imaginer.

Aujourd'hui je fais la queue avec Mahtob pour acheter du pain. Nous attendons depuis plus d'une demi-heure et je suis en train d'observer avec quelque dégoût un ouvrier boulanger trempant ses mains dans la pâte, sans même les avoir lavées après une visite aux toilettes. Je n'ai pas vraiment le temps d'avaler cette nouvelle répulsion, le hurlement d'une sirène d'alarme précède de quelques secondes le bruit des avions.

Je réfléchis à toute vitesse, en essayant de surmonter ma panique. Où se réfugier? Faut-il courir à la maison ou rester ici? C'est important de montrer à Moody que nous pouvons assurer nous-mêmes notre protection, pour qu'il continue à nous laisser sortir seules.

Je crie à Mahtob de courir en direction de la maison.

Mais elle reste paralysée de peur. Je la prends dans mes bras. Quelque chose me dit de m'éloigner de Shariati Street et de filer dans une ruelle. Je détale à travers les allées de toute la force de mes jambes. Tout autour de nous le vrombissement des avions, le bruit sourd des canons antiaériens, l'explosion des bombes qui atteignent leur but et distribuent la mort, dans un concert de larmes et de hurlements.

Les éclats d'un obus antiaérien dégringolent près de nous dans la rue. Certains sont assez gros pour tuer. Nous courons de plus belle. Mahtob se cache la tête dans mon cou. Ses petits doigts s'accrochent désespérément à moi, elle pleure à petit coups :

— J'ai peur, maman, j'ai peur...

Je crie par-dessus le vacarme :

— Ça va aller, Mahtob, ça va aller! Prie, Mahtob! prie!

Enfin, après le dédale des ruelles, nous atteignons la maison. Moody scrutait les environs en nous attendant, inquiet. En nous apercevant, il ouvre la porte en grand et nous tire à l'intérieur. Nous nous réfugions ensemble dans le hall et, protégés par les murs de ciment, nous attendons la fin de l'alerte.

Un autre jour je m'aventure à promener Mahtob et Amir dans le parc. Le bébé dans sa poussette. Pour atteindre l'aire de jeux nous devons longer un court de volley-ball. Une vingtaine de jeunes garçons gambadent sous le soleil presque printanier.

Mathob s'amuse à la balançoire, un petit moment plus tard, lorsque j'entends des criaillements excités du côté du volley-ball. Quatre ou cinq jeeps blanches ont bloqué l'entrée du parc. La Pasdar! La police secrète. Ils sont là pour arrêter quelqu'un à l'intérieur du parc, probablement.

J'ajuste mes vêtements. Tout est boutonné, le voile bien en place. Mais je n'ai pas du tout envie de faire connaissance avec la Pasdar et je décide de rentrer très vite à la maison. J'appelle Mahtob. Elle trottine à mes côtés et pousse Amir dans sa voiture. Je marche vers la porte. Arrivée près du terrain de volley-ball, je comprends que les gamins sont les cibles de la Pasdar, cette fois. Sous la menace des armes on les fait monter dans des fourgons. Ils obéissent silencieusement. J'observe la scène jusqu'à ce que le dernier gosse disparaisse dans le dernier fourgon, qui disparaît lui aussi à toute vitesse. Je me demande ce qui les attend. Je veux rentrer vite, tout cela m'effraie trop.

Essey m'ouvre la porte et je lui raconte, ainsi qu'à Reza, la scène qui s'est déroulée sous mes yeux. Reza risque une explication :

— C'est probablement parce qu'ils étaient en groupe. C'est contraire à la loi de se réunir sans autorisation...

— Que va-t-il leur arriver?

Reza n'est pas concerné par le problème, il marmonne qu'il n'en a aucune idée.

Moody également glisse sur l'incident avec facilité :

— Si la Pasdar les a pris, c'est qu'ils ont fait quelque chose de mal.

Mais lorsque je raconte l'histoire le lendemain à l'école, Mrs. Azahr a une réaction différente :

— Quand ils aperçoivent un groupe de jeunes garçons, ils les enlèvent pour les envoyer à la guerre. Ils font ça aussi dans les écoles. Parfois ils débarquent dans une classe et emmènent les garçons pour en faire des soldats. Leurs familles ne les revoient jamais plus.

Dieu, que je hais la guerre! Je ne comprends pas un pays fait de gens si prêts à tuer et si prêts à mourir. C'est la différence la plus forte — et pour les Américains, le mystère le plus insondable — qui sépare la culture américaine de celle de pays relativement défavorisés. Pour Mammal et Nasserine, la vie ne vaut rien, y compris la leur. La mort est un phénomène bien plus habituel et bien moins mystérieux. Que peut-on faire sinon croire à Allah? Et si le pire arrive, il était inévitable de toute façon, c'est ce qu'il faut se dire. Lorsque les Iraniens font les bravaches devant les bombes, il ne font pas semblant. C'est plutôt la manifestation d'une philosophie qui, à l'extrême, peut fabriquer des martyrs terroristes.

J'en ai eu la démonstration évidente, un vendredi après-midi. Nous étions dans la maison d'Ameh Bozorg, comme d'habitude pour célébrer le sabbat par d'interminables prières. La télévision était branchée sur le programme religieux du vendredi et je n'y prêtais aucune attention, avant que Moody et Mammal n'élèvent soudain la voix avec inquiétude :

– Ils sont en train de bombarder, un vendredi, jour de prière !

Le programme en direct montrait une foule de croyants rassemblés dans des parcs et envahis par la panique. Les caméras cadraient le ciel, découvrant les avions irakiens au-dessus d'eux. Les explosions laissaient de grands vides de morts et de mourants à travers la foule. Moody me rappela que Babba Hajji était dans cet endroit. Il était toujours présent à la prière du vendredi...

La confusion régnait dans tout Téhéran. Les reporters étaient vagues dans leur retransmission, mais un raid aussi bien préparé était une victoire indiscutable, tant sur le plan matériel que sur le plan moral, en faveur de l'Irak.

La famille attendait anxieusement le retour de Babba Hajji. Deux heures sonnèrent puis deux heures et demie. Babba Hajji n'était jamais rentré aussi tard de sa prière du vendredi. Ameh Bozorg n'avait pas perdu de temps pour adopter une attitude de deuil, se balançant de désespoir et s'arrachant les cheveux. Elle avait troqué son tchador noir pour un blanc, signe de mort. Accroupie sur le sol, hurlant et pleurant en même temps, elle psalmodiait le Coran.

Moody confiait à sa sœur :

– Elle est en train de devenir folle. Tout ce que nous pouvons faire, c'est attendre. Elle devrait arrêter jusqu'à ce que l'on nous apprenne sa mort.

Puis chaque membre de la famille s'est précipité dans la rue, cherchant à deviner l'arrivée du patriarche. Les heures ont passé dans cette attente insupportable, ponctuée des hurlements d'Ameh Bozorg. Elle apparaissait pleine de la gloire de son nouvel état, veuve de martyr.

Il était près de cinq heures de l'après-midi lorsque Feresteh vint prévenir en courant :

– Il arrive ! Il remonte la rue !

Le clan s'est alors rassemblé à la porte, submergeant Babba Hajji dès son arrivée. Celui-ci est entré lentement, silencieusement, les yeux baissés vers le sol. La foule de ses parents s'est écartée pour laisser passer le saint homme. Il y avait du sang et des débris de chair humaine sur ses vêtements. A l'étonnement de chacun il s'est dirigé à grands pas vers la salle de bains à l'américaine, pour prendre une douche.

Moody lui a parlé plus tard et m'a dit :

– Il est en colère parce qu'il n'a pas été tué. Il veut être un martyr comme son frère.

Moody, par contre, ne possède pas le courage aveugle de sa famille. Il est mort de peur.

Téhéran s'habitue à la réalité de la guerre et les autorités de la défense civile ont modifié les règlements. Pendant un raid, chacun doit se cacher dans un endroit fermé, au sol. Alors, chaque fois que nous retournons au lit, nous restons prêts, dans l'attente du signal effrayant qui nous fera courir à nouveau à l'abri dans l'entrée, au pied des escaliers.

Là, même en face de Reza et Mammal, Moody ne peut dissimuler sa frayeur. Il pleure, il tremble comme un vieillard. Après quoi, il essaie de dissimuler sa couardise en maudissant les Américains. Mais à chaque raid successif, les mots sonnent de plus en plus creux. Il arrive que nos regards se croisent, pour un court moment, et se comprennent. Moody sait qu'il est responsable de nos ennuis, mais il ignore comment nous en sortir.

11

Une fois par an, en Iran, tout le monde prend un bain.

C'est à l'occasion de *No Ruz*, la nouvelle année persane. Il y a deux semaines de vacances pendant lesquelles les femmes récurent les maisons et parviennent à les rendre relativement propres. *No Ruz* est également l'occasion pour les magasins de chaussures de faire des affaires, puisque chacun à cette occasion en achète une nouvelle paire. On travaille peu pendant ces deux semaines. Les familles se rendent visite, on dîne, on prend le thé. Dans un ordre hiérarchique très strict, les cousins, oncles et parents divers ouvrent leurs maisons pour un jour de fête.

Le jour de *No Ruz* tombe un 21 mars, le premier jour du printemps. Ce soir nous sommes rassemblés avec Reza, Mammal et leurs familles, autour d'un *haft sin*. C'est un banquet qui présente des plats dont le nom commence symboliquement par un S. Sept plats et sept S. L'attention de tous se porte sur quelques œufs placés sur un miroir. Selon une légende persane, la Terre tient sur la corne d'un buffle. Et chaque année, le buffle fait valser la charge d'une corne à l'autre. Le moment exact de la nouvelle année peut être détecté en scrutant soigneusement les œufs sur le miroir. Quand le buffle fait passer le monde d'une corne à l'autre, les œufs oscillent...

Le compte à rebours commence avant la nouvelle

année, comme le 31 décembre chez nous. Nous attendons que le soleil entre dans le signe du Bélier, les yeux fixés sur les œufs.

Soudain, la pièce devient noire et une sirène d'alerte hulule à l'approche des avions de guerre. Nous courons nous mettre en sécurité, toute relative, au pied des escaliers et c'est une fois de plus la terreur.

En ce jour de *No Ruz*, je suis sûre que les œufs vont bouger...

Aussi horribles que soient les raids, ils ne détournent pas l'Iran des fêtes rituelles. La ronde des réceptions commence comme prévu le jour suivant et cette odyssée sociale débute bien entendu chez les patriarches du clan. Reza, Essey, Marhyam, Mehdi, Mammal, Nasserine, Amir, Moody, Mahtob et moi, nous nous empilons dans une voiture pour assister à ce grand événement. Je n'ai pourtant pas le cœur à ça.

Nous arrivons à peine que surgit le grand nez de la sœur de Moody. Elle crie de joie et lui tombe dessus pour le couvrir de baisers. Puis c'est au tour de Mahtob qu'elle embrasse avec amour. Lorsque j'ai droit à un rapide et unique baiser sur la joue, je tire instinctivement mon voile aussi haut que possible, pour éviter le contact de ses lèvres.

Ameh Bozorg a préparé ses cadeaux de fête. Elle offre à Moody un bureau somptueux et une bibliothèque aux portes vitrées coulissantes. Pour Mahtob, une robe en pure soie importée de La Mecque. Elle s'affaire au milieu de ses paquets pendant de longues minutes, distribuant à chacun des présents fort chers, sauf à moi. Moody ne remarque pas cette omission et d'ailleurs je m'en fiche.

Je passe une après-midi misérable, isolée dans les murs de ce qui fut ma première prison. Personne ne prend la peine, ou n'ose, me parler en anglais. Quant à Mahtob, elle s'accroche à moi de peur de rester seule avec Ameh Bozorg.

Jour après jour, les fêtes ennuyeuses se succèdent. Un matin, alors que nous nous préparons à visiter plusieurs maisons, je m'habille d'une jupe de laine et d'une veste trois-quarts qui me semble faire office de manteau. Je porte des bas très épais et le tchador sur ma tête. Puis je demande à Moody :

– Si je porte ça, est-ce que je dois aussi mettre l'autre manteau?

– Bien sûr que non. Tu es suffisamment couverte.

Majid nous trimbale dans différentes maisons, chez des parents auprès desquels nous devons obligatoirement faire une apparition. Mais il a d'autres projets pour la soirée et nous le quittons pour prendre un taxi tous les trois, en sortant de chez Aga Hakim.

Il fait presque noir lorsque nous sortons. Il faut marcher un moment dans une grande avenue avant de trouver un taxi. Les voitures défilent, aucune n'est libre.

Soudain, une camionnette, une Nissan blanche, s'arrête brutalement au virage, suivie d'une Pakon blanche. Quatre hommes barbus en uniforme kaki de la Pasdar jaillissent de la première voiture. L'un d'eux agrippe Moody tandis que les autres pointent leurs fusils. Simultanément je suis assaillie par quatre femmes de la Pasdar en uniforme et tchador. Elles me crient des injures en plein visage. C'est mon tailleur, j'en étais sûre. J'aurais dû mettre le manteau.

Un homme entraîne Moody vers la Nissan, mais il résiste instinctivement, en discutant en farsi.

Silencieusement dans ma tête, je prie : « Mettez-le en prison... emmenez-le... enfermez-le... »

Moody et le policier discutent âprement quelques minutes, pendant que les femmes s'obstinent à me hurler des injures dans les oreilles. Tout à coup, aussi vite qu'elle était arrivée la Pasdar bondit parmi les voitures et disparaît.

– Qu'est-ce que tu leur as dit?

– Je leur ai dit que tu étais une touriste et que tu ne connaissais pas les règles.

– Tu m'as dit que je pouvais porter ça!

– Je l'ai dit, mais j'ai fait une erreur. A partir de maintenant, quels que soient les vêtements que tu portes, tu devras mettre le manteau et le tchador noir pour sortir dans la rue!

Il essaie maintenant de récupérer sa dignité offensée.

– A présent tu connais les règles? Il vaudrait mieux pour toi que tu ne sois plus arrêtée!

Pour finir, vers la fin de la semaine, c'est au tour de Mammal et Nasserine de recevoir. Je fais le ménage avec Nasserine. Moody et Mammal sont allés au marché à la recherche de fruits frais, de bonbons et de noisettes. Nous préparons des marmites de thé, car nous attendons au moins une centaine d'invités au cours de la journée.

Ellen et Hormoz arrivent au moment où les haut-parleurs, au-dehors, appellent à la prière. Trois fois par jour, et tous les jours, les appels à la prière coupent la vie de chacun en Iran. Peu importe où l'on est, ce que l'on fait, il est interdit d'oublier la prière. En pratique, elle peut être faite durant les deux heures qui suivent l'appel. Mais Allah réserve de grands bienfaits à ceux qui répondent immédiatement.

Ellen bondit sur ses pieds :

– Il me faut un tchador!

Bientôt les prières s'élèvent de partout. Ameh Bozorg s'est jointe aux autres, les voix psalmodient en chœur. Après quoi Ameh Bozorg s'extasie sur Ellen :

– *Mash Allah,* dit-elle à Moody, Dieu la bénisse! Comme elle dit bien. les prières! Allah la récompensera!

Vers le milieu de la réception, Moody engage une conversation avec un cousin de Nasserine qui est également médecin. Le Dr Marashi lui demande :

– Pourquoi ne travailles-tu pas?

– Eh bien, les papiers ne sont pas encore en règle...

– Laisse-moi parler de toi à l'hôpital. Nous avons vraiment besoin d'un anesthésiste.

– Tu pourrais réellement faire quelque chose pour moi?

Moody a un large sourire d'optimisme.

– Le directeur de l'hôpital est mon ami. Je vais lui parler de toi, nous verrons ce que nous pouvons faire.

Moody est fou de joie, car il sait l'importance d'obtenir une situation, et le rôle de l'influence auprès des autorités. Ce travail est en effet dans le domaine du possible et il en a besoin. Il est paresseux mais expérimenté, et surtout il convoite à la fois l'argent et la position sociale d'un médecin en Iran.

Je pense à tout cela et je me dis aussi que la situation m'est favorable. J'ai maintenant une petite forme de liberté, aussi fragile soit-elle. Petit à petit, Moody s'est rendu compte que la surveillance permanente était une tâche trop difficile et trop compliquée. J'ai ainsi obtenu de petits bouts de liberté, à condition de ne pas lui compliquer la vie.

Si Moody travaille... j'aurai encore un peu plus de facilité pour circuler. Sans compter que le fait d'avoir un job redressera son orgueil malmené depuis quelque temps.

No Ruz se poursuit la deuxième semaine et se clôture par un séjour au nord de Téhéran, sur les bords de la mer Caspienne, qui est soviétique sur sa rive opposée. Le frère de Essey travaille dans un département du *ministère de la Direction islamique,* qui a été chargé de la confiscation de tous les biens du shah. Il nous a décrit des merveilles d'opulence et offre à la famille d'utiliser l'une des villas du shah.

Si j'étais nouvelle arrivée en Iran, cela pourrait avoir pour moi un côté exotique. Une villa du shah, vous pensez! Mais j'en sais trop pour espérer découvrir une parcelle de splendeur dans la république des ayatollahs.

En premier lieu, le rêve qui consiste à passer une semaine dans une villa impériale ne devrait pas commencer par l'entassement de vingt-six personnes dans trois voitures... Ce qui m'excite, par contre, c'est la chance de visiter la campagne environnante. Je sais que l'Iran est un vaste pays, mais je n'ai aucune idée de l'étendue du territoire que nous devrons traverser, Mahtob et moi, si nous réussissons à nous évader. C'est pourquoi j'observe avec attention, j'emmagasine les renseignements sur l'environnement, sans savoir comment je pourrai m'en servir, si le cas se présente.

Mais plus nous avançons et plus je me sens découragée.

La campagne est superbe, c'est un fait, mais cette beauté vient des gigantesques montagnes, aussi hautes et escarpées que les Rocheuses de l'ouest des États-Unis. Elles encerclent Téhéran de toutes parts, enfermant la ville comme dans un piège. Tout en préservant de mon mieux la place minuscule qui m'a été dévolue dans la voiture surchargée, je vois défiler les montagnes toujours plus hautes et plus infranchissables. Et je m'abîme dans un mélancolique dialogue intérieur.

Si par hasard, pendant cette semaine de vacances, surgissait une occasion de fuite, nous pourrions prendre un bateau et traverser la mer Caspienne en direction de...

La Russie.

Eh bien, je m'en fiche. Tout ce que je veux, c'est m'en aller.

Mes délibérations intérieures ayant abouti à une conclusion assez réfrigérante, je deviens de plus en plus pessimiste, plus dépressive, plus folle au long des jours qui passent. Moody est irritable lui aussi. Et je me demande dans quelle mesure il ne réagit pas inconsciemment à mes pensées. Un frisson glacé me traverse parfois. La tension augmente, aussi bien pour moi que pour Moody. C'est une menace permanente qui met en danger tous mes efforts pour endormir ses soupçons.

Si quelque chose de bien n'arrive pas très vite, j'en ai peur, il arrivera alors quelque chose de mal.

Nous sommes arrivés à la villa du shah. Comme prévu, on l'a entièrement dépouillée de tout souvenir, de toute réminiscence de la culture occidentale. Particulièrement en ce qui concerne le mobilier. Cette maison a dû être splendide dans le temps, mais ce n'est plus qu'un coquillage vide. Après le dîner, les vingt-six visiteurs que nous sommes s'alignent tout simplement côte à côte dans la même pièce, pour y dormir par terre. Même les hommes sont dans la même pièce que nous. Aga Hakim dort près de moi et je suis obligée de garder mon uniforme toute la nuit. Impossible de trouver une position confortable pour dormir ficelée dans ce grand manteau, avec le voile sur la tête.

200

L'air froid de ce printemps tout neuf nous amène en plus la fraîcheur de la mer par les fenêtres grandes ouvertes. Mahtob et moi, nous avons grelotté et éternué toute la nuit, alors que les autres dormaient comme des bébés.

Au matin, je constate à quel point cet endroit a souffert de la sécheresse. Par mesure d'économie, la distribution d'eau est supprimée une bonne partie de la journée. C'est la raison pour laquelle je passe la première matinée de mes « vacances », dans la cour avec les autres femmes, à préparer et rincer les aliments dans une · minuscule cuvette d'eau glacée. Les hommes, eux, dorment tard, se promènent autour de la maison, ou traînent dans la cour en nous regardant travailler.

Plus tard les hommes ont droit à une balade à cheval, les femmes ne peuvent pas y participer. Alors, nous nous promenons sur le rivage magnifique. Il est maintenant couvert d'immondices, parsemé d'ordures diverses.

La semaine passe ainsi, à endurer la promiscuité permanente, l'entassement des dormeurs... Mais nous y sommes bien obligées, et d'ailleurs nous commençons à en prendre l'habitude.

Le début du printemps est à la fois agréable et déprimant. Bientôt la neige va disparaître de ces montagnes. Est-ce que l'ami de Rachid, le passeur, pourra maintenant nous faire passer en fraude vers la Turquie? Le temps se radoucit et nous donne la possibilité d'agir. Le passage des saisons souligne encore plus la durée de ma situation. Nous sommes les otages de l'Iran depuis plus de sept mois.

A notre retour à Téhéran, Moody apprend qu'il est engagé à l'hôpital. Il est en extase. Il fait des bonds toute la journée dans la maison, nous fait l'honneur de sourire, ce qui est rare. Il blague, plaisante, éclate de gentillesse et même d'amour. Tout ce qui, il y a si longtemps déjà, m'avait jetée dans ses bras... Il me confie que l'hôpital n'a pas vraiment résolu l'histoire de ses papiers, mais qu'ils ont décidé d'ignorer tout simplement le problème et de le

faire travailler de toute façon. Ils ont besoin d'un anesthésiste. Lorsque les papiers seront en règle, il sera payé
pour toutes ses heures de travail.

Mais la journée passe et son enthousiasme faiblit. Il
devient pensif et je lis dans sa tête comme dans un livre
ouvert. Comment va-t-il faire pour travailler et me
surveiller en même temps? L'horaire de l'hôpital n'est pas
exigeant. Il ne sera pas toujours en dehors de la maison et,
quand il le sera, il se débrouillera pour savoir ce que je
fais. Nasserine peut faire un rapport sur mes allées et
venues, elle sera d'accord pour ça. Je dois rentrer
immédiatement de l'école à midi, pour m'occuper du
bébé, pendant que sa mère est à l'université. La seule
exception au programme, c'est la classe de Coran du
mardi. Nasserine doit trouver pour ce jour-là un autre
arrangement. Je peux presque entendre les rouages de la
pensée de Moody en mouvement. Est-ce qu'il peut me
faire confiance? Il y est bien obligé. Sinon il n'a plus qu'à
oublier son job.

— Les mardis, tu devras rentrer aussitôt après la classe
de Coran. Je te surveillerai!

Je promets et il oublie bien vite pour se réjouir à
nouveau de retravailler.

J'ai profité de ma liberté en de rares occasions, et
seulement lorsqu'il ne semblait pas y avoir de risque.
Moody est assez vicieux pour me faire espionner par les
membres de sa famille. Il leur a peut-être demandé de
vérifier sur place chacune de mes activités. Il le fait
parfois lui-même. Quand il a terminé sa journée, ou qu'il
sort plus tôt, il vient nous chercher à la sortie de l'école. Il
me maintient sous surveillance. Je dois donc me tenir à un
emploi du temps strict et n'en dévier qu'avec précaution.

Un jour à l'école, pendant la récréation des enfants, une
institutrice pénètre tranquillement dans le bureau et
s'assoit près de moi. Je la connais seulement de vue, mais
elle m'a souvent souri avec sympathie.

Elle jette un coup d'œil dans la pièce pour s'assurer
qu'on ne fait pas attention à nous, puis elle chuchote en
bougeant à peine les lèvres:

202

– *Nagu* (ne parlez pas)... *Nagu* Mrs. Azahr... (ne dites rien à Mrs. Azahr)...

Je fais signe que j'ai compris. Et j'écoute :

– Je parle de toi à mon mari...

Elle a quelques difficultés avec le vocabulaire.

– Je parle de toi à mon mari, elle veut aider toi.

En farsi il n'existe pas de différence de pronom pour « il » et « elle », les Iraniens se trompent toujours. Elle fait glisser lentement sa main hors des plis de sa robe puis, imperceptiblement, l'approche de la mienne. Une fois encore, elle vérifie que personne ne nous regarde. Très vite, elle me glisse un morceau de papier dans la paume. Un numéro de téléphone y est inscrit.

– Toi appeler, chuchote-t-elle. Madame...

En ramenant Mahtob de l'école, je presse le mouvement et me risque quelques instants dans la boutique d'Hamid pour suivre ce curieux conseil. Je fais le numéro et une voix de femme parlant anglais me répond. Elle se présente sous le nom de Miss Alavi et me dit qu'elle attendait mon coup de fil. Elle m'explique ensuite qu'elle travaille chez le mari de l'institutrice en question, et que cet homme l'a mise au courant de ma situation, ainsi que sa mère.

– Comme je parle anglais et que j'ai fait mes études là-bas, mon patron m'a demandé si je pourrais vous rendre service. Je lui ai dit que j'allais essayer.

Encore une preuve que l'on ne peut pas classer tous les Iraniens dans la même catégorie, celle des fanatiques, haineux de l'Amérique. Miss Alavi est audacieuse dans son approche, risquant probablement sa vie et très certainement sa liberté en parlant avec moi.

– Comment faire pour nous rencontrer? dit-elle.

– Je suis obligée d'attendre une occasion.

– Je prendrai mon repas à l'heure où vous pourrez me rencontrer. Je pourrai vous rejoindre en voiture où que vous soyez.

– D'accord.

Malheureusement, son bureau est loin de l'appartement de Mammal, loin de l'école et loin de la mosquée où j'étudie le Coran. Il sera très difficile de trouver une occasion qui nous donne le temps de faire connaissance et de parler suffisamment. Je m'interroge sur les motivations de cette femme, mais pas du tout sur sa discrétion. Elle est sincère, je l'ai compris immédiatement, et j'ai confiance.

Les jours se transforment lentement en semaines, tandis que je cherche un moyen sûr de la rencontrer. Depuis que Moody travaille, la surveillance s'est resserrée autour de moi. Nasserine est encore plus vigilante que mon mari. Chaque fois que je prends la porte, elle regarde immédiatement sa montre.

Mais il est inévitable que le système de surveillance de Moody craque un jour. Dans une ville de quatorze millions de gens, il est impossible de surveiller chacun de mes mouvements sans discontinuer. Un jour, en rentrant de l'école avec Mahtob, je trouve Nasserine impatiente de me voir arriver. On vient de l'appeler pour une réunion spéciale à l'université. Elle me confie Amir en vitesse et disparaît. Moody est encore au travail. Reza et Essey sont en visite chez des cousins...

Immédiatement j'appelle Miss Alavi :

— Je peux vous voir maintenant, cet après-midi.

— J'arrive!

Je lui indique l'emplacement du parc, à quelques rues de la maison.

— Comment faire pour vous reconnaître?

— Je suis en vêtements de deuil. Ma mère est morte récemment.

Je laisse un mot à Moody. Son emploi du temps à l'hôpital est tellement imprévisible. Il doit être en chirurgie tôt le matin mais il ne sait jamais quand il va rentrer. Cela peut être à onze heures du soir, ou dans dix minutes. J'écris sur le mot : *Les enfants sont énervés, je les ai emmenés au parc.*

Mathob et Amir sont toujours contents d'aller se promener dans ce parc. Je peux compter sur Mahtob, elle a acquis le sens du danger et de la sécurité. Quant à Amir, c'est un bébé. Je ne me fais pas de souci à leur propos. Reste que je sors sans la permission de Moody, mais j'espère bien être de retour avant lui.

204

Les enfants s'amusent sur les balançoires, lorsque je vois arriver une femme en noir. Les vêtements iraniens sont si lourds qu'il est difficile de juger, mais elle doit avoir à peu près cinquante ans. Peut-être un peu moins. Elle s'assoit sur le banc à côté de moi.

Rapidement, je lui explique que j'ai laissé un mot à mon mari et qu'il pourrait très bien nous surprendre.

– D'accord, s'il arrive je dirai que je suis la mère d'un de ces enfants.

Elle se détourne de moi un instant, avise une femme en face de nous, et lui parle un moment en farsi. Puis elle revient.

– J'ai expliqué à cette femme que, si votre mari arrivait, je ferai semblant d'être avec elle et ses enfants. Pas avec vous. Elle est d'accord.

L'inconnue a accepté le stratagème sans objection. Je commence à réaliser que les Iraniens adorent les intrigues. Ils ont l'habitude de vivre clandestinement, probablement autant sous le régime des ayatollahs que sous celui du shah. Astuces et complots abondent dans leur manière de vivre. Non seulement dans leurs rapports avec les autorités, mais aussi avec leurs familles. La requête de Miss Alavi n'a aucunement surpris l'inconnue. Elle doit au contraire illuminer sa journée.

Miss Alavi veut tout savoir :

– Alors, qu'est-il arrivé? Pourquoi êtes-vous ici en Iran?

Je lui raconte brièvement mon histoire, en essayant de préciser l'essentiel.

– Je comprends votre problème, Betty. Quand j'étudiais en Angleterre, j'étais moi-même une étrangère. On m'a traitée en étrangère tout le temps, même si je ne voulais pas l'être. Je voulais rester là-bas. Mais j'avais besoin que des gens m'aident pour ça. Ils ne voulaient pas et j'ai dû rentrer en Iran. Cela nous a beaucoup marquées, ma mère et moi, et nous avons décidé que nous aiderions les étrangers dans notre pays, si nous le pouvions. Je souhaite vous aider et je crois que je peux.

Elle se recueille un moment avant de poursuivre :

– Ma mère est morte il y a deux semaines, je vous l'ai

dit. Avant qu'elle meure, nous avions parlé de vous. Elle m'a fait faire une promesse. Elle m'a dit : « Personne ne t'a aidée quand tu étais à l'étranger. Promets-moi que si tu as la chance de pouvoir le faire, tu le feras. » J'ai promis. Aussi, je dois tenir ma promesse et j'espère y arriver.

Miss Alavi essuie quelques larmes avec le bord de son voile.

— Comment ? Qu'est-ce que vous pouvez faire pour moi ?

— J'ai un frère qui vit à Zahidan, à la frontière du Pakistan, je vais...

Les cris de Mahtob l'interrompent brutalement :

— Maman... maman... papa est là !

Il est là, à l'extérieur de la grille du parc, immobile, me fixant d'un air soupçonneux. Je décide immédiatement d'aller à lui. En partant je souffle à Miss Alavi : « Relax... n'ayez pas l'air surprise. » Et à Mahtob : « Retourne aux balançoires... »

Je me dirige tranquillement vers la grille, heureuse qu'elle nous sépare.

— Qu'est-ce que tu fais là ?

— Il fait si bon aujourd'hui, le printemps est là, j'ai eu envie d'en faire profiter les enfants.

— Qui est cette femme assise à côté de toi ?

— Je ne sais pas, ses enfants jouent ici.

— Tu lui parlais. Est-ce qu'elle comprend l'anglais ?

Je peux mentir sans crainte, il était bien trop loin pour entendre.

— Non, j'essayais de pratiquer quelques mots de farsi.

Toujours méfiant, Moody examine le parc, mais ne voit que des enfants jouant bruyamment sous la surveillance de leur mère. Miss Alavi et l'inconnue se sont dirigées ensemble vers les balançoires et s'occupent ostensiblement de « leurs » enfants. Rien de suspect. Il est venu me surprendre et m'a trouvée là où j'ai dit que j'allais. C'est tout. Sans un mot il fait demi-tour et se dirige vers la maison.

Lentement, je me promène autour de l'aire de jeu. Je joue à balancer Mahtob et Amir un long moment.

J'aimerais bien me retourner pour voir si Moody me surveille toujours, mais je continue à jouer mon rôle. Après quelques minutes je peux, mine de rien, retourner m'asseoir sur le banc. Miss Alavi attend plusieurs minutes avant de revenir près de moi.

– Il est parti, me dit-elle.

Elle envoie un signe de remerciement à l'autre femme, qui en fait de même dans sa direction. Elle est en dehors du complot mais y participe avec bonne volonté. Quel martyre permanent pour ces femmes, jour après jour ? Je m'en rends mieux compte.

Mais je retourne vite à mes propres problèmes. Et ce frère ?

– Donc, il vit à Zahidan à la frontière du Pakistan. Je vais aller le voir pour lui demander s'il peut vous faire sortir du pays, en admettant que j'arrive à vous conduire jusqu'à Zahidan.

– Il pourrait ?

Miss Alavi chuchote :

– Il le fait tout le temps. Il fait passer la frontière aux gens.

Mon moral remonte en flèche. Finalement, ce rendez-vous n'est pas aussi banal que je l'imaginais. L'institutrice et son mari devaient savoir que Miss Alavi ne parlait pas seulement anglais, mais qu'elle était surtout capable de m'aider. Ils connaissent l'activité de son frère, évidemment ! Je ne suis pas la seule à vivre comme un otage en Iran. Si la vie est intolérable pour moi, elle l'est sûrement pour d'autres. Certainement des millions d'autres. L'histoire de ce pays est toujours la même, une longue série de répressions. Et il est logique de penser qu'il s'est développé ici, depuis longtemps, une activité souterraine, un réseau de professionnels de l'évasion. Et voilà que finalement j'ai trouvé le contact avec l'un de ces professionnels.

– Combien cela coûtera-t-il ?

– Ne vous occupez pas de l'argent. C'est moi qui paierai. Ça fait partie de ma promesse à ma mère. Si vous pouvez me rembourser un jour, tant mieux, sinon ça n'a pas d'importance.

— Mais quand pourrons-nous partir ? Et comment irons-nous à Zahidan ?

— Nous irons bientôt. Je dois trouver des papiers pour vous et Mahtob, pour prendre l'avion jusqu'à Zahidan.

Elle m'explique soigneusement les détails de l'opération, en insistant surtout sur un point : la vitesse est essentielle. Quand tout sera prêt, je devrai trouver un moyen quelconque de m'éloigner de Moody avec Mahtob, pendant plusieurs heures, sans qu'il s'en rende compte. Nous irons à l'aéroport prendre l'avion pour Zahidan. Nous nous serons mises en contact avec le frère de Miss Alavi avant même que Moody ait le moindre soupçon et qu'il alerte la police.

Le mardi est certainement le jour favorable. Moody est au travail. Quant à nous deux, nous suivons notre programme ; école le matin et cours de Coran l'après-midi. Nous devons pouvoir atteindre Zahidan avant que Moody réalise que nous sommes parties.

C'est un plan d'évasion bien plus précis et sérieux que celui proposé par Trish et Suzanne. Hélène et M. Vincop, à l'ambassade, avaient repéré le point faible de ce premier scénario : il fallait se cacher à Téhéran. Or dans la capitale, Moody et la police conjugués nous menaient presque sûrement à y demeurer coincées. A ne pas pouvoir sortir de la ville. Miss Alavi est d'accord là-dessus. Se cacher dans Téhéran n'est pas une solution. Les autorités de l'aéroport seraient les premières averties qu'une Américaine et sa fille sont en fugue. Il est donc essentiel de quitter l'aéroport de Téhéran, comme celui de Zahidan, le plus vite possible, avant le premier avis de recherche.

Je suis tellement excitée, heureuse...

— C'est pour bientôt ? Quand ?

— Deux semaines. Il faut que je parle avec mon frère. Appelez-moi ce dimanche si vous pouvez. Nous pourrons peut-être nous retrouver ici dans le parc et discuter des autres détails.

J'ai bien du mal à dissimuler mon exaltation et il est pourtant vital que je ne laisse rien transparaître. Non seulement vis-à-vis de Moody, Mammal et Nasserine, mais aussi pour ma fille. Mahtob a grandi, elle est capable d'être, s'il le faut, une remarquable actrice mais je ne veux pas la troubler avec ce merveilleux secret. Le moment venu, je le lui dirai. Pas avant.

Moody semble préoccupé lorsque je rentre du parc avec les enfants. Il ne s'occupe pas de moi, je reste seule avec mes pensées, cela bout dans ma tête aussi furieusement que les haricots que je fais pour le dîner. A force de réfléchir et réfléchir encore, il me revient soudain à l'esprit les mises en garde contre les passeurs d'Hélène et de M. Vincop, à l'ambassade. Mais ils m'ont parlé des passeurs pour la Turquie, pas des passeurs pour le Pakistan! J'essaie de me rassurer moi-même mais... Turquie ou Pakistan, ce sont des passeurs tout de même. Ces gens qui vous violent, vous volent. Ces gens qui vous tuent ou vous vendent à la Pasdar...

Des histoires horribles, propagées par le gouvernement pour décourager les amateurs d'évasion? Ou bien l'odieuse vérité?

J'ai eu confiance très vite en Miss Alavi. Mais je ne connais pas son frère et les aventuriers qui risquent leurs vies dans ce jeu dangereux. J'ai absolument besoin de voir Hélène à l'ambassade pour discuter de tout cela avec elle et pour avoir son avis à propos de ma sympathie pour Miss Alavi.

Sur le chemin de l'école, le lendemain matin, je m'arrête chez Hamid pour l'appeler. Je lui raconte ce que je peux sur ce nouveau contact, car il faut être prudent au téléphone. Elle veut que je vienne. D'abord parce qu'elle a reçu des lettres de ma famille pour moi, et aussi les nouveaux passeports. Elle veut que je vienne aujourd'hui. Je vais essayer. Mais comment? C'est un jour dangereux. Moody ne travaille pas et j'ignore si oui ou non il va se montrer à l'école.

Je prends le temps et le risque d'un deuxième appel, cette fois pour mon amie Ellen à son travail. Il faut qu'elle se débrouille, qu'elle invente quelque chose pour que je puisse aller à l'ambassade avec sa couverture.

Plus tard dans la matinée, Ellen téléphone à Moody pour lui demander l'autorisation de faire du shopping avec moi. Elle viendrait nous chercher à l'école, nous déjeunerions ensemble chez elle avant d'aller acheter des vêtements de printemps. Moody accepte! Puis Ellen exécute la seconde partie de son plan et téléphone à l'école. On passe la communication à Khanum Shaheen. Elle parle en farsi, mais j'entends plusieurs fois prononcer le nom de Betty. C'est un test pour voir si Khanum Shaheen me permettra de prendre l'appel. Elle ne veut pas. Il faudrait qu'Ellen appelle d'abord Moody, que celui-ci appelle l'école et me donne la permission de répondre!...

Finalement, elle me passe l'appareil. Ellen parle doucement :

— C'est d'accord...

Je la remercie, mais quelque chose dans sa voix m'inquiète.

— Ça ne va pas?

Elle répond non, sèchement, et raccroche.

Un quart d'heure plus tard, Ellen appelle à nouveau à l'école.

— J'ai déjà prévenu Moody que j'avais un contretemps et que nous ne pourrions pas sortir cet après-midi.

— Qu'est-ce qui s'est passé?

— J'ai changé d'avis. Je vous en parlerai.

Je suis furieuse après elle. Et je désespère de trouver un moyen pour aller à l'ambassade. Comment faire si elle refuse de me couvrir? Qu'est-ce qui n'a pas marché?

Le jour suivant n'apporte aucune possibilité. Moody ne travaille pas, à nouveau, et il est dans de mauvaises dispositions. Il nous chaperonne jusqu'à l'école et, avant de partir, nous aboie ses ordres. Nous ne devons pas rentrer seules à midi. Nous devons l'attendre, il viendra nous chercher.

Midi passe sans nouvelles de lui. Mahtob et moi nous attendons avec obéissance. Les minutes passent et nous nous posons mutuellement des questions. Je me sens nerveuse. Est-ce qu'il s'agit d'un test? Qu'est-ce que je dois faire?

Une heure, et Moody n'est toujours pas là. Je prends la décision de rentrer. Tant pis.

Tourmentée à l'idée que quelque chose est arrivé, qui va compliquer ma situation toujours précaire, je ne perds pas de temps. J'attrape un taxi orange et, à peine arrivée à Shariati Street, notre destination, je cours vers la maison en entraînant Mahtob. Je ne prends pas le risque de dévier de ma route d'un seul trottoir, il est peut-être en train de nous espionner.

Mais lorsque nous arrivons enfin, Moody est effondré par terre, il pleure.

– Qu'est-ce qu'il y a? Qu'est-il arrivé?

– Nelufar... Elle est tombée du balcon de la maison... Dépêche-toi, il faut y aller!

12

Nelufar est un bébé de dix-neuf mois. C'est la fille du second fils d'Ameh Bozorg et Babba Hajji, Morteza, et de sa femme Nastaran. La petite Nelufar est une jolie poupée qui trottine à peine, gazouille sans arrêt et a toujours le fou rire. Elle adore Mahtob et lui a complètement écrasé son dernier gâteau d'anniversaire... en jouant.

Ma réaction immédiate est de partager l'angoisse de la famille. Mais une petite cloche tinte dans ma tête. Et si c'était un autre piège? Que Moody aurait inventé pour m'entraîner quelque part?

Il n'y a rien d'autre à faire, de toute façon, que de l'accompagner. Mais dans le taxi, je ne cesse de me faire du souci. Et si Ellen avait trahi mon secret et tout raconté à Moody? Et si l'ambassade avait appelé? Et s'il était en train de nous emmener vers une prison affreuse, avant que l'on puisse prévenir quelqu'un?

Nous changeons deux fois de taxi et je me mets à prier intérieurement pour que Mahtob ne fasse aucun geste ou aucun signe montrant qu'elle reconnaît le quartier. Nous roulons sur l'avenue qui mène très exactement à la délégation US de l'ambassade de Suisse. En fait, l'hôpital où nous arrivons enfin se trouve presque en face, de l'autre côté du trottoir.

Moody nous presse, il court à la réception demander le numéro de la chambre. Je comprends mal le farsi, mais suffisamment pour me rendre compte qu'il a des problèmes, il brandit sa carte de médecin pour convaincre les bureaucrates qu'il est habilité à entrer. Il s'embrouille dans une discussion furieuse avec le réceptionniste, pendant de longues minutes, avant de m'expliquer :

– Vous n'êtes pas autorisées à entrer ici. Ni Mahtob ni toi vous ne portez le tchador!

Bien entendu il nous est interdit de bouger. Mais je respire. Ce n'est pas un piège. Il ne nous aurait pas laissées là, à deux pas de l'ambassade, s'il n'avait pas la tête troublée par cette histoire d'accident. Nelufar est vraiment blessée. Pour quelques instants, j'oublie mes problèmes. Mon cœur souffre pour la petite fille et ses parents éplorés.

C'est étrange d'avoir la porte de l'ambassade en face de soi et de ne pas pouvoir bouger. Je sais que des lettres m'attendent, là juste en face. Mais quelques minutes avec Hélène ne valent pas la peine de faire naître la colère de Moody. J'attends. Il est de retour, très vite d'ailleurs. Il n'y a personne ici. Il semble que le père, Morteza, ait emmené l'enfant ailleurs, dans un autre hôpital. De toute façon la mère est rentrée chez elle, et c'est là que nous allons.

Nous repassons devant l'ambassade et je serre très fort la main de Mahtob, pour qu'elle ne dise rien. Morteza et sa femme habitent dans une maison située juste derrière le bâtiment, à une rue de là. Beaucoup de femmes sont venues soutenir la mère et partager son angoisse. Elle ne cesse d'aller au balcon pour surveiller le retour de son mari. C'est de là que la petite est tombée de trois étages dans la rue. Elle a culbuté par-dessus une mince rambarde de fer, de cinquante centimètres de haut à peine. C'est un style de balcon très courant ici et, malheureusement, un genre d'accident très courant aussi. Deux heures ont passé. Nous réconfortons Nastaran de notre mieux. Elle connaît mon affection pour elle, elle sait aussi que je partage son angoisse de mère.

Nous sommes toutes les deux sur le balcon, lorsque la silhouette de son mari apparaît enfin. Flanqué de ses deux frères, il porte des boîtes de mouchoirs, une marchandise rare à Téhéran.

214

Nastaran pousse un cri déchirant, elle a compris immédiatement le message. Les mouchoirs ne s'achètent que pour les larmes. Elle court à la rencontre de son mari, pâle et le visage défait. Il ne prononce qu'un mot :

– *Mordeh...* elle est morte.

La mère s'évanouit.

Presque immédiatement, la foule des parents se rassemblent. Les pleureuses entament leurs lamentations rituelles en se frappant la poitrine. Nous trois aussi, nous pleurons longtemps avec elles.

Je compatis sincèrement à la peine de Nastaran et Morteza, mais pendant cette nuit de larmes et de tristesse, je me demande dans quelle mesure cette tragédie affectera mes propres plans. Nous sommes mardi et je suis supposée rencontrer Miss Alavi dans le parc le samedi suivant. Le tout est de savoir si je pourrai me rendre à ce rendez-vous ou si notre existence sera trop perturbée par le drame. Il faudrait au moins que je l'appelle, et peut-être aussi Hélène à l'ambassade. Je me demande toujours ce qui a pu se passer avec Ellen.

Le lendemain matin, nous accompagnons la famille et la myriade de parents au cimetière, solennellement habillés de noir. La petite Nelufar a été placée dans une chambre froide pour la nuit et aujourd'hui ses parents doivent suivre la coutume qui consiste à lui donner un bain rituel, tandis que la famille chante des prières. Après quoi, elle sera emmenée au cimetière, drapée dans une simple robe blanche, pour y être inhumée.

Nous nous préparons à cette funèbre journée, dans notre chambre chez Mammal, lorsqu'il me vient une idée. Je tente ma chance avec Moody :

– Et si je restais à la maison pour surveiller les enfants pendant que les autres vont au cimetière?

– Non. Tu dois venir avec nous.

– Je ne voudrais pas que Mahtob voie ça. Ce serait beaucoup mieux si je pouvais rester ici et garder les gosses.

– J'ai dit non.

En arrivant chez Nastaran, je ne perds pas courage et reformule ma proposition devant la famille, en présence de Moody. Chacun trouve l'idée pratique. Alors Moody accepte, trop préoccupé pour se méfier de moi.

Je n'oserais pas quitter la maison sans permission mais, dès que je suis seule avec les enfants, qui eux ne se méfient pas, je saute sur le téléphone pour appeler Hélène.

— Venez me voir, j'ai à vous parler.

— Je ne peux pas. Je ne suis qu'à une rue de chez vous mais il m'est impossible de venir.

Je lui raconte brièvement les événements, puis nous envisageons une solution hypothétique. Peut-être pourrais-je emmener les enfants dans un parc, lorsque les adultes seront rentrés de l'enterrement. Sous prétexte de les écarter de cette triste ambiance. Il y a un parc près de l'ambassade, nous convenons de nous y rencontrer, si possible, à trois heures de l'après-midi.

Je ne parviens pas à joindre Miss Alavi, en revanche, ce qui est terriblement frustrant. Mais j'obtiens Ellen à son bureau et notre entretien est tout simplement horrifiant. Elle me déclare abruptement :

— Je vais tout révéler à Moody. Je vais lui dire que vous essayez de vous enfuir.

— Ne me faites pas ça! Je me suis confiée à vous parce que vous êtes américaine, parce que vous avez promis de garder le secret! Vous avez promis de n'en parler à personne!

— Je l'ai dit à Hormoz...

Sa voix monte d'un cran dans l'aigu :

— Il m'en veut très fort. Il m'a dit de ne jamais m'approcher de cette ambassade et qu'il était de mon devoir, devant l'Islam, de prévenir Moody. Et puis, en admettant que je ne lui dise rien et qu'il vous arrive quelque chose, à Mahtob et à vous... j'aurais commis un péché. Comme si je vous avais tuée. Je dois lui dire.

Je suis écrasée par la peur. Moody va me tuer. Ou il va m'enfermer et éloigner Mahtob de moi. Tout ce que j'ai péniblement acquis, les minuscules brins de liberté que je lui ai arrachés, sont fichus pour toujours. Il ne me croira plus jamais après ça... Je pleure au téléphone :

216

– Je vous en prie, ne faites pas ça! Je vous en prie... Ne lui dites rien.

Je hurle dans l'appareil. Je pleure, je la supplie, je fais appel à nos origines communes, mais elle reste sur ses positions. Elle doit faire son devoir par respect pour l'Islam, me répète-t-elle, cela n'a rien à voir avec son affection pour moi, cela concerne ma sécurité et celle de Mahtob. Elle doit mettre Moody au courant!

Désespérément, je propose une ultime solution :

– Laissez-moi lui parler moi-même... Je saurai mieux comment m'y prendre avec lui. Je lui dirai avec précaution...

– D'accord... je vous laisse un peu de temps, mais parlez-lui ou je le ferai!

En raccrochant, je sens véritablement autour de mon cou le nœud coulant de l'Islam. Qu'est-ce que je vais bien pouvoir faire maintenant? Combien de temps ai-je devant moi? Comment trouver suffisamment d'excuses pour contenir Ellen? Est-ce que je dois parler à Moody? Comment va-t-il réagir? Il va me battre. Pour ça, la question ne se pose pas. Mais jusqu'où la colère peut-elle l'entraîner? Et après?

Si seulement j'avais tenu ma langue et gardé mon secret auprès d'Ellen! Mais comment pouvais-je prévoir que ma tombe allait être creusée par une Américaine? Et de chez moi en plus! Une Iranienne, ce serait normal, mais une compatriote du Michigan...

Prise d'une rage incoercible et d'une énergie farouche, je fais le tour de cette maison, sale et en désordre comme toujours. J'ai besoin de me défouler. Je vais me mettre au travail et commencer par la cuisine!

Le sol d'une cuisine iranienne est tellement en pente qu'il peut être nettoyé à grande eau, tout simplement. Il suffit de déverser des pleins seaux et de balayer les débris vers un égout central. Je patauge dans la pièce, seau après seau, je nettoie même les placards métalliques, un endroit que la plupart des ménagères iraniennes négligent complètement. Des cadavres de cafards gigantesques jaillissent des étagères...

Malgré ma répulsion, je décrasse cette cuisine à fond,

ignorant le vacarme en provenance du hall où une quinzaine de gosses s'ébattent sans surveillance.

En examinant les réserves de nourriture, je décide de préparer un repas. Manger est la première activité sociale de ces gens et je sais qu'ils apprécieront, à leur retour. Je vais faire quelque chose d'un peu spécial. J'ai découvert un morceau de bœuf dans le réfrigérateur, au lieu de l'inévitable viande de mouton. Je vais donc faire un *taskabob*, un plat persan dont Moody raffole. J'épluche un tas d'oignons que je fais revenir. Puis je les étale dans une cocotte, mélangés à de fines parcelles de bœuf et à des épices. Je force sur le curry. Et par-dessus le tout, pommes de terre, tomates et carottes comme s'il en pleuvait. Cuit à la vapeur, cela répand dans la maison un délicieux arôme.

Mon cœur bat d'appréhension, mais j'espère que les travaux domestiques m'aideront à garder mes esprits. La mort tragique de Nelufar devrait me laisser quelques jours de répit. Moody n'aura aucun contact avec Ellen pendant la période de deuil. Ma seule chance est de maintenir le statu quo comme je pourrai, en espérant que Miss Alavi fera un miracle d'ici-là, avant qu'Ellen ne déclenche la crise.

Je me force à m'occuper sans relâche en attendant.

Lorsque la famille en deuil est de retour, je suis en train de préparer un plat de ma spécialité, avec des haricots cuits à la libanaise.

Feresteh m'agresse d'emblée :

— Tu t'y prends mal. Ce n'est pas la bonne façon de préparer ça.

J'étais en train de mélanger oignons et haricots. Elle n'apprécie pas.

— Laisse-moi faire comme je l'entends.

— Personne ne mangera ça...

Elle se trompe. Le clan dévore ma cuisine et m'en fait compliment. Moody est énormément fier. Moi, j'ai surtout travaillé pour me calmer, et pour un motif ultérieur. Toute la semaine qui va suivre sera consacrée au deuil et aux cérémonies rituelles. Cela prendra du temps à tout le monde, les adultes seront occupés et j'espère bien cimenter ma position de baby-sitter, cuisinière et femme de ménage. Et en effet, le repas terminé, j'obtiens le « job » à l'assentiment général.

Vers trois heures de l'après-midi, je suggère d'emmener les enfants au parc et tout le monde est enchanté. Manque de chance, Majid, l'homme au grand cœur et toujours prêt à jouer avec les enfants, décide de m'accompagner. J'aperçois Hélène de loin et lui fais un léger signe de tête. Elle nous regarde un long moment, mais n'ose pas s'approcher.

La semaine s'étire et je n'ai pas la possibilité de me servir à nouveau du téléphone. Il y a toujours quelqu'un pour trouver une raison de rester à la maison en ma compagnie et celle des enfants. Finalement je suis contente de voir arriver la fin de cette semaine de deuil, le vendredi. Car Moody m'annonce que Mahtob devra retourner à l'école dès demain, samedi. Et samedi, c'est le grand jour du rendez-vous avec Miss Alavi.

Moody se montre moins ravi de quitter cette maison. En même temps que le chagrin diminuait, ses propres préoccupations lui sont revenues en tête. Je le vois dans ses yeux noirs. Ils se teintent d'une lueur étrange, comme un éclair de folie parfois. Je l'ai déjà constaté auparavant et c'est vraiment effrayant. J'en ai des vertiges et des palpitations nerveuses. Ça me panique. Par moments je suis convaincue qu'Ellen lui a déjà tout raconté. Puis je me dis qu'il a suffisamment de raisons en lui-même pour devenir fou.

Le samedi, au moment d'aller à l'école il se montre particulièrement paranoïaque. Pas question de nous perdre de vue une seule seconde. Il est belliqueux, crispé, nerveux, il nous bouscule dans la rue et dans le taxi jusqu'à l'école. Ma fille me regarde avec angoisse. Nous savons que les ennuis arrivent.

En effet, devant l'entrée de l'école, et en regardant bien sa fille dans les yeux, il ordonne :

– Tu vas la laisser ici. Elle doit apprendre à rester toute seule. Emmène-la jusqu'à la salle de classe, laisse-la et viens me retrouver.

Évidemment Mahtob se met à crier en s'accrochant à

moi. Elle n'a que cinq ans. A son âge il est difficile de faire la différence entre deux périls, exciter la colère de son père ou être séparée de sa mère. Alors je dis très vite :

— Mahtob, il faut que tu sois une grande fille...

Je m'efforce de garder un ton apaisant, mais ma voix chevrote un peu.

— Tu vas venir avec moi dans la classe. Tout ira bien. Je viendrai te chercher à midi.

Elle obéit à une petite tape dans le dos qui se veut réconfortante et me suit dans l'allée. Mais à peine arrivée devant la classe, hors de la portée de son père et devant la perspective immédiate de me quitter, elle se remet à crier et à pleurer. Elle éprouve la même terreur que la première fois, lorsque j'ai été obligée de rester enfermée dans le bureau voisin pour qu'elle se calme.

— Mahtob, ma chérie, il faut être tranquille maintenant. Papa est vraiment très en colère.

Tout ce que je dis est couvert par des hurlements. Elle s'accroche à moi d'une main et repousse l'institutrice de l'autre. Alors je crie à mon tour :

— Mahtob! Ça suffit!

Soudain la classe tout entière, pleine de petites filles, se met à s'agiter. C'est la stupéfaction puis l'affolement. Les petites mains s'accrochent au fichu pour le rabattre sur la tête. Leur sanctuaire vient d'être profané par un homme!

En regardant derrière moi, je vois Moody foncer sur nous, le front cramoisi de rage, le poing levé pour cogner sur nous, ses victimes. Il est torturé, littéralement, de colère, de rage, de folie. Mille démons habitent son regard.

Moody attrape sa fille par le bras, la retourne vers lui et lui donne un coup de pied.

— Non! Ne fais pas ça... Moody, ne fais pas ça!

Ma fille a hurlé de douleur et moi de terreur. Maintenant elle se débat en pleurant, gigote à tel point qu'elle parvient à se dégager à moitié pour s'accrocher de nouveau à moi. Je me mets entre eux, du moins j'essaye car il est bien plus fort que nous, et il la gifle à tour de bras, cogne sur les bras, sur les épaules, aveuglément. Chaque coup fait pousser des hurlements à Mahtob.

Je fais tous les efforts du monde pour tirer ma fille hors de sa portée, mais d'une seule calotte il la précipite contre le mur. Khanum Shaheen et quelques institutrices s'empressent de l'entourer pour la protéger. La pauvre gosse, terrorisée, essaie de s'enfuir, d'échapper aux bras qui l'encerclent, mais les femmes la retiennent.

Alors il se retourne vers moi. La première gifle m'atteint en plein visage, je perds l'équilibre et tombe en arrière.

Il me fixe comme un fou furieux en criant :

— Je vais te tuer!

Il l'a crié en anglais. Puis, se retournant avec méfiance du côté des institutrices, il m'attrape par le poignet, me relève en le tordant vicieusement et cette fois s'adresse à Khanum Shaheen directement, pour répéter froidement, venimeusement :

— Je vais la tuer...

Et il me traîne par le bras. Je ne lui oppose qu'une faible résistance, car je suis trop assommée par la violence du coup pour tenter de lui échapper. Mais, quelque part dans la confusion de mon cerveau terrifié, je suis contente qu'il se soit attaqué à moi. Je vais le suivre, dans l'unique but de le détourner de ma fille. Je me dis que tout ira bien tant qu'il ne sera pas avec elle. Tant que je serai sous sa coupe, elle sera tranquille.

Mahtob a réussi à se dégager de l'emprise des femmes et court vers moi, pour me défendre.

En pleurant, je la repousse :

— Ne fais pas ça, n'aie pas peur, je vais revenir... Laisse-nous, Mahtob, laisse-nous!

Khanum Shaheen vient la reprendre dans ses bras. Les autres s'écartent de côté, nous faisant un chemin pour sortir. Toutes ces pauvres femmes sont impuissantes devant la colère d'un seul homme. J'entends crier Mahtob, son désespoir me suit pas à pas, pendant que Moody m'entraîne hors de la classe, puis dans le couloir, puis dans la rue. Je suis folle de terreur, et de souffrance, paralysée. Que va-t-il me faire? Me tuer vraiment? Et si je m'en sors, que fera-t-il à ma fille? Est-ce que je la reverrai?

Il appelle un taxi qui passe, en criant : *Mustakim!* La voiture s'arrête et il me pousse à l'intérieur brutalement. Quatre ou cinq Iraniens sont déjà entassés sur le siège arrière, il est obligé de monter à l'avant. Sans se préoccuper des autres voyageurs, il recommence à crier après moi :

— Tu es une sale femme. J'en ai marre de toi. Je vais te tuer!

Et il continue à m'injurier, cela dure au moins dix minutes, jusqu'à ce que, me sentant soudain en sécurité relative dans ce taxi, et la colère me prenant, moi aussi, je lui réponde :

— Tu vas me tuer, c'est ça? Dis-moi seulement comment tu vas t'y prendre?

— Avec un grand couteau. Je vais te découper en morceaux! Et j'enverrai ton nez et ton oreille à tes amis américains! Ils ne te reverront jamais! Je leur enverrai les cendres d'un drapeau américain avec ton cercueil!

La terreur me paralyse à nouveau. Pourquoi est-ce que je l'ai provoqué? C'est un forcené, et maintenant pas moyen de savoir ce qu'il va faire. Ses menaces sonnent affreusement vrai. Je « sais » qu'il est capable du crime fou qu'il vient de me décrire en détail.

Je l'entends marmonner, ricaner, grogner, jurer. Je n'essaie plus de répondre. Il me reste à espérer qu'il se calme et que ses paroles ont dépassé sa pensée.

Le taxi ne nous ramène pas à la maison mais se dirige vers l'hôpital où il travaille. Maintenant il se tait, préparant son prochain mouvement de fureur. Le taxi stoppe dans un embouteillage.

— Dehors! m'ordonne-t-il soudain.

— Je ne sortirai pas de là!

— J'ai dit dehors!

Il hurle. Il secoue la poignée de la voiture, arrache presque la porte et me pousse à l'extérieur, je suis presque à plat ventre dans la rue. Il reprend sa place et, avant que j'aie pu comprendre ce qui arrive, la portière claque et le taxi démarre avec lui. Il m'a laissée là. Il est parti...

222

Bientôt la foule des piétons me bouscule, personne ne fait attention à moi. Je me sens plus seule que je ne l'ai jamais été. Ma première pensée lucide est pour Mahtob. Et s'il était retourné à l'école, pour la prendre, pour la battre, et l'emmener loin de moi?

Du calme, me dis-je. Le taxi a continué en direction de l'hôpital. Il ne retournera chercher la petite qu'à midi, pas avant. J'ai quelques heures pour réagir. D'abord trouver un téléphone et joindre Hélène. Appeler la police, appeler n'importe qui pour me sortir de ce cauchemar. J'ai beau scruter la rue, tourner en rond, je ne trouve pas de téléphone. Nulle part. Les larmes mouillent mon châle, j'erre pendant quelques minutes avant de m'orienter. Je suis à quelques rues de la maison d'Ellen. Je m'élance dans une course folle, empêtrée dans mes vêtements, priant pour qu'elle soit chez elle. Et Hormoz aussi. Si je ne peux pas contacter l'ambassade, je dois faire confiance à Ellen et à Hormoz. Il faut que je fasse confiance à quelqu'un!

En arrivant chez eux, je me rappelle soudain le magasin où ils se servent du téléphone. Après tout, je pourrai peut-être joindre l'ambassade. Je dépasse l'appartement d'Ellen et m'approche de la boutique, en essayant de ne pas courir et de me calmer. Ce n'est pas le moment de me faire remarquer.

Aussi décontractée que possible, j'entre, j'explique au propriétaire que je suis une amie d'Ellen et que j'ai besoin de me servir de son appareil. Il accepte.

Je compose calmement le numéro d'Hélène à l'ambassade, mais dès que je l'ai en ligne mes nerfs craquent :

– Au secours! Aidez-moi, Hélène, je vous en supplie...

– Calmez-vous, dites-moi ce qui ne va pas.

Je lui raconte l'histoire.

– Mais non, il ne va pas vous tuer. Il l'a déjà dit sans le faire pour autant!

– Si. Cette fois il le pense vraiment. Il va le faire aujourd'hui, j'en suis sûre. Venez me chercher, je vous en prie.

– Vous ne pouvez pas venir à l'ambassade?

Je fais mes calculs. Il m'est impossible de faire ce grand détour à travers la ville et d'aller ensuite récupérer Mahtob avant midi. Je ne peux pas! Quitte à prendre des risques moi-même, je dois sauver ma fille des griffes de son père. Je crie dans l'appareil :

— Venez me chercher! Je ne peux pas venir!

Oh, je sais... Hélène est submergée chaque jour par de pauvres gens coincés en Iran. Ils ont tous des histoires épouvantables à lui raconter. Son temps est précieux, il lui est souvent impossible de quitter son bureau. Mais j'ai besoin d'elle. Il faut qu'elle vienne.

— D'accord, j'arrive. Mais où?

— A l'école de Mahtob.

— Entendu.

Je ressors en courant dans la grande avenue à la recherche d'un taxi. Les larmes inondent mon visage, j'agite les bras comme une folle, au milieu des passants qui m'empêchent d'avancer. Je cours en titubant et me voilà juste devant l'appartement d'Ellen, au moment où Hormoz passe la tête par la fenêtre :

— Betty! Où allez-vous?

— Nulle part, nulle part... tout va bien, je n'ai besoin de personne!

Hormoz a saisi la panique dans ma voix. Il s'élance hors de chez lui et me rattrape facilement.

— Qu'est-ce qui se passe, Betty?

— Laissez-moi tranquille...

— Non, vous pleurez, pas question de vous laisser seule. Qu'est-ce qu'il y a?

— Rien. Je dois partir.

— Venez à la maison!

— Non, c'est impossible, je dois aller à l'école de Mahtob.

— Allons, calmez-vous. Venez me raconter tout ça et ensuite je vous emmènerai à l'école, d'accord?

— Non. J'ai appelé l'ambassade et quelqu'un doit me retrouver là-bas.

L'orgueil iranien d'Hormoz est piqué au vif :

— Pourquoi? Pourquoi appeler l'ambassade? Vous n'avez rien à faire avec eux? Laissez-les en dehors de

224

ça! Ils ne peuvent rien faire pour vous aider... Rien!

Ma réponse, c'est une crise de larmes.

Hormoz a pris un ton docte et sévère :

– Vous avez commis une erreur. Cette fois, vous allez avoir de vrais ennuis avec Moody, à cause de ça.

– Je m'en vais. Je vais chercher Mahtob à l'école.

Comprenant qu'il ne me fera pas changer d'idée, et que je m'obstine à vouloir récupérer ma fille, il me propose de m'emmener à l'école avec Ellen.

– Merci. Mais vite...

L'école est en émoi. Khanum Shaheen me dit que Mahtob est en classe, triste mais silencieuse. Elle me suggère, et je suis d'accord, de ne pas la déranger tout de suite. Ellen et Hormoz parlent avec elle un bon moment. Elle leur confirme les détails de mon aventure. Hormoz paraît contrarié. Il n'aime pas entendre parler de la folie de Moody, et n'aime pas non plus me voir en peine. Il cherche un moyen de résoudre la crise sans multiplier les risques.

Un moment plus tard, Mrs. Azahr surgit pour me dire que quelqu'un m'attend dehors. Khanum Shaheen, méfiante, demande de qui il s'agit. Hormoz lui dit quelque chose en farsi et le visage de la directrice s'assombrit. Elle ne veut pas que des membres officiels de l'ambassade de Suisse se mêlent du problème. En dépit de son air menaçant, je sors pour parler seule à Hélène.

Elle m'attend en compagnie de M. Vincop, à l'extérieur de l'école. Ils me poussent sur le siège arrière d'une voiture banalisée, sans marque officielle de l'ambassade. Et là, je raconte mon histoire.

– On vous emmène à la police! s'exclame M. Vincop.

La police! Je me suis longtemps interrogée, à propos de cette éventualité, et chaque fois que j'y ai réfléchi, ce fut pour y renoncer. La police, ce sont les Iraniens, les garants des lois iraniennes. Selon la loi iranienne, Moody est le maître absolu de sa famille. La police peut être efficace dans certains cas, mais j'ai peur de cette solution ultime. Elle a le pouvoir de me faire expulser, de me faire quitter le pays sans ma fille. Et Mahtob serait prisonnière pour toujours dans ce pays de fous, avec un père psychopathe. Pourtant, la police semble représenter aujourd'hui la seule possibilité. En revoyant les événements de la matinée, je suis de plus en plus convaincue que Moody mettra ses menaces à exécution. J'ai aussi peur pour Mahtob que pour moi. Alors j'accepte, j'irai à la police. Mais je veux emmener ma fille avec moi.

Je retourne à l'intérieur de l'école, où Ellen et Hormoz sont toujours en discussion avec la directrice.

– Je prends ma fille, maintenant.

Mrs. Azahr traduit ma déclaration et la réponse de Khanum Shaheen. Au fur et à mesure que les mots me parviennent, ils révèlent une colère presque solennelle contre moi de la directrice. Depuis plusieurs mois, et particulièrement ce matin, elle avait affiché clairement sa solidarité avec moi. Elle s'était mise de mon côté dans la guerre sourde contre mon mari. Mais j'ai commis aujourd'hui la faute impardonnable de faire venir deux membres officiels de l'ambassade de Suisse, chargés des intérêts américains, et dans son école!

Théoriquement, ce sont des Suisses, mais ils représentent l'Amérique. Or le travail de Khanum Shaheen consiste à penser, enseigner et prêcher la propagande antiaméricaine. Elle a été choisie pour cela, à cause de ses convictions politiques inébranlables. Et Khanum Shaheen déclare :

– Nous ne pouvons pas vous donner l'enfant. C'est la loi islamique. Ceci est une école islamique et nous devons nous soumettre à la loi qui dit que l'enfant appartient au père. Dans ce cas, impossible de vous la rendre.

– Vous devez le faire! Il va la battre!

Khanum Shaheen se montre de plus en plus dure :

– Non. Il ne fallait pas faire venir ces gens de l'ambassade ici!

– Bon. Alors voulez-vous venir avec moi et Mahtob à la police? Est-ce que quelqu'un de l'école veut nous accompagner?

– Non. Nous ne sommes au courant de rien.

– Mais il l'a dit devant vous! Il l'a dit, qu'il allait me tuer!

226

– Nous ne sommes au courant de rien, je le répète.

Mon regard tombe sur l'une des employées de l'école, ma meilleure élève en anglais, Khanum Matavi.

– Et vous? Vous l'avez entendu le dire?

– Oui, je l'ai entendu.

– Voulez-vous venir à la police avec moi?

Khanum Matavi jette un coup d'œil rapide à Khanum Shaneen, qui redresse la tête et claque de la langue précipitamment. C'est non.

– Je ne peux pas pendant les heures d'école. Mais après, j'irai avec vous et je leur dirai ce que j'ai entendu. Qu'il allait vous tuer...

Khanum Shaheen se renfrogne devant cette impertinence.

Coincée de toutes parts, submergée par la peur, dégoûtée par cette loi islamique qui me refuse le droit d'approcher ma propre fille, je bats en retraite vers la voiture de l'ambassade, en criant :

– On ne veut pas me donner Mahtob, on ne veut pas nous accompagner à la police!

Hélène, anéantie comme moi, se demande quoi faire à présent. Nous n'en savons rien. Les mots « police » et « loi islamique » résonnent dans ma tête. Si la loi islamique prend le relais des sentiments personnels de Khanum Shaheen à ce point-là, quelle sympathie puis-je attendre de la police? Ce sont des hommes. Je suis sûre maintenant qu'aller les voir me ferait perdre Mahtob définitivement. Je ne peux pas faire ça, même au risque de ma propre vie. Est-ce que je peux jouer sur Moody? Est-ce qu'il se sera calmé? Est-ce que ses menaces vont disparaître comme ça? Est-ce qu'il est redevenu sain d'esprit, après une crise de folie? Est-ce que j'ai encore un jour à vivre? Est-ce que j'ai seulement le choix?...

Hélène et M. Vincop m'aident comme ils peuvent en essayant de me faire voir clair en moi. Ils comprennent ma peur de la police, j'ai raison sur ce point. Mais ils craignent également pour ma vie et pour cette enfant innocente, prise dans ce tourbillon cauchemardesque.

En réfléchissant à haute voix, je les mets au courant du plan de Miss Alavi et de son frère, qui pourrait nous faire passer au Pakistan.

– C'est près d'aboutir. Elle a dû joindre son frère. Je suppose que je n'ai plus qu'à attendre et supporter ce qui va se passer... Peut-être pourrons-nous partir de cette manière...

Hélène n'est pas d'accord :

– Vous êtes folle. Allez voir la police. Quittez le pays en vous faisant expulser! Laissez votre fille ici!

– Jamais!

Une fois de plus, je ne comprends pas l'attitude cavalière d'Hélène. C'est pourtant quelqu'un de bien, elle ne cherche pas à me faire de la peine. Mais je me souviens qu'elle est iranienne, même si ses origines sont arméniennes. Elle a été élevée avec une autre philosophie de l'existence. Pour elle, les enfants doivent appartenir à leur père. Elle est tout simplement incapable de s'identifier à moi et de comprendre mon instinct maternel.

– Jamais! Je ne quitterai jamais ce pays sans ma fille!

M. Vincop ne sait plus quoi faire :

– Alors, nous n'allons pas à la police?

– Non. Si je fais ça, je ne reverrai plus jamais ma fille.

Il a l'air désolé.

– Bon. Nous ne pouvons rien faire de plus pour vous en ce moment. Mais peut-être pourrions-nous parler à vos amis?

J'appelle Hormoz et Ellen au-dehors et M. Vincop leur demande s'il est possible d'arranger la situation. Hormoz lui répond poliment.

– Nous n'allons pas la laisser seule. Nous allons rester jusqu'à ce que son mari arrive. Nous emmènerons Betty et Mahtob chez nous pour nous assurer de leur sécurité. Et nous les garderons jusqu'à ce que tout cela soit résolu.

Tout le monde est calme à présent. Ellen et Hormoz vont m'aider à leur manière, à l'iranienne. Hélène et M. Vincop me donnent un numéro de téléphone en cas d'urgence, s'il y avait d'autres problèmes. Et ils s'en vont tous les deux.

Ellen, Hormoz et moi, nous attendons devant l'école,

dans leur voiture, le retour de Moody. A un moment, Hormoz me déclare d'une traite :

– Bien que ce soit notre devoir envers l'Islam, nous avons décidé de ne pas informer Moody à propos de l'ambassade et de vos projets. Pas maintenant. Mais vous devez nous promettre de résoudre cette histoire, et promettre aussi de ne rien tenter.

– Merci. Je promets de rester en Iran, si je peux être avec ma fille. Je promets de ne pas tenter de m'échapper.

J'aurais même pu jurer cela sur le Coran.

Juste avant midi, Moody surgit d'un taxi orange devant l'école. Il nous voit immédiatement, assis dans la voiture d'Hormoz. Il me crache au visage :

– Pourquoi les as-tu traînés ici?

– Elle n'a traîné personne. Elle ne voulait pas que nous venions, mais j'ai insisté.

– C'est faux. Elle est allée vous chercher! Elle a voulu vous mêler à nos affaires!

Au contraire de Mammal et Reza, qui ne contrarient jamais leur *dahejoon,* leur « cher oncle », Hormoz affronte Moody. Plus jeune, plus fort, bien plus musclé, il sait qu'il pourrait avoir le dessus, si nécessaire, et Moody le sait aussi. Mais Hormoz a choisi de calmer le jeu.

– Laisse-nous récupérer Mahtob pour rentrer chez nous et régler ça.

Pesant le pour et le contre, et voyant que pour le moment Ellen et Hormoz vont me mettre à l'abri, Moody accepte.

Nous passons donc l'après-midi chez eux, Mahtob lovée contre moi dans une position fœtale, suspendue à moi, écoutant peureusement les tirades de son père. Il explique à Ellen et Hormoz quelle mauvaise femme je suis. Qu'il aurait dû divorcer il y a plusieurs années déjà. Il leur dit que je hais l'ayatollah Khomeiny, ce qui est à la fois vrai et vraisemblable, et que je suis un agent de la C.I.A., ce qui est ridicule mais permet d'apprécier la gravité de sa folie.

Maintenant je pense avoir une chance de reprendre le combat.

– Je suis malade de vivre avec lui... La raison pour laquelle il a voulu rester en Iran, c'est qu'il est un mauvais médecin.

Je ne le crois pas. Moody est un homme compétent, un excellent médecin, mais ce n'est pas le moment d'être fair play...

– Il est si mauvais médecin qu'il a été renvoyé de l'hôpital d'Alpena. Il y a eu des poursuites contre lui, des poursuites, des fautes professionnelles en veux-tu en voilà !

Nous échangeons ainsi des insultes vicieuses pendant un moment, jusqu'à ce que Hormoz emmène Moody avec lui, sous le fallacieux prétexte d'acheter des cigarettes pour Ellen.

Cette dernière saute sur l'occasion pour m'abreuver de conseils.

– Ne dis rien de méchant. Contente-toi de rester là et laisse-le raconter ce qu'il veut. Ne lui réponds rien... Sois gentille avec lui... Ça n'a pas d'importance, ce qu'il dit.

– Mais il raconte des mensonges sur moi !

– Tous les Iraniens deviennent complètement fous quand on dit du mal d'eux.

La bagarre cesse lorsque les deux hommes reviennent. En me haïssant moi-même, je m'efforce de suivre les conseils d'Ellen, je ronge mon frein en écoutant Moody déblatérer à mon sujet. Les mots ne peuvent pas me blesser physiquement, après tout, et Hormoz m'a promis un refuge chez lui. Alors je me montre soumise, laissant Moody aller jusqu'au bout de sa fureur malsaine.

Et cela a l'air de marcher. Il se calme progressivement au long de l'après-midi. Hormoz s'efforce diplomatiquement de lui expliquer nos différences. Il sait ce qu'un mariage mixte peut faire. Et en fin de compte il est heureux, Ellen aussi est heureuse, c'est ce qu'il pense.

Après quoi Moody se lève :

– D'accord. Maintenant nous rentrons à la maison.

– Non. Tu dois rester jusqu'à ce que tout cela soit clairement réglé.

– Pas question. Nous rentrons chez nous. Je n'ai pas l'intention de rester chez toi.

Horrifiée, j'entends Hormoz lui répondre :

– D'accord, d'accord, mais nous aurions aimé que vous restiez ici.

Je m'insurge avec l'énergie du désespoir :

– Vous ne pouvez pas me laisser aller avec lui! Vous avez promis aux...

Je retiens ma langue juste à temps. J'allais dire : « Vous aviez promis aux représentants de l'ambassade... » Je me reprends :

– Vous avez promis de me protéger. Vous ne pouvez pas me renvoyer avec lui.

– Il ne vous fera aucun mal...

Hormoz me parle tout en regardant Moody droit dans les yeux :

– ... aucun mal. Ce n'est qu'un bavard...

Il a dit cela avec un petit rire étouffé, comme si rien n'était grave, après tout, dans cette histoire. Et Moody répète :

– Nous rentrons!

– D'accord, répond Hormoz.

Mahtob se raidit contre ma poitrine. Qu'allons-nous devenir à la merci de ce fou dangereux, de cet homme qui a juré de me tuer aujourd'hui même?

– On y va! Allez, dépêchez-vous!

Pendant que Moody se prépare à nous emmener, je me débrouille pour parler seule à seule avec Ellen :

– S'il te plaît, prends des nouvelles de moi. Je sais que quelque chose va arriver...

Nous sortons d'un taxi orange, dans Shariati Street, juste devant l'échoppe d'un marchand de jus de fruits. Malgré les horreurs de cette journée, Mahtob remarque que l'homme offre une gourmandise rare :

– Des fraises!...

J'ignorais qu'il y avait des fraises en Iran. C'est mon fruit favori.

– Est-ce qu'on peut acheter des fraises, papa? S'il te plaît...

Moody est furieux, une fois de plus.

– Tu n'as pas besoin de fraises! Elles sont trop chères!

Mahtob se met à pleurer et Moody nous pousse sur le chemin :

– A la maison!

13

Que de nuits sans sommeil j'ai passées dans cet environnement lugubre! Celle-là sera la pire.

Il m'ignore toute la soirée, qu'il consacre à discuter avec Mammal et Nasserine d'un air de conspirateur. Enfin il vient se coucher, bien après minuit. Je suis encore loin d'avoir avalé ma peur, mais je fais semblant de dormir.

Il semble s'assoupir rapidement, mais je reste inquiète et, au fur et à mesure que les minutes s'écoulent lentement dans le noir, mes frayeurs augmentent. Je ne peux attendre aucune aide de la part de Mammal, Reza ni de n'importe qui d'autre. Et de Moody, je ne peux attendre qu'une nouvelle crise de folie meurtrière. La terreur me tient éveillée. Terreur qu'il sorte de ce sommeil troublé pour se jeter sur moi avec un couteau, un morceau de corde, ou ses mains nues. Il pourrait même me faire une piqûre mortelle.

Chaque minute me paraît une éternité. Je suis aux aguets, sursautant au moindre bruit, les bras ankylosés à force de serrer ma fille contre moi. La tête résonnant d'une prière incessante, j'attends mon dernier moment, impuissante devant la rage démentielle de cet homme.

L'éternité en effet, que cette nuit-là, jusqu'à l'appel de l'*azan* jaillissant de tous les haut-parleurs de la ville. Quelques minutes plus tard, j'entends les prières de Moody, accompagné de Mammal et Nasserine. Mahtob s'étire avec difficulté dans le lit et, froide, la première lueur de l'aube prend la place de cette nuit horrible.

Ma fille se réveille à l'heure habituelle pour l'école, elle en tremble d'avance, se plaint de l'estomac et de douleurs partout. La toilette du matin est interrompue par de nombreuses courses aux cabinets.

Maintenant, je sais. Je sais au plus profond de moi-même, quelle sera la prochaine attaque de Moody. Je peux la lire dans ses yeux, l'entendre dans sa voix, pendant qu'il pousse Mahtob dehors, et déclare :

— Je l'emmène à l'école aujourd'hui. Toi, tu restes là.

Jusqu'à présent, et pendant ces derniers huit longs mois, ma fille et moi étions des alliées inséparables. Combattant le grand rêve de Moody de nous transformer en une famille iranienne. Ensemble nous pouvions lutter. Séparées, nous serons probablement vaincues.

A travers mes larmes, je chuchote à ma fille :

— S'il te conduit quelque part, tu dois aller avec lui. Tu dois être gentille avec ton père, même s'il t'emmène loin de moi et ne te ramène pas. Surtout, ne dis jamais à personne que nous sommes allées à l'ambassade. Ne dis à personne, tu m'entends, à personne, que nous avons essayé de nous échapper. Même s'il te bat, ne dis rien. Si d'autres gens te frappent, ne dis rien. Parce que si tu leur dis, nous ne pourrons jamais partir. Tu dois garder notre secret.

— Maman, je ne veux pas qu'il m'emmène loin de toi...

— Je sais, ma chérie. Je ne pourrais pas le supporter. Mais s'il le fait, ne t'inquiète pas. Rappelle-toi que tu ne seras jamais seule. Rappelle-toi que Dieu est toujours près de toi et que tu n'es pas aussi seule que tu le penses. Chaque fois que tu auras peur, prie. Et souviens-toi que je ne quitterai jamais ce pays sans toi. Jamais. Un jour, nous nous en irons.

Réfugiées dans les toilettes, c'était notre première conversation depuis la veille. Et depuis des mois, nous ne pouvons nous parler que dans ces cabinets.

Mahtob est finalement prête pour l'école, mais très

234

en retard et Moody, vêtu d'un costume rayé bleu marine, est impatient de partir. Il va se mettre en retard, lui aussi, pour l'hôpital. Tout son être est tendu, prêt à une nouvelle explosion. Mais juste au moment où il s'apprête à franchir la porte avec Mahtob, elle file comme une fusée en se tordant le ventre, en direction des toilettes. Moody court derrière elle et la tire au-dehors.

— Tu ne peux pas faire ça, elle est vraiment malade!
— Si, je peux!
— Je t'en prie, laisse-moi vous accompagner.
— Non.

Et il flanque une taloche à Mahtob, qui se met à pousser des cris perçants.

Encore une fois, j'oublie tout de ma propre sécurité. Désespérée de ne pas pouvoir sauver ma fille du destin horrible et inconnu qui la guette, je me jette sur Moody, m'accroche bravement à son bras, et mes ongles déchirent son costume.

Rejetant Mahtob de côté, il m'agrippe, me jette au sol et tombe sur moi à bras raccourcis. Il saisit ma tête dans ses mains et la cogne à plusieurs reprises contre le sol.

Mahtob court chercher Nasserine en pleurant. Il s'immobilise un court instant, suivant la course de sa fille d'un œil fixe, et je saisis l'occasion de contre-attaquer. Mes doigts s'accrochent dans ses cheveux, nous luttons quelques instants à terre, avant qu'il ne reprenne le dessus, par un coup de poing vicieux en plein visage.

N'ayant pas trouvé Nasserine dans la cuisine, Mahtob court à présent dans le hall en direction de la chambre à coucher. Je me mets à crier au secours, pendant qu'elle secoue la porte, frappe et appelle. Mais la porte est fermée à clef. Aucun bruit, aucun son à l'intérieur. Aucun secours à attendre.

Huit mois de colère rentrée et d'humiliations me donnent une force et une résistance qui désarçonnent Moody. Je mors, je pince, je griffe, je lui égratigne les yeux, je le bourre de coups de genoux. Il faut détourner son attention de Mahtob.

Je hurle à ma fille :

— Cours en bas, va chercher Essey.

Mais elle a peur de me laisser seule avec ce fou. Peur pour moi, pour elle, alors elle se jette sur lui, le frappe dans le dos avec ses petites mains, elle s'accroche à ses vêtements, le tire tant qu'elle peut pour l'arracher à moi. D'une ruade il la rejette de côté. Et je m'essouffle à crier :

— Mahtob! Va-t'en! Va-t'en, cours chez Essey!

Affolée, mon pauvre bébé disparaît enfin derrière la porte et je l'entends courir dans les escaliers, tandis que je m'apprête à livrer ma dernière bataille.

Il vient de me frapper au bras avec tant de force que le sang coule. J'essaie d'échapper à son emprise, en lui donnant des coups de pied. Cela ne fait qu'attiser sa rage, sans lui faire grand mal. Il m'attrape fermement des deux bras et me traîne sur le plancher rugueux. Je suis sur le dos et je sens chaque secousse ébranler ma colonne vertébrale.

Je suis incapable de bouger à présent. Quelques minutes encore il s'acharne au-dessus de moi, à coups de pied, de gifles. Il me soulève du sol en me tirant par les cheveux, arrachant des touffes entières. Puis il s'arrête pour reprendre souffle. Moi, je ne peux plus faire un mouvement.

Soudain, il fait demi-tour et se met à courir vers le palier. La lourde porte de l'appartement fait un bruit sourd en se refermant derrière lui et je perçois le bruit de la clef tournant dans le double verrou de sécurité. Presque aussitôt j'entends crier Mahtob. Des bruits effrayants me parviennent, en provenance de l'appartement de Essey au rez-de-chaussée, me brisant le cœur. Puis c'est le silence.

Au bout de quelques minutes, je parviens à m'asseoir. Mais il me faut davantage de temps avant de pouvoir me redresser. Je titube jusqu'à la salle de bains. Peu m'importe ma souffrance, je suis au désespoir pour ma fille. En dépit des couteaux qui semblent me labourer la colonne vertébrale à chaque mouvement, je grimpe sur la pointe des pieds sur le couvercle des toilettes. Là, je peux coller mon oreille à une grille de ventilation qui correspond avec la salle de bains à l'étage en dessous.

J'entends Moody se plaindre de moi à Essey, marmonnant toutes sortes d'insultes et de malédictions. Elle lui répond complaisamment. Je n'entends pas ma fille. Ni bruit ni larmes.

Cela continue longtemps encore. Je voudrais crier de douleur parfois, tant l'effort que je fais pour rester sur la pointe des pieds me déchire le dos. Mais je ne peux pas m'attendrir sur moi, même en ce moment. Le ton de la conversation baisse peu à peu, je ne distingue plus que quelques mots de farsi. Quand, tout à coup, j'entends Mahtob. Elle crie à nouveau. Je suis le trajet à l'intensité des sons. On lui fait traverser l'appartement en direction du vestibule. Puis je l'entends dans l'entrée et à l'extérieur... Maintenant la lourde porte de fer claque violemment, l'écho me fait trembler. Il a refermé la grille de la prison.

Je dégringole des toilettes et cours comme je peux jusqu'à la chambre de Mammal et Nasserine. Je trouve la clef dans la serrure et ouvre la porte. La pièce est vide. Vite, je me précipite à la fenêtre, qui donne sur le devant de la maison. Je dois écraser mon nez contre le volet intérieur et coincer mon front entre deux barreaux de fer pour apercevoir quelque chose en bas. Moody est là. Les dégâts ont disparu de son costume, fraîchement repassé par Essey, évidemment. Il tient fermement Mahtob sous son bras, comme un paquet, de telle façon qu'elle ne puisse pas bouger ni lui donner un coup de pied. De l'autre bras il déplie la poussette d'Amir, jette Mahtob dedans et lui attache bras et jambes.

Je suis envahie par le froid pressentiment que je ne la reverrai plus. C'est sûr. Je cours vers notre chambre saisir l'appareil photo de Moody et retourne à la fenêtre, le temps de prendre l'image du père et de la fille. L'une ficelée dans une poussette, hurlant à fendre l'âme, l'autre indifférent à ses hurlements.

Je les suis longtemps des yeux à travers mes larmes. Longtemps, alors qu'ils sont déjà hors de vue, en me répétant intérieurement : « Je ne la reverrai plus. Jamais. »

— Est-ce que ça va ?

Essey m'appelle à travers la cloison de la salle de bains. Elle a dû m'entendre gémir. J'essaie de nettoyer le sang de mes plaies. Je lui réponds par la même voie :

— Oui, ça va. Mais il faut que je te parle.

Nous ne pouvons pas poursuivre la conversation de cette manière, car nous sommes obligées de crier.

— Va dans la cour, je te parlerai du balcon.

Je traîne mon corps endolori sur le petit balcon qui donne dans la cour, à l'arrière de la maison.

Essey m'y attend, la tête levée. J'attaque en pleurant violemment, à bout de nerfs :

— Pourquoi l'as-tu laissé rentrer chez toi ? Pourquoi est-ce que tu n'as pas protégé Mahtob ?

— Ils sont arrivés ensemble. Il l'a trouvée sur le palier en train de pleurer et il est entré avec elle.

Pauvre gosse...

— Essey, il faut que tu m'aides.

— Reza est parti travailler... Je suis vraiment désolée, mais nous ne pouvons rien faire pour toi.

Elle n'est pas méchante, elle est relativement cultivée, elle s'est toujours montrée assez gentille, finalement, mais c'est une épouse iranienne. Et il n'est pas question de déplaire au « cher petit oncle ».

— Dis-moi au moins comment est Mahtob ? Où l'a-t-il emmenée ?

Mehdi, le bébé de Essey, s'est mis à pleurer.

— Je ne sais pas où il l'a emmenée ! Il faut que je rentre !

Je reviens dans l'appartement. Appeler l'ambassade ! Pourquoi n'y ai-je pas pensé plus tôt ? Si je ne peux pas joindre Hélène ou M. Vincop là-bas, j'ai leurs numéros personnels ! Je me précipite dans la cuisine, mais il n'y a plus d'appareil.

Le plan imaginé par Moody était précis. Où est Mammal ? Où est Nasserine ? Et qu'est devenu le téléphone ? Il avait tout prévu. Je dois réfléchir, être rationnelle. Trouver un moyen de contre-attaquer.

J'ai pris l'habitude maintenant de réagir comme un animal en cage, je scrute mon environnement, je cherche à l'instinct, je n'ai aucun plan. Mais je sais que je dois trouver le point faible de ce nouveau piège de Moody. Je retourne sur le balcon, pour voir si je peux sauter dans la cour. Ça ne servirait qu'à me rendre prisonnière un étage plus bas. Les murs de brique qui cernent la cour sont trop hauts.

A l'extérieur du balcon, sur le côté, une légère saillie, toute proche, large de quelques centimètres à peine, qui longe le mur jusqu'au toit de la maison attenante. Je peux l'atteindre par la fenêtre de la chambre, et peut-être ramper comme une araignée jusqu'au toit du voisin. C'est plutôt terrifiant, mais tant pis. Et après? Est-ce que la porte du balcon voisin sera fermée? Ouverte? Est-ce qu'il y aura quelqu'un? Est-ce que ce quelqu'un m'aidera ou est-ce qu'il appellera la police? Et en admettant que je parvienne à m'évader, que deviendra Mahtob?

J'ai la tête bourdonnante à force de réfléchir. Je dois établir un contact, n'importe lequel, avec le monde extérieur. Je vais voir du côté de la chambre de Mammal et Nasserine qui donne sur la rue. Au-dehors, l'activité continue, normale, ma situation n'intéresse personne. Il est important de me dissimuler à la vue des piétons qui vaquent à leurs affaires.

La fenêtre est protégée par des barreaux de fer, espacés d'environ dix centimètres et, du côté intérieur, par un volet qui m'empêche de voir. Le trottoir en dessous de moi est large d'une trentaine de centimètres seulement, au ras de la façade, si bien que je ne peux pas l'apercevoir d'en haut. Si je pouvais retirer le volet, je pourrais ensuite appuyer ma tête contre les barreaux et risquer un coup d'œil sur le trottoir. Cet écran est fixé par plusieurs vis. Je cherche donc un tournevis dans la maison, n'en trouve pas et me décide pour un couteau de cuisine.

Lorsque le volet est démonté, je me penche très loin pour regarder dehors la foule qui passe. Et après... A quoi suis-je arrivée? Personne en bas ne voudra m'aider. Écœurée je remets le volet en place soigneusement, afin que Moddy ne s'aperçoive de rien.

De retour dans le vestibule, je réalise qu'il n'a rien négligé pour me retenir prisonnière à son gré. Toutes les portes intérieures de l'appartement sont munies de verrous. Il peut, s'il le veut, m'enfermer dans le vestibule. Je pars une fois de plus à la recherche d'outils ou d'armes quelconques. Je jette mon dévolu sur un couteau à éplucher, pointu et très aiguisé. Je le dissimule avec le couteau-tournevis sous l'un des nombreux tapis persans qui ornent l'entrée. Si Moody m'enferme ici, je pourrai m'en servir pour forcer les gonds de la porte.

En furetant dans l'appartement, je me souviens d'une petite fenêtre intérieure située dans le mur, entre la salle à manger et le palier du second étage. Moody a peut-être oublié son existence. Recouverte de tentures, elle n'est pas particulièrement en vue...

Elle n'est pas fermée. Je passe ma tête au travers pour juger de la situation. Évidemment je pourrais sauter sur le palier, mais je serais retenue captive par l'énorme porte de fer de la rue, qui est toujours fermée à clef. Je contemple les escaliers qui partent du palier du second étage vers le toit. Je pourrais aussi grimper sur celui-ci et passer sur la maison d'à côté. Mais ensuite? Est-ce qu'il se trouvera un voisin pour recevoir chez lui une Américaine fugueuse et la reconduire jusqu'à la rue? Et même... Je me retrouverais toujours sans Mahtob.

Je n'ai plus qu'à pleurer. Ma vie est foutue. Moody peut l'éteindre comme une chandelle, où et quand il veut. Mais je dois protéger les autres. J'attrape mon carnet d'adresses, feuillette rapidement les pages et raye les numéros de téléphone. Même plus ou moins codés, ils sont dangereux, je n'ai pas le droit de mettre en péril la vie de quiconque a essayé de m'apporter un peu d'aide.

Quelques-uns des numéros sont notés sur des feuilles volantes, entre les pages de mon carnet. Je brûle ces bouts de papier dans un réchaud et noie les cendres.

Épuisée par tous ces événements affreux, je m'écroule finalement par terre, comme une gisante, prise d'une stupeur étrange qui dure je ne sais combien de temps. Je me suis peut-être endormie.

Je suis réveillée en sursaut par le bruit d'une clef dans la serrure de l'appartement. Avant que j'aie réagi, Essey est entrée. Elle porte un plateau de nourriture.

— Mange, s'il te plaît.

Je la remercie et prends le plateau. Je voudrais bien discuter avec elle, mais elle est timide et sur la défensive. Elle retourne immédiatement à la porte. Avant de sortir et de me boucler à nouveau, elle chuchote prudemment :

— Je suis désolée...

Des heures ont passé, je suis anéantie lorsque Moody est de retour peu après midi. Seul.

— Où est-elle? ai-je hurlé.

— Tu n'as pas besoin de le savoir. Ne t'inquiète pas pour elle. C'est moi qui m'en occuperai maintenant.

Il a répondu sèchement et me repousse pour entrer dans la chambre. Je m'offre un court instant de plaisir pervers, en voyant les marques de mes ongles sur son visage. C'est un plaisir de courte durée et ridicule au regard de mes propres blessures. Où est mon bébé?

Moody ressort rapidement, avec dans les mains quelques vêtements de Mahtob et la poupée de son anniversaire.

— Elle réclame sa poupée, dit-il sobrement.

— Où est-elle? Je t'en prie, laisse-moi la voir...

Sans ajouter un mot, il me repousse à nouveau et sort en refermant le verrou à double tour derrière lui.

Beaucoup plus tard dans l'après-midi, alors que je suis étendue sur le lit, recroquevillée pour essayer de calmer les douleurs de mon dos, j'entends la sonnette de la porte d'entrée. Quelqu'un est dehors sur le trottoir. Je me rue sur l'interphone qui permet de parler avec les visiteurs. C'est Ellen.

— Je suis enfermée à l'intérieur! Attends! Je vais à la fenêtre, nous pourrons parler.

En vitesse je dévisse le volet intérieur et appuie mon front contre les barreaux. J'aperçois Ellen sur le trottoir, avec ses enfants Marhyam et Ali. Elle me crie :

– Je suis venue vérifier comment vous alliez. Ali a soif. Il voudrait boire!

– Je ne peux pas te donner à boire, Ali, je suis enfermée ici!

Bien entendu, Essey a tout écouté et apparaît subitement sur le trottoir avec un verre d'eau pour Ali. Ellen relève la tête et demande :

– Qu'est-ce que nous pouvons faire?

– Va chercher Hormoz. Essayez de parler à Moody.

Ellen me fait signe qu'elle est d'accord. Elle pousse ses enfants devant elle sur le trottoir, les pans de son tchador noir flottant dans la brise de printemps.

Encore un peu plus tard dans l'après-midi, Reza vient parler avec moi. Lui dans la cour, moi sur le balcon. Je sais maintenant que Essey possède la clef du deuxième étage, mais Reza ne veut pas monter.

– Reza... J'ai toujours apprécié ta gentillesse envers moi, depuis que je suis en Iran. Tu as été plus chic avec moi que n'importe qui d'autre.

– Merci! Est-ce que ça va?

– S'il te plaît, aide-moi! Je sais que tu es le seul capable de parler à Moody. Est-ce que je reverrai ma fille?

– Ne t'inquiète pas, tu la reverras. Il ne veut pas l'éloigner de toi. Il vous aime. Il aime Mahtob. Il ne souhaite pas qu'elle grandisse seule. Il a grandi lui-même sans père et sans mère, et il ne veut pas cela pour Mahtob.

– Je t'en prie, parle-lui...

– Je ne peux pas. Quoi qu'il décide, c'est sa décision. Je ne peux pas lui dire ce qu'il doit faire.

– Je t'en prie, essaye... ce soir!

– Non. Pas ce soir. Je vais à un congrès pour mon travail. Quand je rentrerai, dans deux jours, et si rien n'a changé, alors peut-être je pourrai lui parler.

– S'il te plaît, ne pars pas! Reste... J'ai peur, je ne veux pas être seule.

– Désolé, Betty, je dois partir.

Tôt dans la soirée, Essey vient déverrouiller la porte :

– Viens en bas!

Ellen et Hormoz sont là avec Reza. Tandis que les enfants jouent autour de nous, nous recherchons une solution à ce dilemme. Tous ces gens, dans le passé, ont aidé et soutenu Moody dans sa bataille contre moi. Mais ils ont agi pour des motifs qui leur paraissaient raisonnables. Ce sont des musulmans respectueux de leurs obligations. Ils se doivent de respecter le droit de Moody à régenter sa famille.

Mais ce sont aussi mes amis et chacun d'eux aime Mahtob. Il n'empêche que dans cette damnée République islamique, ils savent qu'il est possible à un époux et à un père de mener les choses beaucoup trop loin.

Personne ne veut aller à la police, pas même moi. Devant Reza et Essey, je ne peux pas évoquer l'ambassade. Et même si je le pouvais, je sais qu'ils rejetteraient tout contact avec des officiels, suisses ou américains.

Tout cela nous met dans l'impasse. Rien d'autre à faire que d'essayer de raisonner Moody. Et nous savons tous qu'il est incapable de raisonner par lui-même. Pas en ce moment. Et peut-être plus jamais.

J'ai du mal à dissimuler la fureur intérieure qui me ronge. Bon sang, mais qu'ils le cognent! qu'ils l'enferment! Et qu'ils nous renvoient, Mahtob et moi, en Amérique! Je voudrais bien leur crier ce qu'il faut faire, les pousser à trouver une solution claire, pour nous sortir de ce pétrin. Mais je dois négocier, tenir compte des réalités, trouver une formule intermédiaire qui leur permettra d'agir. Et il semble bien qu'il n'y en ait pas.

En plein milieu de la conversation, le bruit de la lourde porte de fer nous surprend. Reza va aussitôt dans l'entrée pour voir qui arrive... et ramène Moody qui me fusille du regard :

– Comment es-tu sortie? Pourquoi es-tu en bas?

– Essey a la clef, elle m'a conduite ici.

– Donne-moi cette clef, Essey!

Essey obéit respectueusement. Quant à Reza, il s'efforce de tempérer l'évidente folie de son oncle :

– Tout va bien, cher petit oncle... dit-il doucement comme à un malade.

– Qu'est-ce qu'ils font là?

Il gesticule en désignant Ellen et Hormoz.

– Ils cherchent à nous aider. Nous avons des problèmes. Nous avons besoin d'aide.

Moody grimace de rage :

– Nous n'avons pas de problèmes! C'est toi qui as un problème! Quant à vous, fichez le camp et laissez-nous seuls! Ça ne vous regarde pas! Vous n'avez rien à faire avec elle, je l'interdis!

Devant mes yeux horrifiés, Ellen et Hormoz se lèvent immédiatement pour partir. Je les supplie :

– Je vous en prie, ne partez pas. J'ai peur qu'il me batte encore! Il va finir par me tuer. S'il me tue, personne ne le saura jamais. Ne me laissez pas seule!

– Il faut que nous partions, Betty, il nous le demande, il en a le droit.

Et ils s'en vont rapidement. Moody m'entraîne au premier étage et s'y enferme avec moi. Nerveusement, je demande où sont Nasserine et Mammal.

– Tu te comportes tellement mal qu'ils ne peuvent pas rester ici. Ils sont chez les parents de Nasserine. Ils ont été forcés de quitter leur propre maison!

Le ton de sa voix monte en intensité :

– Tout ça ne les regarde pas! Ça ne regarde personne d'autre. Tu ferais mieux de ne plus en discuter avec qui que ce soit. A partir de maintenant, je vais m'occuper de tout. Je prendrai toutes les décisions, je vais remettre les choses et les gens à leur place!

Trop effrayée pour rester près de lui, je m'assois prudemment dans un coin, tandis qu'il va et vient pendant plusieurs minutes, mais finalement il ne me frappe pas.

Nous restons seuls toute la nuit dans l'appartement, dans le même lit, mais séparés le plus possible, dos à dos. Il dort. Moi je m'agite, tourne et retourne mon corps douloureux, pour essayer de trouver un peu de confort là où il n'y en a pas. Je suis inquiète pour Mahtob, je pleure pour elle, j'essaie de lui parler dans ma tête. Et je prie, prie sans cesse.

Le lendemain matin, Moody se lève pour aller travailler et choisit un autre costume que celui que j'ai déchiré la veille. Au moment de partir, il s'empare du lapin en peluche de Mahtob.

– Elle veut ça!

Et il s'en va.

14

Je reste au lit un long moment après son départ, en gémissant doucement : « Mahtob... Mahtob... Mahtob... » Mon corps est entièrement meurtri. Le bas de ma colonne vertébrale a particulièrement souffert du coup que j'ai reçu lorsque Moody m'a jetée par terre. Je m'étire avec précaution pour soulager la douleur. Il me semble que des heures ont passé avant que les bruits familiers me parviennent de l'extérieur. Dans la cour, j'entends le grincement d'une chaîne sur les barreaux métalliques, le bruit de la balançoire de Marhyam. C'était le jeu favori de Mahtob.

Je me lève avec précaution et clopine jusqu'au balcon, pour voir qui joue en bas.

C'est bien Marhyam, la fille de Essey, tout heureuse, sous ce soleil de printemps. Elle m'aperçoit et crie de sa voie enfantine :

– Où est Mahtob ?

Incapable de lui répondre, je fonds en larmes à nouveau.

Pour une raison connue de moi seule j'ai emmené ma fille en Iran, croyant la sauver. Et je l'ai perdue. Je ne comprends plus rien, je lutte pour garder courage. Il faut pourtant que je rassemble toute mon énergie et trouve une solution. Moody m'aurait-il meurtrie au-delà de mon point de résistance ? J'en ai peur.

La principale question est de savoir ce qu'il a fait de ma fille. Je suis aussi rongée par un mystère troublant. Comment Moody a-t-il pu agir ainsi avec elle? Et avec moi? Le Moody que je connais maintenant n'est tout simplement pas celui que j'ai épousé.

Qu'est-ce qui est allé de travers? Je le savais et voilà que je n'en sais plus rien. Je peux suivre son évolution. Je pourrais faire le graphique des hauts et des bas de sa folie, pendant les huit années de notre mariage, et les rapprocher de ses ennuis professionnels ainsi que des variations inattendues de la situation politique.

Comment ai-je pu être aveugle au point de ne pas prévoir le désastre? Tous ces souvenirs me submergent irrésistiblement après coup.

Huit ans plus tôt, alors que Moody finissait ses trois années d'études à l'hôpital de Detroit, nous avions à prendre une décision importante. Il nous avait fallu choisir. Vivre à deux, ou chacun de son côté. Nous avons pris la décision ensemble. Nous nous sommes déplacés pour examiner la possibilité d'un travail à l'hôpital de Corpus Christi. Il y avait un anesthésiste depuis longtemps. Mais ils avaient besoin de créer un deuxième poste. On nous promettait un revenu de cent cinquante mille dollars par an et l'idée de tout cet argent nous avait fait danser de joie.

D'un côté je n'avais pas envie de m'éloigner de mes parents dans le Michigan, mais de l'autre j'étais prête à commencer une nouvelle vie de bonheur, de prospérité, avec un niveau social plus élevé.

Joe, et surtout John qui avait alors six ans, étaient ravis de ce projet.

Avant le mariage, John m'a dit un jour :

– Maman, je ne sais pas si je pourrai vivre avec lui...

– Pourquoi?

– Il m'apporte trop de bonbons. Mes dents vont toutes se gâter!

J'ai ri en réalisant que John était sérieux. Il associait Moody aux sucreries et aux fêtes.

Au-dessus de toutes ces raisons logiques, il y avait le fait indéniable que nous nous aimions. Le laisser partir pour Corpus Christi et vivre loin de lui, dans le Michigan, était impensable.

Alors nous nous sommes mariés, le 6 juin 1977, dans une mosquée de Houston, dans l'intimité. Après quelques mots murmurés en farsi et en anglais, je me suis vue saluée et honorée comme la reine de l'existence de Moody.

Il me couvrait de fleurs, de cadeaux et de surprises. Le journal du matin devenait un mot d'amour. Il découpait les lettres et les collait sur une page blanche.

Il aimait particulièrement faire mon éloge devant ses amis. Une fois, lors d'une petite réception, il me présenta avec une sorte de grand panneau, peint en bleu et or, qui me proclamait. « La femme la plus gracieuse du monde »... Ma collection de disques grandissait. Il m'apportait des livres à chaque occasion, avec une dédicace personnelle et affectueuse. Il ne se passait pas de jour qu'il ne me fasse une déclaration d'amour.

La sagesse de son choix pour une spécialité était évidente. L'anesthésiologie est la spécialité médicale la plus lucrative. De plus il était rarement obligé de travailler lui-même. Il supervisait le travail d'une équipe, ce qui lui permettait de traiter trois ou quatre patients à la fois et de récupérer des honoraires exorbitants. Ses journées se passaient bien. Il devait être disponible pour les urgences, mais il était souvent à la maison à midi. Il n'était pas astreint à des heures de bureau et pouvait échanger les urgences avec un confrère.

Il avait grandi dans l'élite iranienne et trouvait normal de jouer le rôle d'un médecin américain prospère. Nous avions acheté une grande et belle maison à Corpus Christi, dans un quartier résidentiel, habité par des professions libérales.

Moody avait engagé une femme de ménage, pour me libérer des contingences domestiques. Je pouvais ainsi utiliser ma formation de secrétaire et mes compétences à travailler pour nous. Je passais mes journées à rassembler les honoraires, agréable corvée... et à tenir à jour le livre de comptes de Moody. De plus, j'avais le plaisir de rester chez moi, avec ma famille. Avec une femme de ménage à la maison, je pouvais me consacrer à l'éducation de mes enfants, un vrai bonheur pour moi.

Nous sortions beaucoup, d'abord parce que nous aimions ça, ensuite parce que cela fait partie de la carrière d'un médecin. Avant notre arrivée à Corpus Christi, l'anesthésiste était submergé de travail. Il était content de ce soulagement, ce qui n'interdisait pas la compétition. Les médecins qui composaient notre petit groupe social comptaient dans leurs rangs des Américains et d'autres venus, comme Moody, pour faire leurs études aux États-Unis. Il y avait beaucoup d'Indiens, des Saoudiens, des Pakistanais, des Égyptiens et toutes sortes d'expatriés. Nous aimions beaucoup cet échange de cultures. Je commençais a être connue pour la qualité de ma cuisine iranienne. Je travaillais avec les auxiliaires de l'hôpital, et me fis beaucoup d'amies parmi les épouses de médecins.

L'université du Texas était l'école favorite des étudiants iraniens. Nous sortions beaucoup avec eux. Les membres de la « Société islamique du Texas du Sud » organisaient des parties et des fêtes qui correspondaient aux vacances iraniennes et islamiques. J'étais heureuse que Moody ait trouvé un équilibre entre sa vie passée et présente. Il se plaisait dans ce rôle de médecin américanisé, doyen de ses compatriotes.

Il démontra son attachement à sa nouvelle patrie en faisant une demande de citoyenneté. Les formalités comportent de nombreuses questions parmi lesquelles il y a celles-ci : « Croyez-vous en la constitution des États-Unis et son gouvernement ? Êtes-vous prêt à prêter serment de fidélité aux États-Unis ? Si la loi le décide, êtes-vous prêt à prendre les armes pour défendre les États-Unis ? » A chacune de ces questions, Moody avait répondu oui.

Nous voyagions fréquemment, visitant la Californie et Mexico à de nombreuses reprises. Il y avait toujours quelque part un séminaire ou un congrès médical. Nous laissions Joe et John à la maison avec une baby-sitter en permanence. Les frais qui nous étaient alloués nous permettaient de profiter d'hôtels luxueux et de restaurants raffinés. Partout où nous allions je transportais une enveloppe, pour y mettre soigneusement de côté les factures et documents certifiant que ces frais étaient professionnels. Pour les déclarations d'impôt...

Ce changement éblouissant de mon mode de vie me comblait évidemment. Je n'étais pas astreinte à un travail classique, mais plus occupée que jamais. Couverte d'affection et d'argent, aimée jusqu'à l'adulation, de quoi pouvais-je me plaindre?

Au début, il y eut quelques problèmes de préjugés dans notre couple mais nous décidâmes ensemble de les ignorer. En de rares occasions, lorsqu'une légère contrariété remontait à la surface, il était préférable de lutter contre nos différences culturelles. Nous n'en faisions pas une affaire. Par exemple, il se rendit un jour dans une banque à Corpus Christi pour ouvrir un compte. Il écrivit son seul nom sur le document.

– Qu'est-ce que c'est que ça? Pourquoi est-ce qu'il n'y a pas mon nom?

Il parut surpris :

– On ne met pas le nom d'une femme sur un compte bancaire! Les Iraniens ne font jamais ça...

– Possible, mais tu n'es pas iranien ici, tu es censé être américain.

Après quelques discussions, il accepta. Il ne lui avait pas paru évident que tout ce que nous possédions, nous le possédions ensemble.

L'une de ses manies énervantes, c'était son côté possessif à mon endroit. Je le croyais alors. De même que le compte en banque était son compte, j'étais son bien personnel. Partout où nous nous trouvions au milieu d'une foule, il me voulait près de lui. Il me tenait toujours par les épaules ou par la main, comme s'il avait peur que je disparaisse. J'étais flattée de cette constante affection, mais cela devenait parfois pesant.

Dans son rôle de beau-père, il était tout aussi exigeant. Il exigeait une obéissance absolue de la part de Joe et de John. C'était difficile pour Joe qui avait alors onze ans et commençait à prendre un peu d'indépendance. Avant cela, c'était lui l'homme de la famille.

Et puis arriva le neveu, Reza, incontestablement notre plus grande source de conflit à ce moment-là. Il étudiait à Detroit et avait vécu quelque temps dans l'appartement de Moody. Peu avant notre premier anniversaire de mariage, Reza avait obtenu ses diplômes en économie et Moody l'avait invité à Corpus Christi jusqu'à ce qu'il trouve du travail.

Chaque fois que Moody était absent, Reza se prenait pour le maître de maison, me donnant des ordres ainsi qu'aux enfants et n'admettant aucune contestation. Un peu après son arrivée, alors que je recevais quelques amies pour le thé, Reza s'est assis avec nous, silencieusement, prenant manifestement des notes, dans sa tête, pour faire son rapport à Moody. Et dès le départ de mes invitées, il m'ordonna de faire la vaisselle! Cette fois-là je l'avais remis en place :

— Je m'occuperai de tout ça quand je le déciderai!

Il voulait m'apprendre à laver le linge, quoi donner aux enfants à déjeuner, me dire quand je pouvais aller boire un café chez les voisins!... Je l'envoyais promener, mais il insistait lourdement. De son côté, il ne participait en rien à l'entretien de la maison.

Je me suis plainte à Moody à plusieurs reprises de ces intrusions dans notre vie privée mais il n'était pas là pour le constater à chaque fois et me conseillait d'être patiente. Ce n'était que pour quelque temps, jusqu'à ce qu'il trouve du travail... Il était son neveu et il devait l'aider...

Comme nous avions de bonnes relations avec notre banquier, Moody lui demanda un jour de recevoir Reza, au cas où il pourrait l'engager. En rentrant de cette entrevue, Reza s'était plaint :

— Il m'ont offert un emploi de caissier! Je ne veux pas être caissier dans une banque!

Écœurée par son attitude, je lui fis remarquer que beaucoup de gens seraient heureux d'avoir ce travail. Et qu'il y avait des chambres en ville, s'il voulait partir d'ici.

Il me sortit alors un argument remarquable. L'un de ces arguments que je ne suis pas encore prête à comprendre des années plus tard, même en ayant vu de près les mâles iraniens, et en particulier ceux de cette famille prétentieuse. Il me dit :

– Je n'accepterai un travail dans ce pays que si on m'offre d'être président de société.

Il était content de vivre à nos crochets, en attendant qu'une société lui coure après pour lui offrir un fauteuil en or.

Entre-temps, il passait ses journées à bronzer sur la plage, en lisant le Coran, ou à faire ses prières, ou à surveiller le moindre de mes gestes. Lorsqu'il était fatigué de toutes ces activités, il faisait une petite sieste.

Les semaines devenaient des mois, et je me vis dans l'obligation de forcer Moody à faire quelque chose.

– Ou il s'en va, ou c'est moi!

Je ne l'aurais pas fait, probablement, mais je comptais beaucoup sur l'amour de Moody et j'avais raison.

En grommelant et me maudissant en farsi, Reza avait enfin quitté la maison pour prendre un appartement payé par Moody. Et quelque temps plus tard, il retournait en Iran pour épouser sa cousine Essey.

Une fois Reza parti, nous pouvions vivre heureux, c'est du moins ce que je pensais. Nous avions nos différences, mais le mariage exige des compromis. J'étais confiante, nous allions trouver un équilibre. Je me concentrais sur des certitudes. Ma vie s'était épanouie dans beaucoup de domaines. Et j'avais finalement trouvé ce « plus » que nous cherchons tous.

Comment aurais-je pu savoir qu'à des milliers de kilomètres à l'est, se levait une tempête de folie qui allait déraciner mon mariage, m'emprisonner, m'éloigner de mes fils et démolir non seulement ma vie, mais celle de ma petite fille, même pas encore née?

Nous étions mariés depuis un an et demi quand, peu après le jour de l'an 1979, Moody rapporta à la maison un superbe poste de radio à ondes courtes pour écouter les nouvelles du monde entier. Il venait de se découvrir une passion subite pour Radio-Iran.

A Téhéran les étudiants venaient de manifester à plusieurs reprises contre le shah. Ce genre de choses s'était déjà produit auparavant, mais jamais de manière aussi grave. De France, où il était exilé, l'ayatollah Khomeiny lançait les plus dures invectives contre le shah en particulier, et l'influence de l'Ouest en général.

Or, les nouvelles que Moody entendait dans sa radio en provenance d'Iran ne concordaient pas avec ce que nous voyions au journal du soir à la télévision. Le résultat fut qu'il se mit à soupçonner les Américains de tronquer les nouvelles.

Lorsque le shah s'en alla d'Iran et que, le jour suivant, l'ayatollah Khomeiny fit un retour triomphal à Téhéran, Moody y trouva le prétexte d'une fête. Sans me prévenir, il ramena des douzaines d'étudiants iraniens à la maison. Ils restèrent là toute la nuit, à remplir cette demeure américaine du bourdonnement excité de leurs conversations en farsi.

La Révolution s'installa chez nous, comme en Iran. Moody se mit à faire ses prières avec une piété que je ne lui avais jamais connue auparavant. Il apporta sa contribution financière à de nombreux groupes chi'ites.

Sans m'en informer, il se débarrassa de toutes les réserves d'alcools de luxe que nous gardions sous la main pour les invités. Cela suffit à décourager les visites de nos amis américains. Le ton des conversations de Moody éloigna même ceux qui adhéraient à la ligue antialcoolique. Il râlait après la presse américaine, traitait les journalistes de menteurs. Durant les mois suivants, les étudiants utilisèrent souvent notre maison pour y tenir des meetings.

Ils fondèrent ce qu'il appelèrent le « Groupe d'Action musulmane ». Parmi leurs nombreuses activités, ils composèrent le texte suivant, qu'ils distribuèrent aux médias :

Au nom de Dieu, le plus bienveillant,
le plus miséricordieux :

Aujourd'hui aux États-Unis, le mot Islam est l'un des plus mal compris de notre vie quotidienne. Il y a plusieurs raisons à cela : 1) les médias rapportent mal les faits concernant la République islamique d'Iran;

254

2) le refus du gouvernement des États-Unis de traiter loyalement les pays musulmans; et 3) le refus du christianisme d'accepter l'Islam et ses disciples.

Les mass media ont marqué de façon indélébile l'esprit de la société américaine. Les nouvelles télévisées, les journaux, les magazines, sont l'unique base de l'opinion publique américaine. Ces sources constituent un redoutable instrument de propagande, car les faits présentés favorisent uniquement les intérêts des USA. En conséquence, les événements internationaux sont trop souvent présentés de façon complètement erronée.

L'exemple actuel le plus flagrant est la République islamique d'Iran. C'est le peuple iranien qui a jeté dehors le Shah et approuvé unanimement l'institution de la République islamique. Nous avons récemment entendu parler d'une rébellion kurde en Iran. Si les Kurdes sont en lutte pour leur indépendance propre, que viennent faire là les Israéliens, les Russes et les soldats irakiens?

La Révolution islamique en Iran a prouvé que les Iraniens s'opposaient à la politique extérieure américaine, et non au peuple américain. Nous vous demandons de faire preuve d'objectivité envers vos médias. Prenez contacts avec les Iraniens musulmans qui connaissent la situation actuelle.

Merci.

Le groupe d'Action musulmane,
Corpus Christi, Texas.

C'était insupportable. Je me mis à défendre mon pays contre les calomnies répandues par Moody. Nos conversations dégénéraient en violentes diatribes. Je suggérai d'observer une trêve et de ne plus parler politique entre nous.

Moody accepta et, pendant quelque temps, nous vécûmes en coexistence paisible. Mais je n'étais plus le centre de son univers. Les marques quotidiennes de son amour diminuaient. Il n'était plus marié avec moi, mais avec sa radio à ondes courtes, des douzaines de magazines, journaux et autres manifestes de propagande, auxquels il se mit à souscrire soudainement. Certains d'entre eux étaient imprimés en caractères persans, d'autres en anglais. J'y jetais parfois un coup d'œil, quand Moody n'était pas dans le coin, et j'y découvrais avec surprise et dégoût les attaques vicieuses et totalement illogiques montées contre l'Amérique.

Moody avait retiré sa demande de citoyenneté américaine.

A cette époque, le mot divorce commença à me courir dans la tête. C'est un mot que je déteste et qui m'effraie. Je suis déjà passée par là une fois, je n'avais aucune envie de recommencer.

Divorcer de Moody, c'était renoncer à une vie que je ne pourrais pas assumer à moi toute seule et renoncer à un mariage que je continuais à croire basé sur l'amour. De plus, toutes ces considérations disparurent complètement, du jour où j'appris que j'étais enceinte.

Ce miracle rendit ses esprits à mon mari. La politique iranienne passa en second plan. Il était fier de sa future paternité. Les petits cadeaux quotidiens fleurirent à nouveau. Dès que je me mis à porter des vêtements de maternité, il voulut m'exhiber devant tout le monde. Il prit des centaines de photos de moi, il disait que ma grossesse me rendait plus belle que jamais.

Le troisième été de notre mariage s'écoula ainsi dans la douce attente de cette naissance. Pendant que Moody travaillait à l'hôpital, je passais des heures avec John. Il avait alors huit ans et m'aidait à préparer la maison pour le futur petit frère, ou la future petite sœur. Ensemble nous avons transformé une petite chambre en nurserie. Ensemble nous avons acheté la layette blanc et jaune. Moody ne cachait pas sa préférence pour un garçon. Pour moi, cela n'avait pas d'importance. Cette nouvelle vie en moi, garçon ou fille, était de toute façon un être que j'aimais déjà.

Au début de septembre, alors que j'étais enceinte de huit mois, Moody me demanda d'assister avec lui à une conférence médicale, à Houston. Ce voyage nous donnait l'occasion d'être un peu seuls ensemble, avant de jouer aux parents. Mon gynécologue avait permis ce voyage en m'affirmant que j'en avais encore pour un bon mois.

Le premier soir de notre arrivée à Houston, dans la chambre d'hôtel, je ressentis des douleurs dans les reins et je me mis à craindre un accouchement prématuré. Moody me rassurait : « Tout ira bien »... et le jour suivant il voulut visiter le centre de la NASA.

– Je ne me sens pas très bien, tu sais...

– D'accord, faisons du shopping, alors.

Nous étions en train de déjeuner au restaurant lorsque les douleurs me reprirent, et une grande fatigue m'envahit. Il fallut rentrer à l'hôtel, où les douleurs recommencèrent. Je perdais les eaux.

Moody ne voulait pas croire que le moment arrivait.

– Tu es médecin! Je perds les eaux, tu ne sais pas ce que ça veut dire?

Il appela mon gynécologue à Corpus Christi, qui le renvoya sur un collègue de Houston, lequel accepta de me prendre en urgence à l'hôpital.

Je me souviens des grandes lampes brillantes de la salle d'accouchement. Et de Moody, dans une combinaison stérile, se tenant à mes côtés, serrant ma main, me guidant jusqu'au bout. Je me souviens du supplice pendant le travail, et de la souffrance intense qui me déchira le corps à l'arrivée de cette nouvelle vie. Un avertissement, peut-être, pour les années à venir.

C'était un joyau d'enfant, aux yeux bleus. Des boucles blond-roux ornaient son petit crâne. Son visage était une miniature de celui de Moody.

D'une voix tendue, Moody demanda :

– Pourquoi est-elle blonde? Pourquoi a-t-elle les yeux bleus?

J'étais trop fatiguée pour me soucier de ces petites récriminations à propos de cette merveille d'enfant que je venais d'avoir.

– Je n'ai aucun pouvoir sur ce genre de choses... Et en dehors des cheveux, c'est ton portrait craché!

Le bébé m'absorbait tellement que je ne prêtais aucune attention à ce que me faisaient les infirmières et les médecins, ni à la couleur du ciel. Je berçais ma poupée dans mes bras, débordant d'amour pour elle : « Je vais t'appeler Myriam... » C'était le plus joli nom iranien que je connaissais et il avait l'avantage de sonner américain, avec un petit côté exotique. Quelques minutes passèrent avant que je ne me rende compte du départ de Moody.

J'éprouvais alors un mélange d'émotions bizarres. Il était clair que Moody n'avait pas formulé la question qui le tourmentait vraiment : pourquoi une fille? L'arrivée de ce nouveau-né en fille avait blessé sa virilité islamique! Il nous laissa seules, alors qu'il aurait dû être là, à nos côtés. Ce n'était pas le genre de virilité que je souhaitais.

Je passai une nuit agitée, prise entre le bonheur de cette naissance et le comportement infantile de Moody. J'espérais qu'il ne s'agissait que d'un ridicule mouvement de dépit. Et à ce moment-là j'étais si en colère que je ne prêtai pas trop attention à ce détail.

Il appela le lendemain matin, sans un mot d'excuse pour son absence, et sans faire mention de sa préférence pour un fils. Il avait, disait-il, passé la nuit en prières à la mosquée de notre mariage, pour remercier Allah.

Plus tard dans la matinée, il est arrivé à l'hôpital, joyeux, souriant, brandissant un paquet de cartes recouvertes de caractères persans, tout en rose. C'étaient des cadeaux offerts par les hommes de la mosquée. Je demandai ce qui était inscrit dessus.

— Mahtob, dit-il, rayonnant.

— Mahtob? Qu'est-ce que ça veut dire?

— Clair de Lune...

Et il m'expliqua qu'il avait téléphoné en Iran à sa famille, laquelle lui avait soumis plusieurs choix en matière de prénoms pour l'enfant. Il avait opté pour celui-là parce que nous étions en période de pleine lune, la nuit de la naissance.

Je discutai pour essayer d'imposer Myriam. Ce nom avait une consonance plus américaine, et cette enfant était et devait rester américaine. Mais tout cela me fatiguait, j'avais subi trop d'émotions. C'est donc Moody qui remplit le certificat de naissance avec le nom de Mahtob Marhyam Mahmoody.

Je me demandai vaguement comment je pouvais me soumettre aussi facilement à mon mari. Mais très vaguement.

258

Rapidement, il oublia sa déception, pour devenir le père le plus fier du monde. Elle avait deux mois et ses yeux avaient viré du bleu au brun-noir. Nous étudiions ce petit phénomène de la vie, tandis qu'autour de nous plus d'une centaine d'étudiants musulmans célébraient *Eid e Ghorban,* la fête du sacrifice. Nous étions le 4 novembre 1979.

En qualité de membre de plus en plus actif de la Société islamique du Sud-Texas, Moody était l'un des principaux organisateurs de l'événement, qui se tenait dans un parc local. Mes forces étaient revenues rapidement. Et bien que cette naissance m'eût permis de prendre mes distances avec la politique, j'étais contente de participer aux préparatifs. J'aidai donc à faire cuire d'énormes quantités de riz. Avec les autres femmes, un mélange étonnant d'Iraniennes, d'Égyptiennes, de Saoudiennes et d'Américaines, je préparai aussi une variété considérable de sauces pour le *Khoreshe* (préparation épicée à base de légumes et de morceaux de viande). Nous épluchions des concombres, des tomates, des oignons, que nous aspergions de jus de citron. Il y avait des corbeilles pleines de fruits savoureux de toutes sortes.

En cette occasion particulière, les hommes étaient responsables de l'organisation du principal. Cette fête commémore le jour où Dieu demanda à Abraham le sacrifice de son fils Isaac, avant de remplacer ledit fils par un agneau. Les hommes tuent plusieurs moutons, en leur coupant le cou face à La Mecque et en entonnant des prières sacrées. Après quoi ils traînent les carcasses jusqu'à un barbecue creusé dans la terre, et les accommodent pour le festin.

Cette cérémonie concerne tout l'Islam, pas seulement l'Iran. Pourtant, ce jour-là, les discussions se résumèrent au discours politique des Iraniens, qui blablataient ardemment à propos de la prise triomphale du pouvoir par l'Ayatollah à Téhéran.

Je me tenais un peu à l'écart de ces palabres, m'intégrant tout de même au cercle de toutes ces femmes, qui représentaient les Nations Unies en miniature. Beaucoup d'entre elles appréciaient ces manifestations de culture orientale, mais se montraient parfaitement heureuses de vivre aux États-Unis.

Aussitôt après la fête, nous sommes partis avec Mahtob pour Dallas, assister à un congrès sur l'ostéopathie. Je laissais les garçons à la maison. Sur la route nous nous sommes arrêtés à Austin, pour rendre visite à un troupeau grandissant de parents qui avaient eux aussi abandonné leur terre natale pour l'Amérique. Moody les appelait ses « neveux » et ils le nommaient *Daheejon*, le cher petit oncle... Nous avons dîné avec eux, ce soir-là, et décidé de nous retrouver le lendemain à l'hôtel pour le petit déjeuner.

Fatigués par cette journée bien remplie, nous avons dormi très tard. Si bien qu'en nous préparant à toute vitesse ce matin-là, nous n'avons pas allumé la télévision. A peine arrivés dans le hall de l'hôtel, l'un des « neveux », un jeune homme nommé Jamal, s'est précipité vers nous. Il nous attendait avec impatience :

– Daheejon! As-tu entendu les nouvelles?

Il éclatait de bonheur.

– L'ambassade américaine a été prise à Téhéran!

Moody a réalisé alors que la politique était un jeu sérieux et mortel. Au début, de par sa situation confortable, de l'autre côté du monde, il se sentait en sécurité pour proclamer son zèle et sa foi pour la Révolution et pour l'entreprise des ayatollahs de transformer l'Iran en République islamique. La distance rendait facile ce maigre engagement.

A présent que les étudiants de l'université de Téhéran s'étaient rendus coupables de faits de guerre contre les États-Unis, il se trouvait confronté à la réalité d'un danger personnel. Ce n'était pas le bon moment pour être un Iranien en Amérique, ni pour être marié à une Américaine... Au Texas, un étudiant iranien venait d'être agressé par deux assaillants inconnus et Moody craignait de subir le même sort. Il avait peur aussi d'être arrêté ou expulsé.

A l'hôpital, certains l'appelaient déjà « docteur Khomeiny ». Une fois, il prétendit qu'une voiture avait tenté de l'écraser dans la rue. Nous recevions beaucoup de coups de téléphone menaçants. Une voix à l'accent du Sud disait : « On va s'occuper de vous... On va vous tuer... » Vraiment effrayé, Moody eut recours à un service de sécurité, pour surveiller la maison et nous protéger lorsque nous sortions.

Je me demandais s'il y aurait jamais une fin à cette folie. Pourquoi étais-je entraînée par les hommes dans ce stupide jeu de la guerre ? Pourquoi ne me laissaient-ils pas tranquille dans mon rôle d'épouse et de mère ?

Moody estimait qu'il ne pourrait pas échapper lui-même à cette lutte internationale. Il lui était quasiment impossible de rester neutre. Ses amis iraniens voulaient l'engager davantage à leurs côtés, en faire un activiste qui aiderait à l'organisation des manifestations. Ils voulaient utiliser la maison comme camp de base. Nos amis américains, nos voisins, et même ses collègues de travail, espéraient et lui demandaient sans détour qu'il fasse acte d'allégeance envers une nation qui lui avait permis de gagner confortablement son pain...

Au début il hésita. En privé, il s'exaltait à propos de tous ces événements fous, à propos des otages, visiblement joyeux de voir l'Amérique émasculée devant le monde entier. Il se lançait aussi dans des tirades sans fin contre l'embargo américain sur les armements destinés à l'Iran. Sans arrêt il affirmait que c'était un scandale de voir l'Amérique expédier tout simplement les armes par l'intermédiaire d'un autre pays, pour faire monter les prix.

Et quelque chose d'étrange arriva. Moody entretenait des relations privilégiées avec le docteur Mojallali, un neurochirurgien, iranien également. Comme il avait fait ses études en Iran, le docteur Mojallali ne pouvait pas exercer en Amérique. Il travaillait donc comme technicien de laboratoire. Pour autant Moody le respectait comme un collègue et ils œuvraient tous les deux à la formation des étudiants iraniens.

La veille encore, ils étaient amis. Soudain Moody déclara qu'il ne voulait plus lui parler, mais refusa de me dire pourquoi.

A l'hôpital, Moody avait adopté une stratégie de

non-affrontement. Il continuait à autoriser les étudiants à se rassembler chez nous, mais s'efforçait de garder ces meetings secrets, affirmant qu'il avait rompu tous liens avec le Groupe d'Action musulmane. Il se consacrait uniquement à son travail.

Mais le mal était fait. Il avait trop montré ses sympathies et il était devenu une cible facile pour quiconque voudrait lui jeter la pierre.

Le problème se cristallisa lorsque ses collègues de l'hôpital l'accusèrent d'écouter sa radio à ondes courtes avec des écouteurs, alors qu'il était supposé être de garde pour les urgences.

Je trouvais cette accusation parfaitement plausible. Mais d'un autre côté, je n'ignorais pas ce qui se passait dans la profession. Moody était très bien payé, il percevait des honoraires confortables, et cela n'allait pas sans jalousies à l'intérieur de ce petit territoire. Sous-payé et sous-employé, un collègue avait pu trouver là l'occasion d'améliorer son ordinaire.

Cette controverse divisait l'hôpital en deux camps. L'agitation se propageait inévitablement, surtout depuis la crise des otages, qui s'était installée dans les esprits comme un feu couvant sous la cendre.

Alors que cette tumultueuse année touchait à sa fin, Moody se tenait entre les deux camps, vulnérable, susceptible d'être attaqué des deux côtés.

Nous sommes partis dans le Michigan rendre visite à mes parents pour Noël. C'était un répit bienvenu, qui nous préservait momentanément des tensions insupportables au Texas. Les vacances furent formidables pour tout le monde, et les enfants couverts de cadeaux par mes parents. J'en profitai pour évoquer la possibilité de nous sortir de cette vie de tourmente à Corpus Christi. Moody aimait bien le Michigan. Si un job se présentait, il pourrait peut-être sauter sur l'occasion de revenir s'installer ici. Je savais qu'il lui suffirait de rencontrer ses anciens collègues, pour avoir une chance d'y réussir. Un jour, je lui proposai donc d'aller rendre visite à des copains à Carson City.

Il était emballé. Il avait la possibilité de parler bouti-

262

que dans une atmosphère sécurisante. Ici, il n'apparaissait pas comme un sympathisant iranien. Cette visite renouvela son enthousiasme pour son travail et lui rappela qu'il y avait des endroits où il pouvait oublier ses origines. Il exulta le jour où un collègue lui annonça :

– En fait, je connais quelqu'un qui cherche un anesthésiste!

Le quelqu'un vivait à Alpena et il s'y rendit, après un simple appel téléphonique. Les choses bougeaient vite. Nous partîmes tous les deux, en laissant les enfants chez des amis, pour un voyage de trois heures en voiture.

Il neigeait un peu à notre arrivée, les sapins étaient tout blancs. Cette carte postale hivernale était revivifiante, après trois années torrides au Texas.

Moody se demandait comment nous avions pu quitter tout cela. Nous découvrîmes l'hôpital d'Alpena, enchâssé dans ce paradis de neige unique au monde. Au premier plan, un ensemble d'immeubles modernes construits avec goût, dans un parc enneigé. Au milieu des sapins, des oies du Canada se baladent sans souci... Plus loin, des collines ventrues, en toile de fond.

L'entrevue se passa en douceur. L'hôpital avait vraiment besoin d'un anesthésiste et, à la fin de la conversation, le médecin souriait en tendant la main à Moody :

– Alors, quand pouvez-vous venir?

Plusieurs mois passèrent avant que nous puissions régler nos affaires à Corpus Christi. Moody ne pensait plus qu'au départ. A tel point qu'il lui arrivait de couper le chauffage en plein hiver, relativement tempéré au Texas, pour faire un feu d'enfer dans la cheminée. Ça lui rappelait le Michigan. Plus le départ approchait, plus nous étions heureux. Une fois de plus le couple était ressoudé, à la poursuite d'un but commun. Moody avait fait son choix. Il voulait vivre et travailler en Amérique. Il voulait être... il était un Américain.

Nous avons vendu la maison de Corpus Christi. Et au printemps, nous étions à Alpena, à trois heures seulement de mes parents, et à des milliers de kilomètres de l'Iran.

15

Alpena est si loin de ce morne appartement où je suis en prison. Papa et maman si loin, Joe et John si loin... Mahtob si loin...

J'espère qu'elle n'est pas avec Mammal et Nasserine. J'espère qu'elle est avec quelqu'un qu'elle connaît et qui l'aime. Pourvu qu'il ne l'ait pas emmenée chez Ameh Bozorg! Cette idée me révulse. Je pleure sur les malheurs de ma fille.

Seule dans l'appartement, enfermée et confinée toute la journée, espérant follement un mot de Mahtob, j'ai peur pour ma santé mentale. Dans cet état de frustration et d'angoisse, je fais ce que j'ai recommandé à Mahtob : « Quand tu te sentiras seule, prie. Tu ne seras plus jamais seule. »

Je ferme les yeux et j'essaie. « Mon Dieu, aide-moi... »

J'ai commencé à prier, mais je doute de ma sincérité vis-à-vis de Dieu. Je suis coupable. J'ai ignoré la religion pendant des années, me tournant vers Dieu uniquement pour lui demander de l'aide. Uniquement parce que je suis gardée en otage dans ce pays étranger. Pourquoi n'écouterait-il maintenant?

J'essaie encore. Je ne prie pas comme d'habitude, pour trouver un moyen d'échapper à ce pays avec ma fille. Je prie seulement pour que nous soyons réunies. « Mon Dieu, rends-moi ma fille. Protège-la, et réconforte-la. Fais qu'elle se sente aimée de toi, qu'elle sache que tu es là pour la protéger et que je l'aime. Mon Dieu, aide-moi à la faire revenir. »

Quelque chose, quelqu'un m'a dit d'ouvrir les yeux? Est-ce que j'entends une voix? Je sursaute et, en regardant autour de moi, je vois la serviette de Moody, posée dans un coin de la pièce. Habituellement il l'emporte avec lui, mais aujourd'hui il l'a complètement oubliée. Curieuse, je me lève pour l'examiner. Je n'ai aucune idée de ce qu'elle contient, mais j'y trouverai peut-être quelque chose d'utile. Peut-être une clef?

La serviette a une fermeture à combinaison. Il l'a composée lui-même et je n'ai jamais su les chiffres. Pourquoi pas 0-0-0... Je vais commencer par là, qu'est-ce que je peux faire d'autre? J'emporte la serviette dans la chambre de Mammal et Nasserine, d'où je peux mieux guetter les bruits extérieurs. Je m'assois par terre et compose trois zéros. Rien ne se passe. J'essaie 001. Encore rien. Une oreille tendue vers l'extérieur, à l'écoute d'un éventuel retour de Moody, je fais systématiquement la série : 003, 004, 005. Ce travail répétitif m'aidera de toute façon à passer le temps, même si le résultat n'est pas encourageant.

Je tente 1-0-0 , sans succès, et je continue. La tentative me paraît maintenant stupide, il n'y a probablement rien là-dedans qui puisse me servir. Mais j'ai neuf cents nombres devant moi et rien d'autre à faire. 1-1-4, rien 1-1-5, rien. Ça ne vaut pas la peine... 1-1-6, rien. Et si Moody rentrait en douce et me surprenait à fouiller dans ses affaires? Je tente la séquence 1-1-7 et appuie sur les boutons sans y croire. Ça marche!

En soulevant le couvercle, je bondis de joie. C'est un téléphone! Un appareil à touches avec toutes sortes de gadgets. Mammal l'a acheté au cours d'un voyage en Allemagne. Au bout du cordon, une prise qui ressemble à une prise électrique. C'est ce qui permet de le raccorder à la prise murale. Je cours vers l'endroit du branchement, mais je m'arrête aussi vite. Essey est chez elle, juste en dessous de moi. Je peux l'entendre s'activer, je peux entendre le bébé gazouiller. Je sais aussi que le système local de branchement est de la camelote. Chaque fois que quelqu'un compose un numéro sur l'appareil du premier étage, une série de petites sonneries se produit à l'étage inférieur sur l'autre appareil. Essey va comprendre. Est-ce que je peux risquer le coup? Évidemment elle a montré de quel côté elle se trouve à présent. Elle n'est pas d'accord avec Moody, mais elle doit obéir. Elle doit m'espionner si Daheejon le demande...

Le temps passe, vingt minutes ou une demi-heure. Je reste plantée dans le vestibule, le téléphone à la main, prête à le bra..cher, soupesant les risques. Soudain j'entends la porte intérieure de l'appartement de Essey s'ouvrir et se fermer. Puis la porte extérieure en faire autant. Je cours à la fenêtre, colle mon visage sur le volet intérieur, le temps d'apercevoir la silhouette de Essey qui s'éloigne dans la rue avec son bébé. Elle quitte rarement la maison plus de quelques minutes! C'est comme une réponse à une prière...

A toute vitesse je branche l'appareil, appelle Hélène à l'ambassade et lui fais part en pleurant de l'aggravation de ma situation.

— Je vous croyais chez votre amie Ellen en train d'arranger les choses.

— Non... il m'a enfermée. Il a emmené Mahtob, j'ignore où elle se trouve et si elle va bien.

— Qu'est-ce que je peux faire pour vous?

— Je ne veux pas que vous tentiez quoi que ce soit, avant qu'elle soit revenue. Je ne veux pas prendre de risque avant de l'avoir revue.

Hélène me suggère d'en parler avec M. Vincop et lui passe la ligne. Une fois de plus j'explique que je ne veux pas d'aide active de l'ambassade avant d'avoir revu Mahtob. Il pense que je ne suis pas raisonnable. Il pourrait venir et essayer de me faire sortir de là. Ensuite il pourrait raconter à la police que j'étais enfermée. Je gueule dans le téléphone :

— Non! C'est un ordre que je vous donne. Ne faites rien. N'essayez pas de me joindre. Ne faites rien pour m'aider. Je reprendrai contact dès que je le pourrai mais je ne sais pas quand ce sera possible... Demain ou dans six mois, je ne sais pas. Mais n'essayez pas de me joindre!

Je raccroche précipitamment en me demandant si je prends encore le risque d'appeler Ellen à son travail. Mais j'entends une clef à l'extérieur. Essey est de retour. Je débranche l'appareil en vitesse, le range dans l'attaché-case et remets le tout au même endroit, dans le coin de la pièce.

Tout à coup, je repense à la photo que j'ai prise de Moody, emmenant Mahtob dans la poussette. Il y a d'autres photos sur le rouleau. Et s'il le fait développer, il s'apercevra de ce que j'ai fait. J'aurai droit à une colère de plus. Je cherche dans la sacoche de l'appareil un autre rouleau pour remplacer celui-là, mais il n'y en a pas.

Cette photo me paraît moins importante, en y pensant, car on n'y voit que le dos de Mahtob, tandis qu'il traîne la poussette. Pas de quoi risquer de me faire démolir à nouveau. J'ouvre l'appareil, expose le film à la lumière et remets le tout en place. En espérant que j'ai détruit des clichés auxquels il tenait.

Deux jours plus tard, sans une explication, Essey sort de chez elle en emmenant Marhyam et Mehdi. Je peux la voir à travers le rideau, monter dans un taxi, embarrassée d'une valise, de ses enfants turbulents et de son tchador. Elle a l'air de rendre visite à des parents. Reza est encore en voyage pour son travail. Je suis maintenant complètement seule.

Certains jours, Moody rentre le soir à la maison. D'autres non. Je ne sais ce que je préfère. Je déteste cet homme et j'en ai peur, mais il est mon unique lien avec Mahtob. Lorsqu'il arrive, les bras chargés de provisions, renfrogné et taciturne, il répond à mes questions par une phrase abrupte et concise :

— Elle va bien.

— Est-ce que ça se passe bien à l'école?

— Elle ne va pas à l'école. On ne veut plus d'elle à cause de ce que tu as fait. C'est de ta faute. Tu détruis tout, et maintenant ils ne veulent plus d'elle là-bas. Tu es une véritable catastrophe.

Et de poursuivre :

— Tu n'es qu'une mauvaise épouse. Tu ne m'as pas donné d'autres enfants. Je vais me chercher une autre femme qui me donnera un fils.

Soudain je repense à mon stérilet. Qu'est-ce que Moody penserait de ça? Est-ce qu'il me battrait si sauvagement que j'aurais besoin des soins d'un médecin? Et si le médecin iranien découvrait le stérilet? En admettant que Moody ne me tue pas, le gouvernement le ferait. A propos de gouvernement j'ai droit à d'autres menaces :

– Je vais te traîner devant Khomeiny, et lui dire que tu ne l'aimes pas. Je vais te dénoncer au gouvernement et leur dire que tu es un agent de la C.I.A.

En d'autres temps plus logiques, j'aurais pris cela pour des menaces en l'air. Mais j'ai entendu des histoires de gens qui ont été accusés pour rien ou sans preuve, et emprisonnés. Puis exécutés sans même un procès. Je suis à la merci d'un fou et d'un gouvernement aussi fou que lui. Je « sais » que ma survie dépend de la fantaisie de Moody et de son ayatollah.

Bouclée dans cet appartement avec mon bourreau, je n'ai aucune défense. Chaque fois que je vois cette sorte de feu inquiétant grandir dans ses yeux, je m'oblige à tenir ma langue, en espérant qu'il n'entend pas le terrible chahut de mon cœur.

Il concentre le plus gros de son courroux sur le fait que je ne sois pas musulmane.

– Tu brûleras dans les flammes de l'enfer et moi j'irai au paradis... Pourquoi est-ce que tu ne te réveilles pas?

– J'ignore ce qui doit arriver... (Je réponds doucement en essayant de le calmer.) Je ne suis pas juge. Seul Dieu est juge.

Certaines nuits, alors que Moody choisit de rester avec moi, nous dormons dans le même lit, mais il est distant. Il m'est arrivé parfois, désespérée et prête à tout pour ma liberté, de me rapprocher de lui et de poser ma tête sur son épaule, avec un haut-le-cœur. Mais ça ne l'intéresse pas de toute façon. Il grogne, se détourne et s'éloigne de moi.

Le matin, il me laisse seule, en prenant son attaché-case et le téléphone avec lui.

Je deviens lentement folle de peur et d'isolement. Encore meurtrie et courbatue depuis cette bagarre terrible, submergée par la dépression et le désespoir, je reste au lit des heures, incapable de dormir, incapable de me lever. A d'autres moments je fais les cent pas dans l'appartement, cherchant je ne sais quoi. Les jours passent dans un brouillard total. Il y a bien longtemps que ne sais plus quel jour ou quelle semaine, quel mois nous sommes. Ou si le soleil va se lever le matin suivant. Tout ce que je veux, c'est voir ma fille.

Un de ces jours d'angoisse brumeuse, ma peur se fixe sur un détail. Je fouille avec mes doigts à l'intérieur de mon ventre, à la recherche du fil de cuivre attaché au stérilet. J'hésite. Si j'avais une hémorragie? Je suis enfermée et sans téléphone. Si je saignais à mort?...

Mais finalement je me fiche de vivre ou de mourir. Je tire sur le fil, hurle de douleur, et le stérilet demeure en place. J'essaie plusieurs fois, tirant durement, tordue par une douleur infernale. Il ne veut toujours pas venir. Alors j'attrape une paire de pinces, dans mon nécessaire de manucure, et j'accroche fermement le tortillon de cuivre. D'une traction lente et ferme, qui m'arrache des cris de douleur, je réussis enfin. Le voilà soudain dans ma main, ce truc de plastique et de cuivre qui pourrait me condamner à mort. J'ai les entrailles déchirées. J'attends quelques minutes pour m'assurer que je ne saigne pas.

Je le contemple, ce stérilet. Un cercle de plastique blanc, étroit, moins de trois centimètres de large, attaché à un brin de fil de cuivre. Maintenant qu'est-ce que je vais faire de ça? Je ne peux pas me contenter de le jeter à la poubelle, en risquant que Moody le trouve. Il y a peu de chances, mais en tant que médecin il saurait immédiatement de quoi il s'agit.

Est-ce qu'il disparaîtrait avec la chasse d'eau? Je ne suis pas sûre que le flot parvienne à l'entraîner. Et s'il fait bouchon dans le tuyau d'évacuation? Il faudra appeler un plombier qui montrera à Moody l'étrange objet, cause de l'obstruction.

La matière est souple. Je peux peut-être le découper en morceaux. Je trouve une paire de ciseaux dans la boîte de couture de Nasserine et je m'acharne jusqu'à ce que tout soit réduit en petits bouts.

Ensuite je cours chercher mon couteau de cuisine, pour

dévisser rapidement le volet de la fenêtre. Je me penche le plus possible au-dessus du trottoir, le front collé aux barreaux, pour surveiller si personne ne regarde. Puis je jette les morceaux de mon stérilet à la dérive dans ce caniveau de Téhéran.

L'anniversaire de mon père est le 5 avril. Il a soixante-cinq ans, s'il est encore en vie. L'anniversaire de John est le 7 avril. Il a quinze ans. Sait-il si j'existe encore?

Je ne peux pas leur envoyer des cadeaux. Je ne peux pas leur faire des gâteaux. Je ne peux pas les appeler pour leur souhaiter un joyeux anniversaire. Je ne peux pas leur envoyer de cartes postales.

Je ne sais même pas si les anniversaires sont passés ou non, j'ai perdu le sens du calendrier.

Parfois, la nuit, je me tiens debout sur le petit balcon, je regarde la lune et je pense qu'aussi grand que soit le monde, il n'y a qu'une seule lune, la même pour Joe et John, papa et maman, la même pour moi. C'est la même lune que Mahtob peut voir.

D'une certaine manière j'ai l'impression d'être reliée à eux.

Un jour, alors que je regarde par la fenêtre de la façade, sans but précis, je retiens tout à coup mon souffle. Miss Alavi est là, sur le trottoir, le long de l'allée, elle regarde fixement dans ma direction. Pendant une seconde, je me demande si ce n'est pas une hallucination de mon cerveau malade.

Surprise, je l'interpelle :

— Qu'est-ce que vous faites là?

— J'ai guetté, guetté, guetté, j'ai attendu des heures... Je sais ce qui vous est arrivé.

Comment a-t-elle pu savoir où je vis? L'ambassade? L'école? Je m'en fiche. Je suis éblouie de revoir la femme qui était prête à risquer sa vie pour nous faire sortir d'Iran, Mahtob et moi. Mais Mahtob est partie...

— Qu'est-ce que je peux faire?

— Rien, malheureusement.

— Je dois vous parler...

Elle baisse la voix, réalisant combien il peut paraître suspect de discuter ainsi, de l'autre bout de l'allée, avec une femme à la fenêtre d'un étage, et en anglais !

– Une minute, attendez...

En un rien de temps, j'ai ôté le volet et je peux appuyer ma tête contre les barreaux. Nous pouvons parler plus bas de cette manière.

– J'ai surveillé la maison pendant plusieurs jours...

Et elle m'explique qu'elle est venue une fois avec son frère. Ils étaient assis dans une voiture. Mais quelqu'un s'est montré soupçonneux et leur a demandé ce qu'ils faisaient là. Le frère de Miss Alavi a prétendu qu'il surveillait une jeune fille dans cette maison, parce qu'il voulait l'épouser. L'explication fut suffisante. Mais cet incident ayant rendu son frère prudent, Miss Alavi est désormais venue seule.

– Tout est prêt pour le voyage à Zahidan...

– Je ne peux pas venir, je n'ai pas Mahtob avec moi.

– Je trouverai Mahtob.

Est-ce qu'elle le peut ?

– Ne faites rien qui paraisse suspect !

Elle me fait un signe de réconfort et disparaît aussi mystérieusement qu'elle était apparue. Je replace le volet, cache mon couteau de cuisine et, une fois de plus, retombe dans ma léthargie, en me demandant si je n'ai pas rêvé.

Dieu a dû ralentir le monde. Chaque jour doit dépasser quarante-huit heures, et même soixante-douze. Ce sont les jours les plus solitaires de ma vie. Trouver quelque chose, n'importe quoi, pour passer le temps est ma principale occupation.

J'ai mis au point dans ma tête une stratégie subtile pour communiquer avec Mahtob. Avec ce que j'ai pu trouver comme restes de nourriture, ou ce que Moody rapporte à la maison, j'ai essayé de cuisiner l'un des plats favoris de ma fille et de le lui faire parvenir via son père. Le riz pilaf à la bulgare est un délice pour elle.

Avec de petits bouts de laine blanche, je fabrique au crochet une paire de bottines pour sa poupée. Je me souviens de deux pulls à col montant qu'elle portait rarement. Elle prétendait qu'ils lui serraient trop le cou. Je coupe, je recouds pour les rendre plus confortables et avec le reste je fabrique d'autres petits vêtements de poupée. J'ai découvert une vieille blouse blanche trop petite pour elle. Je la transforme en chemisier à manches courtes.

Moody emporte les cadeaux avec lui, mais refuse de me donner la moindre nouvelle de ma fille, sauf une fois en me rapportant les bottines de poupée :

– Elle dit qu'elle n'en veut pas, parce que les autres gosses les salissent.

Mon cœur s'illumine en secret. Ma courageuse petite fille est entrée dans le jeu. C'est sa manière de dire : « Maman, j'existe encore. » Elle est avec d'autres enfants donc. Ce qui exclut la maison d'Ameh Bozorg. Merci, mon Dieu.

Mais où est-elle?

Usée par l'inaction et la déprime, j'ai commencé à fouiller dans la collection de livres anglais de Moody. Beaucoup d'entre eux parlent de l'Islam, mais tant pis. Je lis page après page. Même un dictionnaire. J'espérais trouver une bible.

Dieu est mon unique compagnon, au long de ces jours et de ces nuits morbides. Je lui parle constamment. Peu à peu, et au bout d'un nombre de jours indéfini, une nouvelle stratégie se dessine dans ma tête embrumée. Prisonnière sans espoir de secours, dans l'impossibilité de faire quoi que ce soit pour moi-même, je vais tenter de suivre une voie qui pourrait nous réunir, ma fille et moi. Je vais m'intéresser à la religion de Moody.

Studieusement, je me penche sur un livre qui détaille les coutumes et les rituels des prières islamiques et j'entame la routine. Avant de prier, je lave mes mains, mes bras, mon visage et le dessus de mes pieds. Ensuite je mets le tchador blanc de la prière. A genoux, inclinée et soumise selon le désir d'Allah. La tête est censée ne jamais toucher quelque chose de fabriqué par l'homme. Au-dehors, c'est simple. Mais à l'intérieur, le pénitent doit utiliser une pierre de prière et il y en a plusieurs dans la maison. Ce sont de petites mottes d'argile séchée de trois centimètres de diamètre. N'importe quelle terre ferait l'affaire, mais celles-ci ont été fabriquées spéciale-ment avec l'argile de La Mecque.

Revêtue du tchador, la tête inclinée jusqu'à toucher la pierre de prière, le livre ouvert par terre devant moi, je fais mes dévotions, encore et encore.

Un matin, Moody se lève et reste coi, en me voyant l'imiter dans la toilette rituelle. Il me regarde, émerveillé, endosser le tchador et m'installer dans le vestibule. Je connais ma place maintenant. Pas à côté, mais derrière lui... Ensemble, nous faisons face à La Mecque et entamons nos incantations solennelles.

Mon objectif est double. Je veux plaire à Moody, même s'il devine que ce n'est qu'une façade. Il doit se douter que je cherche à gagner ses faveurs pour retrouver Mahtob, mais ça n'a pas d'importance. Éloigner ma fille était son dernier recours pour obtenir de moi une soumis-sion complète à sa manière de vivre. N'est-ce pas la preuve que sa méthode a fonctionné ?

Ensuite, vient le deuxième objectif. Je suis beaucoup plus sincère dans mes prières que Moody ne pourrait le croire. Je suis vraiment désespérée de ne recevoir d'aide de nulle part. Si Allah est le même Dieu suprême que le mien, je suivrai ses désirs aussi étroitement que possible. Je veux plaire à Allah, bien plus que je ne veux plaire à Moody.

Les prières terminées, Moody me dit brusquement :

— Tu ne devrais pas les dire en anglais.

J'ai une tâche encore plus grande à accomplir à présent. Toute la journée et pendant des jours et des jours, j'apprends les mots arabes en me persuadant que je ne suis pas, que je ne serai jamais une épouse iranienne obéissante.

Ellen vient me voir un jour, elle a sonné à la porte pour me prévenir, et nous parlons à travers la fenêtre.

— Je sais que Moody ne veut pas que je me mêle de vos affaires, mais je suis venue jeter un coup d'œil. Je voulais savoir au moins si vous étiez en vie. Est-ce que les choses ont changé?

– Non.

– Vous savez où est Mahtob?

– Non et vous?

– Non... Je me demande si Aga Hakim pourrait vous aider... Moody le respecte. Je peux aller le voir.

– Non, non, pas ça. Si Moody découvre que j'ai parlé à quelqu'un, cela ne donnera que de mauvais résultats. Je ne veux rien faire pour que les choses empirent. Je veux seulement voir Mahtob.

Ellen comprend mon raisonnement, mais s'en désole.

– Il y a une chose que vous pouvez faire pourtant... Vous pourriez m'apporter votre Nouveau Testament.

– D'accord, mais comment vous le faire parvenir?

– J'attacherai un panier avec une ficelle, ou n'importe quoi...

– D'accord.

Ellen est partie. Mais elle n'est jamais revenue avec le Nouveau Testament. Se sentant peut-être coupable de cette visite clandestine, elle a dû en parler à Hormoz...

Je suis sur le balcon de derrière, par une matinée de soleil, et je me demande si je suis folle ou non. Combien de temps cela va-t-il durer? J'essaie de compter à partir du jour de cette bagarre horrible. Était-ce il y a un mois, deux mois? Je n'arrive pas à m'en souvenir. Il faut que je me repère sur le vendredi, c'est le seul jour différent, il est scandé par de nombreux appels à la prière. En essayant de me rappeler, je n'arrive à compter qu'un seul vendredi depuis les coups. Il ne se serait passé qu'une semaine? Moins de deux? Est-ce que nous sommes encore en avril?

Au-delà de la cour cimentée, dans la rue voisine, j'aperçois une femme qui m'observe de sa fenêtre ouverte. Je ne l'ai jamais vue auparavant.

Tout à coup, dans un anglais hésitant, elle m'interpelle :

– D'où êtes-vous?

Surprise et méfiante, je demande :

– Pourquoi?

– Parce que je sais que vous êtes étrangère!

Toutes ces journées de frustration délient soudain ma langue et les mots se bousculent. Je ne perds pas de temps à me demander si cette femme est une amie ou une ennemie.

– Je suis prisonnière ici. Ils ont pris ma fille et m'ont enfermée dans cette maison. Aidez-moi, j'ai besoin de secours.

– Je suis désolée pour vous... je ferai ce que je pourrai.

Que pourrait-elle faire? Une ménagère iranienne est à peine plus libre que je ne le suis. Puis il me vient une idée.

– Je voudrais envoyer une lettre à ma famille.

– D'accord. Vous écrivez la lettre. Après je viens dans la rue et vous pourrez me la jeter en bas.

Je gribouille un mot rapide, probablement assez incompréhensible. Aussi vite que possible, je décris ma nouvelle situation et avertis mes parents de ne pas trop faire pression sur le département d'État en ce moment. Pas avant que Mahtob revienne. Je leur dis que je les aime. Et je pleure sur le papier.

Je retire le volet intérieur de la fenêtre de façade et, l'enveloppe à la main, j'attends l'arrivée de la femme dans l'allée. La circulation des piétons n'est pas très dense, mais je ne suis pas sûre de pouvoir la reconnaître, habillée comme toutes les autres. Quelques-unes passent, sans un signe de connivence. Puis une femme arrive, vêtue du long manteau noir et du châle traditionnel, couvrant bien la tête et le cou. Elle passe et repasse comme si elle vaquait à une occupation habituelle. Puis en approchant de ma position, elle me jette un œil et fait un très léger mouvement de la tête. La lettre glisse de mes doigts et tombe sur le trottoir comme une feuille morte. Rapidement, ma nouvelle alliée ramasse l'enveloppe et la glisse sous son manteau, sans même interrompre sa marche.

Je ne l'ai jamais revue. Souvent j'ai guetté sur le balcon dans l'espoir de l'apercevoir. Elle a dû estimer que le risque était trop grand pour en faire plus.

Comme je l'espérais, ma contribution aux prières a

quelque peu radouci Moody. En guise de récompense, il m'a rapporté le *Khayam,* un quotidien en anglais. Les articles sont envahis par la propagande iranienne, mais j'ai enfin quelque chose d'autre à lire dans ma langue, que les livres religieux ou le dictionnaire. Et maintenant je connais la date. Il m'est encore difficile de croire que je n'ai passé qu'une semaine et demie en réclusion. Le *Khayam* ment peut-être sur la date, comme il ment sur le reste...

L'arrivée de ce journal annonce un changement dans ma situation et dans le comportement de Moody. Maintenant, il réapparaît chaque après-midi, m'apporte le *Khayam,* et parfois un festin.

— Des fraises... m'annonce-t-il un jour. Elles sont très chères et difficiles à trouver.

Drôle de paix qu'il offre ainsi! Il a refusé des fraises à Mahtob, cette fameuse nuit, la dernière que j'ai passée avec ma fille.

Il y a bien un an que je n'ai pas mangé de fraises. Elles sont petites et sèches, et n'ont pas beaucoup de goût, mais je les trouve délicieuses. J'en avale deux ou trois avant de m'arrêter :

— Emporte-les pour Mahtob...

— D'accord.

Certains soirs, il lui arrive parfois de se montrer presque aimable et de tenter une petite conversation. D'autres fois, il est distant, de mauvaise humeur. Et bien que je le questionne sans arrêt à propos de Mahtob, il ne veut rien me dire.

— Combien de temps encore? Combien de temps est-ce que ça va durer?

Il se contente de grogner.

Un jour s'ajoute à un autre misérable jour.

La sonnette de la porte d'entrée vient de nous réveiller en pleine nuit. Toujours en alerte après je ne sais quels démons qui le tourmentent, Moody saute du lit jusqu'à la fenêtre. Encore ensommeillée, j'entends la voix de Mustapha, le troisième fils de Babba Hajji et Ameh Bozorg.

J'entends aussi Moody répondre qu'il va venir très vite. Pendant qu'il s'habille précipitamment, je le questionne :

– Qu'est-ce qui se passe?
– Mahtob est malade. Je dois y aller.

Mon cœur bondit dans ma poitrine. Je crie :

– Laisse-moi venir!
– Non. Tu dois rester là.
– Je t'en prie!
– Non!
– Je t'en prie, ramène-la ici.
– Non. Je ne la ramènerai jamais ici.

Je cours après lui jusqu'à la porte, prête à traverser toutes les rues de Téhéran en chemise de nuit pour retrouver ma fille.

Mais il me repousse à l'intérieur, verrouille la porte derrière lui et me laisse seule, face à une nouvelle angoisse. Mahtob est malade! Malade au point que l'on a envoyé Mustapha chercher Moody en plein milieu de la nuit. Est-ce qu'il va l'emmener à l'hôpital? De quoi est-elle malade? Qu'est-ce qui ne va pas? Oh, mon bébé... Mon bébé... mon bébé...

Après une interminable nuit de larmes et de lugubre appréhension, j'essaie de comprendre ce que signifie ce lambeau d'information à propos de Mahtob. Pourquoi Mustapha? Je me rappelle maintenant que Mustapha et sa femme Malouk habitent seulement quelques rues plus loin. Ce serait un endroit pratique pour Moody pour y planquer ma fille. Elle les connaît et s'entend bien avec leurs enfants. D'autre part, Malouk est finalement un peu plus propre et un peu plus amicale que la plupart des femmes de la famille.

Chez elle Mahtob peut disposer d'un petit confort, mais c'est une piètre consolation pour moi. Un enfant a encore plus besoin de sa mère quand il est malade. Et je ne peux que lui envoyer mon amour par la pensée, la réconforter dans ma tête et espérer, prier qu'elle entendra et percevra l'intensité de mon chagrin pour elle.

J'avais cru, les semaines précédentes, toucher le fond. Ce nouveau désespoir fait encore reculer la limite. Les heures épouvantables de cette nuit vont bien m'amener au jour suivant. Mais je n'ai toujours pas de nouvelles. La matinée se traîne. Chaque battement de mon cœur est un sanglot pour ma fille. Mahtob... Mahtob... Mahtob...

Je ne peux pas manger, je ne peux pas dormir, je ne peux rien. Je peux seulement l'imaginer seule dans un lit d'hôpital. L'après-midi est oppressante jusqu'à la douleur, elle ne passe pas, les minutes pèsent des tonnes. C'est le jour le plus long de ma triste vie.

Soudain quelque chose de fou, d'irrésistible me prend par la main. Je suis à la fenêtre de la chambre à coucher, la nôtre, à l'arrière de la maison. Je vois une femme dans le jardin voisin. C'est une domestique, une vieille femme, drapée dans son tchador. Elle est penchée sur une fontaine, elle lave des pots et des plats, de sa main libre. Je l'ai vue souvent accomplir ces mêmes tâches, mais je ne lui ai jamais parlé.

Je me monte la tête, à cet instant précis. Je veux m'évader de cette prison, courir chez Mustapha et Malouk et sauver ma petite fille malade. Trop perturbée pour réfléchir sainement, je ne me préoccupe pas des conséquences possibles. Quelles qu'elles soient, il me faut voir ma fille, maintenant!

Il n'y a pas de volet de protection et pas de barreaux sur cette fenêtre de derrière. Je pousse une chaise, grimpe dessus et passe par-dessus le bord, mes pieds cherchant à prendre prise sur la minuscule protubérance que j'ai remarquée un jour... Un ou deux centimètres, pas plus. En équilibre sur cette saillie, accrochée au montant de la fenêtre, je suis à un pas du toit de cette maison qui n'a qu'un étage. Je tourne prudemment la tête à droite et j'appelle :

– *Khanum!*

La vieille femme se tourne vers moi et reste en arrêt.

– *Shoma Englisi sobatcom?* Est-ce que vous parlez anglais?

J'espère qu'elle me comprendra suffisamment pour me permettre de grimper sur son toit, me laisser rentrer chez elle et ressortir par la porte.

En réponse à mon appel, la vieille se raccroche à son tchador et court se réfugier à l'intérieur.

Prudemment je retourne en arrière. Il n'y a pas d'issue. Je fais les cent pas, perdue dans mes pensées.

Puis je cherche quelque chose à lire dans la bibliothèque de Moody, quelque chose que je n'aurais pas encore dévoré d'un bout à l'autre. Je tombe sur un livret de quatre feuillets, qui a glissé d'une pile de livres, et l'examine avec curiosité. Je ne l'ai encore jamais vu. C'est un guide en anglais, pour apprendre certaines prières, spéciales à certains rituels.

Je le parcours rapidement et mes yeux s'arrêtent sur la description d'un *nasr*. Un *nasr* est une promesse solennelle à Allah, un vœu, une supplique, un marché. Reza et Essey ont fait un *nasr*. Si Allah voulait faire quelque chose pour guérir le pied déformé de Mehdi, ils s'astreindraient à un devoir annuel qui consisterait à apporter des plats de viande, de fromage, du *sabzi* et autres nourritures à la mosquée où ils avaient prié, pour le distribuer aux nécessiteux.

Les haut-parleurs, dans la rue, appellent à la prière. Les larmes coulent sur mes joues et j'accomplis les gestes rituels, me laver, revêtir le tchador. Je sais maintenant ce que je veux faire. Je veux faire un *nasr*.

Je ne me rends pas compte que je mélange les dogmes de l'Islam et ceux du christianisme. Je dis à voix haute :

— Allah, je te prie, si Mahtob et moi nous nous retrouvons ensemble et si nous pouvons rentrer chez nous saines et sauves, j'irai à Jérusalem, au pays sacré. Je le jure. Ceci est mon *nasr*.

Puis je continue à lire à voix haute dans le livre, une longue prière spéciale, en arabe, avec vénération, avec une réelle dévotion. Je crois profondément. Coupée du monde, j'ai parlé à Dieu ce jour-là.

Le soir tombe sur Téhéran. Assise dans le vestibule, je continue à passer le temps en lisant.

Soudain, les lumières s'éteignent. Pour la première fois depuis des semaines, le hurlement lancinant des sirènes annonce un raid aérien.

280

Mahtob! Pauvre petite Mahtob qui va avoir si peur. Je cours à la porte dans un élan désespéré, mais elle est verrouillée, bien entendu. Et je suis piégée au premier étage de cet appartement. Je recule, malade d'angoisse. Je ne songeais pas à me protéger. Je me suis souvenue des termes de la lettre de John : « Je t'en prie, fais attention à Mahtob, garde-la toujours à tes côtés. » Je pleure sur ma fille les plus profondes, les plus noires, les plus douloureuses larmes que j'aie jamais pleurées et que je ne pourrai pleurer de ma vie.

A l'extérieur, les sirènes et les hurlements. On entend le bruit sourd et lointain des canons antiaériens, les avions à réaction et l'explosion des bombes. Puis ils s'éloignent. Encore et encore je prie pour Mahtob. C'est le raid le plus court que nous ayons subi, il n'a duré que quelques minutes, mais il me laisse tremblante, seule dans la maison noire, dans cette ville noire, avec mon noir désespoir. Je reste là à pleurer.

Une demi-heure a dû passer, lorsque j'entends enfin le bruit du verrou de la porte d'entrée. Le pas lourd de Moody résonne dans l'escalier et je me précipite à sa rencontre, prête à mendier la moindre bribe de nouvelles à propos de ma fille. La porte s'ouvre à la volée et il reste là, silhouette sombre dans la faible lueur de sa lampe de poche.

Il porte quelque chose, une sorte de paquet gros et lourd. Je me rapproche pour voir ce que c'est.

Et soudain je sursaute de terreur. C'est Mahtob. Elle est enveloppée dans une couverture, elle repose contre lui, raide, inconsciente. Même dans l'obscurité, je peux voir la pâleur fantomatique de son regard.

16

Je remercie Dieu tout bas. Ma prière a été exaucée. Je suis à la fois heureuse et effrayée. Mon bébé a l'air si malade, si abattu, si mal...

Je les prends tous les deux dans mes bras, mon mari et mon enfant.

— Je t'aime de l'avoir ramenée à la maison...

Je me sens vaguement ridicule en prononçant ces mots. Il est responsable de mon angoisse, mais je suis si comblée de retrouver ma fille, que mon jugement est à moitié illogique.

Moody est grave :

— Je crois que ce raid aérien est un signe de Dieu. Nous avons besoin d'être ensemble en des moments pareils. J'étais profondément inquiet pour toi. Nous ne devons plus nous séparer.

Le front de Mahtob est brûlant de fièvre, elle transpire. Je tends les bras et Moody me la donne. C'est si bon de pouvoir enfin la toucher.

Elle ne dit pas un mot, pendant que je la porte dans la chambre. Moody nous suit, silencieux lui aussi. Je la mets sous les couvertures et lui bassine le front avec un linge trempé dans l'eau fraîche. Elle est consciente et visiblement aux aguets. Elle a peur de dire quoi que ce soit en présence de son père.

— Est-ce qu'elle a mangé?

Il m'assure que oui, alors que de toute évidence elle a maigri.

Toute la nuit, il fait son possible pour ne pas nous laisser seules. Mahtob garde le silence, elle est sans forces, mais grâce à mes soins, la fièvre semble tomber un peu.

Nous passons la nuit tous les trois dans le même lit, Mahtob au milieu, dormant mal, souvent réveillée par des douleurs d'estomac et des crises de diarrhée. Je ne dors que par à-coups, d'un sommeil agité, j'ai trop peur de poser la question à Moody : et maintenant ? Que va-t-il se passer ?

Au matin, il s'apprête à partir travailler et me dit d'un ton neutre où je ne retrouve pas l'affection fugace de la veille :

– Habille-la.

– Tu ne vas pas l'emmener ? S'il te plaît, non !

– Je ne la laisse pas avec toi.

Je ne cherche pas la bagarre, et pourtant cet instant est terrible pour moi. Moody est le plus fort et je ne veux pas risquer l'isolement à nouveau. Toujours silencieuse, Mahtob se laisse emporter par son père, abandonnant derrière elle une mère effondrée. J'en mourrai d'un arrêt du cœur si ça continue.

C'est étrange ce qui nous est arrivé, à tous les trois. Cela me prend du temps de décoder les changements subtils intervenus dans notre comportement. Mais je sens intuitivement que nous entrons dans une nouvelle phase de notre vie commune.

Moody est encore plus sournois, moins provocateur, mais plus calculateur que jamais. Extérieurement, il a l'air plus calme, plus équilibré. Mais je peux toujours voir dans ses yeux cette lueur inquiétante, signe d'un trouble profond. Il s'inquiète pour l'argent.

– Je n'ai toujours pas été payé à l'hôpital. Tout ce travail pour rien...

– C'est ridicule et difficile à croire. D'où tiens-tu l'argent dont tu te sers, alors ?

– L'argent qui nous fait vivre, je l'ai emprunté à Mammal.

Je ne peux toujours pas le croire. Je suis convaincue qu'il veut me faire croire qu'il n'a pas d'argent et que nous ne pouvons donc pas changer notre mode de vie.

Mais pour une raison mystérieuse, son irritation a graduellement changé de cible. Il commence par ramener Mahtob à la maison presque chaque soir, excepté les nuits où il est de garde à l'hôpital. Après une semaine ou deux de ce trafic incessant, Mahtob est autorisée à rester avec moi dans la journée, mais occasionnellement, lorsqu'il est à son travail, ce qui ne l'empêche pas d'accentuer notre isolement. Il nous enferme toujours à double tour en partant.

Un matin, il s'en va comme d'habitude, et comme d'habitude je guette le claquement du verrou, qui ne se produit pas. Le bruit de ses pas s'estompe dans l'escalier... Il est parti. Je cours à la fenêtre de la chambre pour le voir s'éloigner dans l'allée. Aurait-il oublié de nous enfermer ou s'agit-il d'un test?

Quoi qu'il en soit, je prends en compte cette dernière éventualité. Nous restons dans l'appartement jusqu'à son retour quelques heures plus tard. Il me paraît mieux disposé qu'en partant. Je crois que c'était un test. Il a dû surveiller l'appartement ou laisser un espion, et nous lui avons prouvé notre bonne foi.

Il parle plus volontiers et plus passionnément de nous trois comme d'une famille unie, un bouclier contre le monde extérieur. Au fur et à mesure que passent les jours et les semaines, je reprends espoir, il me rendra complètement ma fille, dans peu de temps.

Mahtob aussi a changé. Au début elle répugnait un peu à me raconter les détails de sa vie loin de moi.

— Est-ce que tu pleurais? Est-ce que tu as demandé à papa de te ramener ici?

Elle répondait alors d'une toute petite voix:

— Non... Je ne lui ai pas demandé. Je n'ai pas pleuré. Je n'ai parlé à personne. Je n'ai pas joué. Je n'ai rien fait du tout.

Il m'a fallu beaucoup de patience, et de conversations, pour parvenir à faire tomber sa méfiance, même vis-à-vis de moi. Finalement j'apprends qu'elle a été soumise à de nombreux interrogatoires, en particulier par la femme du neveu de Moody, Malouk. On lui a demandé si sa mère l'avait emmenée à l'ambassade, si sa mère était en train d'essayer de quitter le pays. Mais Mahtob a toujours répondu simplement « non ».

– Tu sais, maman, j'ai essayé de me sauver. Je connais le chemin pour venir ici de chez Malouk. Des fois, quand on allait acheter les légumes, ou quelque chose, je voulais courir pour revenir avec toi.

Dieu merci, elle ne l'a pas fait. L'image de ma petite fille, seule dans les rues encombrées de Téhéran, dans cette circulation affolante, avec ces chauffeurs complètement fous et cette police vicieuse, soupçonneuse et sans cœur, cette image est effrayante.

Elle ne s'est pas enfuie, bien sûr. Et elle n'a rien tenté. Il est là, le changement chez ma fille. Contre sa volonté, la voilà assimilée. On l'a soumise. La souffrance et la terreur pèsent davantage que les risques. Elle était misérable, malade, découragée, battue. Et elle a supporté.

J'ai connu moi aussi une transformation. Cette double personnalité. Tous ces longs jours, emprisonnée dans l'appartement de Mammal, m'ont donné à réfléchir. J'ai organisé ma façon de penser, je me suis efforcée de juger logiquement, d'analyser, d'améliorer ma stratégie. Je ne pourrai jamais m'adapter à ce pays, c'est un fait établi.

De même, je ne pourrai plus jamais avoir confiance dans l'esprit détraqué de Moody. Pour l'instant il est supportable, plus rationnel, moins pénible, mais je ne peux compter là-dessus. Je peux simplement améliorer temporairement ma situation, en attendant que les ennuis recommencent.

Comment réaliser cela au mieux? Dans les détails, je l'ignore, mais je suis arrivée à quelques conclusions générales. Je vais recommencer, et même redoubler d'efforts dans mes tentatives pour quitter l'Iran et regagner les États-Unis avec Mahtob. Mais cette nouvelle campagne doit être différente, je dois attaquer avec plus de finesse. Je suis arrivée, par exemple, à la conclusion que Mahtob devait tout ignorer. Je n'aime pas ces interrogatoires de Malouk. Je ne peux pas lui faire endosser le risque d'en savoir trop. Je ne lui parlerai pas avant longtemps de ce retour en Amérique. C'est une décision qui me peine beaucoup, mais à un certain niveau seulement. Ça me fait mal de penser que je devrai cacher la moindre bonne nouvelle, si elle arrive, à ma propre fille. Mais à la réflexion, il est certain que c'est là la meilleure manière, et la plus aimante, de poursuivre mon but avec elle. Je ne veux pas qu'elle espère trop. Pas avant que nous soyons vraiment sur le chemin de l'Amérique. D'ailleurs, je n'ai aucune idée sur la façon de m'y prendre.

Aussi, pour d'autres raisons que Moody, absolument démentes celles-là, nous allons nous renfermer dans notre coquille familiale. En ce qui le concerne, il éprouve un besoin croissant de considérer sa femme et sa fille comme un support affectif. Pour nous, ce sera uniquement un moyen de progresser. Cela nous apporte une paix fragile, une existence étrange qui peut paraître calme, plus facile à vivre dans ses aspects extérieurs, mais où les tensions ne feront que croître. Notre vie au quotidien montre bien, intérieurement, que nous sommes engagés sur un parcours, qui sera peut-être plus douloureux et plus inquiétant qu'auparavant.

Mammal et Nasserine sont restés dans leur famille et n'ont pas regagné l'appartement. Mais Reza et Essey sont de retour au rez-de-chaussée. Je suis devenue amie avec elle.

Le sixième jour du mois persan *Ordibehesht,* qui tombe cette année le 6 mai, est l'anniversaire de l'imam Mahdi, le douzième imam. Il a disparu il y a des siècles et les chi'ites croient qu'au jour du jugement dernier, il réapparaîtra au côté de Jésus. Il est de coutume de lui demander des grâces, le jour de son anniversaire. Essey m'invite à cette célébration, chez une vieille femme, pour un *nasr.* L'accomplissement du vœu, matérialisé par la guérison de sa fille, lors d'une maladie grave, presque mortelle, lui impose de célébrer chaque année l'anniversaire de l'imam Mehdi. Elle m'a prévenue que nous serions deux cents femmes à peu près. Je m'attends à une longue journée de lamentations et de prières, aussi je préfère refuser.

– Je t'en prie, viens avec nous... Tous ceux qui ont un souhait, et veulent qu'il se réalise, viennent et donnent de l'argent à cette femme qui lit le Coran et prie pour eux. Avant que l'année s'achève, avant le prochain anniversaire de l'imam, le vœu se réalise. Tu n'as pas un vœu à réaliser?

Elle me regarde gentiment, chaleureusement. Elle connaît mon vœu!

– D'accord, si Moody me laisse y aller.

A ma grande surprise, il est d'accord. La plupart des membres féminins de sa famille seront là-bas et Essey nous surveillera, Mahtob et moi. Il veut aussi m'impliquer dans ce genre de cérémonies dévotes.

Au petit matin, la maison est pleine de monde. Les hommes se sont rassemblés par douzaines chez Reza, tandis que les femmes s'entassent dans des voitures en route pour la grande célébration. Nous partons pour une heure de trajet en direction du sud, vers l'aéroport où se trouve la maison de la vieille femme.

Cette journée est tout à fait surprenante. Nous pénétrons dans une maison pleine de femmes découvertes, en vêtements de fête étincelants, des robes cramoisies aux décolletés plongeants, des robes du soir pailletées avec bustier, des pantalons légers collant à la peau. Elles sont toutes coiffées de frais et semblent avoir un peu forcé sur le maquillage. Elles paradent, couvertes de bijoux et d'or. Des haut-parleurs braillent en stéréo une musique d'orchestre, avec tambours et cymbales. Partout dans le vestibule, des femmes dansent, sensuellement, les bras arrondis au-dessus de la tête, les hanches mouvantes. Aucune d'elles n'est restée couverte.

Essey se débarrasse de son tchador, et révèle une robe turquoise au décolleté scandaleux, et une abondance de bijoux en or.

Nasserine porte un deux-pièces marine orné de dessins cachemire dans les tons de rouge.

Zoreh et Feresteh sont là, mais aucune trace d'Ameh Bozorg. « Elle est malade. » Depuis que j'ai vu l'allure de cette « party », je peux comprendre pourquoi Ameh Bozorg est absente. Elle n'aime pas la joie. Celle-là la rendrait vraiment malade.

Le spectacle commence bientôt avec une troupe de femmes qui exécutent une sorte de danse du ventre. Les autres chantent, puis les danses se succèdent.

Une par une les femmes s'approchent de la vieille qui lit le Coran dans un coin du vestibule. La vieille annonce le vœu de chacune dans un haut-parleur et entonne un chant rituel.

Feresteh souhaite réussir son examen à l'école.

Zohreh voudrait trouver un mari.

Essey demande que son fils soit capable de marcher.

Nasserine n'a pas de vœu.

Cette réunion tapageuse se poursuit longtemps encore, avant qu'Essey ne vienne me demander si je n'ai pas un souhait à présenter.

— Si, j'en ai un, mais je ne sais pas comment le formuler.

Elle me donne un peu d'argent :

— Tu n'as qu'à aller voir la femme et lui donner l'argent. Reste assise à côté d'elle, elle priera pour toi. Tu n'as pas besoin de lui dire ton vœu. Mais pendant qu'elle priera, concentre-toi bien sur lui.

Je m'approche de la sainte femme, en tenant Mahtob par la main, lui donne l'argent, sans rien dire, et m'assois près d'elle. Elle pose sur ma tête un voile de soie noire et entame sa prière.

Idiote que je suis! Ça ne peux pas marcher... A moins que... après tout il y a peut-être une ombre de chance. Je dois tout tenter. Je me concentre : « Je souhaite retourner aux États-Unis avec ma fille. »

Le rite prend quelques minutes et, lorsque c'est fini, je retourne auprès de Essey. Et je réalise alors que je me suis mise dans de beaux draps...

Nasserine, Zohreh, Feresteh, chacune d'elles, ainsi que la myriade de « nièces » de Moody dans cette pièce, peuvent lui dire que j'ai fait un vœu. Et elles le feront probablement. Il voudra le connaître.

Je décide de le lui révéler avant que quelqu'un ne parle, dès que nous sommes rentrées à la maison.

– J'ai fait un vœu aujourd'hui. J'ai demandé à l'imam Mehdi de m'accorder une grâce.

Il est méfiant, soupçonneux, en me demandant de quoi il s'agit.

– J'ai souhaité que nous soyons à nouveau heureux tous les trois, comme une vraie famille...

Moody relâche peu à peu sa surveillance. Il y a un mois qu'il a ramené Mahtob à la maison, en pleine nuit. Il lui permet maintenant de passer plusieurs jours par semaine avec moi. Parfois il nous laisse aller en promenade, parfois il nous enferme jalousement. Nous menons une étrange existence, cloîtrées.

Il m'est particulièrement atroce d'attendre comme ça le bon moment pour agir, mais c'est tout ce que je peux faire. Je joue le même jeu démoralisant avec Mahtob qu'avec Moody. Je dis mes prières islamiques avec ferveur et Mahtob fait comme moi. Moody succombe peu à peu à mes supercheries, car il voit poindre à l'horizon la « normalisation » qu'il réclamait. Mais il existe un désastre potentiel, qui m'effraie. Maintenant que nous vivons à nouveau comme une famille soi-disant heureuse, je vais devoir feindre aussi l'affection. Et si je tombais enceinte ? Je ne tiens pas à compliquer mes difficultés, en donnant le jour à une nouvelle vie dans ce monde de fous. Je ne veux pas porter un enfant conçu par un homme que je hais. Une grossesse me piégerait plus sûrement que jamais.

Mon anniversaire tombe le 9 juin, j'aurai quarante ans. J'essaie de ne pas insister sur l'événement. Moody est de service à l'hôpital cette nuit et nous a demandé de rejoindre Essey au rez-de-chaussée, pour qu'elle puisse nous surveiller. J'ai tenté de refuser, mais il s'est montré inflexible. C'est pourquoi j'ai passé la soirée de mon anniversaire avec Mahtob d'une drôle de façon, à nettoyer par terre chez Essey, pour écarter une montagne de cafards attirés par les pissats du bébé, après quoi nous avons étalé nos couvertures et essayé de dormir.

Le téléphone se met à sonner au milieu de la nuit et

Essey va répondre. Je l'entends répéter le même mot : *na...na...*

Je bondis, car j'ai compris :

– C'est ma famille, Essey, je veux leur parler. C'est mon anniversaire, c'est pour ça qu'ils appellent.

Je m'empare du téléphone, pour entendre la voix de ma sœur Carolyn. Elle me donne les dernières nouvelles de l'état de santé de papa, qui est stationnaire, me raconte tout sur le travail que Joe a décroché chez I.T.T. Hancok à Elsie. Mes yeux s'emplissent de larmes et une boule dans ma gorge m'empêche de parler. Tout ce que je peux articuler, c'est :

– Dis-lui que je l'aime, dis à John que je l'aime aussi...

Le soir suivant, Moody rentre de l'hôpital avec un petit bouquet de marguerites et de chrysanthèmes, en cadeau d'anniversaire. En le remerciant, je le mets immédiatement au courant de l'appel de Carolyn, avant que Reza ou Essey ne puissent le faire. Je suis étonnée de voir qu'il est plus indifférent qu'irrité.

Nous avons droit à une sortie, sous le beau soleil d'été. Il ne nous emmène pas très loin, chez un couple de personnes âgées, des parents quelconques. Leur fils Morteza, qui a l'âge de Moody, vit avec eux. Il a perdu sa femme il y a quelques années et ses parents l'aident maintenant à élever sa fille Elham, qui est un peu plus vieille que Mahtob. C'est une jolie petite fille, douce, mais triste et esseulée, ignorée de son père comme de ses grands-parents, la plupart du temps.

Très vite dans la conversation, je comprends à travers les paroles de Morteza que ses parents et lui-même ont poussé Moody à me laisser plus de liberté.

– Nous sommes si heureux de vous voir... Personne ne vous avait rencontrée récemment. Nous nous demandions ce que vous deveniez et si vous alliez bien.

C'est Moody qui répond, un brin de gêne dans la voix :

– Elle va bien... Tu peux t'en rendre compte... elle va bien.

Morteza travaille pour le gouvernement, dans un ministère qui contrôle les transmissions par télex à l'intérieur et à l'extérieur du pays. C'est un poste important et qui comporte d'énormes privilèges. Pendant la conversation, il nous fait part de sa décision d'envoyer Elham en vacances en Suisse, ou en Angleterre.

— Ce serait bien, si elle pouvait apprendre un peu d'anglais avant de partir.

— J'adorerais lui apprendre...

Moody est d'accord.

— C'est une excellente idée... Amenez-la à la maison, le matin, Betty pourra lui donner des leçons, pendant que je serai au travail.

Plus tard, sur le trajet du retour, il me dit qu'il est très content. Elham est une enfant agréable, bien mieux élevée que la plupart des enfants iraniens, et il veut l'aider. Il se sent particulièrement attiré par elle, car comme lui, elle a perdu sa mère beaucoup trop jeune. Et puis il est content que nous ayons trouvé une activité pour moi.

— Je veux que tu sois heureuse ici... dit-il.

Et je mens :

— Je veux être heureuse ici.

Apprendre l'anglais à Elham est une forme de réponse à mes prières. Moody va se lasser d'emmener Mahtob chez Malouk pendant la journée. De plus nous aurons besoin d'elle comme traductrice, pour faciliter le travail entre Elham et moi. Et lorsque nous ne travaillerons pas, elles pourront jouer ensemble.

Reza et Essey ont décidé de faire un pèlerinage à la sainte mosquée de Meshed, là où Ameh Bozorg s'était rendue pour une cure miraculeuse. Avant la naissance de Mehdi, ils ont fait un *nasr* et promis ce pèlerinage si Allah leur donnait un fils. Le fait que Mehdi soit un enfant handicapé et attardé n'a rien à voir. Lorsqu'ils nous invitent à les accompagner, je presse Moody d'accepter.

Une idée a immédiatement jailli dans mon esprit. Je sais que certains vols ont été récemment détournés par des pirates de l'air. Si nous allons en avion à Meshed, dans l'extrême nord-est de l'Iran, nous avons peut-être une chance, infime, de nous retrouver dans un vol contraint d'aller sur Bagdad, sans escale... Je sais aussi que ce voyage est idéal pour calmer l'anxiété de Moody. Mon désir de faire ce pèlerinage va le rassurer sur ma dévotion grandissante et mon intégration à son genre de vie.

Mais il y a aussi une raison plus intime à mon impatience. Je veux réellement faire ce pèlerinage. Essey m'a dit que si l'on accomplit les rites particuliers à Meshed, on peut être exaucé de trois vœux. Je n'en ai qu'un, mais je veux fermement croire au miracle de Meshed.

Essey me raconte solennellement ce qui s'y passe :

– Beaucoup de gens y emmènent les malades et les fous, les attachent sur la tombe avec une corde et attendent que le miracle arrive... Et il arrive souvent.

Je ne veux pas savoir si je crois ou ne crois pas à la religion de Moody. Je sais seulement que le désespoir me guide.

Moody accepte facilement, il a lui aussi des souhaits à formuler.

Le vol vers Meshed est très court, sans pirates à bord, et à peine arrivés, Moody nous pousse dans un taxi en direction de l'hôtel. Avec Reza, il a choisi l'établissement le plus inimaginable de la ville. Il grommelle en arrivant dans une chambre glacée et humide. Un lit cabossé nous attend. Un morceau de chiffon usagé sert de rideau à la fenêtre. Les murs sont couverts de craquelures, le plâtre est grisâtre, rien n'a été repeint depuis des dizaines d'années. Le tapis est si crasseux qu'on ne peut pas marcher dessus sans chaussures. Quant à l'odeur des toilettes... elle est repoussante.

La « suite » de Reza et Essey, voisine de notre chambre, n'est pas mieux.

Nous décidons de nous rendre le plus vite possible sur les lieux saints. Autant par zèle religieux que pour échapper à ce décor.

Essey et moi nous portons pour cette occasion des

abbahs. Ce sont des sortes de tchadors, munis d'un élastique pour les maintenir en place. Pour l'amateur que je suis, un *abbah* est plus facile à manier.

La mosquée n'est pas loin de l'hôtel. Nous marchons à travers des rues embouteillées de marchands, hurlant les uns par-dessus les autres, vantant leurs marchandises, chapelets ou pierres de prière. D'autres proposent de merveilleuses tapisseries et des bijoux sertis de turquoises. Tout autour de nous, des haut-parleurs braillent les prières.

La mosquée est la plus grande que j'aie jamais vue, ornée de dômes fantastiques et de minarets. Nous progressons au milieu de la foule des croyants vers un bassin extérieur, pour faire la toilette qui précède les prières. Ensuite nous suivons un guide, à travers un immense jardin, puis de nombreuses salles. Les sols sont recouverts de superbes tapis persans, les murs ornés de glaces immenses, dorées à l'or fin ou argentées. D'énormes chandeliers de cristal illuminent la scène, et la lumière qui se reflète dans toutes les glaces éblouit les yeux.

A l'approche du tombeau, les hommes et les femmes se séparent. Essey et moi, traînant Marhyam et Mahtob, nous nous frayons un chemin à coups d'épaule dans la foule des croyants en extase. Nous devons approcher le plus près possible du tombeau et essayer de le toucher, pour pouvoir demander à Allah d'exaucer nos vœux. Mais nous sommes repoussées à maintes reprises. Finalement, nous nous réfugions dans une chapelle latérale voisine, pour prier.

Un moment plus tard, Essey décide de tenter une nouvelle fois l'aventure. En nous laissant derrière elle avec Mahtob, elle plonge dans la cohue, en tenant sa fille dans ses bras. Elle arrive, à force de persévérance, assez près du tombeau, soulève Marhyam au-dessus de la foule, pour qu'elle puisse le toucher.

Après cette expédition, nous retrouvons les hommes et Moody est furieux que je n'aie pas réussi la même chose avec Mahtob. Ordre est donné à Essey de se charger de ma fille, le lendemain.

Trois jours vont passer dans une complète extase

religieuse. J'ai réussi à me battre pour approcher de la tombe et, en la touchant, j'ai prié Allah avec ferveur d'exaucer mon vœu unique : qu'il nous fasse rentrer au pays toutes les deux, avant que mon père n'ait quitté ce monde.

Ce pèlerinage me perturbe profondément. Il me pousse à croire véritablement en cette religion. C'est peut-être dû à mon désespoir, mais aussi à l'attrait hypnotique de l'environnement. Quelle que soit la cause, je commence à croire au pouvoir du *haram*. Le quatrième et dernier jour de notre séjour à Meshed, je suis déterminée à renouveler le rituel sacré avec toute la foi que je pourrai avoir.

Je dis à Moody que je souhaite me rendre au tombeau toute seule. Il ne me pose pas de question. Ma piété lui semble évidente, à lui aussi. En fait, il a même une petite grimace de plaisir devant cette métamorphose.

Je quitte l'hôtel de bonne heure, avant que les autres soient prêts, pour offrir à Allah ma dernière et plus sincère supplique. En arrivant à la mosquée je suis ravie de voir que j'ai battu la foule de vitesse et je parviens au tombeau sans difficulté, après avoir glissé quelques rials à un homme-turban. Celui-ci accepte de prier pour moi, pour mon vœu inexprimé, et je m'assois près de la tombe, pour quelques minutes de profonde méditation. Encore et encore, je répète mon vœu à Allah et un étrange sentiment de paix m'envahit. D'une façon ou d'une autre, je sais qu'Allah-Dieu exaucera mon vœu. Bientôt.

Les pièces du puzzle commencent à se mettre en place dans ma tête.

Moody nous emmène chez Ameh Bozorg, un jour, mais il ne s'embête pas à enfiler le classique pyjama de visite. Il reste en costume et, pendant quelques minutes, se lance dans une âpre discussion avec sa sœur. Ils s'expriment en dialecte shustari, celui de leur enfance, et nous ne pouvons pas comprendre, ni moi ni Mahtob, ce qu'ils disent, mais cela ressemble à une vieille dispute.

Soudain, il déclare qu'il a une course à faire et nous

recommande de rester ici, avant de s'en aller très vite avec Majid.

Je n'aime pas revenir dans cette maison. Elle me rappelle trop de mauvais souvenirs. Et je n'ai pas envie de rester seule avec quiconque habite ici. Je me réfugie avec Mahtob au bord de la piscine, dans le patio, pour profiter du soleil. Il a bien du mal à percer nos lourdes robes, mais au moins nous sommes à l'écart de la famille.

Manque de chance, Ameh Bozorg nous a suivies au-dehors et elle appelle doucement :

– *Azzi zam!*

« Mon cœur »!... Ameh Bozorg m'a appelée « mon cœur »...

Elle met ses grands bras autour de moi, et répète «*Azzi zam*»... Elle parle en farsi, en utilisant des mots simples que je puisse comprendre ou que Mahtob puisse traduire.

– *Man khaly, khaly khaly motasifan, azzi zam...*

Ce qui veut dire : « Je suis très, très, très désolée pour toi, mon cœur... »

Elle lève les bras au ciel et se met à pleurer :

– *Aiee Khodah!...* Oh, mon Dieu...

Et puis elle dit :

– Va au téléphone, appelle ta famille.

Je me dis : c'est un piège. Et par l'intermédiaire de Mahtob, je lui réponds :

– Je ne peux pas, parce que Moody ne m'a pas donné l'autorisation. Je n'ai pas la permission.

Elle insiste :

– Non, tu dois téléphoner à ta famille...

Et Mahtob ajoute :

– Papa sera furieux.

Ameh Bozorg nous observe attentivement. Je scrute son regard et cette drôle de petite expression qui perce au travers du tchador. Je me demande ce qui se passe ici. Est-ce qu'il s'agit encore d'un traquenard imaginé par Moody pour voir si je désobéis... ou est-ce que les choses ont changé, mais à propos de quoi?

Je persiste dans mon refus, plus troublée et méfiante encore. Je me souviens des pièges qu'elle m'a tendus dans

296

le passé. Spécialement à Qom, quand elle m'a ordonné de m'asseoir dans la mosquée... et qu'elle a ensuite prétendu que je refusais d'accomplir le pèlerinage au tombeau sacré.

Ameh Bozorg disparaît un court instant, puis revient avec ses filles, Zohreh et Feresteh, qui parlent toutes deux anglais. Zohreh dit :

— Va et appelle ta famille... Ce n'est pas bien que tu ne puisses pas leur parler. Appelle tout le monde. Parle autant que tu veux. Nous ne lui dirons pas.

Ce « lui » a été prononcé avec une pointe de vice.

Et c'est finalement ce qui parvient à me convaincre. A cet instant, la chance de parler avec les miens même rapidement et même si cela doit me faire de la peine, comme toujours, vaut bien le risque d'une colère de Moody.

Alors j'appelle, je pleure mon chagrin et mon amour au téléphone. Ils pleurent aussi. Papa reconnaît que son état empire chaque jour, qu'il subit une terrible épreuve et que les médecins vont le réopérer. J'appelle aussi Joe et John chez leur père et je les réveille en pleine nuit.

Ameh Bozorg m'a laissée seule avec Mahtob pendant ces appels, ne voulant pas nous surveiller. Après quoi elle m'invite à m'asseoir dans le vestibule. Avec l'aide de Mahtob, Feresteh et Zohreh pour traduire, nous entamons une conversation très révélatrice. Elle s'exclame :

— J'ai été la première à dire à Moody de te rendre ta fille. Je lui ai dit qu'il ne le fasse plus jamais. Il ne peut pas te traiter comme ça.

Est-il possible que cette femme que je hais, qui m'a été si hostile, devienne une alliée? Est-elle suffisamment lucide pour voir la folie naissante de son jeune frère? Est-elle assez compatissante pour faire son possible afin de nous protéger, Mahtob et moi, de certaines horreurs inconnues? De toute façon, c'est trop, pour pouvoir faire le tri. Je lui parle avec prudence, mais elle semble l'accepter et même comprendre pourquoi.

C'est un bon point pour cette étrange, vraiment très étrange femme. Elle voit que j'ai remarqué un changement incompréhensible en elle. Je ne peux pas lui confier de vrais secrets, bien entendu, il n'en est pas question. Mais pourrais-je lui faire confiance pour rendre Moody supportable?

Pendant cette journée, j'attaque un autre problème. La plupart de nos bagages sont encore entreposés ici, dans le petit cabinet de toilette que nous utilisions. Personne d'autre ne se sert de l'endroit. Il est toujours à nous. Choisissant le bon moment, je me faufile dans la chambre pour examiner la provision de médicaments que Moody a ramenée d'Amérique.

Les petites pilules roses sont rangées dans une mince boîte de plastique. On les appelle des Nordettes. Je n'ai jamais compris comment Moody espérait introduire des contraceptifs oraux dans les mœurs de la République islamique, qui interdit le contrôle des naissances... Peut-être voulait-il soudoyer quelqu'un... En tout cas, les pilules sont là, parmi d'autres médicaments. Est-ce qu'il a compté les boîtes? Je ne peux pas le savoir. En mettant en balance ma peur d'être découverte et ma peur d'être enceinte, je prends tout de même le risque d'une boîte pour un mois de sécurité.

En cachant le petit paquet sous mes vêtements, j'entends le plastique craquer. Il bruisse à chacun de mes mouvements. Je n'ai plus qu'à prier pour que personne ne le remarque.

Au retour de Moody, personne ne lui parle du téléphone. En me levant pour partir je frémis à chaque petit craquement qui accompagne mes pas mais, apparemment, nul ne l'entend. Une fois à la maison, je cache les pilules sous mon matelas. Le jour suivant, j'avale la première, en ne sachant même pas si c'est le bon moment et en priant pour que ça marche.

Quelques jours plus tard, Babba Hajji téléphone à Moody. Il désire venir chez nous lui parler. Moody ne peut pas refuser.

Je m'affaire dans la cuisine, à préparer le thé et quelques mets pour l'honorable invité, horrifiée à l'idée que sa mission soit de mettre Moody au courant de mes appels téléphoniques chez Ameh Bozorg. C'est pourquoi, Mahtob et moi, réfugiées dans la chambre à coucher, nous dressons l'oreille pour écouter. La conversation me remplit d'un soudain optimisme. Autant que je puisse comprendre, Babba Hajji dit à Moody :

– Ceci est la maison de Mammal. Il en est parti à cause de toi, parce que Nasserine ne veut pas se couvrir en permanence dans sa propre maison et que tu es toujours là. Elle est donc obligée de garder le tchador. Ils sont fatigués de tout ça. En bas, c'est la maison de Reza et tu t'en sers aussi. Ils en ont assez, eux aussi. Tu dois t'en aller immédiatement. Tu dois partir d'ici.

Moody répond calmement et avec respect. Bien sûr, il exécutera les ordres de Babba Hajji. Le vieil homme en prend note, sachant pertinemment que ses mots ont la puissance de l'autorité divine. Puis, son message délivré, il s'en va.

Moody est fou furieux après sa famille. Tous, ses parents, oncles, neveux... Il n'a que Mahtob et moi à présent. Maintenant il est le troisième d'entre nous à se battre contre un monde injuste.

Nous mettons Mahtob au lit et discutons tard dans la nuit.

– J'ai poussé Reza à l'école... Je lui ai donné tout ce dont il avait besoin. Je lui ai donné de l'argent, une nouvelle voiture, je lui ai fourni un appartement. Quand Mammal est venu, j'ai payé son opération, j'ai tout arrangé pour lui. J'ai toujours donné à ma famille ce qu'elle voulait. Quand on m'appelait en Amérique pour avoir des vêtements, je les envoyais. J'ai dépensé un paquet d'argent pour eux et ils l'ont oublié! Ils ont oublié tout ce que j'ai fait! Tout ce qu'ils veulent maintenant, c'est que je parte...

Moody se plaint amèrement et dans l'ordre de chaque membre de sa famille. C'est au tour de Nasserine.

– Et Nasserine? Quelle idiote! Elle n'a pas besoin d'être couverte toute la journée! Elle ne peut pas faire comme Essey? Évidemment, on vivait bien ici... avec toi pour nettoyer, cuisiner et changer les langes d'Amir... Tu as tout fait dans cette maison! Elle ne s'occupe de rien,

299

sauf de donner un bain au bébé tous les deux mois quand elle a congé. Quel genre d'épouse et de mère est-elle? Maintenant c'est l'été, elle ne va plus à l'université, elle n'a plus besoin de baby-sitter, alors, dehors! Je ne sais pas où aller et je n'ai pas d'argent, comment veulent-ils que je m'en aille?

Des mots bien étranges à entendre de sa bouche. Les mois précédents, dans toute sa rigueur islamique, il se plaignait du laxisme de Essey, qui ne se couvrait pas assez... Il faisait de Nasserine un parangon de vertu. Quel surprenant changement d'attitude!

Je marmonne quelques mots de sympathie. Si j'étais Nasserine, je ne voudrais sûrement pas de Moody chez moi, mais je me garde bien de le dire. Au contraire, je me mets du côté de mon mari, comme il l'espère. Je suis son alliée une fois de plus, sa supporter intrépide, son « fan » numéro un... Je dorlotte son ego avec des flatteries, les plus plates que je puisse dénicher dans mon cerveau en alerte.

— Est-ce qu'on n'a vraiment plus d'argent?

— C'est la vérité. Je n'ai pas encore été payé. Ils n'ont pas encore établi mon contrat de travail.

Cette fois je le crois.

— Comment allons-nous déménager alors?

— Majid nous fait dire de trouver un endroit, où nous voudrons, et Mammal s'occupera du prix.

Je dois contenir ma joie au prix d'un effort surhumain. Cette fois, il n'y a plus de doute, nous allons quitter cette prison, puisque Moody a donné sa parole à Babba Hajji. De plus, il n'y a aucune chance pour que nous retournions chez Ameh Bozorg, puisqu'il s'est disputé gravement avec sa sœur chérie... En fait il ne peut plus vivre chez un membre de sa famille, quel qu'il soit, ils ont sapé sa dignité!

Je n'ose pas espérer qu'il décide de retourner aux États-Unis. Que le temps est venu... Je le console hypocritement :

— Ils ne te comprennent pas. Tu en as trop fait pour eux. Mais ça ira. Les choses vont s'arranger. De toute façon, nous avons le bien le plus précieux, nous sommes ensemble, tous les trois.

300

Il me serre contre lui. Il m'embrasse. Et pendant les quelques minutes qui suivent, j'arrive à me dédoubler, à échapper au présent. Mon corps n'est qu'un outil dont je me sers, et me servirai si nécessaire, pour fabriquer ma liberté.

Nous cherchons une maison à louer, battant le pavé des rues sales, et du voisinage déprimant, avec un agent immobilier iranien. Tous les appartements que nous visitons sont dans un état de délabrement incroyable et n'ont pas vu l'ombre d'une serpillière ou d'un coup de pinceau depuis des lustres.

La réaction de Moody est encourageante : lui aussi recule devant les conditions de vie affolantes que nous découvrons autour de nous. Il lui a fallu toute une année pour qu'il prenne conscience de son milieu, pour qu'il réalise, une fois pour toutes, la misère que ses compatriotes acceptent comme la norme. Il ne voudra plus vivre cela.

Un joli nœud coulant s'est enroulé autour de son cou. Il a beau avoir un travail respectable à l'hôpital, il pratique toujours la médecine illégalement. Incapable de faire certifier ses diplômes par son gouvernement antiaméricain, incapable de se faire payer, incapable d'offrir à sa famille la splendeur qu'il espérait...

Il se hérisse à l'idée de devoir respecter les vœux de ses aînés. Babba Hajji a un ami agent immobilier. Il nous fait visiter un appartement situé à une rue seulement de chez Mammal. Il ne nous plaît pas et nous refusons de le louer, en avançant un argument décisif. Moody se plaint qu'il n'y ait pas de cour.

— Mahtob a besoin d'un endroit pour jouer!

— Ça n'a aucun intérêt, rétorque Babba Hajji. Les désirs d'un enfant ne comptent pas.

— Il n'y a pas d'appareils ménagers...

— Ça ne fait rien, vous n'en avez pas besoin.

— Mais nous n'avons rien! Nous n'avons pas de fourneau, pas de réfrigérateur, pas de machine à laver... Nous n'avons même pas une assiette ou une cuillère.

En suivant la conversation – je m'aperçois d'ailleurs que je comprends le farsi de mieux en mieux – j'ai plaisir à entendre Moody tenir ce genre de raisonnement. Il veut une cour pour Mahtob. Il veut des appareils ménagers pour moi. Il veut des choses pour nous. Et pas uniquement pour lui. Et il les veut surtout pour tenir tête au chef vénéré de la famille.

Babba Hajji, lui, répète inlassablement que tout « ça » n'a pas d'importance.

— Tu as un endroit à toi, et chacun t'apportera ce dont tu as besoin.

— *Taraf*...

Moody a répliqué en criant presque au visage du saint homme.

— C'est *taraf*...

Autrement dit, et selon la délicieuse coutume de la politesse iranienne, des promesses creuses.

Babba Hajji s'en va furieux. Moody commence à se demander s'il n'est pas allé trop loin.

— Nous trouverons un endroit pour nous, bientôt, dit-il. Nous trouverons quelque chose de plus grand, où je pourrai installer un cabinet et commencer à gagner de l'argent par moi-même.

Puis il ajoute un détail ennuyeux :

— Il faut que nous fassions venir nos affaires d'Amérique.

Reza Shafiee, un parent de Moody, est anesthésiste en Suisse. Il rend périodiquement visite à sa famille en Iran et c'est à chaque fois le prétexte d'une grande fête. Lorsque Moody reçoit une invitation à dîner en son honneur, il est fou de joie. A présent qu'il travaille dans un hôpital et s'apprête à installer son propre cabinet, parler métier a au moins un sens.

Il veut offrir à Reza Shafiee un cadeau spécial et m'ordonne d'aller l'acheter avec Mahtob. Il m'indique la direction précise pour trouver une boutique où l'on fabrique avec des pistaches des tableaux décoratifs.

J'arrive avec Mahtob, en pleine chaleur d'après-midi, pour trouver porte close. C'est l'heure de la prière.

De l'autre côté de la rue, j'aperçois un arbre et, comme

il fait trop chaud, nous attendons à l'ombre. C'est alors que j'aperçois un contingent de la Pasdar, embusqué au bas de la rue. Il y a un fourgon blanc, bourré d'hommes en uniformes, et une Pakon, avec quatre femmes policiers en tchador. Instinctivement je porte la main à mon front, heureusement pas un cheveu n'en dépasse. Mon châle est bien en place. Je me dis qu'elles ne vont pas m'attraper cette fois-ci.

Nous commençons à être fatiguées d'attendre et traversons la rue, pour voir si la boutique va ouvrir ou non. Au moment même où nous traversons, la Pakon démarre rapidement et freine brusquement devant nous. Les quatre femmes pasdar en jaillissent et nous entourent. L'une d'elles parle pour les autres :

– Tu n'es pas iranienne ?

Elle parle en farsi, d'un ton accusateur.

– Non.

– D'où es-tu ?

Je réponds en farsi :

– Je viens d'Amérique.

Elle se met alors à parler durement et rapidement, me postillonnant au visage, testant dangereusement les limites de ma connaissance du farsi.

Je bégaie :

– Je ne comprends pas.

Ma réponse suffit à amplifier la fureur de la femme. Elle crie après moi, dans sa langue incompréhensible, jusqu'à ce que finalement Mahtob fasse la traduction :

– Elle veut savoir pourquoi tu ne comprends pas. Elle dit que tu ferais bien de t'y mettre.

– Réponds-lui que je ne peux comprendre que quelques mots.

Cette réponse semble apaiser la colère de la femme, mais elle baragouine encore plus, et Mahtob me traduit :

– Elle t'a arrêtée parce que tes bas sont tout froissés.

Je réajuste mes bas indécents et la femme s'en va en laissant un dernier ordre à Mahtob :

– Dis à ta mère de ne plus sortir dans la rue avec des bas froissés !

Ainsi sermonnée fermement, j'achète mes pistaches et, sur le chemin du retour, préviens Mahtob de ne rien dire de l'incident à son père. Je ne veux pas qu'il trouve là un prétexte à restreindre mes allées et venues. Mahtob comprend parfaitement.

Dans l'après-midi, nous nous rendons chez l'oncle paternel de Reza Shafiee. Il habite dans le quartier Geisha de Téhéran. Il y a au moins cinquante invités en l'honneur de Reza.

Plus tard, alors que certains sont déjà partis, nous nous préparons nous-mêmes à sortir, lorsque le hurlement des sirènes d'alarme retentit. Les lumières s'éteignent. Je serre Mahtob contre moi et nous nous entassons pêle-mêle dans une pièce, contre un mur, avec une quarantaine d'autres personnes.

Nous attendons en silence le déclenchement des tirs antiaériens, qui devrait normalement se produire. Au loin on entend le bruit terrifiant des avions qui approchent, mais toujours pas de manifestation de la défense.

Quelqu'un dit :

– Quelque chose ne va pas. On n'a peut-être plus de munitions !

Les avions d'attaque sifflent au-dessus de nos têtes. Une explosion assourdissante paralyse mes oreilles.

Je ressens presque immédiatement une émotion surnaturelle, comme si un fantôme noir traversait la pièce, nous laissant frigorifiés et vulnérables. Le mur s'ébranle lourdement dans mon dos, nous projetant plus loin, Mahtob et moi. Les verres à thé se mettent à vibrer et nous entendons le bruit des vitres brisées.

Avant que nous puissions réagir, une deuxième explosion nous secoue, puis une troisième. La maison tremble de partout. Le plâtre tombe de tous les côtés. Les hurlements, près de moi, se transforment en plaintes étrangement timides. Nous nous attendons à ce que le toit nous tombe sur la tête. Mahtob gémit contre moi. Moody s'accroche à ma main.

Paralysés et retenant notre souffle, nous luttons contre la panique, puis retrouvons lentement le sens de la réalité. Des minutes s'écoulent avant que chacun réalise que le grondement des avions et les explosions terrifiantes ont été remplacés par les sirènes d'ambulance. On entend au-dehors les cris des victimes. Quelqu'un dit tout à coup :

– Grimpons sur le toit!

Comme un seul homme, nous nous ruons sur la terrasse. La ville est dans le noir. D'innombrables feux non maîtrisés éclairent le ciel. Les phares des ambulances, des voitures de police et des camions de pompiers illuminent la cité dévastée. L'air s'est transformé en un brouillard dense de particules de poussière. Il n'y a que mort et ruines autour de nous. Les immeubles proches ont disparu, remplacés par de gigantesques failles dans le sol. La nuit sent la poudre et la chair brûlée. Dans la rue, en dessous de nous, des hommes, des femmes, des enfants hystériques courent en hurlant à la recherche des disparus.

Quelques hommes quittent la maison pour aller recueillir des informations, dans l'avenue. Ils reviennent pour nous dire que tout est bloqué dans le secteur par les véhicules de secours. Et l'un d'eux précise :

– Personne ne peut sortir du quartier Geisha cette nuit.

Nous campons par terre toute la nuit. Je prie avec Mahtob pour remercier Dieu de nous avoir laissées en vie, et renouvelle aussi ma supplique pour qu'il nous délivre.

Les rues demeurent bouclées le lendemain matin, mais une ambulance vient chercher Moody pour le conduire à l'hôpital. Il y travaille toute la journée aux urgences et nous restons bloqués dans cette maison, à nous interroger sur l'absence de tirs antiaériens, la nuit précédente. Beaucoup sont pessimistes à propos des stocks d'armes dont dispose le gouvernement. Ils seraient épuisés. Si c'est exact, il faut nous attendre à d'autres bombardements.

Ces rumeurs ont couru dans toute la ville, à tel point que, dans l'après-midi, la station de télévision officielle fait un communiqué pour calmer la peur. J'arrive à comprendre que les journalistes demandent à la population de ne pas s'inquiéter. S'il n'y a pas eu de barrage antiaérien, ce serait parce que le gouvernement essaie quelque chose de différent... Mais ils ne disent pas quoi.

Moody rentre à la nuit, chez l'oncle Shafiee. Le quartier est toujours bouclé, sauf pour la circulation des véhicules de secours. Nous devons donc passer une nouvelle nuit ici. Moody est fatigué, énervé par une longue journée à superviser le travail des anesthésistes pour de multiples opérations d'urgence.

Il nous donne des nouvelles lamentables, raconte des histoires effrayantes sur tous ces gens entassés dans les hôpitaux. Dans une seule maison, pleine de monde à l'occasion d'un anniversaire, quatre-vingts enfants sont morts.

Reza Shafiee doit retarder son retour en Suisse et, dans le courant de l'après-midi, il met Moody en face de ses responsabilités :

– Tu ne peux pas laisser Betty et Mahtob ici, c'est trop dangereux pour elles! Laisse-moi les emmener en Suisse. Je m'assurerai qu'elles restent avec moi. Je ne leur laisserai rien tenter.

Je me demande comment il est au courant de ma situation. A-t-il réellement prévu de nous garder sous surveillance en Suisse, ou essaie-t-il tout simplement d'apaiser les craintes de Moody pour que nous puissions prendre l'avion? Ça n'a d'ailleurs aucune importance, je suis certaine de pouvoir filer en Amérique à partir de la Suisse.

Mais Moody balaye ce timide espoir en un instant.

– Non. Impossible!

Il préfère nous exposer aux dangers de la guerre.

Nous passons un deuxième jour, puis un troisième chez l'oncle Shafiee, avant que les sauveteurs aient fini de déblayer les ruines. Les communiqués du gouvernement sont chaque jour plus mystérieux. Des journalistes répandent des informations bizarres : la raison pour laquelle il n'y a pas eu de tirs de défense antiaérienne serait que l'Iran possède des missiles air-air très perfectionnés bien supérieurs au classique système de feu. L'un des reporters affirme que le peuple d'Iran sera surpris d'apprendre d'où viennent ces missiles.

Amérique? Russie? France? Israël? Toue le monde fait des spéculations, mais Moody est certain que ces nouvelles armes sont en provenance des États-Unis. Il affirme qu'en raison de l'embargo, elles ont été transportées par l'intermédiaire d'un troisième pays, moyennant quoi l'Iran doit les payer bien plus cher. Il est convaincu que les marchands d'armes américains, affamés de profit, ne peuvent pas ignorer un client comme l'Iran qui a toujours besoin d'armes.

J'ignore d'où viennent ces missiles et je m'en fiche. Je prie seulement pour qu'ils ne soient pas utilisés.

La situation évolue encore dans les jours qui viennent. Alors que nous avons regagné l'appartement de Mammal, le gouvernement promet de terribles mesures de rétorsion contre l'Irak, pour venger le bombardement du quartier Geisha. On nous apprend maintenant qu'une attaque surprise a été déclenchée contre Bagdad, à l'aide d'une arme nouvelle, un missile terre-terre qui peut se rendre du territoire iranien jusqu'à Bagdad, sans l'aide de l'aviation.

L'existence de ce deuxième armement sophistiqué augmente encore les spéculations. Qui a pu fournir l'Iran? Le gouvernement proclame triomphalement que ces nouvelles armes ont été fabriquées ici même, en Iran! Moody est sceptique.

Un jour, nous avons la permission d'aller faire des courses avec Essey et Marhyam. Nous voulons acheter des vêtements d'été pour les filles.

Après une matinée de shopping, nous hélons un taxi orange pour rentrer et nous entassons toutes les quatre à l'avant. Mahtob est assise sur mes genoux. Le conducteur démarre. Il manœuvre le levier de vitesses au sol, et je sens soudain une main effleurer ma jambe. Je crois d'abord qu'il s'agit d'un geste accidentel mais, une fois lancé dans la circulation, sa main glisse plus haut et vient presser ma cuisse.

C'est un homme laid, monstrueux, repoussant, il sent mauvais et me regarde du coin de l'œil. L'attention de Mahtob est un instant détournée par Marhyam, et j'en profite pour lui donner un bon coup de coude dans les côtes.

Contre toute attente, il prend cela pour un encouragement. Il applique la paume de sa main sur ma jambe et se met à la triturer, montant plus haut, et encore plus haut.

D'une voix aiguë, je crie : « *Muchakher injas!* » Traduction : « On arrête ici, merci! » C'est un ordre de nous déposer à l'instant même, comme si nous avions atteint notre destination. Le chauffeur appuie brutalement sur le frein.

Je dis à Essey :

— Ne dis rien, descends tout de suite.

Je pousse les enfants sur le trottoir et descends moi-même en jouant des pieds et des mains.

— Qu'est-ce qui se passe, Betty? On ne devait pas s'arrêter là?

— Je sais...

J'envoie les enfants voir une quelconque vitrine, et pendant qu'elles regardent, je raconte l'histoire à Essey.

— J'ai déjà entendu dire ça... Ça ne m'est jamais arrivé. Je pense qu'ils ne le font qu'aux femmes étrangères.

Je suis hors de danger, mais une autre considération me vient à l'esprit.

— Essey, écoute-moi bien. Si tu racontes cette histoire à Moody, il ne me laissera plus sortir. Il ne faut rien lui dire et à Reza non plus.

Elle considère ma demande avec attention, puis me donne sa parole.

La détérioration des rapports entre Moody et sa famille me fournit matière à réflexion, depuis quelque temps.

J'ai essayé de comprendre cet homme de mon mieux, de façon à étudier les meilleures contre-attaques. J'ai analysé chaque détail de sa vie. Il a quitté l'Iran pour l'Angleterre, dès qu'il a été en âge de le faire. Il en est parti après quelques années pour aller en Amérique. Il a fait des études, puis a voulu devenir ingénieur. Après quelques années de ce métier, il est retourné à l'école de médecine. Trois ans à Corpus Christi, deux à Alpena et un à Detroit se sont enchaînés avant qu'il change à nouveau de vie et nous emmène en Iran. Près d'une année vient de passer et, une fois de plus, la vie de Moody est en effervescence.

Il n'arrive pas à s'établir. Il ne s'équilibre que très peu de temps dans un endroit, avant de ressentir le désir de bouger. Et il s'agit toujours, selon lui, d'une raison extérieure, de quelque chose dont il a à se plaindre. Mais je m'aperçois après coup qu'il n'a cessé de contribuer lui-même à ses ennuis. Il est en proie à une démence qui ne lui laisse jamais de répit.

Vers où, vers quoi va-t-il se tourner la prochaine fois?

Il ne semble pas y avoir d'issue à son problème. Il est devenu de plus en plus évident que je suis sa seule amie et alliée. C'est nous contre le reste du monde.

Tout cela me donne le fragile espoir qu'il prendra la décision de nous faire rentrer en Amérique, mais il y a des complications.

Un soir, alors que je tente d'aborder le sujet, il me paraît plus découragé que furieux. Il me raconte une histoire à laquelle il semble croire, mais que je trouve stupéfiante.

— Tu te rappelles le docteur Mojallali?

C'était l'ami le plus proche de Moody à Corpus Christi, jusqu'au jour où, peu après la prise de l'ambassade américaine à Téhéran, ils ont rompu brutalement leurs relations.

— Il travaille pour la C.I.A.! Et il m'a demandé de travailler pour l'Agence, moi aussi, pour influencer les étudiants et les monter contre Khomeiny. J'ai refusé bien sûr. Mais nous ne pouvons plus retourner là-bas. Si je reviens en Amérique, je serai tué. La C.I.A. est après moi.

— C'est impossible! Tu racontes des histoires...

— Si, c'est vrai!

Et il en pleure.

Devant cet emportement, je ne pousse pas plus loin la conversation. Mais je n'arrive pas à croire que Moody soit assez important pour figurer sur la liste noire de la C.I.A.

Il s'obstine pourtant dans cette idée. Et cette folle conclusion l'oblige à rester en Iran.

En fin de compte, j'apprends l'existence d'un autre motif bien plus important, qui l'empêche d'envisager un retour. Il nous a laissées faire des courses toutes seules et je m'arrête à la boutique d'Hamid, pour appeler Hélène à l'ambassade. Je discute avec elle des possibilités de retour pour Moody.

– Impossible. Sa carte verte est expirée.

La seule façon qu'il ait actuellement de retourner aux États-Unis, c'est que moi, son épouse américaine, je l'y autorise. J'aimerais bien le faire, uniquement pour Mahtob et pour moi, mais ce serait fatal pour lui. Son orgueil ne le supporterait pas.

C'est donc ainsi. Il n'y a plus rien à faire. Il a attendu trop longtemps. Et le grand piège qu'il avait imaginé s'est retourné contre lui. Le voilà prisonnier de l'Iran, lui aussi.

17

Un jour dans le journal le *Khayam*, j'aperçois une annonce offrant des locations pour étrangers. Je dis à Moody :

– Ils parlent peut-être anglais, je pourrais leur demander?

– Oui.

C'est une femme qui répond, parlant parfaitement anglais et tout à fait ravie d'apprendre qu'un couple américain recherche un logement. Nous fixons un rendez-vous pour le jour suivant, en fin d'après-midi, lorsque Moody sortira de l'hôpital.

Durant plusieurs jours, l'agent immobilier nous fait visiter un certain nombre d'appartements, propres, clairs, avec tout le confort européen. Aucun ne nous convient. Certains sont trop petits, d'autres beaucoup trop loin de l'hôpital. Mais nous sommes sur la bonne piste. Ces appartements sont la propriété d'investisseurs qui vivent à l'étranger, ou d'Iraniens cultivés, qui désirent les maintenir en état et dans de bonnes conditions. La seule manière est d'en refuser la location à des Iraniens.

Nous sommes sûrs de trouver bientôt ce qu'il nous faut, mais l'emploi du temps de Moody nous empêche d'être plus efficaces. Aussi l'agent immobilier fait une proposition logique.

Ignorant nos problèmes personnels, elle propose innocemment :

– Ce serait bien si Betty pouvait m'accompagner une

journée entière. Nous pourrions visiter beaucoup plus d'appartements et, si nous trouvons quelque chose d'intéressant, vous pourriez venir le voir.

Je jette un coup d'œil à Moody, en me demandant comment il va réagir.

– D'accord.

Mais il tempère cette autorisation, plus tard, alors que nous sommes seuls.

– Elle doit te prendre en charge. Tu ne dois pas la quitter. A aucun moment. Et elle devra te ramener à la maison.

– Très bien.

Lentement, les chaînes sont en train de s'ouvrir. Si lentement...

Le jour suivant, je découvre l'appartement idéal pour nous, étant donné les circonstances. C'est un appartement sur deux niveaux, le plus grand des trois de l'immeuble. Il est situé dans le secteur Nord de Téhéran, là où les maisons sont plus neuves, plus pimpantes. Et c'est seulement à une quinzaine de minutes en taxi de l'hôpital.

La maison a été construite sous le régime du shah et l'appartement qui me tente est joliment décoré de meubles italiens. Il y a des divans confortables, des chaises, une élégante salle à manger et des ustensiles modernes dans la cuisine. Le téléphone est déjà installé, nous n'aurons pas à mettre notre nom sur une interminable liste d'attente. Devant, une cour avec de l'herbe épaisse et luxuriante, bordant une grande piscine.

En fait, l'appartement comprend plus de deux niveaux et serait parfait pour installer le cabinet de Moody. Il y a deux ailes au bâtiment, que l'agent immobilier appelle « villas ». Celle de droite, qui va jusqu'à l'arrière de la construction, pourrait comporter les pièces à vivre et Moody prendrait le devant pour son bureau. De grandes portes de bois isolent une aile de l'appartement principal. Cela pourrait abriter à la fois la salle d'attente et la salle de soins.

La chambre principale et celle d'enfant sont au deuxième étage, ainsi que la salle de bains, avec baignoire, douche et toilettes. La chambre principale donne sur un petit appartement à l'arrière, loin du bruit de la rue.

Ce soir, Moody est venu visiter avec moi et il tombe lui aussi amoureux de cet endroit. Sans m'avoir consultée, il le trouve formidable pour y installer sa clinique.

Je crois moi aussi que c'est un endroit formidable, pour mes propres plans. Ici, en tant que maîtresse de ma propre maison, en tant que femme de médecin, j'aurai plus de liberté. Moody ne pourra pas surveiller chacun de mes gestes et me tenir éloignée du téléphone. Il n'y a pas d'espion à demeure, personne pour me garder sous clef.

Ça m'ennuie un peu de penser que nous sommes en train de nous établir et de ne pouvoir révéler à Mahtob que cette nouvelle maison sera provisoire. Il y a bien longtemps qu'elle ne parle plus de rentrer en Amérique. Je peux voir le rêve dans ses yeux, parfois, mais elle ne l'exprime jamais, même lorsque nous sommes seules.

Nous déménageons vers la fin juin, grâce à l'argent fourni par Majid et Mammal.

Ils lui ont également donné une somme considérable pour qu'il puisse acheter les objets de première nécessité. Du linge de maison, des couvertures, des oreillers, de la vaisselle, des réserves d'épicerie...

D'autres parents nous ont également aidés, heureux de nous voir nous installer. Ravis de notre réconciliation, Aga et Khanum Hakim nous ont invités à dîner. Ils ont préparé une surprise pour Moody. Ce sera un merveilleux bol d'air frais pour moi...

En arrivant chez eux, le visage de Moody s'éclaire à la vue de deux invitées inattendues. Il s'écrie :

– Chamsey! Zaree!

Ce sont deux sœurs qui ont grandi à Shushtar, en voisines de la famille de Moody. Il avait perdu contact avec elles, après avoir quitté l'Iran, et semble particulièrement heureux de les revoir. J'éprouve une sympathie immédiate pour Chamsey Najafee, bien avant de découvrir les détails de sa vie privée. Elle porte un tchador qui ne ressemble à aucun autre. Il est en dentelle, donc transparent et complètement détourné de son objectif. De plus, Chamsey est habillée d'une jupe noire et d'un

313

sweater rose, tous deux d'origine occidentale. Elle me parle avec gentillesse dans un anglais impeccable.

Moody est ravi d'apprendre que son mari est chirurgien dans un des rares hôpitaux privés de Téhéran. Aga Hakim pense que le docteur Najafee pourrait trouver du travail à Moody.

Au fil de la conversation, j'apprends cette chose merveilleuse : les deux sœurs vivent dix mois par an aux États-Unis! Le docteur Najafee partage son temps entre les deux pays. Il vient ici pour empocher d'énormes honoraires en clientèle privée, et passe six mois par an en Californie. Il assiste à des séminaires, se perfectionne, profite de la liberté et de la propreté.

Zaree a environ quinze ans de plus que Chamsey. Devenue veuve, elle vit maintenant avec sa sœur. Son anglais n'est pas aussi impeccable que celui de Chamsey, mais elle est amicale avec moi. Les deux sœurs se considèrent comme américaines.

Nous sommes assis par terre, pour le dîner, et je surveille la conversation autour de moi. Elle se déroule à moitié en farsi et à moitié en anglais. J'aime ce que j'entends. Zaree demande à Moody :

– Que pense ta sœur à propos de Betty?

– Eh bien, elles ont leurs problèmes...

Chamsey l'interrompt :

– Ce n'est pas bon pour toi de mettre ta femme sous la dépendance de quelqu'un comme ta sœur. Je sais à quoi elle ressemble et il n'y a aucune chance pour que Betty s'entende avec elle. Betty ne pourra jamais lui plaire. Les cultures sont trop différentes. Je suis sûre que Betty ne la supporte pas.

Loin d'être irrité par ce coup de dent venant d'une femme, Moody est d'accord.

– Oui, dit-il. Ce n'est pas bon.

– Réellement, vous devriez rentrer chez vous, pourquoi êtes-vous restés si longtemps ici?

Moody hausse les épaules.

– Ne fais pas cette bêtise. Ce serait de la folie. Rentre!

Zaree approuve complètement sa sœur. Et Moody

hausse encore les épaules, sans commentaire. Et je me dis en moi-même : il faut que nous passions un maximum de temps avec elles.

Avant de partir, Moody dit poliment :

– Il faudra que nous nous revoyions à dîner.

Pendant la promenade du retour, cette nuit, je m'efforce que cette invitation ne soit pas qu'un « *taraf* ».

– Je les aime beaucoup toutes les deux... Invite-les bientôt!

– Bien sûr, elles habitent à quatre rues d'ici.

Il est content, il savoure le confort d'un bon repas avec de bons amis.

Le directeur de Moody, à l'hôpital, lui annonce enfin qu'il a été payé. L'argent a été déposé sur un compte dans une banque qui jouxte l'hôpital. Pour le retirer, Moody n'aura qu'à se présenter avec un numéro d'identification qui lui est propre.

Tout content, Moody se précipite directement à la banque pour y toucher le premier revenu gagné depuis un an en Iran. Mais le banquier lui répond qu'il n'y a pas d'argent sur le compte.

– Mais si! On l'a déposé!

L'administrateur de l'hôpital le lui confirme. Mais le banquier insiste :

– Non, il n'y a pas d'argent.

Moody fait l'aller-retour entre les deux hommes un bon moment, de plus en plus furieux, jusqu'à ce qu'il apprenne la raison du problème : le contrat de travail. Les salaires, en Iran, sont donnés de la main à la main. Et Moody devient fou quand on lui apprend qu'il faudra encore dix jours au moins, avant que l'argent soit disponible.

Il me raconte l'histoire, furibond, exaspéré, au point d'utiliser quelques épithètes intéressantes.

– La seule chose qui pourra un jour redresser ce pays déglingué, c'est une bombe atomique! Rayé de la carte et on n'en parle plus, on recommence à zéro!

Les ennuis ne s'arrêtent pas là. Car, lorsque l'argent est

enfin disponible, le montant de son salaire est moins important que promis. De plus, l'hôpital lui établit une fiche de paie assez particulière dans son genre. Moody a calculé qu'il pourrait gagner la même somme en travaillant deux jours par semaine, au lieu des six prévus à son emploi du temps. Aussi il informe l'hôpital qu'il ne travaillera désormais que les mardis et mercredis. Cela lui donnera le temps d'installer sa propre clinique.

Il accroche sa plaque au-dehors. Un simple panneau proclamant en farsi : *Dr Mahmoody – Études et pratique aux États-Unis – Spécialiste du traitement de la douleur.*

Son neveu Morteza Ghozi, un avocat, arrive en gémissant dans la maison, après avoir vu l'enseigne.

– Ne fais pas ça! C'est une grande faute de pratiquer sans autorisation d'exercer. Tu vas te faire arrêter!

– Je m'en fous! J'ai attendu ça trop longtemps. Et ils n'ont rien fait pour cette autorisation. Je n'ai pas l'intention d'attendre encore.

En admettant que Moody craigne encore que je cherche à lui échapper avec Mahtob, il ne peut rien faire contre ça. A présent, il a besoin de nous plus que jamais. Nous sommes sa famille. La seule qu'il ait.

Bien qu'un jugement rationnel doive l'amener à la conclusion que c'est terriblement imprudent, il lui est absolument nécessaire maintenant de croire à notre amour et à ma soumission. Cela fournit certaines occasions.

Juste derrière la maison, se trouve une avenue avec trois magasins où je me rends tous les jours. Je n'ai qu'à aller jusqu'au premier carrefour, traverser et continuer une rue plus loin.

L'un des magasins est à rayons multiples. Rien de comparable avec un supermarché américain, mais c'est le seul endroit existant pour acheter des aliments de base, en admettant qu'ils soient disponibles. Ils ont les produits du pays, comme les haricots, le fromage, la sauce tomate et les épices. Certains jours on y trouve du lait et des œufs. La deuxième boutique est une boutique *sabzi*, où l'on trouve de nombreuses variétés de légumes. La troisième est un marché de viande.

Moody cultive l'amitié des propriétaires de chacune de ces boutiques. Ils peuvent venir le voir avec leurs familles pour des soins gratuits. En retour, ils nous préviennent des arrivages de denrées rares et nous réservent la meilleure part.

Chaque jour ou presque, j'apporte aux boutiquiers quelque chose du genre papier journal ou morceau de ficelle, qu'ils utilisent pour envelopper leurs produits. Aga Reza, le propriétaire du « super » me dit :

– Vous êtes la meilleure femme d'Iran. Presque toutes les femmes iraniennes sont des gaspilleuses !

Ils m'appellent tous les trois « Khanum doctor » et me trouvent toujours un gamin pour transporter mes paquets.

Moody veut réaliser son rêve de vivre en Iran comme un médecin prospère, formé à l'américaine, un professionnel cultivé, s'élevant au-dessus de la misère qui l'entoure. Il n'a pas de temps à accorder aux détails. Il me donne de l'argent :

– Achète des choses. Organise la maison, organise la clinique.

Pour moi, cette demande représente un pari. Celui de négocier chaque détail de ma vie d'étrangère, dans une ville de quatorze millions d'habitants hostiles et toujours imprévisibles. Je ne connais aucune femme, iranienne, américaine ou autre, qui se risquerait à affronter les problèmes posés par des trajets réguliers dans Téhéran, sans la protection d'un homme, ou à la rigueur accompagnée d'une autre femme adulte.

Un jour, Moody me demande d'aller dans une boutique tenue par le père de Malouk, cette femme qui a gardé Mahtob lorsqu'il l'avait éloignée de moi. Il veut que j'achète du tissu pour faire des draps, un luxe qui n'a sa place que dans les demeures de l'élite !

– Prends l'autobus, le trajet est long, mais c'est gratuit...

Il me donne une poignée de tickets de bus, fournis gratuitement aux fonctionnaires du gouvernement.

Je me fiche pas mal de faire faire des économies de quelques rials à Moody, mais j'ai besoin de connaître tous les moyens de transport utilisables dans cette ville. Je suis donc ses indications et m'en vais avec Mahtob. D'abord nous allons jusqu'à la rue Pasdaran, une artère principale, pour prendre un taxi qui nous amène à l'arrêt d'autobus proche de chez Mammal. Nous montons dans le bus, qui ressemble aux cars longue distance de chez nous plutôt qu'à un autobus urbain. Tous les sièges sont occupés et un flot supplémentaire de passagers envahit le couloir. Le trajet jusqu'au centre ville prend plus d'une heure.

Il y a beaucoup d'arrêts. Chaque fois, le bus déverse des douzaines de passagers et des douzaines d'autres essaient de monter. Personne n'attend patiemment son tour. Au contraire, chacun essaie de sortir ou de monter en même temps que les autres; on se bouscule, on s'insulte sans cesse.

Nous trouvons finalement la boutique et je fais mes achats. Nous sommes vannées. Les bras chargés de paquets, nous zigzaguons sur les trottoirs populeux à la recherche du dépôt central des autobus. Je ne trouve pas le numéro de celui qui correspond à notre trajet et que Moody m'a donné. Je commence à paniquer. Il est important pour moi de réussir cette course sans problèmes. Si j'échoue, Moody sera persuadé que je ne peux pas accomplir de telles tâches toute seule. Pis, il me soupçonnera pour un retard inexplicable.

L'angoisse doit se lire dans mes yeux, car un homme, iranien, me demande :

– *Khanum, chi mikai?*... Madame, qu'est-ce que vous cherchez?

Je réponds : Seyyed Khandan. C'est l'endroit de la ville où se trouve l'appartement de Mammal, le point de rencontre le plus facile pour prendre un taxi orange. Puis je désigne un bus :

– Seyyed Khandan?

– *Na*, dit-il en secouant la tête.

Il me fait signe de le suivre avec Mahtob jusqu'à un bus vide, et dit : « Seyyed Khandan. »

Je le remercie beaucoup et monte à bord avec Mahtob. Toujours encombrées de nos paquets, nous avons le choix devant les sièges vides. Je choisis le premier disponible, juste derrière le siège du conducteur.

Le bus se remplit de passagers presque aussitôt. Et, à ma grande surprise, l'homme qui nous a guidées monte également et s'assoit sur le siège du conducteur.

Je lui tends les tickets, mais il n'en veut pas. Je suis désolée d'avoir choisi cette place à présent, car ce chauffeur est un Iranien particulièrement repoussant. Il est rasé de frais, mais c'est sa seule propreté. Ses vêtements ont l'air de n'avoir pas été nettoyés depuis des mois et sentent affreusement mauvais.

Au moment du départ, il se lève pour collecter les tickets, en commençant par l'arrière. Je ne fais pas attention à lui. Mahtob est fatiguée et capricieuse. Les paquets pèsent trop lourd, nous nous tortillons pour trouver une position confortable sur nos sièges.

Le conducteur atteint l'avant du bus. Je lui tends les tickets, il attrape ma main et la retient fermement un instant, avant de retirer lentement la sienne, en faisant glisser les tickets. Je me dis que c'est une erreur. Les Iraniens ne touchent pas ainsi les femmes. Et j'oublie l'incident, uniquement préoccupée de rentrer au plus vite à la maison.

Mahtob sommeille durant le trajet et, lorsque nous arrivons enfin à Seyyed Khandan, au terminus, elle est complètement endormie. Comment faire pour la porter avec tous ces paquets? J'essaie de la réveiller.

– Allez, viens... il faut partir... Mahtob? réveille-toi...

Elle ne bouge pas. Elle dort profondément.

Tous les passagers sont descendus et le conducteur nous observe. Il sourit, lève les bras, pour me montrer qu'il va se charger de Mahtob et la porter hors du bus. Je me dis que c'est gentil à lui.

Il saisit ma fille et, à ma grande consternation, pose ses lèvres grasses sur sa joue et l'embrasse.

Soudain inquiète, je jette un œil autour de moi. Le bus est non seulement vide, mais sombre, le couloir étroit... Je rassemble mes paquets et me lève pour sortir. Mais le chauffeur, tenant Mahtob sous son bras, me bloque la sortie. Sans un mot, il s'approche et presse son corps tout entier contre le mien.

– *Babaksheed*... Excusez-moi... lui dis-je rapidement.

Je me dégage, attrape Mahtob pour l'éloigner de lui. J'essaie de le contourner, mais il lève encore le bras pour me stopper. Sans rien dire, il presse toujours son corps affreux et puant contre le mien.

Réellement effrayée, à présent, je me demande quoi faire contre lui. Qu'est-ce que je pourrais utiliser comme arme? Est-ce que je me risque à lui flanquer un coup de pied au bon endroit? Il me révulse, à vomir.

– Où est-ce que tu habites? Je vais te conduire...

Il a parlé en farsi. Il se rapproche encore et pose sa main sur ma poitrine.

Aussi fort que je peux, je crie :

– *Babaksheed!*

Dans un sursaut de rage et d'énergie soudaine, je lui flanque un coup de coude, qui par chance l'atteint vraiment. Aussitôt je le repousse et dégringole du bus avec Mahtob, toujours endormie.

C'est un véritable danger en soi que de vivre dans une ville appauvrie, surpeuplée par des réfugiés. Ce danger a pris des proportions encore plus inquiétantes. Je m'en rends compte en allant faire une visite à Ellen.

Il y a entre nous une trêve muette. En dépit de leur trahison au nom du devoir islamique, elle et Hormoz ont fait ce qu'ils pouvaient pour m'aider en des moments difficiles, et ne se sont jamais résignés à révéler à Moody quoi que ce soit sur mes plans d'évasion. J'ai une philosophie différente de celle d'Ellen, mais nous sommes toutes les deux américaines et avons encore beaucoup de choses à partager.

Il fait presque nuit et je m'apprête à la quitter.

– Tu ne vas pas partir toute seule?

– Si, ça ira...

– Non, non, Hormoz va te reconduire.

– Mais non, je ne veux pas le déranger. Ça ira. Je vais prendre un taxi.

Ellen refuse de me laisser aller et m'explique les raisons de cette précaution.

– Hier, on a assassiné une fille dans notre quartier. Ils l'ont trouvée près d'ici. C'est une gosse de treize ans qui était partie le matin, à cinq heures, pour acheter de la viande avec les coupons d'alimentation. Elle n'est pas rentrée et ses parents sont partis à sa recherche. Ils ont trouvé son corps dans la rue. On l'avait violée et tuée.

Ellen me fait peur à présent.

— Ça arrive tous les jours. Tout le temps.

Je ne sais pas s'il faut la croire. Si Ellen savait ce genre de choses, pourquoi ne me l'a-t-elle pas dit plus tôt? Je n'ai jamais rien lu dans les journaux à propos de vols, viols ou meurtres.

— Ce sont les Afghans qui sont responsables. Il y en a beaucoup trop en Iran et ils n'ont pas de femmes à eux. Alors ils violent celles qu'ils peuvent attraper.

Après cette conversation, j'ai demandé à Majid, qui nous rendait visite, s'il était au courant.

— C'est absolument vrai. Et ça arrive tous les jours. C'est très dangereux de sortir seule. Il faut être prudente.

Essey m'appelle un après-midi, elle est prête à pleurer.

— Je suis épouvantée, Betty, ta mère a appelé d'Amérique à l'instant et je lui ai dit que tu avais déménagé. Elle voulait connaître ton numéro de téléphone. Je lui ai dit que je ne le connaissais pas. Ça l'a rendue malade et elle m'a traitée de menteuse. Alors je le lui ai donné, mais je vais avoir des ennuis avec « Daheejon ».

— Ne t'inquiète pas, Moody n'est pas à la maison. Raccroche, maintenant, que ma mère puisse me joindre.

Au bout d'un moment, en effet, le téléphone sonne. A l'autre bout de la ligne la voix de maman se brise en disant « allô »... Papa est aussi à l'appareil. J'ai la gorge si serrée que j'ai du mal à parler.

— Comment vas-tu, papa?

— Ça va... Quand on veut on peut...

Sa voix manque de force pourtant. Maman, elle, veut savoir où j'en suis.

— Comment vas-tu, toi?

— Mieux, maman...

Je lui raconte très vite que nous avons un nouvel appartement, et la liberté plus grande dont je jouis. Je

voudrais surtout des nouvelles de mes fils, ils me manquent tellement.

— Ils sont en train de devenir des hommes, dit
maman.

Joe travaille dans une équipe à I.T.T. Hancock. John,
étudiant de deuxième année, est dans une équipe de
football. J'ai tellement perdu de leur vie.

— Dis-leur combien je les aime, maman...

— Je n'y manquerai pas.

Nous convenons d'un calendrier téléphonique. Moody
étant à l'hôpital les mercredis et jeudis, nous pourrons
nous appeler ces jours-là et parler librement. Cela veut
dire qu'ils devront se lever à trois heures du matin pour
appeler, mais cela en vaut la peine. La semaine prochaine,
maman essaiera d'avoir Joe et John avec elle.

Pour couvrir Essey, je vais la voir le lendemain et, en
rentrant, je fais croire à Moody que ma famille a
téléphoné justement alors que je me trouvais chez elle. Je
leur ai donc donné notre nouveau numéro moi-même.

Il trouve la chose normale et ne paraît pas mécontent, il
trouve même la coïncidence amusante.

Chamsey vient d'appeler pour m'inviter à prendre le
thé chez elle. Je demande la permission à Moody, elle est
accordée. Comment pourrait-il faire autrement ? Il respecte les deux sœurs et ne veut surtout pas qu'elles
apprennent la façon dont il m'a traitée auparavant.

Prendre le thé ce jour-là avec Chamsey est une
véritable détente. Nous devenons très vite des amies
intimes et nous allons passer beaucoup de temps ensemble
au cours de l'été.

Normalement, elle ne vit que deux mois par an dans sa
jolie maison, près de chez nous, mais elle va rester un peu
plus longtemps à Téhéran cette fois-ci, car ils ont décidé,
avec son mari, de vendre cette maison et transférer ce
qu'ils pourront de leurs biens en Californie. Chamsey est
impatiente de retourner là-bas, mais l'idée de couper tout
lien d'amitié avec moi la désole, et moi aussi...

Un jour elle dit à Moody :

— Je me vois mal retourner en Californie en laissant Betty. Laisse-la venir avec moi.

Pas plus Moody que moi ne risquons une confrontation en répondant à cette suggestion.

Chamsey est un courant d'air frais dans ma vie mais, durant des semaines, je ne me risque pas à lui confier trop de détails sur mon histoire. Je sais que je peux compter sur son soutien, mais je me méfie de ses éventuelles indiscrétions. J'ai déjà été trahie auparavant. Elle serait capable de courir voir Moody et de le traiter de tous les noms pour m'avoir retenue ici contre mon gré. Sa réaction, toute naturelle, n'aurait pour résultat que de monter Moody contre moi à nouveau, alors que je suis en train de faire des progrès. Aussi, je profite de son amitié, mais garde le reste pour moi, jusqu'à ce que, peu à peu, elle devine les détails d'elle-même. Par exemple le fait que je demande la permission de Moody pour chaque geste, chaque sortie, chaque rial dépensé.

Un jour finalement, après que je lui ai parlé de mon père malade au Michigan, elle me demande pourquoi je ne vais pas le voir.

— Je ne peux pas...

— Betty, tu es en train de commettre une erreur monstrueuse, en n'allant pas le voir. Je vais te raconter une histoire. Quand je vivais à Shushtar et mon père à Téhéran, j'ai eu un jour un mauvais pressentiment. Quelque chose me disait que je devais aller voir mon père et j'en ai parlé à mon mari. Il m'a dit de ne pas y aller maintenant, mais d'attendre le mois prochain que l'école soit finie. Alors nous avons eu la plus grande dispute de notre vie, et la seule. Je lui ai dit : « Si tu ne me laisses pas y aller, je te quitte ! » Il a répondu : « Vas-y ! »

La suite de l'histoire, c'est que lorsque Chamsey est arrivée chez son père à Téhéran, elle a appris qu'il devait entrer à l'hôpital pour des tests de routine, le jour suivant. Ils sont restés ensemble tard, à parler d'hier et d'aujourd'hui. Le lendemain, elle l'a accompagné à l'hôpital, où il est mort le même jour, d'une soudaine attaque cardiaque.

— Tu vois, Betty, si je n'étais pas allée le voir, quand ce

pressentiment m'y a poussée, je ne me le serais jamais pardonné. J'aurais probablement divorcé à cause de ça. Il fallait que je voie mon père. Et tu dois aller voir le tien.

J'ai les larmes aux yeux en lui disant pourquoi je ne peux pas.

— Je n'arrive pas à croire que Moody te fasse ça!

— Il m'a emmenée ici et les choses vont réellement mieux maintenant. Je suis contente d'être ton amie, mais s'il apprend tout ça, s'il sait que tu sais... il ne me laissera plus être amie avec toi.

— Ne te fais pas de souci. Je ne dirai rien.

Elle tient parole. Et à partir de ce jour, son attitude change imperceptiblement envers Moody. Elle est détendue, réservée, contrôle sa colère, mais de la même manière que son tchador de dentelle recouvre le vêtement de dessous...

L'été va finir. La semaine de la Guerre est célébrée vers la fin août et c'est un triste anniversaire pour Mahtob et moi. Nous sommes en prison en Iran depuis plus d'un an. Chaque soir, il y a des défilés dans les rues. Les hommes marchent en formation, exécutant le rituel de flagellation. Ils se frappent les épaules en cadence, avec de lourdes chaînes. Un coup sur le dos, un coup sur l'épaule droite, puis la gauche... le rythme est régulier, angoissant. Ils chantent continuellement, pour se mettre en transe. Le sang coule de leurs dos, mais ils ne semblent pas souffrir.

L'ambiance est pesante. La télévision enveloppe les nouvelles quotidiennes d'une propagande encore plus sournoise que d'habitude, mais il est plus facile pour moi de m'en rendre compte, car j'ai une meilleure connaissance de la mentalité iranienne. Entre ce qu'ils disent et ce qu'ils font... Les discours furieux et les vociférations ne sont que « *taraf* ».

— Moody? Je voudrais bien faire une réception d'anniversaire pour Mahtob...

— Bon, mais nous n'invitons personne de la famille...

Étonnement de ma part lorsqu'il ajoute :

– Je refuse de voir un seul d'entre eux venir ici. Ils sont sales et ils empestent !

Quelques mois plus tôt, organiser une surprise-party d'anniversaire sans inviter la famille aurait été une gaffe sociale, impensable.

– Nous inviterons Chamsey et Zaree, Ellen et Hormoz, et Malileh et sa famille.

Malileh est notre voisine. Elle vit dans un appartement plus petit adjacent à notre chambre à coucher. Elle ne parle pas anglais, mais c'est une amie agréable. Nous conversons chaque jour et elle m'a bien aidée à améliorer mon farsi.

La liste des invités de Moody montre bien à quel point notre cercle d'amis s'est modifié et comment son attitude s'est radoucie, vis-à-vis d'Ellen et Hormoz. Il a réalisé lui aussi qu'ils avaient fait de leur mieux pour nous aider à passer une crise grave. Cette période de lucidité relative dans la vie agitée de Moody, son désir de rapprochement avec Ellen et Hormoz, sont une reconnaissance tacite que nos ennuis furent le résultat de « sa » folie.

Cette fois, Mahtob ne veut pas d'un gâteau de boulanger. Elle veut que j'en fasse un moi-même. C'est un pari difficile. Tout s'est mis contre moi. Mon talent de cuisinière aboutit à un désastre. Le climat de Téhéran, plus les valeurs approximatives des mesures de farine, ont fait que mon gâteau est devenu tout sec et tout dur. Mais Mahtob l'aime de toute façon, et en particulier la petite poupée de plastique que j'ai placée au milieu.

Cette année, l'anniversaire de ma fille tombe en même temps que la fête d'*Eid Ghadir*, l'une des innombrables fêtes religieuses chômées. Personne ne travaille, aussi je prépare un déjeuner plutôt qu'un dîner. Il y a un rôti de bœuf, avec de la purée et des haricots. Ce dernier plat est pour Ellen.

Tout est prêt et les invités sont arrivés, sauf Ellen et Hormoz. En les attendant, Mahtob ouvre ses cadeaux. Malileh lui a offert Moosh la Souris, un des personnages favoris des dessins animés en Iran. Moosh la Souris a de grandes oreilles orange, Chamseh et Zareh ont un cadeau vraiment très difficile à trouver ici : un ananas frais. Moody et moi lui avons acheté un chemisier et des pantalons rouge pourpre, sa couleur préférée. Notre cadeau spécial est une bicyclette, fabriquée à Taiwan, que nous avons payée l'équivalent de quatre cent cinquante dollars!

Nous retardons l'heure du repas le plus possible puis, affamés, nous nous jetons sur les plats sans Ellen et Hormoz. Ils arrivent dans l'après-midi, pas très tard, surpris que le repas soit terminé.

Ellen m'interpelle, furieuse :

– Tu m'as dit pour dîner, pas pour déjeuner!

– Je suis sûre de ne pas m'être trompée pourtant...

Il y a eu un malentendu, c'est évident. Hormoz s'en prend à Ellen.

– Tu fais tout le temps des erreurs. Nous arrivons toujours au mauvais moment, parce que tu mélanges tout!

Il la réprimande longuement devant nous et elle se couvre la tête de son tchador, en guise de soumission.

L'attitude de cette femme me motive fortement pour continuer en silence mon travail d'évasion. Même sans cet exemple négatif, j'aurais persisté, mais il renforce le sentiment d'urgence que je ressens. Plus je resterai en Iran, plus grand sera le risque de devenir comme elle.

Nous avons atteint un tournant dans notre existence ici. En même temps que le quotidien devient plus confortable, se profile le danger de s'y habituer. Est-il possible d'atteindre un stade de bonheur relatif avec Moody, ici en Iran? Le confort auquel nous sommes parvenus, peut-il mettre en balance les réels dangers auxquels je devrais faire face avec Mahtob, si nous nous échappons?

Chaque nuit, quand je me retrouve au lit avec Moody, je sais que la réponse est un non irrévocable. L'homme avec qui je dors me répugne, mais je le crains plus encore. Il est calme pour l'instant, stabilisé, mais ça ne durera pas. Sa prochaine crise de violence, je le sais, n'est qu'une question de temps.

Libre d'utiliser fréquemment le téléphone à présent, et de faire de petites escapades à l'ambassade, je renouvelle mes efforts pour trouver de l'aide. Malheureusement, mon meilleur contact semble s'être évanoui dans la chaleur de l'été finissant. Le téléphone de Miss Alavi ne répond plus. Je fais des efforts pour retrouver Rachid, dont l'ami convoie des gens vers la Turquie. Il refuse toujours de prendre un enfant.

Je dois trouver quelqu'un d'autre. Mais qui? Et comment?

18

Je regarde fixement l'adresse griffonnée sur un morceau de papier que quelqu'un m'a donné en disant : « Va à cette adresse et demande le patron. »

Quelqu'un me renseigne. Quelqu'un me donne une direction. Révéler l'identité de mon bienfaiteur serait le condamner à mourir entre les mains de la République islamique d'Iran. Je ne le ferai pas.

L'adresse est celle d'un bureau situé à l'autre bout de la ville du côté opposé à notre maison. Cela va m'entraîner dans un long parcours aventureux à travers les rues encombrées, mais j'ai décidé de m'y rendre immédiatement, même si l'aventure est risquée. Mahtob est avec moi. L'après-midi est à peine entamé et j'ignore comment nous pourrons rentrer avant que Moody ne sorte de l'hôpital, et regagne la maison. Mais ma liberté me rend plus hardie. S'il le faut, j'achèterai n'importe quoi pour la maison et je lui expliquerai que nous avons été retardées par les courses. Bon an, mal an, il devrait gober l'explication.

L'adresse du morceau de papier nous a amenées dans un immeuble de bureaux, où des tas de gens s'activent avec une efficacité inhabituelle dans cette ville. Je trouve un réceptionniste qui parle anglais et lui demande le patron.

— Allez sur votre gauche, puis descendez l'escalier, c'est au fond du hall.

Nous suivons ces indications et nous retrouvons dans

des bureaux en sous-sol. Au coin du couloir qui longe les bureaux, une salle d'attente confortablement meublée à l'occidentale. Il y a des livres et des magazines.

Je dis à Mahtob de m'attendre là. Et j'arrête un employé de passage :

— Le patron, s'il vous plaît?

— Au fond du hall.

Il me désigne un bureau isolé des autres et je m'y rends avec détermination. Je frappe à la porte, une voix d'homme me dit « Qui est là? » et, conformément aux instructions, je réponds : « Je suis Betty Mahmoody. »

L'homme me fait entrer, me tend la main, il parle anglais avec un parfait accent.

— Je vous attendais.

Il referme la porte sur nous et m'offre un siège, en me gratifiant d'un sourire cordial. C'est un petit homme en cravate, mince, vêtu strictement d'un costume impeccable. Il s'assied derrière son bureau, et se lance dans une conversation facile, très à l'aise. En parlant, il scande les mots en tapant sur son bureau avec un stylo.

On ne m'a donné que peu de détails. Cet homme espère un jour quitter l'Iran avec sa famille. Mais les circonstances de sa vie sont particulièrement compliquées. Le jour, c'est un homme d'affaires prospère, soutenant ouvertement le gouvernement de l'Ayatollah. La nuit, sa vie est un tissu d'intrigues.

On lui connaît plusieurs noms. Je l'appellerai Amahl.

Sans autre préambule il me dit être terriblement navré de ma situation :

— Je ferai tout ce qui est en mon pouvoir pour vous sortir de là.

Cette entrée en matière est à la fois réconfortante et inquiétante. Il connaît mon histoire. Il croit qu'il peut m'aider. Mais je suis déjà passée par là avec Trish et Suzanne, avec Rachid et son ami, avec la mystérieuse Miss Alavi.

— Écoutez-moi, monsieur. Vous n'êtes pas le premier que je rencontre. J'ai un problème. Je ne veux pas

330

m'en aller sans ma fille. Si elle ne vient pas, je ne pars pas. Ceci pour ne pas vous faire perdre votre temps. Il n'y a pas d'autre solution.

– Je respecte beaucoup votre attitude. Si c'est ce que vous voulez, je vous sortirai toutes les deux du pays. Mais si vous êtes patientes! Car je ne sais pas comment et quand je pourrai arranger ça. Il faut donc savoir attendre...

Il fait naître un chaud espoir dans mon cœur, dont je m'efforce de tempérer l'intensité. Car il offre l'espoir, mais il admet sans artifices qu'il ne sait comment et quand il pourra le concrétiser. Il me tend un papier sur lequel il a noté des numéros de téléphone.

– Laissez-moi vous montrer comment les mettre en code. Ceci est mon numéro privé, ici dans ce bureau, et l'autre chez moi. Vous pouvez appeler à n'importe quel moment, nuit et jour. N'hésitez pas surtout. Il faut que je vous aie au bout du fil le plus souvent possible. Ne craignez pas de me déranger. Appelez toujours vous-même, car je ne peux pas prendre le risque de vous appeler chez vous. Votre mari pourrait se méprendre et devenir jaloux...

Amahl se met à rire.

Sa bonne humeur est contagieuse. Dommage qu'il soit marié... En me disant cela, je ressens une petite pointe de culpabilité.

– D'accord. C'est moi qui appellerai.

Cet homme me paraît formidablement efficace.

– Nous ne devons pas discuter au téléphone. Dites seulement : « Comment allez-vous? », ou quelque chose comme ça. Si j'ai la moindre information pour vous, je vous dirai que je veux vous voir, et il faudra venir. Nous ne pouvons pas entrer dans les détails au téléphone.

Il doit y avoir quelque chose, l'argent peut-être.

– Est-ce que je dois demander à mes parents d'envoyer de l'argent à l'ambassade?

– Non. Ne vous tracassez pas pour l'argent. Je paierai pour vous. Et vous pourrez me rembourser plus tard, quand vous serez aux États-Unis.

Mahtob est silencieuse, dans le taxi qui nous ramène à la maison. C'est mieux comme ça, car j'ai la tête qui bourdonne. J'entends encore les paroles d'Amahl. Je cherche à évaluer les chances. Est-ce que j'ai vraiment trouvé le moyen de quitter le pays?

Il a dit : « Vous me rembourserez plus tard, quand vous serez aux États-Unis. »

Mais il a dit aussi : « Je ne sais pas comment et quand je pourrai arranger ça. »

L'été est fini, le temps de l'école est revenu, une fois encore. Je dois me montrer enthousiaste à l'idée que Mahtob va entrer à l'école primaire et n'élever aucune objection lorsque Moody met le sujet sur le tapis.

Bizarrement, Mahtob ne fait pas d'objection non plus. Elle est, bien sûr, en train de s'habituer doucement à l'idée de vivre en Iran.

Un matin nous allons tous les trois visiter l'établissement le plus proche, à dix minutes de marche de la maison. L'immeuble ressemble moins à une prison que la précédente école. De nombreuses fenêtres laissent entrer la lumière du soleil. Mais cette atmosphère ne semble pas influencer la directrice, une vieille femme grognonne, portant le tchador, qui nous dévisage maussadement. Moody lui explique en farsi le but de notre visite.

— Nous voudrions inscrire notre fille dans cette école.

— Non! Nous n'avons pas une seule place!

— Si nous sommes venus, c'est parce qu'elle est proche de chez nous...

— Pas de place!

Elle nous indique un autre établissement, beaucoup plus éloigné.

Je fais demi-tour avec Mahtob, prête à partir. J'imagine facilement que ma fille est plutôt ravie de ne pas se retrouver sous la coupe de cette vieille sorcière.

Mais Moody se met à grommeler :

— Bon. Mais je n'ai pas le temps d'aller voir ailleurs

aujourd'hui, je suis de service en salle d'opération.

La directrice sursaute :

– Oh!... Vous êtes médecin?

– Oui.

– Ah bon... Venez, venez... asseyez-vous.

Il y a toujours une place pour la fille d'un médecin. Moody est fier devant cette reconnaissance de son statut social.

La directrice nous informe de l'essentiel. Mahtob devra porter un uniforme gris, un manteau long, des pantalons et un *macknay*. C'est une sorte de foulard qui tient sur le front avec une attache, un peu plus épais que le *roosarie* porté par les femmes à l'intérieur, mais moins insupportable que le tchador. Il m'est aussi recommandé de venir avec Mahtob, un jour donné, pour une entrevue mère et fille. En quittant l'école, je demande à Moody :

– Comment fera-t-elle avec un seul uniforme? Ils espèrent qu'elle portera le même, jour après jour?

– Les autres font comme ça. Mais tu as raison, il lui en faut plusieurs.

Il part travailler en me laissant de l'argent pour ces achats. En nous promenant à la recherche des boutiques, le chaud soleil de septembre me remonte le moral. Me voici marchant librement avec ma fille. J'ai atteint un autre objectif important. Avec Mahtob qui rentre à l'école de bon gré, avec Moody à son travail, je peux aller où ça me plaît, dans la ville.

Quelques jours plus tard, nous nous rendons à cette fameuse session mère-fille, avec notre voisine Malileh qui nous servira de traductrice. Elle parle peu l'anglais mais, entre Mahtob et elle, je parviens à une certaine compréhension de ce qui se passe.

La réunion s'achève au bout de cinq heures. La plupart de ce temps a été consacré aux prières et à la lecture du Coran. Puis la directrice a adressé une requête passionnée aux parents, afin qu'ils fassent des dons pour l'école. Elle a expliqué qu'il n'y a pas de toilettes et qu'elle a besoin d'argent pour installer ces commodités avant la rentrée.

Je dis à Moody :

– Pas question! Nous n'allons pas leur donner d'argent pour construire des toilettes dans une école! S'ils ont les moyens d'envoyer toute cette Pasdar à travers les rues, et tout le temps, pour surveiller si une femme a un cheveu qui dépasse de son *roosarie* ou un bas qui dégringole, ils ont les moyens de mettre des toilettes dans les écoles pour les enfants!

Mais il n'est pas d'accord avec moi. Il fait un don très généreux et, à la rentrée des classes, l'établissement est proprement équipé... de trous dans le sol.

Pendant assez longtemps une petite routine s'installe, une vie normale. Mahtob se lève tôt pour aller à l'école. Tout ce que j'ai à faire est de l'emmener jusqu'à l'arrêt d'autobus et de venir la rechercher au même endroit l'après-midi.

Souvent Moody reste à la maison, pour travailler dans sa clinique. Sa réputation s'est faite de bouche à oreille et il a beaucoup de patients. Les gens apprécient particulièrement son traitement par manipulation, qui soulage énormément. Bien que cela pose un problème à la plupart de ses patientes féminines, forcément méfiantes. Pour résoudre ce dilemme, Moody m'apprend la manière de procéder. Prise entre cela et mes occupations de réceptionniste, mes journées sont bien remplies et m'offrent peu de possibilités de manœuvre.

Je ne vis que pour les mardis et mercredis, les jours où Moody travaille à l'hôpital. Ces journées m'appartiennent à moi toute seule, avec toute la liberté de parcourir la ville à mon gré.

Je vois Hélène régulièrement à l'ambassade. Je reçois et j'expédie des lettres hebdomadaires à mes parents et mes enfants. C'est merveilleux d'un côté et déprimant de l'autre. Ils me manquent tant! Et j'ai si peur de lire une lettre de ma mère. Mon père va de mal en pis. Elle ne sait pas combien de temps il pourra tenir. Il parle de nous tous les jours et prie pour nous revoir une fois encore avant de mourir.

J'appelle Amahl chaque jour si je le peux. Chaque fois il s'inquiète simplement de ma santé et ajoute : « Patience... »

Un jour, je sors pour faire plusieurs courses. Moody m'a demandé de faire faire une clef particulière pour la maison. Je sais qu'il existe une boutique pour cela, non loin de celle qui vend des pizzas. Sur mon chemin, je passe devant une librairie que je n'ai jamais vue avant et j'y rentre, comme ça, impulsivement, pour voir...

Le marchand parle anglais.

— Vous avez des livres de cuisine en anglais ?

— Oui, au sous-sol.

Je vais au sous-sol et découvre un stock de livres de cuisine, écornés, usés, mais je suis au paradis. Comment ai-je pu passer à côté du simple plaisir de retrouver ces recettes ? Des menus entiers défilent dans ma tête et j'espère seulement pouvoir trouver les ingrédients nécessaires, ou des produits de remplacement.

Je suis interrompue dans mon ravissement par une voix d'enfant qui dit en anglais :

— Maman ? Tu veux bien m'acheter un livre d'histoires ?

Non loin de moi, je vois une femme et une enfant, toutes deux vêtues de manteaux et de foulards. La femme est petite, les cheveux noirs, avec cette légère teinte de bronze sur la peau qu'ont la plupart des Iraniennes. Elle n'a pas l'air d'une Américaine, mais je lui pose quand même la question.

— Oui ! me répond Alice Shareef.

Dans ce lieu étrange nous devenons aussitôt amies. Alice est professeur à San Francisco, mariée à un Iranien américanisé. Peu de temps après que son mari Malek eut obtenu son diplôme en Californie, son père est mort. Lui et Alice vivent maintenant à Téhéran, pour quelque temps, pour régler l'héritage. Elle n'aime pas être ici, mais elle n'a pas de gros problèmes. Sa fille Samira, qu'ils appellent Sammy a l'âge de Mahtob. Tout à coup je sursaute :

— Oh, mon Dieu ! Il faut que je file chercher ma fille à l'arrêt d'autobus.

Nous échangeons nos numéros de téléphone et je cours pour ne pas être en retard.

Le soir, je fais part de cette rencontre à Moody.

– Il faut les inviter à la maison. Ils pourront rencontrer Chamsey et Zaree. Que penses-tu de vendredi?

– Si tu veux.

Il est aussi excité que moi, lorsque vendredi arrive, et se prend immédiatement de sympathie pour Alice et Malek. Alice est une personne intelligente et cultivée. Elle adore parler, toujours prête à raconter une histoire drôle. En observant mes invités ce soir, il m'apparaît que de tous les gens que j'ai connus en Iran, Alice et Chamsey sont les seules qui paraissent vraiment heureuses. Peut-être parce qu'elles savent toutes les deux qu'elles retournent bientôt en Amérique...

Alice raconte une blague:

– C'est un homme qui entre dans la boutique d'un artiste et voit une peinture de Khomeiny. Il veut acheter le tableau et le marchand lui dit qu'il coûte cinq cents tumons. (Un tumon vaut dix rials.) « Je t'en donne trois cents, dit l'acheteur. – Non, cinq cents... – Trois cent cinquante! – Cinq cents... – Quatre cents, dit l'acheteur, c'est ma dernière offre. » Juste à ce moment un autre client se présente, trouve une peinture de Jésus-Christ qui lui plaît et demande le prix: « Cinq cents tumons, dit le marchand. – D'accord. » Et le client paie les cinq cents tumons et s'en va. Alors le marchand dit au premier client: « Monsieur, regardez cet homme. Il est entré, il a vu la peinture qu'il voulait, il m'a donné l'argent que je lui demandais et il est parti. » Et le client dit: « D'accord, si tu peux mettre Khomeiny sur une croix et le crucifier, je te donne cinq cents tumons! »

Tout le monde éclate de rire dans le salon, et Moody aussi.

Chamsey m'appelle le lendemain.

– Betty, quelle femme extraordinaire, cette Alice! Tu dois t'en faire un amie.

– Bien sûr.

– Mais oublie Ellen. Ellen est complètement nulle.

Nous nous voyons régulièrement avec Alice. Elle est la seule femme que j'ai rencontrée en Iran qui possède l'un de ces merveilleux trucs appelés sèche-linge. Elle a des tas de flacons d'adoucisseur! Elle a de la moutarde!

Et elle a un passeport, qui lui permet de rentrer chez elle.

Moody m'a mise en garde :

— Ne dis jamais à Chamsey ce qui t'est arrivé en Iran. Ni à Alice. Si tu le fais, tu ne les reverras plus jamais.

J'ai promis. Il est satisfait. Il croit à ce qu'il veut croire. Que la possibilité d'un retour en Amérique ne se présentera plus jamais. Il a gagné. Il m'a fait ce qu'Hormoz a fait à Ellen.

Et sur la foi de ma promesse, il peut me permettre de frayer librement avec Chamsey et Alice. En réalité il n'a pas trop le choix, car s'il tentait de m'enfermer dans cette nouvelle maison, il ne pourrait pas long-temps raconter qu'il est heureux en mariage à nos amis.

En dépit du changement intervenu dans ses relations familiales, nous avons quelques obligations à remplir. Il ne veut pas inviter Babba Hajji et Ameh Bozorg à dîner, mais il leur doit toujours le respect. Nous avons repoussé trop souvent la visite obligatoire.

Au téléphone Moody invite sa sœur.

— Mahtob va à l'école et elle doit être au lit à huit heures. Alors venez à six heures.

Elle lui rappelle qu'ils ne dînent jamais avant dix heures.

— Ça m'est égal. Vous dînerez à six heures ou ne venez pas du tout.

Vexée, Ameh Bozorg accepte.

Pour mieux supporter l'ennui de leur présence, nous avons invité aussi les Hakim.

Je prépare un dîner spécial. Des crêpes au poulet en entrée, c'est la viande la plus estimée. Une expédition réussie au marché m'a permis de ramener les premiers choux de Bruxelles que j'ai vus en Iran. Je les ai

337

accommodés avec des carottes et des poireaux, en les faisant braiser légèrement.

Babba Hajji et Ameh Bozorg ont emmené Majid et Feresteh avec eux. Ils arrivent à huit heures au lieu de six, mais c'est un compromis accepté d'avance et acceptable. Avec les Hakim nous prenons place pour dîner autour de la table de la salle à manger.

Pour les Hakim, plus sophistiqués dans leur comportement, ce n'est pas un problème. Mais Babba Hajji et Ameh Bozorg ont bien du mal à se tenir de leur mieux.

Babba Hajji reste en arrêt devant l'argenterie inhabituelle, ne sachant pas comment s'en servir. Je suis sûre qu'il est en train de se demander ce qu'il est supposé faire de cette serviette de table en tissu. Il doit également penser qu'il est ridiculement extravagant de donner un verre personnel à chacun.

Ameh Bozorg s'agite sur sa chaise, incapable d'y trouver une position confortable. Finalement, elle prend son assiette et va s'asseoir par terre, caquetant de plaisir à propos des choux de Bruxelles, qu'elle appelle « les petits choux de Betty ».

En peu de temps, ma salle à manger est un dépotoir. Des morceaux de nourriture tombent de la table sur le sol, quand mes invités plongent leurs mains dans les plats, et occasionnellement une cuillère. Tous les trois, nous mangeons tranquillement en utilisant nos couverts.

Le dîner est terminé et nous nous apprêtons à gagner le salon, lorsque Moody me murmure :

– Regarde où était assise Mahtob. Il n'y a pas le moindre grain de riz autour de son assiette, ni par terre. Et regarde où les autres étaient assis!

Je n'ai pas besoin de regarder. Je sais que je veillerai tard, cette nuit, pour nettoyer les grains de riz et autres déchets de nourriture, sur les tapis et même sur les murs.

Je sers le thé dans le salon. Ameh Bozorg s'empare du bol de sucre, faisant une jolie petite traînée sur le tapis, au fur et à mesure qu'elle enfourne des cuillères pleines dans son verre de thé minuscule...

Un autre soir nous allons chez Akhram Hakim, la mère de Jamal, un « neveu » de Moody. Celui avec qui nous avions rendez-vous pour déjeuner dans un hôtel d'Austin. Celui qui nous a apporté la grande nouvelle de la prise de l'ambassade des États-Unis à Téhéran. Sa nièce est avec lui. Elle est visiblement énervée. Je lui demande pourquoi et elle me raconte son histoire en anglais.

Ce matin très tôt, elle était en train de passer l'aspirateur chez elle, quand elle a eu envie de cigarettes. Elle a mis son long manteau, son *roosarie*, et a traversé la rue, laissant ses deux filles âgées de dix et sept ans seules dans l'appartement. Après avoir acheté ses cigarettes, elle rentrait chez elle, lorsque la Pasdar l'a coincée. Quelques « dames Pasdar » l'ont entraînée dans le fourgon, pour lui nettoyer les ongles à l'acétone afin d'en retirer le vernis. De même pour le rouge à lèvres. Elles l'ont insultée un bon moment et l'ont menacée de l'emmener en prison.

Elle les a suppliées d'aller chercher d'abord ses filles dans l'appartement. Se moquant totalement des enfants, les « dames Pasdar » l'ont gardée près de deux heures dans le fourgon, en la sermonnant. Elles voulaient savoir si elle disait ses prières. Elle leur a dit que non. Elles voulaient aussi lui faire promettre de ne plus utiliser de vernis, de ne jamais porter un maquillage quelconque. Elle a dû promettre de faire pieusement ses prières. Sinon, les « dames Pasdar » la vouaient à l'enfer.

Je lui confie que je hais la Pasdar.

— Moi, elles m'effrayent. Elles sont dangereuses.

Et elle m'explique encore que, dans les rues de Téhéran, lorsqu'elles veulent faire appliquer la loi, les « dames Pasdar » sont encore plus nuisibles. Car elles travaillent aussi pour la police secrète, chargée d'espionner les ennemis de la République ou, pis, n'importe quelle personne sans défense qu'elles peuvent intimider. Et lorsque la Pasdar arrête une femme et qu'elle doit être exécutée, les hommes la violent d'abord par principe, car ils ont un dicton : « Une femme ne doit pas mourir vierge. »

Ma première et dernière pensée consciente chaque jour, c'est de dresser le plan de mon évasion. Rien de concret pour l'instant. Mais je fais mon possible pour garder le plus de contacts possible. Je vais voir Hélène à l'ambassade. Et presque chaque jour j'appelle Amahl.

Chaque détail de ma vie quotidienne est axé sur le grand but. Je suis déterminée à me montrer une épouse et une mère aussi exemplaire que possible. Pour trois raisons. La première est de consolider l'illusion de bonheur et de normalité, de façon à ôter tout soupçon à Moody. La seconde est de faire plaisir à Mahtob et d'éloigner de son esprit l'idée qu'elle est prisonnière. Parfois elle demande :

– Est-ce qu'on pourra retourner en Amérique, maman?

– Pas maintenant. Peut-être qu'un jour, dans l'avenir, papa changera d'idée, et nous irons tous les trois.

Ce genre de mensonge soulage un peu sa tristesse, mais pas la mienne.

Ma troisième raison de créer un foyer « heureux », c'est de me préserver moi-même, de ne pas devenir folle. Je n'ai aucun moyen de savoir ce qui nous tombera sur la tête lorsque nous déciderons enfin de nous évader. Je ne veux pas insister sur les dangers possibles. Parfois je songe à Suzanne et Trish, et comment j'ai repoussé leur offre de partir en avion avec elles. Est-ce que j'ai fait une erreur? Je ne peux pas en être sûre. Est-ce que j'aurai suffisamment de courage? Quand le moment sera venu, est-ce que nous serons capables toutes les deux de faire face au défi? Je ne sais pas.

En attendant des jours meilleurs, je m'occupe.

Moody cherche à me faire plaisir et il m'a suggéré d'aller faire une petite incursion dans un salon de beauté, proche de chez nous. Cela peut paraître absurde dans un pays où nul n'est autorisé à montrer ses cheveux et son visage, mais je m'y rends quand même. Et j'accepte, lorsqu'une femme me demande si je veux me faire épiler les sourcils et le duvet du visage.

Au lieu d'utiliser de la cire ou des pinces, l'esthéticienne utilise un long fil de coton très mince. Elle l'enroule bien tendu autour des poils et les extirpe ainsi violemment.

J'ai bien envie de pleurer de douleur, mais j'endure le supplice, en me demandant pourquoi les femmes se torturent elles-mêmes au nom de la beauté. Quand c'est fini, mon visage est rugueux, ma peau toute rouge.

Le soir, je remarque une éruption qui se développe et gagne rapidement mon cou et mes épaules. Moody grommelle :

– C'était peut-être un fil sale.

Un soir en rentrant du supermarché, je trouve Moody dans la salle d'attente bourrée de clients.

– Ouvre les portes, laisses-en quelques-uns s'asseoir dans le living-room.

Je répugne à les laisser entrer, mais il faut bien lui obéir. J'ouvre les grandes portes de bois et invite les patients à s'asseoir sur le canapé et sur les chaises.

L'un de mes devoirs de réceptionniste est de servir le thé aux patients. Je déteste ça. Et ce soir, je suis encore plus énervée à l'idée que le living-room sera couvert de taches et de traces de sucre. Je leur sers néanmoins le thé et m'apprête à me réfugier dans la cuisine, lorsqu'une des patientes me demande :

– Vous êtes américaine?

– Oui, vous parlez anglais?

– J'ai étudié aux États-Unis.

Je m'assieds près d'elle, radoucie.

– Où ça aux États-Unis?

– Michigan.

– Oh! Je suis du Michigan! Où étiez-vous dans le Michigan?

– Kalamazoo.

Elle s'appelle Feresteh Noroozi. C'est une très jolie jeune femme que quelqu'un de l'hôpital a envoyée à

Moody. Elle souffre de douleurs du cou et du dos et ne connaît pas l'origine de son mal. Elle espère que les manipulations vont la soulager.

Pendant qu'elle attend, nous discutons ensemble à peu près trois quarts d'heure.

Feresteh revient souvent pour son traitement et je l'invite toujours à entrer dans le living-room. Un après-midi, elle me dit :

— Je connais la cause de mes douleurs.

— Qu'est-ce que c'est ?

— Le stress.

Et elle commence à pleurer. Puis elle me raconte que l'année précédente, son mari est sorti pour acheter de l'essence pour la voiture, et n'est jamais revenu. Elle l'a cherché partout avec ses parents, dans les hôpitaux, sans trouver trace de lui. Vingt-cinq jours plus tard, la police a appelé. La pauvre se remet à pleurer.

— ... Ils ont dit : « Viens chercher la voiture. » Mais ils n'ont jamais rien voulu me dire à son sujet.

Feresteh et sa petite fille d'un an sont allées vivre chez ses parents. Après quatre mois d'attente insupportable, la police les a enfin avertis que le mari était en prison et qu'elle était autorisée à lui rendre visite.

— Ils l'ont arrêté, c'est tout. Et ils l'ont mis en prison. Il y a plus d'un an maintenant et on ne l'a encore accusé de rien.

— Mais comment peuvent-ils faire ça ? Pourquoi ?

— Il a un diplôme d'économie. Et moi aussi. Et nous avons étudié aux États-Unis. Nous sommes une catégorie de gens qui fait peur au gouvernement.

Feresteh me demande de ne parler de son mari à personne. Elle a peur, si elle se plaint trop, d'être arrêtée elle aussi.

Dans la soirée après avoir fermé son cabinet, Moody me dit :

— J'aime bien Feresteh, que fait son mari ?

— Il est diplômé en économie...

Je n'ajoute rien d'autre.

– Venez le plus vite possible.

Il y a une note d'urgence dans la voix d'Amahl et mon cœur se met à battre.

– Pas avant mardi, quand Moody est à l'hôpital.

– Appelez-moi d'abord, que je puisse vous attendre.

Qu'est-ce que ça peut être? Je parie sur de bonnes nouvelles, plutôt que sur des problèmes. Le ton m'a paru raisonnablement optimiste.

Mardi. Je me réveille de bonne heure, dis mes prières avec Moody et regarde le temps s'écouler lentement. Mahtob s'en va à l'école à sept heures, Moody part quarante-cinq minutes plus tard. Je surveille à la fenêtre jusqu'à ce qu'il disparaisse à l'intérieur d'un taxi, puis j'appelle Amahl, pour confirmer le rendez-vous. Je me précipite dehors, galope dans la rue jusqu'à l'avenue pour trouver moi aussi un taxi.

Nous sommes au début de novembre. Une petite brise glacée annonce de la neige. La circulation du matin est dense et la difficulté du trajet se complique de la nécessité de héler plusieurs taxis pour en trouver un qui me fasse traverser la ville.

Ma tête bourdonne de questions quand je frappe à la porte d'Amahl.

Il répond rapidement, m'invite à entrer avec un large sourire, à m'asseoir, me propose du thé ou du café, j'opte pour le café. Il me tend finalement une tasse, s'assied derrière son bureau et dit :

– Bon. Je crois que vous feriez bien de contacter votre famille.

– Qu'est-ce qui se passe?

– Vous feriez bien de leur dire de mettre deux assiettes supplémentaires... pour cette fête que vous appelez Thanksgiving.

Un énorme soupir de soulagement s'échappe de mes lèvres. Cette fois je « sais ». Cette fois ça va marcher. Mahtob et moi, nous allons rentrer en Amérique.

– Comment?

Il m'explique le plan. Nous prendrons un vol iranien pour Bandar Abbas, dans l'extrême sud du pays. De là, nous serons transportées par un bateau rapide, à travers le golfe Persique, vers l'un des Émirats arabes.

— Évidemment il y aura des problèmes de paperasserie dans les Émirats. Mais vous serez hors d'Iran et ils ne vous renverront pas. Vous obtiendrez vite un passeport de l'ambassade et vous pourrez rentrer chez vous.

L'idée de traverser le golfe Persique dans un horsbord est un peu effrayante, mais c'est le billet pour la liberté, pour moi et ma fille. Nous le prendrons.

— Est-ce que j'aurai besoin d'argent?

— Je paierai pour ça. Quand vous serez de retour aux States, vous pourrez m'envoyer l'argent.

Je sors un paquet de billets :

— J'en ai ici. Je veux que vous le gardiez pour moi. Je n'ai pas envie de risquer que Moody le trouve. Il y a environ quatre-vingt-dix dollars en monnaie américaine et six cents dollars en rials.

C'est mon trésor caché depuis le début. Amahl veut bien le garder pour moi.

— Vous avez besoin de pièces d'identité pour monter dans l'avion.

— L'ambassade a gardé mon permis de conduire, mon certificat de naissance et mes cartes de crédit.

— Votre certificat de naissance iranien?

— Non, l'américain, celui que j'avais emporté avec moi. Moody garde l'iranien quelque part.

Amahl médite sur la question.

— Nous pouvons essayer de vous obtenir un billet avec votre certificat américain. Mais il vaudrait mieux que vous puissiez retrouver l'autre. Récupérez aussi vos papiers à l'ambassade. Mais cherchez votre certificat iranien, voyez si vous pouvez le dénicher.

— Quand partons-nous?

— J'ai quelqu'un à Bandar Abbas qui s'occupe de régler tout ça et je l'attends à Téhéran dans deux jours. Ne vous inquiétez pas, vous et Mahtob vous serez à la maison pour Thanksgiving.

Depuis le bureau d'Amahl, j'appelle Hélène à l'ambassade.

— J'ai besoin de vous voir tout de suite.

L'heure des visites est passée, mais Hélène va descendre prévenir les gardes de me laisser entrer.

Après ce coup de téléphone, Amahl ajoute un conseil de prudence :

— Ne dites pas ce qui se passe aux gens de l'ambassade.

Mais je suis si excitée qu'à l'instant où Hélène voit mon visage, elle s'exclame :

— Mon Dieu, qu'est-ce qui vous arrive ? Vous avez l'air si heureuse, si différente...

— Je rentre chez moi.

— Je ne peux pas vous croire.

— Si, je rentre chez moi, et j'ai besoin de mes papiers et de mes cartes de crédit.

Hélène paraît contente pour moi. Elle sourit largement. Elle m'étreint, nous pleurons de joie. Elle ne pose pas de questions. Elle sent que je ne lui dirai rien et elle ne veut rien savoir, ni comment, ni quand, ni qui.

Elle me rend mes papiers, mon permis de conduire, mon certificat de naissance américain et les nouveaux passeports qu'elle a obtenus pour nous, ainsi que les cartes de crédit. Puis nous allons voir M. Vincop, qui est aussi heureux pour moi, mais toujours prudent.

— C'est notre devoir de vous mettre en garde contre une tentative d'évasion. Vous ne devez pas risquer la vie de Mahtob.

Mais quelque chose dans son expression dément ses mots. Oui, c'est son devoir de me mettre en garde. Mais intérieurement il souhaite la réussite de mon plan.

Par contre, sa dernière recommandation me paraît sensée.

— Je me fais du souci pour vous. Vous avez l'air si heureuse que ça se remarque dans tout votre comportement. Votre mari va comprendre qu'il se passe quelque chose.

— Je vais m'obliger à le cacher. Je ferai très attention.

En regardant sa montre, je m'aperçois que je suis en

retard. Moody ne rentrera pas de l'hôpital avant la fin de l'après-midi, mais je dois être à la maison à 1 h 15, quand Mahtob reviendra de l'école. Aussi je m'excuse rapidement et me précipite dans la rue pour refaire le long trajet du retour. Il est 1 h 30 quand j'arrive précipitamment à la maison. Mahtob m'attend dehors, la porte est fermée. De grosses larmes coulent de ses yeux.

– J'ai cru que tu étais partie en Amérique sans moi!

Comme il me tarde de lui dire ce qui nous arrive! Mais maintenant plus que jamais, je dois lui cacher la nouvelle. L'heure est si proche... Il faut faire attention à trop de choses. Elle trouverait aussi difficile que moi de cacher son bonheur.

– Je n'irai jamais en Amérique sans toi.

Je la ramène à l'intérieur.

– Mahtob, s'il te plaît, ne dis pas à papa que je suis rentrée après toi.

Elle hoche la tête. Ses larmes ont disparu, elle se précipite dehors pour jouer. Pendant ce temps, je réfléchis à toute vitesse. Je cache mes papiers dans le rembourrage du canapé du salon. Il a une fermeture à glissière. Et j'essaye de me composer un visage et une attitude pour cacher le bonheur qui m'habite. Une idée prend soudain forme dans mon esprit. Je téléphone à Alice.

– J'aimerais bien passer les fêtes de Thanksgiving avec vous. Nous pourrions dîner ensemble chez nous. Et nous pourrions inviter Chamsey et Zaree aussi. Et puis j'aimerais vous faire rencontrer Feresteh.

Alice est tout de suite d'accord.

Formidable! Je ne serai pas là, mais je peux faire comme si. Moody rentre tard et me trouve en effervescence.

– Alice et moi nous allons préparer la fête de Thanksgiving!

– Bien... Bien...

La dinde est son plat favori.

– Nous devrons aller au marché pour acheter une dinde...

– Alice et toi, vous pourrez vous débrouiller?
– Bien sûr.
– Alors d'accord.

Moody est tout à fait ravi de voir sa femme de bonne humeur et pleine de projets.

Je galope à travers Téhéran avec l'énergie et la vitalité d'une écolière. Nous cherchons, avec Alice, des produits rares, pour la fête de Thanksgiving.

Alice est impressionnée par la facilité avec laquelle je m'oriente dans Téhéran. Elle aime bien sortir elle aussi, mais ne se risque jamais à faire un trajet toute seule. C'est amusant pour elle de me suivre à travers le marché, à la découverte d'une dinde.

Mais pour atteindre le marché, il nous faut plus d'une heure. Lorsque nous y sommes enfin, il faut passer sous un large porche et pénétrer dans un monde fou de bruits et de couleurs. Des centaines de marchands vantent leurs marchandises à grands cris. Une foule dense se promène au milieu, trimballant des poussettes, discutant d'un marchand à l'autre. Il y a beaucoup d'Afghans en pantalons bouffants qui charrient d'énormes charges sur leurs épaules.

J'explique à Alice que c'est ici l'endroit où l'on trouve tout. Poissons, poulet, dinde, tout est disponible.

Nous nous frayons un chemin, lentement, au travers de cette multitude crasseuse, les oreilles saturées de bruits. Nous voilà dans la rue que je cherchais mais c'est par accident que nous découvrons une échoppe qui offre quelques dindes ratatinées, pendues par le cou au plafond de la boutique. Elles ne sont qu'à moitié vidées et la saleté de la ville s'est déposée sur les plumes restantes. Mais ce sont les seules disponibles.

J'en voulais une de cinq kilos au moins, mais la plus grosse atteint à peine les trois kilos.

Alice suggère que nous fassions un rôti de bœuf en plus. Nous achetons donc la dinde famélique et reprenons le chemin de la maison.

Nous attendons longtemps un taxi orange. Il en passe beaucoup mais, à cette heure de la journée, ils sont pleins à craquer. La dinde commence à peser au bout de mon bras. Enfin un taxi répond à nos cris. L'arrière est plein, nous montons devant, Alice la première.

Le décor de cette ville haïe défile devant mes yeux, et je tombe dans une étrange rêverie. Je ne ferai jamais cuire cette dinde. Au lieu de ça, j'aiderai maman à préparer un dîner, pour lequel Mahtob et moi serons éternellement reconnaissantes à Dieu.

— *Muchakher injas!*

La voix d'Alice a interrompu mon rêve. Elle commande au chauffeur : « Arrête ici! »

Je commence à dire que nous ne sommes pas arrivées à destination, puis sa phrase s'arrête toute seule. J'ai compris ce qui vient d'arriver, lorsque Alice me pousse rapidement hors de la voiture. Le taxi démarre.

— Tu ne peux pas savoir ce que le chauffeur m'a fait!

— Oh si, je sais. Ça m'est arrivé aussi. Il ne faut pas en parler à nos maris, sinon ils ne nous laisseront plus sortir seules.

Alice est outrée, mais d'accord avec moi.

Nous n'avons jamais entendu parler de tels incidents avec des femmes iraniennes. Je me demande même si la presse de ce pays, tellement obnubilée par le taux de divorces en Amérique, ne laisse pas croire aux mâles iraniens que nous sommes toutes des obsédées sexuelles et des allumeuses.

Nous arrêtons un autre taxi et grimpons sur le siège arrière.

De retour à la maison, nous passons des heures à nettoyer le maigre volatile et à le plumer méticuleusement à l'aide de pinces, avant de le mettre à congeler.

Il reste beaucoup de courses à faire dans les jours qui viennent. Plusieurs fois, j'entraîne Alice précipitamment, pour la ramener chez elle dans le milieu de la matinée. La première fois je lui dis :

— Si Moody te demande quelque chose, dis-lui que

je suis venue prendre un café après les courses et que je suis restée jusqu'à une heure.

Alice me regarde bizarrement, mais acquiesce et ne pose pas de questions. Elle veut bien assumer le fait que je suis censée être chez elle, alors que je me précipite en ville.

De chez Alice, je me rends souvent à la boutique d'Hamid où j'utilise le téléphone pour appeler Amahl. A plusieurs reprises il a eu besoin de me voir, pour discuter des détails. Il reste optimiste au fur et à mesure que Thanksgiving approche.

Mais Hamid est pessimiste. Quand j'ai livré mon délicieux secret à mon complice de vieille date, il m'a dit :

– Je ne crois pas à ça. Tu seras encore en Iran au retour de l'imam Mehdi...

Les journées sont si agitées que les soirées à la maison avec Moody sont d'étranges interludes, qui réclament une force de caractère surhumaine. Je ne peux rien laisser voir de mon excitation, sinon Moody deviendrait immédiatement soupçonneux. La cuisine, le ménage, conduire Mahtob à l'école, toutes les tâches normales d'une journée normale doivent être accomplies. Mais dormir la nuit m'est très difficile, car mon esprit est déjà en Amérique. La nuit, je suis déjà chez moi.

Dans un coin de moi-même, je trouve la force de supporter tout ça. Alice est une alliée précieuse, bien qu'elle ne sache rien de ma vie secrète.

Un jour que nous faisons des courses, il m'arrive de lui dire :

– J'aimerais bien appeler ma famille, ils me manquent tellement.

Alice sait parfaitement que Moody ne me laisse pas téléphoner en Amérique. Son mari ne le lui permet pas non plus, à cause du prix de la communication. Mais Alice possède un peu d'argent à elle, gagné en faisant travailler des étudiants en anglais. Quelquefois, elle s'offre l'appel défendu.

– Je vais t'emmener au *tup kuney*... me dit-elle.

– Qu'est-ce que c'est?

– La compagnie du téléphone, près du marché, dans le centre. Il faut payer cash. Mais tu peux faire des appels longue distance.

Grande nouvelle que cette information! Le jour suivant, sous le prétexte parfaitement crédible d'aller acheter du céleri, pour le repas de Thanksgiving, je me rends dans le centre au *tup kuney*. Pendant qu'Alice appelle sa famille en Californie, je parle avec papa et maman dans le Michigan.

– J'ai trouvé un endroit d'où je peux appeler! C'est plus facile qu'à l'ambassade et moins dangereux que si vous essayez de me joindre à la maison. J'essaierai de téléphoner plus souvent maintenant.

Maman répond : « Je l'espère tant... » Papa est heureux d'entendre ma voix. Il dit qu'il se sent mieux quand j'appelle. Alors je leur dis :

– J'ai un cadeau pour vous. Mahtob et moi... nous allons rentrer chez nous pour Thanksgiving!

19

Amahl me fait un signe impératif :
— Ne dites rien... Asseyez-vous... Pas un mot.
Je fais ce qu'il me dit et reste assise sur ma chaise, sans bouger. Il se dirige vers la porte de son bureau, l'ouvre et marmonne quelques mots de farsi.

Un homme grand, au teint sombre, pénètre dans le bureau et vient se planter devant moi. Il me fixe en plein visage, comme s'il voulait ancrer les détails de mes traits dans sa mémoire. J'ai presque envie d'ôter mon foulard, pour lui permettre de me voir mieux encore, mais il vaut mieux ne pas bouger sans un signe d'Amahl. J'ignore qui est cet homme. Je ne veux pas l'offenser.

Il reste devant moi une minute, peut-être deux, puis s'en va sans dire un mot. Amahl se rassoit derrière son bureau, sans explication à propos de l'étrange visiteur.

— J'ai envoyé quelqu'un à Bandar Abbas, pour régler le problème du hors-bord. J'attends qu'il revienne à Téhéran. Je règle aussi le problème du vol pour Bandar Abbas. Il y aura d'autres gens dans l'avion, mais vous ne saurez pas de qui il s'agit. Ils ne s'assiéront pas près de vous.

Amahl m'inspire confiance, mais je suis impatiente. Il progresse avec minutie, lentement. Le temps ne veut pas dire grand-chose pour les Iraniens : il est difficile de respecter un calendrier. Les jours ont passé. Nous sommes maintenant le lundi qui précède Thanksgiving, et je sais qu'il n'y a aucune chance pour que nous puissions le célébrer dans le Michigan.

Pour me consoler, Amahl dit doucement :

– Vous serez peut-être là-bas pour le week-end... ou pour le prochain week-end... Tout n'est pas encore réglé. Je ne peux pas vous faire partir avant que tout soit parfaitement en ordre.

– Et si ça n'était jamais parfaitement en ordre?

– Ne vous inquiétez pas pour ça. Je travaille aussi à d'autres idées pour vous. J'ai quelqu'un en contact avec un chef de tribu de Zahidan; nous pourrions peut-être vous faire passer par le Pakistan. J'ai parlé aussi à un homme qui a une femme et une fille comme vous et Mahtob. Je suis en train de le persuader de vous emmener, peut-être sur un vol pour Tokyo ou la Turquie. Au retour, il y a quelqu'un que je peux payer pour tamponner les passeports, afin de prouver que sa « femme » et sa « fille » sont rentrées en même temps que lui.

Tout ça me paraît risqué, j'ignore si je pourrais passer pour une Iranienne. La photo de la femme qui figure sur le passeport a été prise alors qu'elle portait le tchador, dissimulant son visage. Mais si un policier des douanes me questionne en farsi, j'aurai des problèmes.

– Dépêchez-vous, Amahl. Le temps est contre moi. Je voudrais voir mon père. Je veux être à la maison avant qu'il ne meure. Il sera plus en paix, s'il nous sait de retour. Je vous en prie, trouvez une solution rapide.

– D'accord.

Quatrième jeudi de novembre. Passer les fêtes de Thanksgiving en Iran est une épreuve redoutable, surtout après avoir dit à mes proches que nous partions. Dieu merci, je n'ai rien dit à Mahtob! Ce jeudi-là je sombre dans une noire dépression. Thanksgiving, Action de grâces... Remercier qui? et de quoi?

Pour me remettre les idées en place et faire passer le temps, je me plonge dans la fabrication du repas, je vais essayer de faire de cette dinde misérable un genre de chef-d'œuvre.

Mon moral s'améliore au fur et à mesure que les amis

arrivent. Je leur suis reconnaissante. Ce nouveau cercle de relations agréables, ces gens qui, en dépit de leurs origines, aiment la civilisation, et sont plus proches des Américains que des Iraniens se sont rassemblés chez nous pour fêter Thanksgiving. Chamsey et Zaree, Alice et Feresteh... Je les aime tous, mais comme il me tarde d'être chez moi!

Après le repas et la traditionnelle tarte au potiron, mon moral retombe à zéro. Moody se cale dans un siège confortable, les mains sur le ventre, et s'endort, momentanément heureux de son sort, comme si rien n'existait du passé, comme si sa vie n'avait pas changé. Que je hais cet ogre endormi! Comme je voudrais être avec maman et papa, Joe et John...

Un mardi, sachant que Moody est à son travail à l'hôpital, mon frère Jim m'appelle d'Amérique. L'état de papa s'est amélioré brusquement, lorsque je lui ai annoncé que nous serions là pour Thanksgiving, et maintenant c'est dramatique.

— Trois jours durant, il a quitté son lit et s'est remis à évoluer dans la maison. Il n'en était plus capable depuis longtemps. Il est même sorti dans le jardin.

— Et comment va-t-il maintenant?

— C'est pour ça que je t'appelle. Quand il a compris que vous ne seriez pas là pour Thanksgiving, il a sombré dans la dépression. Il est de plus en plus mal de jour en jour. Il n'espère plus rien. Est-ce que tu pourrais l'appeler de nouveau?

— Ça n'est pas facile, tu sais. Je ne peux pas appeler d'ici, Moody le verrait sur la note du téléphone. Il faut que j'aille dans cette poste dans le centre de la ville, et ça présente des difficultés, mais j'essaierai.

— Est-ce que tu penses pouvoir rentrer bientôt avec Mahtob?

— J'essaie de mettre au point un plan pour rentrer avant Noël. Mais je ne peux promettre à papa que nous serons là, malheureusement.

— Ne promets pas avant d'être sûre...

Ce coup de téléphone m'a découragée. Je ressens comme une trahison le fait de n'avoir pas pu tenir ma promesse pour Thanksgiving. Noël... Je t'en prie, Mon Dieu, fais que je sois au Michigan pour Noël, pas en Iran.

Officiellement on ne connaît pas Noël en Iran. La grande communauté américaine de Téhéran le célèbre toujours joyeusement d'habitude, mais cette année, elle a reçu de sérieux avertissements. Au début de décembre la presse iranienne a publié des articles en première page, ordonnant aux Américains de ne pas tenir compte de cette fête. L'Ayatollah a déclaré que la joie n'avait pas sa place en ces temps de guerre, de tristesse et de souffrance.

Moody s'en moque. Il laisse ouvertement tomber son travail, il est moins intéressé par la politique iranienne. Il a décidé que sa fille aurait un Noël agréable.

Pour occuper mon temps et détourner l'attention de Moody de mes folles excursions à travers la ville, je me plonge dans les achats de saison.

– Mahtob n'a pas beaucoup de jouets ici. Je veux qu'elle profite de Noël. Je vais lui acheter tout un assortiment.

Il est d'accord et je me lance dans des expéditions quotidiennes de shopping, parfois accompagnée d'Alice, parfois seule. Au cours d'une de ces équipées, nous passons la matinée au marché avec Alice et nous rentrons par le bus. Alice descend à un arrêt près de chez elle et me laisse continuer toute seule. Je surveille ma montre. Je devrais pouvoir arriver à temps à ma station pour prendre un taxi orange et aller chercher Mahtob.

Soudain, le chœur discordant des sirènes fait un vacarme terrible dans les rues. A Téhéran les sirènes font partie de la vie, elles sont devenues si banales que les conducteurs les ignorent généralement. Cette fois, elles sont plus bruyantes et hurlent plus longtemps que d'habitude. Le chauffeur du bus freine pour laisser passer des véhicules d'urgence. Plusieurs cars de police nous dépassent à toute vitesse, suivis par un énorme et bizarre camion, doté de bras mécaniques.

Les autres passagers se mettent à crier : « *Bohm!* *Bohm!* » C'est l'équipe des artificiers. Ellen a déjà vu ce camion et m'en a parlé. Je le reconnais immédiatement. Ses bras mécaniques peuvent ramasser une bombe et la déposer dans un caisson de sécurité à l'arrière du camion.

Je suis directement concernée. Quelque part, un peu plus loin, dans la direction de la maison en tout cas, il y a une bombe.

Au terminus, je hèle rapidement un taxi orange pour foncer à la maison. Nous sommes immédiatement coincés dans les embouteillages. Le chauffeur insulte frénétiquement les autres automobilistes et je ne quitte pas ma montre des yeux. Enfin le taxi se dégage et nous arrivons à quelques rues de la maison. Je suis folle d'inquiétude. Il est presque l'heure de la sortie de l'école pour Mahtob. Si elle ne me voit pas à la station du bus, elle va être effrayée, et elle le sera encore plus au milieu de toute cette agitation policière.

Quelque part par là, il y a une bombe!

La circulation est déviée dans une rue parallèle et, quand le taxi s'y engage, je vois le bus de Mahtob, juste devant nous. Elle descend à l'arrêt et regarde autour d'elle, inquiète. Le coin de la rue est bourré de policiers et d'une foule de curieux.

Je glisse quelques rials au chauffeur et saute du taxi pour courir à la rencontre de ma fille. La circulation est bloquée, la bombe est donc tout près. Nous courons vers la maison en nous tenant par la main mais, en tournant au coin de notre rue, je vois le gros camion bleu garé tout au bout, à quelques mètres de chez nous.

Nous regardons avec une fascination morbide. Car à ce moment précis, les bras géants du robot retirent une boîte de l'intérieur d'une Pakon jaune, garée dans le virage. En dépit de leur taille, les énormes pinces manient la bombe avec une sorte de tendresse et la déposent sans incident, à l'arrière du camion, dans le caisson de sécurité.

Quelques minutes plus tard, le camion des artificiers est parti et la police fouille la Pakon, cherchant des indices – qui immanquablement feront le lien entre cette bombe et le *Munafaquin,* les forces anti-Khomeiny.

Pour la police, c'est un incident de routine. Pour moi c'est le rappel effrayant des dangers que nous courons à vivre à Téhéran. Nous devons quitter cet enfer, et vite, avant que ce monde n'explose autour de nous.

J'ai raconté à Moody que j'avais acheté la plupart des cadeaux de Noël au marché, mais c'est une demi-vérité. Je connais évidemment quelques boutiques plus proches de la maison, où j'ai pu acheter rapidement les mêmes choses. Ce qui m'a donné du temps pour rendre une brève visite à Amahl.

Un jour, particulièrement chargée de paquets et de jouets pour Mahtob, je les laisse chez Alice, en attendant de les ramener à la maison.

– Tu permets? Je les emporterai petit à petit...

– Bien sûr...

Elle se comporte en amie véritable en ne me posant pas de questions. Je ne lui ai rien révélé de mes plans. Mais Alice est une femme extrêmement intelligente et très psychologue. Elle sait que je ne suis pas contente de mon sort en Iran, et elle-même n'aime pas Moody. Elle a sûrement deviné mes activités clandestines. Elle croit peut-être que j'ai une aventure.

En un sens, c'est exact. Il n'y a aucun rapport physique entre Amahl et moi. C'est un chef de famille aimant et je ne ferai jamais rien pour détruire son mariage. Mais c'est un homme intéressant. Il a physiquement du charme, et aussi une aura certaine pour moi, faite de sagesse, d'efficacité et aussi de la protection qu'il nous apporte, à Mahtob et à moi. Dans la mesure où nous avons la même passion d'atteindre le même but, nous sommes proches l'un de l'autre. Amahl est l'homme de ma vie. Pas Moody. Je pense à lui constamment. Après notre déception pour le Thanksgiving, il m'a assuré que je serais chez nous, avec Mahtob, pour Noël.

Je suis obligée de le croire, ou j'en perdrais la tête, mais toutes ces journées d'activité sans relâche passent sans que les choses paraissent évoluer.

Un matin, juste après que Mahtob est partie pour l'école et Moody pour le travail, je me précipite au supermarché. C'est le jour du lait et je veux faire mes achats de bonne heure, avant que la marchandise n'ait disparu. Au coin de l'avenue, je stoppe net ma foulée.

Un nombre impressionnant de voitures de la Pasdar sont garées juste devant le supermarché et les autres boutiques. Les uniformes sont plantés sur le trottoir, armes pointées en direction des magasins. J'aperçois un gros camion, arrêté près des voitures de police.

Je fais demi-tour rapidement, pour héler un taxi orange et me rendre quelques blocs plus loin dans un autre supermarché faire mes achats.

En revenant dans le quartier, j'aperçois au même endroit des hommes de troupe de la Pasdar transportant les marchandises des trois magasins dans l'énorme camion. Je me réfugie très vite à la maison et interroge ma voisine Malileh, afin de savoir si elle a une idée de ce qui se passe. Elle a l'air d'ignorer complètement le problème. Arrive l'éboueur, notre source d'informations dans le quartier. Tout ce qu'il sait, c'est que la Pasdar a confisqué les stocks des trois magasins.

Curieuse de ce qui est arrivé aux trois boutiquiers, je décide de ressortir pour aller voir. D'abord je dois m'assurer d'être réglementairement habillée et couverte. Ensuite je marche tranquillement en direction du supermarché comme si de rien n'était. Aga Reza est debout sur le trottoir, l'air découragé, après le passage de la Pasdar qui lui a tout pris. Je lui demande du lait.

– *Nitish...* Il n'y en a plus...

Il hausse les épaules, considérant stoïquement sa situation d'homme à la merci des caprices de son gouvernement. Il répète : « *Tamoon* ». C'est fini...

Je poursuis mon chemin jusqu'à la boutique de légumes. Des hommes de la Pasdar transportent des montagnes de fruits, des brassées de légumes. Un peu plus loin, ils chargent de la viande.

Le commentaire de Moody, le soir, en apprenant cette histoire :

– Ils ont dû faire du marché noir, sinon ça ne serait pas arrivé.

Il montre là un sens bizarre de la moralité. Il est plus

friand que n'importe qui des produits de marché noir, mais défend le devoir de son gouvernement de punir les coupables. Il est convaincu que la Pasdar a eu raison de vider les boutiques.

Ces trois commerçants ont tout perdu et Mahtob en éprouve de la peine. Elle les aime bien. Cette nuit et plusieurs nuits de suite, elle a prié pour eux :

– S'il vous plaît, mon Dieu, fais qu'il arrive quelque chose pour que ces gens puissent ouvrir leurs magasins. Ils sont si gentils avec nous, sois gentil avec eux.

Une rumeur a couru, disant que le gouvernement voulait l'emplacement des boutiques pour en faire des bureaux, mais les magasins sont restés vacants. Ces braves Iraniens ont été privés de leur métier, sans raison apparente. C'est bien entendu largement suffisant pour justifier les actes de la Pasdar...

Les semaines tombent du calendrier l'une après l'autre. Mes appels quotidiens au bureau d'Amahl et mes visites, chaque fois que je peux m'échapper, donnent toujours le même résultat. Attendre. Patience. Il faut que tous les détails soient au point.

Je me demande parfois si tout ça n'est pas « *taraf* ».

Amahl m'assure que nous serons chez nous pour le Jour de l'An, si ce n'est pas pour Noël.

– Je vais aussi vite que je peux... J'essaie toutes les solutions, il y en aura bientôt une... Patience.

J'ai si souvent, trop souvent, entendu ces mots, depuis ma toute première rencontre avec Hélène à l'ambassade, et à chaque conversation avec Amahl.

Patience... C'est un conseil que je supporte de plus en plus difficilement.

En plus des scénarios connus, il existe un autre plan. Amahl a des contacts avec un certain officier des douanes qui accepterait de valider les passeports américains obtenus par l'ambassade de Suisse. Il nous laisserait monter à bord d'un vol pour Tokyo, qui part tous les mardis, jours où Moody travaille à l'hôpital. Amahl est en train d'étudier le problème au niveau du calendrier. Cet homme ne travaille pas, normalement, le mardi matin. Et il essaie d'échanger ses horaires avec un autre employé. Le plan paraît raisonnable, mais il me semble particulièrement risqué pour l'officier des douanes.

— Quoi de neuf pour Bandar Abbas?

— On y travaille... soyez patiente.

Ma frustration est évidente. Des larmes roulent sur mes joues.

— Parfois, je pense que nous ne sortirons jamais d'ici.

— Mais si... Vous en sortirez... et j'en sortirai aussi!

Malgré ces paroles de réconfort, il me faut le quitter, repartir dans les rues de Téhéran, retourner auprès de mon mari.

Les incidents les plus minuscules de cette vie sens dessus dessous, dans cette société agitée, me perturbent chaque jour davantage.

Un après-midi, Mahtob est en train de regarder un programme pour enfants à la télévision. Il s'agit de dessins animés assez violents, suivis d'une leçon d'instruction religieuse sans intérêt. Après cela, nous avons droit à une émission médicale et je m'y intéresse autant que Mahtob. Il s'agit de la naissance et, au fur et à mesure du programme, l'absurdité de cette culture me frappe à nouveau.

On nous montre la naissance d'un enfant. Il y a une mère musulmane, entourée de médecins hommes. La caméra montre son corps nu, mais sa tête, son visage et son cou, sont enveloppés dans un tchador...

— Veux-tu mettre quelques gâteaux et du lait pour le père Noël, Mahtob?

— Il va vraiment venir chez nous? Il n'est pas venu l'année dernière.

Nous avons souvent parlé de cela, et elle est arrivée finalement à la conclusion que l'Iran était bien trop loin du pôle Nord pour que le père Noël fasse le voyage en traîneau...

Je lui dis que, cette année, il va faire tous ses efforts pour venir.

— Je ne sais pas s'il a pris la route, mais tu peux toujours lui mettre quelque chose, au cas où...

Mahtob est d'accord sur ce raisonnement. Elle s'occupe elle-même de préparer un en-cas pour le père Noël. Puis elle va chercher dans sa chambre une image que lui a donnée Alice, représentant le père et la mère Noël.

– Le père Noël voudra regarder la photo de sa femme... dit-elle en plaçant l'image sur le plateau, à côté des gâteaux.

Excitée par l'approche de la veillée de Noël, elle traîne pour se mettre au lit. Quand j'arrive enfin à la coucher, elle me dit :

– Si tu entends venir le père Noël, réveille-moi, s'il te plaît, maman, je voudrais lui parler.

– Qu'est-ce que tu veux dire au père Noël?

– Je veux qu'il aille dire bonjour à papy et mamy... et qu'il leur dise aussi que je vais bien, parce qu'après ils seront contents pour Noël.

Quelque chose se brisa dans ma poitrine. Le père Noël va apporter des douzaines de cadeaux à ma fille, mais il ne pourra pas lui donner le cadeau qu'elle désire le plus. Si seulement il pouvait l'enlever sur son traîneau, faire courir les rennes par-dessus les montagnes, en dehors de l'Iran, à travers l'océan, et la déposer sur le toit d'une maison du Michigan où elle pourrait délivrer elle-même son message à son grand-père et sa grand-mère, devant le sapin! Au lieu de cela, nous devons affronter un nouveau Noël en Iran, un nouveau Noël loin de Joe et John, loin de papa et maman.

Moody a reçu des patients jusque tard dans cette soirée qui ne représente rien pour eux. Lorsqu'il a enfin refermé la porte sur le dernier client, je lui demande si Mahtob pourra rester à la maison demain et ne pas aller à l'école. Sa voix claque :

– Pas question! Elle n'a pas à manquer l'école uniquement parce que c'est Noël!

Je ne discute pas, car j'ai senti dans sa voix un regain d'autorité qui m'inquiète. Il est en train de changer de comportement une fois de plus, et sans raison. Pendant quelques secondes, l'ancien Moody, le fou, est revenu et je n'ai pas envie de l'affronter.

– Mahtob? On va voir si le père Noël est passé cette nuit?

Je la réveille de bonne heure pour qu'elle puisse ouvrir ses cadeaux avant d'aller à l'école. Elle saute du lit, dégringole les escaliers et pousse des petits cris de joie, en voyant que le père Noël a mangé les gâteaux et bu le lait... Moody nous rejoint pendant qu'elle contemple les paquets. Il a l'air de meilleure humeur que la nuit précédente. En Amérique il adorait Noël et cette matinée doit lui rappeler de bons souvenirs. Son visage s'épanouit d'un large sourire, quand Mahtob plonge dans la fabuleuse pile de cadeaux.

Elle s'extasie :

– J'arrive pas à croire que le père Noël a fait tout ce chemin jusqu'en Iran pour me voir...

Moody épuise un certain nombre de rouleaux de pellicule et, à sept heures, alors que Mahtob est prête pour aller prendre le bus, il lui dit :

– Ne va pas à l'école aujourd'hui... ou alors un peu plus tard peut-être...

– Je ne peux pas manquer l'école!

Elle a eu un refus de la tête pour bien ponctuer cette évidence. Ses maîtres musulmans l'ont bien endoctrinée, elle ne veut pas arriver en retard à l'école et être traînée dans le hall pour s'entendre dire qu'elle est « *baad* », mauvaise fille...

Nos amis sont là pour dîner le soir de Noël et c'est l'occasion d'un moment de détente, mais il est gâché par le profond désespoir de Feresteh. Elle en devient presque hystérique. Après plus d'un an en prison, son mari a finalement été inculpé et jugé. J'ai vu et entendu beaucoup de choses dans ce pays de fous, mais en écoutant ce que Feresteh raconte, j'ai peine à le croire.

– Ils l'ont déclaré « coupable de penser contre le gouvernement »! Il a été condamné à six ans de prison.

Moody compatit à sa peine, il aime autant Feresteh que moi. Mais il me dit à part :

– Il y a sûrement quelque chose de plus que ça.

Je désapprouve en silence, mais je me rends compte, une fois de plus, à quel point Moody a besoin de croire en la justice iranienne. Il a certainement eu lui aussi des pensées contraires au gouvernement des ayatollahs. Il a dû être impressionné par cette histoire qui réveillait ses frayeurs personnelles. Il est en train de contourner la loi, en pratiquant la médecine sans autorisation. S'ils peuvent condamner un homme à six ans de prison pour des « pensées », à combien s'élèverait la peine de Moody?

Le jour qui suit Noël est tellement épuisant, qu'il me laisse peu de temps pour m'attendrir sur moi-même. Une véritable armée d'amis nous tombent dessus, sans s'annoncer, chargés de cadeaux, de nourriture, de vêtements, de jouets pour Mahtob et de bouquets de fleurs. C'est un changement radical, par rapport à l'année dernière, et une tentative évidente de la part de la famille pour me montrer qu'ils m'ont accepté.

L'unique personne absente est Babba Hajji, mais sa femme compense cette défection par un enthousiasme délirant. Elle gazouille en arrivant : «*Azzi zam! Azzi zam!* Mon cœur! Mon cœur!»

Ses bras sont chargés de cadeaux, une dînette, des fleurs, des bas pour Mahtob, et de petits paquets de cellophane renfermant le si précieux et si rare safran de la ville sainte de Mashed. Et un kilo de figues, un nouveau *roosarie,* des bas de luxe pour moi... Rien pour Moody.

Elle est excitée comme d'habitude et je suis le centre de la conversation. Elle insiste pour que je m'assoie près d'elle, et pour que quelqu'un me traduise le moindre mot. Chacune de ses phrases commence par *«Azzi zam»* et elle ne sait plus quoi trouver pour faire mon éloge. Je suis bonne... Tout le monde m'aime... Elle n'entend dire que de bonnes choses sur moi... Je suis une si bonne épouse, mère et... « sœur »!

Pour me débarrasser de cette avalanche de compliments, je me réfugie à la cuisine. J'ai bien peur de ne pas avoir suffisamment de nourriture pour cette horde d'invités inattendus. Tout ce que j'ai, ce sont les restes du repas de Noël. Je les arrange de mon mieux. Il y a des morceaux de poulet, des crêpes, des lasagnes, des tranches de cake aux fruits, des hors-d'œuvre divers, du fromage et des bonbons.

362

Ameh Bozorg recommande à chacun de goûter un peu de tout. Ces étranges mets américains, parce qu'ils ont été préparés par sa « sœur », sont devenus sacrés.

Plus tard dans la soirée, nous avons la visite de Aga et Khanum Hakim. En qualité d'homme-turban, il se charge de tourner la conversation vers la religion.

– Je voudrais vous raconter une histoire de Noël... dit-il.

Et il lit, dans son Coran :

– Citons Marie dans les Ecritures, lorsqu'elle s'est enfermée dans une chambre du côté de l'est. Pendant qu'elle était éloignée des siens, nous lui avons envoyé l'Esprit (Gabriel) et il lui est apparu sous la forme d'un humain parfait. Elle lui a dit : « Je me réfugie en Dieu hors de vous, si cela veut dire pour vous quelque chose. » Il répondit : « Je suis envoyé par ton Dieu, pour t'offrir un enfant pieux. » Elle répondit : « Comment pourrais-je avoir un enfant, alors qu'aucun homme ne m'a touchée, et que je ne suis pas impure ? » Il dit : « Ainsi a parlé ton Dieu : Il m'est facile de faire un miracle pour le peuple et une grâce pour lui. Et il en sera fait ainsi. » Alors elle s'isola dans une contrée lointaine. Lorsque les douleurs de la naissance la surprirent sous un palmier, elle s'écria : « Oh ! je voulais être morte avant que ceci arrive et fus complètement oubliée. » Mais l'enfant l'appela d'en dessous d'elle, en disant : « Ne t'inquiète pas, ton Dieu t'a fourni un torrent pour ta soif. Et si tu secoues le palmier, il tombera sur toi des dattes mûres. Aussi, mange et bois et sois heureuse, et si tu vois quelqu'un, dis alors : J'ai promis à Dieu de jeûner ; je ne le dirai à personne. » Elle s'en alla dans sa famille en portant l'enfant. Ils dirent : « O Marie, tu as fait quelque chose d'inconcevable. O sœur d'Aaron, ton père n'est pas plus injuste que ta mère est impure ! » Elle leur désigna l'enfant. Ils dirent : « Comment pourrions-nous parler à un enfant dans ses couches ? » L'enfant dit : « Je suis le serviteur de Dieu. Il m'a donné le don d'écriture, et m'a désigné comme le prophète. Et il me bénira partout où j'irai, et m'a enjoint de faire les prières et l'aumône, aussi longtemps que je vivrai. Je dois honorer ma mère, pour ne pas devenir un rebelle désobéissant. Et je dois mériter la paix le jour de ma naissance, le jour de ma mort, et le jour de ma résurrection. » Ceci est la véritable histoire de Jésus, fils de Marie, en qui ils crurent. Car Dieu ne prend pas un fils pour lui-même. Dieu doit être glorifié. Pour que quelque chose soit, il dit simplement : « Sois ! » Et la chose existe.

Le Coran explique donc que, bien que conçu miraculeusement et grand prophète, Jésus n'est pas le fils de Dieu.

Je ne suis pas d'accord, bien sûr, mais je tiens ma langue.

Moody est content, jovial, satisfait que notre maison soit le centre de l'attention pendant ces fêtes. Si bien que je n'ai pas jugé utile de lui demander la permission d'inviter quelques intimes pour le Nouvel An. A ma grande surprise, il se met en colère :

— Il n'est pas question de boire !

— Et où est-ce que je trouverais quelque chose à boire ?

— Ils ont peut-être dans l'idée d'apporter quelque chose ?

— Je leur dirai de n'en rien faire. Je ne veux pas d'alcool dans la maison, c'est trop dangereux !

Il est satisfait sur un point, mais a d'autres objections :

— Je ne veux ni danse ni embrassades ! Tu ne dois embrasser personne et ne pas souhaiter la bonne année !

— Je n'ai pas du tout l'intention de le faire. Tout ce que je veux, c'est que nous soyons ensemble avec tes amis...

Il grommelle, en sachant très bien qu'il est trop tard pour annuler l'invitation. Il reçoit ses patients comme prévu tout l'après-midi et jusqu'au soir. Il est encore au travail dans son bureau lorsque les invités arrivent : Alice, Chamsey et leurs maris, Zaree et Feresteh. Nous reculons le dîner pendant plus d'une heure, en buvant du thé et en mangeant des fruits. Le mari de Chamsey, le docteur Najafee, est alors appelé au téléphone. On lui demande d'assurer une urgence, mais il refuse :

– Dites-leur de trouver quelqu'un d'autre, dit-il, ne voulant pas quitter la soirée.

Et lorsque Moody émerge enfin de son bureau, c'est pour nous annoncer :

– L'hôpital a appelé. Il y a une urgence, il faut que j'y aille.

Chacun se demande pourquoi Moody abandonne la soirée. Comme le docteur Najafee, il aurait pu se trouver un remplaçant.

Quelques minutes plus tard, une ambulance arrive devant la maison, lumières tournantes. C'est la manière la plus rapide d'emmener un médecin à l'hôpital. Cela confirme les dires de Moody à propos d'une urgence.

Nous dînons sans lui, pour cette soirée de nouvel an, et nous sommes encore à table à son retour, vers dix heures et demie. Je l'invite à se joindre à nous, mais le téléphone sonne au même moment et il se précipite pour répondre :

– C'est une malade... Elle souffre du dos, elle va venir ici.

– Oh non! Moody... Dis-lui de venir demain matin!

Chamsey s'en mêle :

– Tu ne devrais pas recevoir de patients si tard dans la nuit. Tu devrais limiter tes heures de consultation...

– Non. Je dois la recevoir ce soir.

Et il disparaît dans son bureau. Alice marmonne :

– Il a fichu la soirée en l'air.

– Ça arrive souvent. Je commence à m'y habituer. Ça ne me gêne vraiment pas...

Chacun est désolé pour moi mais, en réalité, je préfère la compagnie de mes amis à celle de mon mari.

Le dîner est agréable, mais les invités désirent rentrer tôt. Le jour de l'an est un terme occidental, inconnu à Téhéran. Demain est un jour normal. Environ cinq minutes après minuit, chacun s'apprête à partir, lorsque Moody sort de son bureau.

– Je viens juste de terminer, dit-il. Vous n'allez pas partir si tôt...

Le docteur Najafee répond qu'il doit se lever tôt le lendemain. Et à peine sont-ils partis, à peine la porte refermée sur eux, Moody me prend brusquement dans ses bras et m'embrasse passionnément. Sous le choc, je demande :

— C'est pour quoi?

— Rien... Bonne année!

Bonne année, en vérité! 1986. Une autre année et je suis encore là.

Pour combien de temps encore?

La période suivant les fêtes me déprime davantage. J'ai utilisé ces journées particulières pour m'occuper le plus possible. Chacune était un but. Je voulais la passer au Michigan. Pas ici. Mais Thanksgiving, puis Noël, puis le premier de l'an sont venus et sont partis, le calendrier ne m'offre rien d'autre qu'un hiver sinistre.

Le temps se traîne.

« Soyez patiente », dit Amahl chaque fois que je parle avec lui.

La neige a blanchi la ville. Les rues sont boueuses et sales. Chaque matin je me réveille plus désespérée, et chaque journée qui passe me désespère plus encore.

Un jour, alors que je traverse un square populeux, près de la maison, une femme de la Pasdar m'arrête. Je me souviens de la première fois où ça m'est arrivé, quand j'essayais de parler un peu farsi. Cette fois-là, la femme s'était méfiée, parce que je ne comprenais pas la totalité de ses phrases. Mahtob est à l'école, personne pour traduire. Ce coup-ci, je décide de jouer les idiotes.

— Je ne comprends pas... dis-je en anglais.

A ma grande surprise, la « dame pasdar » me répond en anglais, alors que la première fois aucune des femmes de la police n'avait fait ça. Elle me dit d'un air furieux :

— Quand tu marches dans la rue, je peux voir un bout de tes genoux nus entre ton manteau et tes chaussettes. Tu dois porter des chaussettes qui ne tombent pas!

— Vous croyez que j'aime ça? Je n'ai jamais porté de choses pareilles de toute ma vie. Si j'avais le choix, je serais en Amérique, en train de porter des panties roses et pas ces chaussettes qui ne tiennent pas. Dites-moi seulement, s'il vous plaît, où je peux aller en Iran pour acheter une paire de chaussettes montantes qui tiennent?

La dame pasdar devient pensive, perplexe même.

– Je sais, madame, je sais... dit-elle doucement.

Et elle s'en va, me laissant toute bête. Je viens de rencontrer une représentante de la Pasdar compréhensive!

A cet instant, je me sens plus déprimée que jamais. J'ai hâte de retourner dans une société où l'on peut s'habiller comme on veut. Où je pourrai respirer.

Mi-janvier. Le téléphone sonne vers quatre heures de l'après-midi. Je suis dans la salle d'attente du bureau de Moody, entourée de malades. Je réponds pour entendre la voix de ma sœur Carolyn pleurer dans l'appareil :

– Les médecins ont prévenu la famille. Papa a une occlusion intestinale et ils ont décidé de l'opérer d'urgence. Il ne survivra pas sans l'opération, mais ils pensent qu'il n'a pas assez de forces pour la supporter non plus, et qu'il va mourir aujourd'hui.

Tout devient flou autour de moi, je ne vois qu'un brouillard à travers mes larmes. Mon cœur a éclaté. Mon père est en train de mourir à des milliers de kilomètres de moi. Et je ne peux pas être avec lui, pour lui tenir la main, pour lui dire combien je l'aime, pour partager la douleur et le chagrin de ma famille? Je pose des tas de questions à Carolyn sur l'état de papa, mais je n'entends même pas les réponses, tellement je suis bouleversée.

Tout à coup j'aperçois Moody près de moi, le visage préoccupé. Il en a suffisamment entendu pour ne pas demander de détails. Doucement, il dit :

– Tu iras. Tu iras voir ton père.

20

Les mots de Moody m'ont prise au dépourvu. Il faut que je m'assure d'avoir bien entendu. Je bouche l'écouteur pour lui dire :

— Papa est vraiment très mal. Ils pensent qu'il ne passera pas la journée.

— Dis-lui que tu vas venir!

La joie me submerge un court instant. Immédiatement remplacée par le doute. Pourquoi ce changement soudain? Pourquoi nous permettrait-il de rentrer subitement, au bout d'un an et demi?

Je gagne du temps :

— Il faut que nous en parlions.

En criant pour me faire entendre de ma sœur, je lui demande de me laisser parler à mon père, avant son opération.

Moody ne dit toujours rien. Il nous écoute organiser les détails. Je dois appeler le Carson City Hospital dans trois heures exactement. Elle aura prévenu papa et il sera prêt à me parler avant d'entrer en salle d'opération. Puis Moody répète à nouveau :

— Dis-lui que tu vas venir!

Troublée à nouveau, j'ignore sa suggestion.

— Dis-lui maintenant, Betty!

Quelque chose ne va pas. J'en suis sûr. Il y a vraiment quelque chose qui ne va pas...

Tout à fait menaçant, cette fois, Moody insiste :

— Maintenant!

– Carolyn... Moody vient de dire que je pouvais venir.

Évidemment, ma sœur pousse des cris de joie et de surprise.

La communication terminée, Moody retourne immédiatement dans son bureau, pour s'occuper de la foule des patients, ce qui rend toute discussion impossible.

Je me réfugie dans la solitude de ma chambre, pour y noyer mon chagrin dans les larmes et réfléchir à ce qu'il vient de dire.

Je ne sais combien de temps j'ai pleuré, avant de m'apercevoir de la présence de Chamsey dans la pièce.

– J'ai appelé tout à l'heure, et Moody m'a dit que tu avais de mauvaises nouvelles de ton père. Je suis venue avec Zaree pour être avec toi.

Je la remercie en m'essuyant les yeux. Je sors du lit et me jette dans ses bras. De nouvelles larmes jaillissent, incoercibles.

Elles m'entraînent dans le salon, en me soutenant dans l'escalier. Zaree me réconforte. Elles veulent tout savoir au sujet de papa. Elles se souviennent, elles aussi, de la mort soudaine de leur père, il y a quelques années. C'est Zaree qui a téléphoné à Moody ce matin, avant même que j'aie eu Carolyn. Elle lui a fait part de son inquiétude à propos de moi et dit à quel point je supportais mal d'être éloignée de mon père malade. C'est elle qui lui a suggéré de me laisser partir pour le voir. Ce serait donc là l'explication du changement d'attitude de Moody.

Elle me rapporte leur conversation. Il a commencé par dire qu'il ne voulait pas que j'aille en Amérique, parce qu'il était sûr que je ne reviendrais pas en Iran. Zaree a protesté :

– Tu ne vas tout de même pas la garder toute sa vie ici, seulement parce que tu crains qu'elle ne revienne pas?

Elle lui a dit ensuite qu'il était mauvais, *baad,* au sens très fort et religieux du terme, de ne pas me laisser voir mon père. Ce qui est une insulte aussi grave que vicieuse, surtout venant de Zaree, plus âgée que lui, amie de la famille de longue date, et à qui il doit le plus profond respect.

En dépit de cela, Moody est resté sur sa position, jusqu'à ce que Zaree apporte une solution inattendue au problème. En toute innocence, elle a pensé que Moody pourrait difficilement prendre soin de Mahtob pendant mon absence.

Et elle lui a proposé de la garder avec Chamsey!

En dix-huit mois d'enfer, je n'ai jamais ressenti un tel déchirement, un tel coup de poignard. Zaree a voulu bien faire, mais elle a refermé un piège sur moi. Chaque fois que nous avons discuté de retour avec Moody, il était sous-entendu que cela concernait ma fille aussi bien que moi. Mahtob en a assez supporté, moi aussi, il est hors de question de la jeter dans de nouvelles angoisses. Je n'irai pas en Amérique sans elle.

Mais que faire s'il essaye de m'y envoyer seule?

– Grand-père! On va venir te voir!

Au téléphone, Mahtob parle comme si elle était joyeuse. Mais son petit visage trahit le trouble qui l'agite. J'ai dû lui dire que son père ne nous permettrait pas d'y aller ensemble. Elle ne supporte pas cette idée. Pourtant elle n'essaye qu'une chose, faire plaisir à son grand-père. Il arrive à parler un peu avec sa petite « Tobby », mais chaque mot lui demande un effort.

– Je suis si heureux que vous veniez, me dit-il, mais dépêche-toi... N'attends pas trop longtemps.

Je pleure silencieusement, en essayant de le réconforter. Je comprends qu'il ne survivra pas à cette journée et que je ne le reverrai jamais plus. Si, malgré tout, je reviens en Amérique, ce sera pour son enterrement.

– Je prierai pour toi pendant l'opération, papa...

– Quand on veut, on peut, ma fille...

Il me semble que sa voix s'est raffermie lorsqu'il ajoute :

– Laisse-moi parler à Moody.

Je me retourne vers Moody et lui tends l'appareil :

– Papa voudrait te parler...

Je l'observe. Nous l'observons toutes, Chamsey, Zaree et Mahtob qui s'accroche à moi.

– Nous allons venir vous voir, grand-père. Vous nous manquez beaucoup...

Et nous savons toutes qu'il ment.

Je dois raccrocher. L'heure de l'opération est venue. C'est déjà fini, je n'entends plus la voix de papa. Et je dois faire un effort terrible pour m'adresser à Moody, pour essayer de maîtriser ma haine, pour tenter de saisir le sens de ce faux revirement.

– Merci d'avoir dit cela à papa...

Il hoche la tête. Il est bon comédien quand il veut. Je sais parfaitement qu'il n'a aucune intention d'aller lui-même en Amérique, ni de laisser Mahtob y aller. Mais quel jeu joue-t-il avec moi en ce moment?

Il se montre patient jusqu'en fin de soirée. Mahtob est au lit, elle dort, épuisée par tout cela, les nouvelles de son grand-père et cette histoire de voyage en Amérique. En me couchant moi-même, je me remets à pleurer, des torrents de larmes. A cette heure, mon père est sûrement mort. Et je pense au chagrin de ma mère, à celui de ma sœur et de mon frère, à Joe et John. Ils ont perdu leur grand-père et je ne suis pas là pour les consoler. Je pense à Mahtob aussi. Comment va-t-elle supporter ce surcroît de douleur. Elle a entendu son propre père dire que nous irions là-bas, pour voir son grand-père. Comment pourrais-je lui faire comprendre, et qui le pourrait, qu'elle ne va pas le voir, et qu'elle ne le verra plus?

Moody vient se coucher vers dix heures trente. Il s'assoit sur le lit jumeau à côté du mien. Il se montre plus tendre à présent, plus attentif à me consoler. En ravalant mon chagrin, j'essaie encore de tirer de cette situation une possibilité de lui échapper avec Mahtob.

– Viens avec nous, Moody... Je ne tiens pas à aller toute seule en Amérique. J'ai envie que tu m'accompagnes. Je voudrais que nous soyons ensemble tous les trois. Dans des moments pareils, j'ai vraiment besoin de toi. Je ne pourrai supporter tout ça sans toi.

– Non, je ne peux pas. Si je fais ça, je perdrai mon travail à l'hôpital.

Les mots suivants me sortent de la gorge avec peine, ils portent le fol espoir, l'issue impossible. J'essaie de les prononcer doucement, comme si je ne les avais pas répétés mille fois déjà.

— Bon. Mais je peux emmener Mahtob tout de même?

— Non. Il faut qu'elle aille à l'école.

— Si elle ne vient pas, je n'irai pas.

Il se lève sans un mot et quitte la chambre.

Le lendemain matin, il m'annonce tranquillement que Mammal arrangera mon départ :

— Quand veux-tu partir? Quel jour? Quand reviendras-tu?

— Je ne veux pas y aller sans Mahtob.

D'une voix glacée, il me rétorque :

— Oh si! Bien sûr que si, tu iras!

— Si j'y vais, je ne m'absenterai que deux jours.

— De quoi parles-tu? Je vais te prendre un vol pour Corpus Christi.

— Pourquoi? Qu'est-ce que j'irais faire là-bas?

— Vendre la maison! Tu ne vas pas aller en Amérique sans vendre cette maison. Ce n'est pas un petit voyage. C'est ridicule de partir deux jours. Tu vas aller là-bas et vendre tout ce qui nous appartient. Et tu me rapporteras les dollars. Je ne veux pas te voir revenir sans l'argent!

C'était donc ça... Il est là, l'affreux raisonnement de Moody derrière cette soudaine décision de me laisser retourner en Amérique. Il se moque pas mal de mon père, de ma mère, de mes fils et du reste de la famille. Il se fout éperdument du plaisir que j'aurais à les revoir. Il veut le « fric »! Et il est clair qu'il gardera Mahtob en otage, pour s'assurer de mon retour.

Alors j'explose :

— Je ne ferai pas ça! Tu m'entends? Je ne le ferai pas! Si je pars là-bas pour l'enterrement de mon père, ce n'est pas dans l'idée de vendre quoi que ce soit. Je n'aurais pas la tête à ça. Est-ce que tu as une idée de tout ce que nous avons accumulé dans cette maison? Ce n'est pas si simple de vendre tout ça. Et en un pareil moment, je me sens incapable de m'en occuper.

— Je sais que ce n'est pas facile!...

Il crie lui aussi.

– Je me fiche du temps que ça te prendra! Mais tu ne reviendras pas avant que tout soit réglé!

Il est à peine parti pour l'hôpital que je me rue en taxi jusqu'au bureau d'Amahl. Il écoute attentivement le récit de ces drames qui s'ajoutent à tant d'autres. Douleur et compassion se peignent sur son visage.

– Je pourrais peut-être y aller deux jours, juste pour l'enterrement, et revenir? Ensuite, nous suivrions le plan prévu pour nous évader toutes les deux...

– Ne faites pas ça. Si vous partez, vous ne reverrez plus Mahtob, j'en suis convaincu. Il ne vous permettra plus de rentrer en Iran.

– Et la promesse que j'ai faite à mon père? Je l'ai déçu si souvent!

– N'y allez pas!

– Et si je ramenais l'argent? Je pourrais m'évader ensuite et l'emporter avec moi.

– N'y allez pas! Votre père n'aimerait pas vous voir, en sachant que Mahtob est encore en Iran...

Il a raison. Je sais bien qu'il a raison. Je sais bien que si je m'éloigne de ce pays, ne serait-ce que cinq minutes, sans Mahtob avec moi, Moody nous séparera pour toujours. L'espèce de confort que nous avons acquis, cette vie relativement convenable pour nous trois, ne l'empêche pas de souhaiter que je m'éloigne de lui. Il en a envie, profondément. Ce qu'il veut, c'est sa fille. Il accède à mon désir, d'abord pour me forcer à tout vendre, ensuite pour que je lui envoie l'argent et, seulement après, me permettre de revenir. C'est ce qu'il dit. Mais je suis sûre que dès qu'il aura l'argent, il demandera le divorce et fera ce qu'il faut pour m'interdire le pays. Pour pouvoir trouver une nouvelle épouse, iranienne celle-là, qui se chargera d'élever Mahtob.

Je me braque alors sur une autre idée :

– Est-ce qu'il n'est pas possible d'accélérer nos projets, et de nous faire sortir du pays, avant qu'il me force à partir?

Amahl se tortille dans son fauteuil. Il sait que les préparatifs ont déjà duré longtemps. Il sait aussi que ma situation vient d'atteindre le point critique. Mais il ne peut pas faire de miracle.

Il me répète ce qu'il m'a déjà dit

– Il est très important que chaque détail soit au point avant que vous quittiez Moody définitivement. Ce serait trop risqué de vous cacher à Téhéran toutes les deux, en attendant que tout soit au point. Il y a si peu de filières pour quitter ce pays qu'il leur serait facile de vous repérer à l'aéroport ou à un contrôle routier. Bien trop facile de vous trouver.

– Je sais. Mais il faut aller plus vite!

– Je vais essayer. Mais ne vous faites pas trop d'illusions.

Il m'explique que j'ai besoin d'un passeport iranien. Celui qui nous a servi à entrer en Iran a été établi pour les trois membres de la famille. Donc, pour pouvoir m'en servir, il faudrait que je voyage en famille. Je ne peux pas l'utiliser seule. De même, je ne peux pas utiliser le passeport américain que Moody a caché quelque part. Il me faut un nouveau document iranien, à mon nom. Et il n'y a aucun moyen d'en obtenir un rapidement. La période normale d'attente, officielle, est d'un an! Et même si quelqu'un veut passer au travers, même s'il a des relations, cela peut prendre de six semaines à deux mois.

– La meilleure performance dont j'ai entendu parler dans ce domaine était de six semaines. Je vous aurai sorties de là bien avant. Patience.

Cet après-midi, j'ai eu Carolyn au téléphone. Papa a supporté l'opération, il est en vie! Il a tenu le choc! Ma sœur me dit que lorsqu'il est entré dans la salle d'opération, il a dit à tout le monde, aux médecins, aux infirmières, que Betty et « Tobby » rentraient à la maison. Carolyn est sûre que cela lui a donné la force de s'en tirer. Mais il est encore inconscient et les médecins pensent toujours qu'il n'en a plus pour longtemps.

Mammal et Majid sont venus voir Moody cet après-midi, pour régler les détails d'un voyage que j'ai décidé de ne pas faire. Je suis dans la cuisine, seule, lorsque Mahtob vient se planter devant moi. Son visage me dit que quelque chose ne va pas. Elle ne pleure pas, mais son regard est apeuré.

— C'est vrai que tu vas partir et que tu vas me laisser?

— Qui t'a dit ça?

— Papa m'a dit que tu allais en Amérique sans moi.

Cette fois elle éclate en sanglots.

Je me précipite pour la prendre dans mes bras, mais elle me repousse, pour se réfugier contre la porte.

— Tu m'avais promis, maman! Tu m'avais promis que tu ne partirais jamais sans moi. Et maintenant tu vas me laisser.

— Qu'est-ce qu'a dit exactement papa?

— Il m'a dit que tu allais me laisser ici, et que tu ne reviendrais jamais me voir.

La colère me monte à la gorge, mais je prends doucement les mains de ma fille pour l'attirer vers moi :

— Laisse-moi parler de ça avec ton père... D'accord?

J'ouvre la porte du bureau en coup de vent, pour affronter les trois hommes qui complotent contre moi.

— Pourquoi lui avoir dit que j'allais en Amérique sans l'emmener? Pourquoi?

Je hurle. Moody crie aussi fort que moi :

— Il n'y a aucune raison de lui cacher la vérité. Il faut qu'elle s'y habitue. Il vaut mieux qu'elle commence maintenant.

— Je ne pars pas!

— Si! tu vas partir!

— Non, je ne pars pas!

Nous nous affrontons quelques minutes violemment, sans bouger de nos positions. Mammal et Majid ne semblent pas du tout troublés par mes déclarations, ni par les sentiments de Mahtob.

A bout d'arguments, je quitte la pièce et claque la porte. Une fois de plus nous allons trouver refuge dans ma chambre. Mahtob est dans mes bras et je lui répète, encore et encore :

— Je ne partirai pas sans toi. Je ne t'abandonnerai jamais.

376

Elle voudrait bien me croire, mais je vois le doute dans ses yeux. Elle connaît trop le pouvoir de son père. J'essaie encore :

— Écoute-moi, ma chérie. Il ne faut pas que papa le sache... Mais s'il ne change pas d'idée, je tomberai malade... Tellement malade que je ne pourrai pas prendre l'avion. Jure-moi que tu ne le diras pas à papa...

Je sais bien qu'elle ne me croit toujours pas, et je ne peux pas risquer de lui dire autre chose. Pas encore.

Toute la nuit, je la berce dans mes bras, elle pleure jusque dans son sommeil.

Moody s'est rendu au bureau des passeports. Il y a passé la journée entière, dans les files d'attente, furieux après les fonctionnaires incapables. Comme l'avait prédit Amahl, il est revenu les mains vides.

— Il faut que tu y ailles toi-même. Je t'accompagnerai demain.

Je cherche un moyen d'y échapper.

— Et Mahtob? Tu y as passé toute la journée, tu sais bien que ce sera la même chose demain. Nous ne serons pas rentrés à temps quand elle sortira de l'école.

Il réfléchit, puis déclare que j'irai toute seule.

— Je t'expliquerai ce qu'il faut faire. Moi, je resterai à la maison pour attendre Mahtob.

Toute la soirée, il remplit des papiers pour moi, il écrit minutieusement une note destinée à l'administration et expliquant que mon père est mourant, ce qui justifie ce voyage. Il me fait un plan pour trouver le bureau des passeports, me donne même le nom d'un homme qui doit me recevoir.

Je vais y aller. C'est décidé. Il faut que je fasse tous ces papiers pour obtenir un passeport officiel. Il va sûrement me faire surveiller. Je serais bien étonnée d'ailleurs si on ne me renvoyait pas en réclamant d'autres papiers à remplir avec des tas d'excuses pour ce délai.

Le bureau des passeports est un endroit compliqué, avec des tas de portes et de couloirs, de longues files d'hommes et de femmes. Ils espèrent tous réussir l'exploit qui consiste à obtenir la permission de quitter l'Iran. J'ai si souvent rêvé d'être là... J'y suis enfin, je vais demander un passeport et un visa de sortie, et je n'ai qu'une peur, c'est de l'obtenir.

J'aperçois l'homme avec qui Moody s'est arrangé pour qu'il me reçoive. Il m'accueille avec plaisir, en marmonnant je ne sais quoi en farsi, puis m'entraîne dans un dédale de couloirs et de bureaux, écartant les files d'attente à coups de coude. Mais cela ne nous avance pas beaucoup et me redonne un peu d'espoir.

En fin de compte, il me laisse dans une grande pièce envahie par une bonne centaine d'hommes. Il scrute attentivement la foule jusqu'à ce que son regard tombe sur un jeune Iranien, qu'il pousse vers moi en lui parlant très vite en farsi. Le jeune homme s'adresse à moi en anglais.

— Ici, c'est la section des hommes. (Ça me paraît clair, en effet.) Il veut que vous attendiez ici, dans cette file. Il reviendra dans une heure, peut-être deux, pour voir où vous en êtes.

— Demandez-lui ce qui va se passer maintenant.

Après une série de questions et de réponses en farsi, le jeune homme me traduit :

— Ils vont vous donner un passeport.

— Aujourd'hui?

— Oui! Ici, dans cette file.

Je cherche aussitôt à gagner du temps.

— Bon, mais je voudrais seulement me renseigner aujourd'hui.

— Ce n'est pas possible.

— Mais si. Je suis venue ce matin pour connaître les formalités.

— Bon, mais ils vont vous donner un passeport. Vous n'avez qu'à attendre ici.

Et les deux hommes me laissent seule, au bord de la crise d'hystérie. Comment est-ce possible? Moody a attendu tout ce temps, pour obtenir la légalisation de ses diplômes de médecine... il ne l'a toujours pas! Malgré sa vantardise et les prétendues relations influentes de sa famille dans la bureaucratie du métier. Mais j'ai sous-estimé, et Amahl comme moi, l'influence qu'il semble avoir ici! Lui ou Mammal ou Majid. Ou Babba Hajji avec ses connexions dans l'import-export. Je me souviens maintenant avec quelle facilité Zia Hakim avait passé les contrôles de l'aéroport, le jour de notre arrivée.

Je suis malade d'appréhension. Coincée au milieu de ces centaines d'hommes iraniens volubiles, je me sens toute nue, handicapée, une femme seule perdue dans une société d'hommes.

Est-ce que cela va vraiment marcher? Est-ce que Moody va mener à bien son plan diabolique?

J'ai bien envie de faire demi-tour en courant. Mais où me réfugier? Dans les rues de Téhéran? A l'ambassade? A la police? Chez Amahl?

Mahtob n'est avec aucun de ces gens-là. Mahtob est à la maison entre les mains de son père.

Alors je reste où je suis, avançant lentement dans la file d'attente, en sachant très bien que Moody demandera et obtiendra un rapport complet sur ses démarches ici.

La file d'attente se réduit d'une manière inquiétante. Il m'est arrivé d'attendre des heures pour un bout de viande, un morceau de pain ou un kilo d'œufs, dont la moitié étaient cassés. Est-ce que je vais attendre moins long-temps pour avoir un passeport? J'aurai donc rencontré l'efficacité! Ici!

Me voilà maintenant en train de tendre mes papiers à un fonctionnaire renfrogné. Et lui, en retour, me donne un passeport. Je reste sous le choc, ne sachant pas quoi faire d'autre.

Je suis en plein brouillard mais, en sortant de là, il m'apparaît tout de même que Moody s'attend à ce que ce soit long. Il est à peine une heure de l'après-midi. Il ne peut pas savoir que j'ai obtenu aussi rapidement ce sale passeport.

Il faut que je me secoue, que j'essaie de me tirer de ce nouveau traquenard. Je file en taxi jusqu'au bureau d'Amahl.

C'est la première fois que je m'y rends sans téléphoner et il se doute qu'il y a des complications nouvelles.

La vue du passeport le laisse médusé.

– Je n'arrive pas à y croire! C'est incroyable! Il doit avoir des combines que j'ignore. J'ai des relations là-bas moi aussi, mais je n'ai jamais réussi un coup pareil.

– Qu'est-ce que je vais faire maintenant?

Amahl étudie attentivement le passeport.

– Il est écrit ici que vous êtes née en Allemagne! Qu'est-ce que ça veut dire? Où êtes-vous née?

– Alma, dans le Michigan.

Il réfléchit à ce mystère.

– *Alman* veut dire Allemand en farsi. Alma... Alman... Bon, dites à Moody que vous devez retourner au bureau pour le faire changer. Si vous utilisez celui-là, ça ne marchera pas. Dites-lui ça. Et puis retournez au bureau, rendez le passeport, laissez-le-leur. Ne leur donnez pas une chance de l'examiner. Ensuite vous direz à Moody qu'ils l'ont gardé. Ça lui prendra du temps pour y comprendre quelque chose.

– D'accord.

Je sors en courant du bureau d'Amahl, pour traverser à nouveau la ville en essayant d'imaginer tous les scénarios possibles dans ma tête. A la maison, Moody me regarde avec méfiance.

– Où est-ce que tu es allée?

– Au bureau des passeports!

– Oui. Et ils m'ont appelé à une heure, pour me dire qu'ils t'avaient donné ton passeport!...

Il parle bas, mais le ton est venimeux.

– Ils t'ont appelé?

– Oui.

– Bon. Eh bien, je suis désolée d'être en retard, mais la circulation était horrible et j'ai eu des ennuis pour changer de bus.

Il me regarde dans les yeux, prêt à m'accuser de mensonge, mais je détourne son attention.

– Les imbéciles!... Regarde... Ils t'ont fait attendre presque une journée, pour me donner un passeport sans valeur. Il y a une faute. Ils ont écrit : « Née en Allemagne... » Il va falloir que j'y retourne pour le faire modifier.

Il épluche le document et s'aperçoit que je dis vrai. Ce passeport ne colle pas avec mon certificat de naissance. Il grommelle : « Demain! » et ne m'adresse pas un mot de plus.

Le lendemain matin, je m'efforce de convaincre Moody de me laisser retourner seule au bureau des passeports. Je m'en suis bien sortie la veille, je peux recommencer. Mais il ne tient pas compte de l'argument. Sans plus se préoccuper de la foule des patients qui attend dans son cabinet, il m'entraîne vers un taxi-radio, pour aller plus vite. Il jette des ordres brefs au chauffeur et nous arrivons en un rien de temps au bureau des passeports. Il trouve son ami, lui rend le passeport, attend quelques minutes avant que le document réapparaisse, comme par magie, entre ses mains. Correct cette fois.

J'ai maintenant l'autorisation officielle de quitter l'Iran.

Seule.

Moody achète un billet sur un vol de la Swissair, qui doit décoller de Téhéran ce vendredi 31 janvier.

— Tout est prêt, Betty... me dit Amahl. Enfin, tout est prêt!

Nous sommes mardi matin, trois jours avant le vol de la Swissair. Mahtob et moi, nous quitterons Moody demain, alors qu'il sera à l'hôpital, en train de travailler. Nous avons déjoué son plan, à deux jours près.

J'en tremble d'excitation. Amahl m'explique tous les détails et je l'écoute attentivement. Malgré tous ses efforts, le plan qui consistait à gagner Bandar Abbas en avion, puis à prendre un hors-bord pour quitter la côte, n'a pas abouti. Devant le forcing entrepris par Moody, Amahl s'est rabattu sur une stratégie de réserve. Ma fille et moi, nous prendrons l'avion de Téhéran à Zahidan, un vol de jour, à neuf heures du matin. En même temps qu'un bataillon de contrebandiers professionnels, nous passerons au Pakistan à travers les dangereuses montagnes qui entourent le pays. Les passeurs nous emmèneront à Quetta, au Pakistan. De là nous prendrons un vol sur Karachi.

Je suis prise de panique, car j'ai justement lu des nouvelles inquiétantes à ce sujet dans le *Kayham*. On y racontait l'histoire d'un couple australien, kidnappé par un gang tribal à Quetta, emmené en Afghanistan, où ils étaient restés emprisonnés huit mois avant d'être relâchés. J'imagine les horreurs qu'ils ont vécues. Je raconte cette histoire à Amahl.

— C'est tout à fait vrai... Ce genre de choses arrive tout le temps, mais il n'y a aucun moyen de quitter l'Iran sans faire face à de graves dangers de ce genre.

Il tente de me rassurer en précisant que le chef de tribu qui contrôle les deux côtés de la frontière est un ami personnel.

— De tous les moyens que je connais pour quitter ce pays, c'est le moins dangereux. J'ai les meilleurs contacts dans ce coin-là. Bandar Abbas, et les autres circuits, ne fonctionnent pas aussi vite. La Turquie, c'est impossible, à cause de la neige en montagne. Les passeurs ne travaillent pas à cette époque de l'année. La neige est trop épaisse et il fait trop froid. La filière de Zahidan offre moins de dangers que la Turquie, de toute façon, à cause de mon ami et aussi parce qu'il y a trop de patrouilles de police à la frontière turque. Il y a des patrouilles de la Pasdar, là-bas.

Nous allons partir. Nous ne pouvons pas nous payer plus longtemps le luxe de la formule favorite d'Amahl : « Patience... » Et puis nous devons suivre le conseil de papa : « Quand on veut, on peut. »

Je laisse en garde à Amahl un sac de plastique. Il contient quelques vêtements de rechange pour Mahtob et pour moi, et des bricoles que je ne veux pas laisser derrière moi. L'une d'elles est une tapisserie, lourde et épaisse, représentant une calme scène d'extérieur où des hommes, des femmes et des enfants ont l'air heureux au bord d'une rivière de campagne. Les couleurs sont superbes, dans les mauves, les bleus et les gris délicats. Je me suis débrouillée pour en faire un paquet d'une trentaine de centimètres. J'emporte aussi les précieux sachets de safran que m'a offerts Ameh Bozorg à Noël.

Des milliers de choses me traversent l'esprit en discutant avec Amahl. Les nouvelles d'Amérique sont mitigées. Papa se maintient en vie avec ténacité, il nous attendra, je l'espère. Demain, sans la prévenir, j'obligerai

Mahtob à prendre du retard dans ses préparatifs pour l'école. Il faut qu'elle rate le bus, de façon que je sois obligée de la conduire moi-même. Sur le chemin, loin de Moody, je lui assènerai la bonne nouvelle : « Nous partons ensemble pour l'Amérique. » Et pendant que mon soupçonneux mari se rendra à l'hôpital, nous aurons rendez-vous avec un homme d'Amahl, qui nous guidera vers l'aéroport pour prendre le vol de Zahidan.

Bizarrement, nous allons prendre la route prévue jadis par Miss Alavi. Je me demande ce qui lui est arrivé. Elle a peut-être été arrêtée. Elle a peut-être quitté le pays elle-même. Je l'espère.

— Amahl, combien cela va-t-il nous coûter?

— Ils demandent douze mille dollars. Mais ne vous inquiétez pas de ça. Vous me les enverrez quand vous serez en Amérique.

— Je le ferai tout de suite, je le jure. Et je vous remercie.

— Il n'y a pas de quoi.

Pourquoi fait-il cela pour nous? Jouer douze mille dollars sur mon honnêteté? Je crois connaître quelques-unes des réponses, bien que je ne lui aie jamais posé directement les questions.

D'abord je crois fermement qu'Amahl a été la réponse à mes prières devant Dieu comme devant Allah. La réponse à mon *nasr*, le vœu formulé à l'imam Mahdi lors de mon pèlerinage à Mehed. Nous avons le culte du même Dieu, vraiment.

De son côté, Amahl a quelque chose à prouver. A lui, à moi, comme au reste du monde. Je suis restée prisonnière de ce pays pendant dix-huit mois et il m'a semblé uniquement peuplé d'ennemis. Le boutiquier, Hamid, a été le premier à me prouver le contraire. Miss Alavi, Chamsey, Zaree, Feresteh, m'ont démontré que l'on ne peut pas juger les gens sur leur nationalité. Et même Ameh Bozorg, à sa manière étrange, m'a finalement montré ses bonnes intentions à mon égard.

Maintenant, c'est au tour d'Amahl. Sa motivation est à la fois simple et complexe. Il veut aider deux innocentes victimes de la Révolution iranienne. Il ne demande rien en retour. Son bonheur de nous voir réussir sera une ample compensation.

Mais allons-nous réussir?

L'article sur le kidnapping du couple australien et les mises en garde de M. Vincop à l'ambassade m'effraient toujours. Lorsque j'ai mentionné pour la première fois la possibilité d'utiliser des passeurs, il m'a dit :

— Ils prendront votre argent, vous amèneront à la frontière, ils vous violeront, vous tueront, ou bien vous vendront aux autorités.

Mais les mises en garde n'ont plus cours. Mes choix sont clairs. Vendredi, je peux prendre un avion vers l'Amérique et rentrer chez moi, retrouver mon confort, sans jamais revoir ma fille. Ou bien, demain, je peux prendre ma fille par la main et entamer le voyage le plus dangereux que je puisse imaginer.

En fait il n'y a pas de choix. Je mourrai dans les montagnes qui séparent l'Iran du Pakistan, ou je ramènerai ma fille saine et sauve en Amérique.

En sortant du taxi orange, le vent glacial me fait frissonner. En piétinant dans la boue du trottoir, vers la maison, je réfléchis intensément. Mahtob va bientôt rentrer de l'école. Un peu plus tard, Moody, de l'hôpital. Dans la soirée, Chamsey, Zaree et les Hakim viendront me souhaiter bon voyage. Tout ce qu'ils savent, c'est que je prends l'avion vendredi pour aller voir mon père mourant et que je reviendrai après l'enterrement. Je dois me préparer, me mettre en condition, chasser tout ce qui bataille dans ma tête, les peurs comme les espoirs.

J'arrive à peine à hauteur de la maison, et j'aperçois Moody et Mammal debout près de la porte, me regardant approcher tous les deux.

La colère de Moody est plus glaciale que la tempête qui vient de se transformer en une énorme chute de neige.

— Où étais-tu?

— Je faisais des courses.

— Menteuse! Tu n'as même pas de paquets!

— Je cherchais un cadeau à faire à maman, je n'ai rien trouvé.

— Menteuse! Je suis sûr que tu combines quelque chose. Rentre à la maison. Tu y resteras jusqu'à vendredi, jusqu'à ce qu'il soit l'heure de prendre l'avion!

Mammal nous quitte pour vaquer à ses affaires. Moody me pousse derrière la porte et répète son ordre. Je ne dois pas quitter la maison. Je ne dois pas me servir du téléphone. Il va m'enfermer pendant trois jours, jusqu'à ce qu'il m'emmène à l'avion. Il a pris un jour de repos aujourd'hui. Il en prendra un autre demain, pour rester à la maison et me surveiller. Il enferme le téléphone dans son bureau, là où il reçoit les patients. Je passe l'après-midi dehors dans la cour, face à la fenêtre de son bureau. Avec Mahtob, nous construisons un bonhomme de neige, que nous décorons d'une écharpe rouge, la couleur préférée de ma fille.

Une fois de plus, me voilà coincée. Piégée. Nous ne pourrons pas être au rendez-vous de l'homme d'Amahl, et je n'ai aucun moyen de le prévenir, de le mettre au courant de cet ultime retour de malchance.

Le soir, je tremble autant de peur que de froid, en préparant le repas des invités. J'occupe mes mains, et mon esprit galope. De toute façon, il faut absolument que je contacte Amahl. Il faut qu'il trouve un moyen de nous faire sortir de cette maison. Je ne cesse de trembler de froid et me rends compte soudain que la maison est glacée. Il me vient une idée. Je grommelle en direction de Moody :

— Le chauffage est arrêté.

— On est en panne ou il n'y a plus de fuel?

— Je vais aller voir avec Malileh si quelque chose ne va pas dans la chaudière...

— D'accord.

Ouf! Il ne faut pas que j'aie l'air de me presser, maintenant. Je me dirige vers l'appartement de Malileh et je lui demande en farsi l'autorisation de me servir de son téléphone. Elle me fait signe qu'elle est d'accord. Je sais qu'elle ne comprendra pas un mot d'une conversation en anglais.

J'obtiens rapidement Amahl en ligne.

— Ça va mal... Je ne pourrai pas venir. Je ne peux

pas sortir de la maison. Il sera là demain et il me soupçonne.

Amahl me paraît déprimé, au bout du fil.

– Ça n'a pas d'importance de toute façon. Je viens juste de parler à quelqu'un à Zahidan. Ils ont la tempête de neige la plus effroyable depuis cent ans. Il est impossible de traverser la montagne.

J'en pleure.

– Mais qu'est-ce que nous allons faire?

– Tout simplement, vous ne prenez pas cet avion vendredi. Il ne peut pas vous faire monter de force!

Je me retrouve dans la cuisine, seule pour un moment, et Chamsey vient m'y rejoindre :

– Ne pars pas, Betty. Ne prends pas cet avion. Je devine ce qui va se passer. Dès que tu ne seras plus là, il emmènera Mahtob chez sa sœur, et il se retrouvera à la merci de sa famille une fois de plus. Ne t'en va pas!

– Je ne partirai pas! Pas sans Mahtob!

Je sens se resserrer le nœud coulant de la corde qu'il m'a passée autour du cou. Il m'a définitivement coincée, cette fois. Il peut me forcer à prendre cet avion. Il a les moyens de tenir Mahtob à l'écart. Je ne peux pas supporter l'idée de la laisser derrière moi. Et je ne peux pas espérer la retrouver, même si j'arrivais à revenir des États-Unis. De toute façon je vais la perdre.

Je n'arrive pas à manger un morceau, ce soir. Je suis à peine la conversation.

Je sursaute à une question de Khanum Hakim. « Quoi? »... Elle voudrait m'emmener demain dans une coopérative réservée aux membres de la mosquée d'Aga Hakim. Ils ont justement reçu un stock de lentilles et il est habituellement difficile d'en trouver.

– Nous devrions y aller, Betty, avant qu'il n'y en ait plus!

Chamsey veut venir aussi. J'accepte sans y penser. Je suis bien loin des lentilles en ce moment!

Les invités s'en vont. A part les Hakim qui restent avec moi au salon. Mahtob est au lit et Moody reçoit encore quelques clients. Nous buvons du thé, lorsqu'un invité inattendu et qui n'est pas le bienvenu arrive. C'est Mammal.

Il salue les Hakim, demande insolemment du thé puis, avec un sourire particulièrement odieux, sort un billet de sa poche et le balance devant mes yeux.

C'est mon billet d'avion.

Dix-huit mois de haine rentrée remontent brutalement à la surface. Je perds tout contrôle. Mes nerfs me trahissent. Je hurle :

— Donne-moi ce billet que je le déchire!

Immédiatement, Aga Hakim joue le rôle du pacificateur. Cet homme distingué, le plus compréhensif de tous les parents de Moody, m'interroge calmement, en réfléchissant à chaque réponse. Il ne parle pas anglais et Mammal devrait nous servir d'interprète. Mais il ne le fait pas. Il m'est difficile de me faire comprendre en farsi, mais j'essaie désespérément, souhaitant trouver en Aga Hakim un ami et un allié.

— Vous ne savez pas ce que j'endure ici. Il m'enferme. Je voulais rentrer chez moi en Amérique, mais il me force à rester ici!

Aga Hakim est sincèrement choqué. Il me pose d'autres questions et le chagrin se peint sur son visage, à chaque nouvelle réponse. Tous les affreux détails de l'année passée et de ces six derniers mois viennent enfin à la lumière.

Il est troublé :

— Pourquoi ne pas être heureuse maintenant de revoir ta famille?

— Je voudrais bien, mais il veut que je reste là-bas, jusqu'à ce que j'aie tout vendu et que je lui envoie l'argent. Mon père est en train de mourir. Je ne vais pas là-bas pour affaires!

Ayant fini avec ses patients, Moody nous rejoint dans le salon. Et il subit à son tour l'interrogatoire d'Aga Hakim. Il répond en farsi, calmement. Il feint la surprise, comme s'il entendait cela pour la première fois.

Pour finir, Aga Hakim pose une bonne question :

— Bien. Si Betty ne veut pas partir, est-ce qu'elle doit partir?

— Non. Je faisais cela uniquement pour qu'elle voie sa famille...

L'hypocrite se retourne vers moi :

– Est-ce que tu veux partir?

Je réponds aussi vite que je peux :

– Non!

– D'accord. Pourquoi faire tant d'histoires? C'était pour toi, pour que tu voies ton père mourant. Si tu ne veux pas y aller, tu n'iras pas...

Chacun de ses mots résonne de sincérité, d'amour et de respect pour moi, de déférence vis-à-vis d'Aga Hakim et de ses sages conseils. La question est réglée.

Après quoi il se montre un hôte agréable, bavard. Il raccompagne ses invités jusqu'à la porte, les remerciant beaucoup d'être venus, exprimant encore sa reconnaissance à Aga Hakim pour ses avis précieux.

Il referme doucement la porte sur eux et attend que le bruit de leurs voix ne lui parvienne plus. Alors il se retourne vers moi, pris d'une colère folle. Il me gifle à toute volée et m'envoie m'étaler sur le sol.

– Tu vas le payer! Tu as tout fichu en l'air! Tu vas le prendre, cet avion! Et si tu ne le fais pas, je t'enlève Mahtob et je t'enferme pour le reste de ta vie!

21

Il peut faire ça. Et il le fera.

Impossible de dormir, cette nuit. Je me tourne et me retourne de désespoir dans ce maudit lit. Comment ai-je pu entraîner Mahtob dans cette histoire de fous? Comment ai-je pu préparer ainsi ma propre fin?

Les ennuis ont commencé il y a presque quatre ans, un soir d'avril 1982, lorsque Moody est rentré de l'hôpital d'Alpena, distant et préoccupé. Au début je n'y ai pas prêté attention. J'étais occupée, c'était l'anniversaire de John qui avait douze ans.

Les deux années précédentes avaient été heureuses. Moody était revenu au Michigan en 1980, bien décidé à ne plus s'occuper de la politique de l'Iran. Il disait souvent : «Tout le monde sait que je suis un étranger, mais je n'ai pas envie que tout le monde sache que je suis iranien.»

Le portrait de l'affreux ayatollah Khomeiny avait été relégué au grenier. Il ne parlait pas politique, ni de la Révolution lorsqu'il était à son travail, sachant trop les ennuis que cela lui avait rapportés à Corpus Christi. A Alpena, il se tenait tranquille, s'occupait de reconstruire sa carrière et vivait comme un Américain.

J'ai repris confiance en lui, particulièrement lorsqu'il a trouvé cette maison à Thunder Bay River. Elle était petite, banale de l'extérieur, mais j'en suis tombée amoureuse la première fois que je l'ai vue. Elle donnait sur la rivière. De grandes fenêtres de l'autre côté offraient un point de vue merveilleux. Un escalier menait à l'étage inférieur, joliment décoré, spacieux et lumineux. De là, on gagnait un immense patio, qui aboutissait à quelques mètres de la rivière. Un ponton de bois permettait de ficher et d'amarrer une barque. La maison était située dans une anse de la rivière. En amont, on pouvait voir un pont couvert très pittoresque.

L'intérieur était plus vaste qu'on ne pouvait le croire à première vue : de grandes chambres à coucher, deux salles de bains, une jolie cuisine campagnarde, deux cheminées et un immense living-room. Cette vue sur la rivière donnait immédiatement une impression de calme et de tranquillité.

Moody fut aussi attiré que moi. Nous avons acheté la maison sur un coup de cœur.

Alpena n'est qu'à trois heures de Bannister et je pouvais rencontrer souvent mes parents. Avec papa nous nous laissions aller à notre passion mutuelle pour la pêche. Nous ramenions des perches et des tas d'autres poissons de rivière. Maman passait des heures à la cuisine avec moi, à faire du crochet, de la cuisine ou à bavarder. J'étais heureuse de pouvoir passer plus de temps avec eux, alors qu'ils prenaient de l'âge. Maman était malade à cette époque et j'étais contente qu'elle puisse se reposer ici, en compagnie de ses petits-enfants. La petite Mahtob courait autour de la maison et c'était une source particulière de bonheur pour elle et papa, qui la surnommait « Tobby ».

On nous avait facilement acceptés dans le milieu professionnel de Moody à Alpena. Nous sortions souvent. Nous recevions beaucoup. Moody était content de son travail et j'étais heureuse à la maison, en tant qu'épouse et mère de famille. Jusqu'à ce soir où il est rentré avec une douleur silencieuse au fond des yeux.

Il venait de perdre un malade, un petit garçon de trois ans, au cours d'une opération banale. L'hôpital l'avait suspendu en attendant les résultats de l'enquête.

Le lendemain matin, ma sœur a téléphoné pour nous dire que papa avait un cancer.

Nous avons couru à l'hôpital de Carson City. Là même

où nous nous étions rencontrés, Moody et moi. Et où nous tournions cette fois en rond, dans une salle d'attente, pendant que les chirurgiens exploraient le ventre de mon père. Les nouvelles étaient mauvaises. Ils tentaient une ablation du côlon, mais ne pouvaient pas éliminer la totalité du cancer. La maladie avait progressé trop vite. Nous avons eu un entretien avec un spécialiste de la chimiothérapie. Il nous a expliqué qu'il pouvait prolonger la vie de mon père un certain temps. Mais combien... il ne savait pas. En fin de compte, il fallait nous attendre à le perdre.

Je m'étais promis de passer le plus de temps possible avec lui. De lui parler de tout avant qu'il soit trop tard pour le faire.

La vie avait fait un drôle de tête-à-queue. Quelques mois plus tôt, nous étions plus heureux que nous ne l'avions jamais été. Et tout à coup, la carrière de Moody était en péril, mon père allait mourir et l'avenir paraissait sombre. Nous étions déprimés, chacun pour des raisons personnelles, et notre couple en souffrait.

Les semaines suivantes, nous avons fait des allers et retours entre Alpena et Carson City. Moody aidait mon père à surmonter le traumatisme de l'opération. Il fallait voir comme il savait le réconforter. Il donnait son avis en tant que médecin et il était capable de traduire en termes clairs les expressions médicales trop compliquées.

Lorsqu'il a été capable de voyager, Moody a invité papa à venir nous voir à Alpena. Il passait des heures à le rassurer, à le conseiller, à lui faire accepter la réalité de sa maladie et à lui apprendre à vivre avec.

En fait, papa était l'unique patient de Moody. Lorsqu'ils étaient ensemble, il se sentait médecin. Mais lorsqu'il restait à la maison à Alpena, jour après jour, n'ayant plus rien à faire, de plus en plus maussade, il se sentait exclu. Au fur et à mesure que passaient les semaines, la dépression faisait des ravages.

– C'est politique, disait-il sans arrêt, toute cette histoire est politique.

Il faisait allusion à l'enquête menée par l'hôpital.

Il essayait de se maintenir professionnellement à la

hauteur en assistant à de nombreux séminaires. Mais cela l'enfonçait encore davantage, car il ne pouvait appliquer aucune des nouvelles connaissances acquises.

Nous nous faisions du souci financièrement et j'espérais que le moral de Moody remonterait aussitôt qu'il aurait repris son travail. Aucun hôpital ne voulait l'employer comme anesthésiste avant la fin de l'enquête, mais il pouvait toujours pratiquer en qualité d'ostéopathe. J'ai toujours pensé que c'était sa véritable vocation.

Un jour j'ai suggéré que nous pourrions aller à Detroit où une clinique avait besoin de personnel. Il y avait encore des amis et c'était l'endroit où il avait exercé le plus brillamment jusque-là, aux États-Unis. Il ne voulait pas :

— Je resterai ici et je me battrai.

En l'espace de quelques jours, il avait changé, broyait du noir. Il nous rembarrait, moi et les enfants, au moindre prétexte réel ou imaginaire. Il avait cessé de participer aux séminaires, car il ne voulait plus rencontrer d'autres médecins. Il passait ses journées affalé sur une chaise à regarder la rivière par la fenêtre. Et les heures passaient en silence. Il lui arrivait d'écouter la radio ou de lire un livre, mais il avait du mal à se concentrer. Il refusait de sortir de la maison et ne voulait voir personne.

En tant que médecin il ne pouvait ignorer qu'il montrait là tous les symptômes cliniques d'une dépression. En tant que femme de médecin, je le savais aussi. Mais il ne voulait écouter personne et refusait toute forme d'aide de notre part.

Pendant un moment, j'ai essayé de lui assurer le confort et la solitude, ainsi que j'estimais de mon devoir de le faire. Cette ambiance dépressive finissait bien sûr par m'atteindre. Nous sommes allés plusieurs fois rendre visite à papa avec les enfants, mais il ne nous a pas accompagnés. Il restait à la maison à broyer du noir.

Pendant des semaines, j'ai supporté cette situation, évitant tout affrontement, en espérant qu'il sortirait de sa léthargie. Je me disais que ça ne pouvait pas durer très longtemps.

Mais les semaines devenaient des mois. Je passais le

plus clair de mon temps à Bannister avec mon frère et restais le moins possible à la maison. La présence maladive de Moody était de plus en plus oppressante. Nous n'avions pas de revenus. Nos économies fondaient.

Un jour, à bout de forces, j'ai explosé :

– Va chercher du travail à Detroit !

Moody m'a regardée méchamment. Il détestait que j'élève la voix, mais je m'en fichais bien cette fois. Il hésitait, ne sachant pas comment résister à sa femme. Finalement il a tout simplement répondu : « non ». Avant de retomber dans son marasme.

Cet éclat de colère de ma part l'avait précipité dans une phase encore plus profonde de sa dépression. Il parlait tout seul, ressassant ce qui était, selon lui, l'unique motif de son exclusion.

– J'ai été suspendu parce que je suis iranien. Si je n'étais pas iranien, tout ça ne serait pas arrivé.

A l'hôpital, quelques médecins étaient encore du côté de Moody. Ils passaient à l'occasion dire bonjour et me faisaient part de leur inquiétude au sujet de son comportement. L'un d'eux, qui avait une grande expérience des troubles émotionnels, m'avait offert de venir régulièrement, pour le faire parler.

Moody n'a pas voulu :

– Je ne veux pas parler de ça.

Je le suppliai alors de voir un psychiatre :

– J'en sais plus qu'ils n'en savent. Ils ne peuvent pas m'aider !

Aucun de nos amis n'était au courant de ce changement brutal de sa personnalité. Nous avions cessé de les voir et de sortir, mais c'était compréhensible, vu nos problèmes d'argent. D'ailleurs ils avaient leurs propres vies, leurs propres problèmes à résoudre. Ils ne pouvaient pas se douter de la gravité de la dépression de Moody, si lui ou moi n'en parlions pas. Il ne le pouvait pas. Et je ne le voulais pas.

Alors, j'ai trouvé un travail à mi-temps dans un cabinet d'avocats. Moody était furieux, il estimait que le travail d'une épouse est de rester à la maison pour s'occuper de son mari.

Chaque jour le rendait plus fou que le jour précédent. Avec son ego toujours malmené par l'échec de sa carrière, il considérait cela comme une sorte d'émasculation. Il luttait pied à pied, dans l'espoir de rester le maître, d'exercer une domination sur moi, en me demandant de rentrer chaque jour à heure fixe pour lui préparer son repas. J'avais accédé à cette demande ridicule, en partie pour le calmer, mais aussi parce que les événements de ces derniers mois m'avaient déstabilisée, moi aussi. Je n'avais plus une notion claire du rôle de chacun dans le mariage. Apparemment je me présentais comme quelqu'un de solide et d'indépendant, mais si c'était réellement le cas, pourquoi courir à la maison lui faire à manger? Je ne connaissais pas la réponse.

A midi, je le retrouvais toujours en robe de chambre, il n'avait rien fait de la matinée, à peine avait-il surveillé les enfants. Une fois son déjeuner prêt, je me précipitais à nouveau au bureau. Et le soir, je retrouvais les assiettes sales, intactes sur la table. Mon mari était étendu sur son lit, dans un état végétatif permanent.

Je me disais : « S'il ne supporte pas que je travaille, pourquoi ne fait-il rien? »

Et cette étrange existence a duré plus d'un an, pendant lequel ma vie professionnelle a été bien remplie et ma vie privée de plus en plus vide. Mon travail, temporaire au début, était devenu un emploi à plein temps. Mon salaire, bien entendu, ne suffisait pas à tenir notre standing de vie et nous n'avions plus d'économies. Je décidai de mettre la maison en vente.

Je plaçai un écriteau sur le fronton : *Maison à vendre par propriétaire*. Et j'attendis le résultat. Avec un peu de chance, nous pourrions éviter de payer une commission à une agence.

Pendant plusieurs semaines, Moody me raconta qu'il avait vu des douzaines de couples s'arrêter devant notre jolie maison, avec sa jolie rivière, mais personne n'avait fait d'offre. Je soupçonnais Moody de les décourager délibérément. A moins que son apparence lugubre ne les effraie.

Enfin, Moody me parla d'un couple qui avait été

intéressé par la maison et devait revenir le lendemain. Je décidai d'être là pour les recevoir. J'arrivai du bureau en courant et, à l'heure dite, expédiai Moody faire une promenade diplomatique. Je fis visiter la maison moi-même. Elle leur plaisait, ils voulaient savoir quand nous pouvions la libérer. Ils souhaitaient l'occuper dans deux semaines!

C'était un peu rapide, mais ils offraient de reprendre notre hypothèque et de payer le reste cash. Ce qui nous permettrait d'empocher plus de vingt mille dollars, et nous avions besoin cruellement de cet argent. Je dis d'accord.

A son retour, en apprenant la transaction, Moody est devenu livide de rage :

– Où est-ce qu'on peut aller en deux semaines?

– Écoute, nous avons besoin de cet argent. Nous devons faire en sorte de l'avoir. C'est tout.

Nous avons discuté sans fin, à propos de l'offre bien sûr, mais c'est très vite devenu l'occasion de vider chacun notre sac. Bataille inégale d'ailleurs. Car la résistance de Moody dans une confrontation de cette sorte était réduite à moins que rien. Une faible tentative pour affirmer qu'il était toujours le chef de famille. Mais lui et moi, nous savions bien qu'il avait abandonné son trône.

J'enrageais :

– C'est toi qui nous as mis dans cette situation. Nous n'allons pas attendre d'être complètement à sec. Nous allons vendre!

Et je le forçai à signer le contrat de vente.

Les deux semaines suivantes furent très remplies. Il me fallait emballer ce qui restait de notre vie à Alpena, sans même savoir où nous allions atterrir ensuite. Moody ne m'aidait absolument pas.

– Emballe tes livres au moins!

Il possédait une immense bibliothèque, constituée en partie de bouquins professionnels, et pour le reste de propagande islamique. Je lui donnai un stock de cartons d'emballage, un matin, et me fâchai :

– Tu vas empaqueter des livres aujourd'hui!

A la fin d'une journée de travail épuisante, je le

retrouvai toujours en robe de chambre, ni lavé ni rasé. Les livres encore en place sur les étagères. Une fois de plus j'explosai :

— Je veux que tu aies fait tes paquets ce soir! Demain tu iras en voiture à Detroit et tu ne reviendras pas avant d'avoir trouvé du travail! J'en ai marre. Je n'ai pas l'intention de vivre comme ça une minute de plus!

— Je ne peux pas trouver du travail!

— Tu n'as même pas essayé!

— Je ne peux pas travailler tant que ma suspension n'est pas levée.

— Tu n'es pas obligé de chercher une place d'anesthésiste. Tu peux faire de la médecine générale!

Il était battu et se réfugiait dans des excuses minables :

— Il y a des années que je n'ai pas pratiqué la médecine générale. Je n'ai pas envie de refaire ça.

Il me rappelait Reza, qui ne voulait accepter un travail en Amérique que s'il était président de société.

— Et moi? Il y en a des choses que je n'ai pas envie de faire! Tu as démoli ma vie. Je ne vais pas continuer à vivre avec toi de cette manière. Tu es paresseux. Tu profites de cette situation. Tu ne trouveras pas de travail en restant avachi ici. Il faut que tu sortes, pour en trouver un! N'attends pas que le ciel t'aide! Maintenant c'est fini, dehors! Et ne reviens pas si tu n'as pas trouvé de travail... ou alors, je divorcerai!

Ma voix tremblait en disant cela. Les mots étaient sortis avant que j'aie réalisé ce que j'étais en train de dire.

Mais il n'y avait pas à se tromper, mon ultimatum était sincère.

Et Moody fit ce qu'on lui avait dit de faire. Le soir suivant, il m'appelait de Detroit. Il avait une place à la clinique. Il devait commencer le lundi d'après.

Et je me demandais pourquoi j'avais attendu si longtemps. Pourquoi je ne m'étais pas imposée beaucoup plus dans le passé.

Le week-end de Pâques 1983 passa dans un tourbillon.

Nous étions censés quitter la maison le Vendredi saint et Moody devait commencer son travail le lundi suivant. Le mercredi, nous n'avions toujours pas trouvé d'endroit pour vivre. Cette agitation frénétique avait quelque chose d'effrayant et de positif à la fois. Enfin nous faisions quelque chose.

Le vice-président d'une banque locale, un client du bureau où je travaillais, nous sortit de nos ennuis en nous proposant une maison à louer au mois. Nous avons signé le contrat le matin du Vendredi saint, à midi, et pris possession des lieux immédiatement.

Pendant tout le week-end Moody déploya une énergie inhabituelle pour m'aider à arranger notre intérieur. Le samedi, il m'embrassa avant d'entreprendre le voyage de cinq heures jusqu'à Detroit. C'était la première fois qu'il m'embrassait depuis des mois, et je ressentis un désir nouveau en lui qui me surprit. Ce travail dans cette clinique était un genre de corvée sans intérêt pour lui, mais je pouvais dire alors qu'il allait mieux. Trouver un travail aussi facilement était bon pour son ego, il retrouvait le moral. Le salaire était bon, pas du tout comparable au précédent, mais représentait tout de même quatre-vingt-dix mille dollars par an.

A partir de ce moment, nous sommes tombés dans une sorte de routine, réconfortante, qui nous rappelait délicieusement le temps où il me faisait la cour. Travailler chacun de son côté pendant la semaine, et nous retrouver le week-end pour être ensemble, ou nous promener entre Alpena et Detroit.

Intellectuellement, Moody rajeunissait doucement. Un jour il me dit : « Nous irons loin ensemble ! » Il était toujours heureux de nous retrouver. Mahtob lui sautait dans les bras dès qu'il arrivait. Elle était si contente de retrouver un père normal.

Le printemps, l'été et l'automne passèrent. Moody détestait Detroit mais, dans un environnement citadin, il rencontrait moins d'étroitesse d'esprit et il se mit à penser que son avenir était là, d'une manière ou d'une autre. De mon côté je me sentais plus libre. Pendant la semaine, je prenais les décisions moi-même. Le week-end je retombais amoureuse. C'était peut-être la formule dont nous avions besoin pour que notre mariage continue.

A ce moment-là, j'étais bien.

En mars 1984, j'ai reçu un coup de téléphone de Téhéran. Une voix d'homme, parlant un anglais hésitant, avec un lourd accent. Il se présenta comme étant Mohamed Ali Ghodsi. Il se disait neveu de Moody. Connaissant le penchant de sa famille pour les mariages entre cousins, cela ne voulait rien dire. Il devait y avoir des centaines d'Iraniens capables de s'intituler neveu de Moody.

Il me demanda comment allait Mahtob, et moi-même, se répandit en quelques flatteries sans intérêt. Puis je notai son numéro de téléphone en lui assurant que Moody le rappellerait.

Je passai le message à Detroit et Moody m'appela le soir même pour me dire qu'il s'agissait de Mammal, le quatrième fils de sa sœur Ameh Bozorg. Ce Mammal, qui avait toujours été trop maigre, avait encore perdu beaucoup de poids ces derniers temps. Les médecins de Téhéran avaient diagnostiqué un ulcère à l'estomac. Ils l'avaient opéré, mais il continuait à maigrir. En désespoir de cause, il était allé consulter en Suisse. Là-bas on lui avait dit que les chirurgiens iraniens avaient raté la première opération et qu'il fallait lui refaire complètement l'estomac. C'est pourquoi il avait appelé son oncle en Amérique, pour avoir son avis. Où pouvait-il se faire opérer?

— Je ne lui ai pas dit quoi faire pour l'instant. Qu'est-ce que tu en penses?

— Fais-le venir ici! Nous pourrons l'aider à trouver un bon chirurgien.

Moody me parut ravi de cette suggestion. Mais, selon lui, il était difficile de sortir de l'argent d'Iran.

— Tu devrais payer son opération. J'espère que tu ferais la même chose pour ma famille, si c'était nécessaire.

Moody avait trouvé mon idée formidable et, en quelques jours, tout était arrangé. Mammal était attendu un vendredi d'avril. Moody devait aller le chercher à l'aéroport et l'emmener à Alpena pour que nous fassions connaissance.

Pour avoir connu tous les révolutionnaires tapageurs qui ont envahi notre vie à Corpus Christi, je savais que les Iraniens étaient des gens cultivés et polis. Leur idée de la femme avait quelque chose d'assez borné, mais cela se manifestait généralement par une courtoisie qui pouvait passer pour flatteuse. Je voulais être une hôtesse agréable pour le neveu de Moody. Je m'étais amusée comme une gosse à préparer pour lui un dîner iranien et j'attendais son arrivée.

Malheureusement j'ai détesté Mammal à la seconde où il a mis le pied chez nous. Comme la majorité de ses compatriotes, il était petit, et malgré cela, ou peut-être à cause de cela, il se pavanait comme un coq. Une barbe et une moustache hirsutes lui donnaient toujours l'air d'être débraillé. Il avait de petits yeux enfoncés qui regardaient toujours à travers moi, me donnant l'impression de ne pas exister. A travers son comportement tout entier, on avait l'impression qu'il passait son temps à vous dire : « Qui êtes-vous ? Je suis bien plus important que vous, qui que vous soyez ! »

De plus, je trouvais inquiétant son ascendant sur Moody. Les premiers mots qu'il prononça furent à peu près : « Tu dois venir nous voir en Iran. Tout le monde veut te voir avec Mahtob. » Cette idée me remplissait de frayeur. Le premier soir, ils passèrent leur temps à discuter en farsi avec excitation. C'était apparemment compréhensible. Ils avaient une foule de nouvelles à se donner sur la famille. Mais j'avais peur que Moody ne prenne au sérieux cette invitation de Mammal pour Téhéran. Ils parlaient uniquement en farsi, me laissant en dehors de la conversation, bien que l'anglais de Mammal soit tout à fait acceptable.

Je comptais les heures du week-end rêvant d'un dimanche soir tranquille quand Moody et Mammal seraient partis pour Detroit. Mais le dimanche après-midi justement, Moody suggéra :

– Il vaudrait mieux qu'il reste avec toi, pendant que j'irai mettre au point cette histoire d'opération.

Je renâclai :

– C'est ton neveu, c'est ton invité, occupe-toi de lui.

Calmement il me fit alors remarquer qu'il avait du travail à la clinique, que Mammal avait besoin que l'on s'occupe de lui. Il avait un régime strict à respecter et je pouvais rester à la maison quelques jours jusqu'à ce que l'opération soit fixée. Il ne laissait place à aucun argument. Quelque part au fond de moi, je réalisais bien que Moody était en train de reprendre son ascendant sur moi, mais je cédai. Je cédai parce que, logiquement, cela ne devait durer que quelques jours.

Je décidai alors de faire de mon mieux. J'étais désolée pour Mammal, la compagnie d'aviation avait égaré ses bagages. Une amie à moi, arménienne et couturière, m'accompagna pour lui acheter quelques habits de rechange. Elle se chargea de retailler chaque vêtement, car il était d'une minceur exceptionnelle.

Il accepta sans un mot de remerciement, rangea le tout dans sa chambre, et s'obstina à porter sa chemise malodorante et son jean dégoûtant.

Enfin, la compagnie retrouva ses bagages. Ils étaient bourrés de cadeaux pour nous. Mais pas le moindre vêtement pour lui. Pourtant il était venu en Amérique pour plusieurs mois. Il semblait avoir décidé de porter la même chemise et le même pantalon tous les jours. Je proposai de les lui laver. Cela ne lui parut pas important, et il refusa tout simplement.

Le week-end suivant, au retour de Moody, j'attendais qu'il fît une remarque à son neveu, mais l'odeur ne paraissait pas le gêner. Il a fallu que j'insiste pour qu'il demande à Mammal de retirer ses vêtements pour que je les lave. Il ajouta : « Et prends une douche! » Mammal obéit à cette injonction avec une grimace. Une douche était un événement rare dans sa vie. Une corvée plutôt qu'un bien-être.

Pendant deux semaines, jusqu'à ce que nous l'emmenions au Carson City Hospital pour son opération, il fut un invité exigeant, prétentieux et paresseux.

Au bout de dix jours, Moody me ramena son convalescent de neveu, pour que je m'en occupe.

J'essayai de refuser :

— Je ne peux pas le surveiller, c'est toi le médecin. Et s'il lui arrivait quelque chose? C'est à toi de prendre soin de lui.

Protestations inutiles, Moody balaya mes arguments et repartit pour Detroit en me laissant Mammal.

Je détestais ce rôle de femme soumise auquel il me forçait. C'était une régression pour moi. Mais j'étais bien obligée de jouer à l'infirmière et de préparer les plats de régime qu'on avait prescrits au malade. Il détestait ma nourriture autant que je détestais lui faire la cuisine. Il n'y avait pourtant rien d'autre à faire que de prendre mon mal en patience, en attendant qu'il soit suffisamment remis pour repartir en Iran.

Moody aurait voulu que sa fille fasse montre d'une affection instinctive pour Mammal. Il l'obligeait à rester près de lui. Mais Mahtob réagissait exactement comme moi devant cet homme débraillé et antipathique. Il me fallait arrondir les angles, avec son père :

— Laisse-la faire. Tu la connais, elle n'aime pas qu'on la force. Ne fais pas attention à elle, elle y viendra à son heure.

Mais il ne voulait rien entendre. A plusieurs reprises, elle eut même droit à une fessée.

Pendant la semaine, lorsque Moody était à Detroit, il appelait son neveu tous les soirs. Ils discutaient en farsi, parfois pendant des heures, et je ne tardai pas à réaliser que Moody utilisait son neveu pour me surveiller. Un soir par exemple, Mammal abandonna le téléphone et me dit que Moody voulait me parler. Mon mari était en colère. Pourquoi avais-je laissé Mahtob regarder un certain programme à la télévision alors qu'il l'avait défendu?

Nos week-ends tranquilles de jadis étaient morts. Moody ne venait à Alpena que pour passer le samedi et le dimanche à discuter en farsi avec son neveu. Pour palabrer sur leurs affaires de famille, pour s'extasier sur l'ayatollah Khomeiny, pour insulter l'Occident, et l'Amérique en particulier, avec ses coutumes, sa morale, sa politique.

Que pouvais-je faire? Chaque week-end, mon mari,

pourtant américanisé depuis vingt-cinq ans, retournait progressivement à sa personnalité iranienne. Tant que Mammal fut là, je mis très sérieusement en question mon amour pour mon mari. J'avais épousé un Moody américain. Ce Moody iranien était un étranger pour moi. Le pire était qu'il ne cessait de parler avec Mammal de ce fameux voyage à Téhéran.

Ils s'enfermaient chaque week-end pour discuter interminablement. Ils ne parlaient qu'en farsi, je n'y comprenais rien, mais cela ne les empêchait pas baisser la voix ou de se taire si j'entrais dans la pièce.

Un jour, à bout de résistance, je demandai :

– Quand est-ce qu'il va partir?

– Tant que le médecin ne l'y autorise pas, il ne peut pas s'en aller.

C'était désespérant. Deux événements précipitèrent la crise. Tout d'abord la banque qui nous louait la maison trouva un acheteur, et il nous fallut déménager. Parallèlement je perdis mon emploi au bureau. Moody savait parfaitement ce qu'il voulait et où nous devions déménager. Il avait décrété qu'il était temps de rassembler la famille.

Ça ne me plaisait pas, je n'étais pas sûre de vouloir aliéner mon indépendance. D'un autre côté, Mammal devait retourner bientôt en Iran et j'espérais que nous pourrions vivre à nouveau, Moody et moi, d'une manière confortable et plus élégante qu'avec cet invité repoussant. Sinon, ma seule solution était le divorce. Ou je cédais à l'insistance de Moody pour le suivre à Detroit, ou c'était fini. C'est pourquoi j'acceptai de déménager. Je croyais, j'espérais que le plus dur était passé. Et je voulais réellement tenter de reconstruire ce mariage en péril.

Je pris tout de même une précaution. Dans mon incertitude de l'avenir, j'avais peur de tomber enceinte. Une semaine avant de partir pour Detroit, j'allai consulter un gynécologue. Désormais j'avais un stérilet, c'était plus prudent.

Moody vivait dans un petit appartement à Detroit. Il nous fallait donc repartir à la chasse au logement. Je pensais que nous pourrions racheter une maison, Moody insistait lui, pour que nous nous contentions d'une location. Il préférait acheter un bout de terrain et attendre que nous puissions construire la maison de nos rêves. Quoi qu'il en soit, les choses allèrent si vite que je n'eus pas le temps de m'y opposer. En deux temps et trois mouvements, Moody avait loué une maison à Southfield et nous y avait transportés, Mahtob, Joe, John, moi... et Mammal !

J'inscrivis Mahtob dans une excellente école Montessori près de Birmingham, dirigée par une femme formidable, la première à avoir ramené d'Europe cette nouvelle pédagogie.

Moody m'acheta une voiture neuve et, presque chaque jour, j'emmenais Mammal visiter Detroit ou faire des achats, avec l'argent que lui distribuait Moody. Il se conduisait d'une manière encore plus prétentieuse. Avec condescendance. Sans jamais se rendre compte que je supportais mal sa présence, ou sans vouloir l'admettre. Moi, je vivais bien entendu dans l'unique espoir de le voir retourner en Iran.

Il resta avec nous jusqu'à la mi-juillet. Le jour de son départ approchant inexorablement, il insistait lourdement pour que nous rendions visite tous les trois à la famille de Téhéran. Et à ma grande horreur, Moody accepta, pis, il m'annonça que nous partirions en août, pour deux semaines de vacances là-bas. Joe et John, eux, pourraient rester avec leur père.

Tout à coup, les conversations nocturnes et clandestines qu'ils avaient eues prirent un aspect de véritable conspiration. Avant le départ de Mammal, Moody ne le quitta pour ainsi dire pas. Que complotaient-ils ?

J'avais de sombres pressentiments et, une fois, j'eus le courage de les affronter :

– Qu'est-ce que vous mijotez, tous les deux ? Vous voulez kidnapper Mahtob et l'emmener en Iran ?

Moody se voulut carrément méprisant :

– Ne sois pas ridicule. Tu es complètement folle ! Tu as besoin d'un psychiatre !

– Je ne suis pas assez folle, en tout cas, pour aller en Iran. Tu iras si tu veux. Les enfants et moi nous resterons ici.

– Pas du tout. Toi et Mahtob, vous m'accompagnerez!
Je ne te donne pas le choix!

Bien entendu, je l'avais, l'alternative. C'était moins
agréable, mais elle me trottait de plus en plus dans la
tête : divorcer. Pourtant, j'espérais encore rafistoler notre
mariage. Surtout après le départ de Mammal. Je ne tenais
pas à précipiter mes enfants dans un nouveau divorce
traumatisant pour eux. Et pour moi. Mais je ne voulais
pas aller en Iran, non plus.

Moody tenta alors de radoucir un peu ses exigences.

– Pourquoi ne veux-tu pas partir?

– Parce que je sais que si tu décidais de rester là-bas, je
ne pourrais plus revenir...

– Alors c'est ça qui te tracasse? Mais je ne te ferais
jamais une chose pareille, voyons... Je t'aime!

Il se montrait gentil, affectueux, réconfortant. Et il eut
même une idée brillante.

– Apporte-moi le Coran!

J'allai chercher le livre saint dans la bibliothèque et il
plaça la paume de sa main sur la couverture, solennellement :

– Je jure sur le Coran que je ne t'obligerai pas à rester
en Iran. Je jure sur le Coran que je ne t'obligerai jamais à
vivre dans un endroit, contre ta volonté.

Et Mammal y ajouta son propre serment :

– Ceci n'arrivera jamais. Notre famille ne le permettrait pas. Je vous promets que ceci n'arrivera pas. Je vous
promets que s'il y a le moindre problème, notre famille
s'en occupera.

Je me sentis immédiatement soulagée. En jurant sur le
Coran, ils s'étaient lavés de tout soupçon.

– D'accord. Nous irons.

Moody acheta les billets. Le mois d'août approchait
plus vite que je n'aurais voulu. En dépit de cette scène
mélodramatique dont mon mari m'avait gratifiée, la main
sur le Coran en une promesse solennelle, j'étais assaillie
de doutes à présent. Car Moody était excité. Il passait des
heures à dévorer tous les journaux iraniens qu'il pouvait

se procurer. Il parlait de sa famille avec attendrissement. En particulier d'Ameh Bozorg. Il s'était mis à faire des prières. Une fois de plus et sous mes yeux, il se métamorphosait. Il redevenait iranien.

J'allai voir un avocat en secret, pour lui exposer mon problème :

– Ou je pars ou je divorce... J'ai peur d'aller en Iran, peur qu'il ne me laisse pas revenir.

Nous avons discuté des deux possibilités, et une nouvelle crainte s'est fait jour.

La solution du divorce était aussi risquée, peut-être plus que le voyage lui-même. En effet, en admettant que je divorce, que je me sépare définitivement de Moody, il me rayerait de son existence. Je n'irais pas en Iran, et il ne m'y kidnapperait pas. Moi. Mais Mahtob? S'il décidait de l'emmener avec lui un jour et de la garder là-bas? Je perdrais ma fille pour toujours!

– Est-ce qu'il aurait un droit de visite? Est-ce que nous pourrions convaincre un juge du danger et lui demander d'interdire à Moody de voir sa fille?

La réponse de l'avocat à ce sujet était précise. La loi américaine ne peut pas punir avant qu'un délit soit commis. Or il n'a commis aucun délit. Il n'y a donc aucun moyen de lui supprimer ses droits de visite.

– Évidemment, je n'aime pas l'idée de vous voir partir en Iran. Mais logiquement, il n'y a aucun mal à cela. Moody a subi beaucoup de pressions, et cela depuis fort longtemps. Il en a fait une dépression. Le fait de revoir sa famille lui redonnera peut-être du tonus. Il pourra faire un nouveau départ dans la vie. J'ai tendance à penser que ce sera bon pour lui.

Cette consultation me troubla davantage. Je savais qu'en divorçant, je donnais une chance à Moody d'éloigner ma fille, pour la faire vivre en Iran. Je n'avais pas d'autre solution que d'espérer que le contraste des deux sociétés convaincrait mon mari de revenir en Amérique. Je devais prendre le risque d'aller passer ces deux semaines à Téhéran.

A ce moment-là, je ne pouvais qu'imaginer la vie en Iran. Lugubre et démoralisante, sûrement. Il me restait à espérer que deux semaines suffiraient à en dégoûter Moody. En fait, la vraie raison pour laquelle je décidai d'emmener Mahtob en Iran était que j'étais condamnée, si je le faisais. Et que Mahtob était condamnée, elle aussi, si je ne le faisais pas. L'espoir était fragile, minuscule, peut-être irréalisable, mais c'était la seule issue.

Le jour du départ arriva. Pour ma fille et moi, j'avais prévu des bagages légers, en laissant la place aux cadeaux que nous voulions emporter. Moody, lui, avait plusieurs valises. L'une bourrée de médicaments qu'il destinait, selon lui, à la communauté médicale iranienne. Au dernier moment, Mahtob décida qu'elle voulait emmener son lapin.

C'est ainsi que nous avons pris l'avion le 1er août 1984, d'abord pour New York, ensuite pour Londres, où nous avions douze heures d'escale. Assez de temps pour faire un tour dans la ville. J'achetai deux poupées anglaises à Mahtob. Les heures passaient et l'angoisse de prendre un autre avion grandissait en moi. J'avais déjà l'impression d'étouffer.

Nous attendions à l'aéroport, peu avant le départ de notre vol pour Chypre et Téhéran, lorsque Moody entama une conversation avec un médecin iranien qui rentrait chez lui après un séjour aux États-Unis. Nerveusement, je lui demandai s'il y avait des problèmes pour sortir de ce pays. Il m'assura que non.

Par ailleurs, il nous conseilla sur la manière de passer la douane. Les Iraniens, disait-il, taxent lourdement les produits américains que les touristes amènent dans le pays. Par contre, si l'on prétend que l'on vient s'installer en Iran pour y travailler, ils peuvent ne pas appliquer les taxes.

Je n'aimais pas du tout cette suggestion, même pour éviter de dépenser de l'argent. Je m'empressai de le préciser:

— Nous sommes de passage... en vacances.

— Je sais, madame.

— Nous n'avons pas l'intention de rester en Iran. Deux semaines de vacances et nous rentrons.

— Oui, je sais, madame.

406

Et il se remit à parler en farsi avec Moody.

Au moment de prendre l'avion et de monter à bord, je fus prise de terreur. Je voulais crier, m'en aller, redescendre l'échelle en courant, et pourtant mon corps n'obéissait pas. Je montai une marche après l'autre, la main de ma fille, confiante, dans la mienne. Nous sommes entrées dans l'avion, nous avons cherché nos places et nous nous sommes attachées nous-mêmes.

Pendant le voyage jusqu'à Chypre, je retournais le dilemme dans ma tête. Quand les roues se sont posées sur l'île, j'ai su que c'était ma dernière chance. Je pouvais encore courir hors de l'avion avec Mahtob et prendre un autre vol pour rentrer chez nous. C'était encore possible. J'ai vraiment songé à le faire. Mais j'entendais encore les mots prononcés par l'avocat : « Il n'a commis aucun délit. Il n'y a aucun moyen de lui supprimer ses droits sur Mahtob... »

De toute façon, je ne pouvais pas m'échapper de cet avion. Les passagers en transit pour Téhéran devaient rester à bord. Chypre n'était qu'une courte escale technique. J'aurais pu passer outre, m'échapper, courir audehors, provoquer un scandale, peu importe... c'étaient peut-être mes dernières minutes de liberté... Je restai attachée sur mon siège. Mahtob aussi.

Déjà l'avion roulait au sol, il prenait de la vitesse, son nez pointait vers le ciel, il décollait, les roues quittaient la terre, je sentais l'énorme puissance des moteurs qui nous emportaient dans le ciel.

Mahtob s'était endormie à côté de moi, fatiguée par ce long voyage.

Moody lisait un livre iranien.

J'étais là, paralysée, en état de choc. Je connaissais ma destination, mais j'ignorais mon destin.

22

Ce mercredi 29 janvier 1986 est aussi froid et lugubre que mon âme. Je me regarde dans la glace. Mon visage est rouge, boursouflé, c'est le résultat d'une nuit de larmes. Moody emmène Mahtob à l'école. Ensuite nous irons aux bureaux de la Swissair pour leur confier mon passeport. Ils le garderont jusqu'au moment où je monterai dans l'avion, vendredi.

J'ai promis à Chamsey et surtout à Khanum Hakim de les accompagner à la coopérative. Je le rappelle à Moody. Il ne peut pas ignorer un engagement pris avec l'épouse du saint homme.

— Nous irons d'abord à la Swissair !

Le trajet est assez long car la compagnie a ses bureaux de l'autre côté de la ville. Je me demande s'il me laissera seule avec les deux femmes dans cette coopérative. Et si je pourrai trouver un téléphone.

Malheureusement il m'accompagne jusqu'à la maison de Chamsey.

Celle-ci est une fine mouche, elle lit sur mon visage.

— Qu'est-ce qui ne va pas ?

Je ne réponds pas.

— Dis-moi ce qui ne va pas !

Moody tourne autour de nous comme une menace.

— Simplement que je ne veux pas aller en Amérique. Il dit que je dois y aller pour tout vendre là-bas. Je ne veux pas m'occuper de ça.

Chamsey se retourne vers Moody :

– Tu ne vas pas l'obliger à s'occuper de tout ça en un moment pareil? Laisse-la partir quelques jours pour voir son père et revenir.

– Non. Son père n'est pas vraiment malade. C'est un piège, ils ont combiné tout ça.

Je fonds en larmes :

– C'est la vérité! Papa est très malade et tu le sais parfaitement!

Devant Chamsey et Zaree, spectatrices médusées, nous nous crachons au visage notre haine mutuelle. Moody est en rage :

– Tu t'es fait prendre à ton propre piège. C'était une combine pour rentrer en Amérique? Eh bien, maintenant tu iras! Tu iras et tu vendras tout, et tu enverras l'argent ici!

– Non!

Moody m'attrape par le bras et me tire au-dehors :

– On s'en va!

Chamsey intervient :

– Il faut te calmer. Nous devons éclaircir cette histoire.

– On s'en va!

Mais il me bouscule vers la sortie, je n'ai que le temps de hurler aux deux femmes :

– Je vous en prie, aidez-moi, ne me laissez pas seule! Il va nous faire du mal!

Il a déjà claqué la porte derrière nous.

Sans me lâcher le bras, il me force à avancer sur le trottoir glacé, en direction de la maison des Hakim. C'est à environ quinze minutes de marche et, tout au long du trajet, il hurle des obscénités et des injures. Ça ne m'atteint pas, sauf la fin de sa tirade :

– Tu ne reverras plus jamais ta fille!

Nous approchons de chez les Hakim et il s'arrête un instant :

– Maintenant, ressaisis-toi! Ne verse pas une seule larme devant Khanum Hakim. Ne lui laisse pas voir que les choses vont mal... sinon...

Nous entrons, il refuse le verre de thé offert par Khanum Hakim :

410

– Allons à la coopérative!

Nous marchons tous les trois vers le magasin, il ne desserre pas l'emprise de sa main sur mon bras. Nous achetons une provision de lentilles et retournons à la maison.

L'après-midi, il travaille dans son bureau. Il ne m'adresse pas la parole. Il a décidé de garder le silence pendant deux jours, jusqu'à ce que je monte dans cet avion pour l'Amérique.

A son retour de l'école, Mahtob me rejoint dans la cuisine, après s'être assurée que son père est occupé ailleurs.

– Maman, s'il te plaît, ramène-moi en Amérique aujourd'hui!

C'est la première fois depuis des mois qu'elle dit quelque chose de ce genre. Elle a compris, elle aussi, que le temps est contre nous.

Je la prends dans mes bras en pleurant, nous nous serrons l'une contre l'autre, mêlant nos larmes.

– Mahtob, nous ne pouvons pas partir maintenant. Mais ne t'inquiète pas, je ne vais pas te laisser à Téhéran. Je n'irai pas en Amérique sans toi. Je te le promets...

Mais comment tenir cette promesse, mon Dieu? Est-ce que Moody pourra me traîner de force dans cet avion, en me laissant hurler et me débattre? Oui. Très probablement, il peut le faire sans que personne n'intervienne. Il peut aussi me droguer et me faire partir inconsciente. Il peut faire n'importe quoi. Absolument ce qu'il veut.

Feresteh vient me dire au revoir dans la soirée. Elle sait que je vais mal, que je suis profondément déprimée, et essaye de me réconforter de son mieux. J'ai cessé de jouer à la femme heureuse avec elle, comme avec les autres. Je ne peux plus leur donner le change et me faire passer pour une épouse musulmane comblée.

Moody vient se mettre entre nous et réclame du thé. Il demande des nouvelles de son mari à Feresteh, qui fond en larmes. Nous avons chacun nos problèmes.

Je prie silencieusement : « Mon Dieu, mon Dieu, je vous en supplie, faites que nous lui échappions. Je vous en prie, je vous en prie... »

C'est étrange. Est-ce que j'ai entendu une ambulance? Est-ce que je rêve? Est-ce que je vois vraiment les lumières tournoyer et se réfléchir sur les vitres? Je dois rêver. Je n'ai pas entendu de sirène... et pourtant elle est vraiment là à notre porte. C'est une apparition.

C'est une urgence. Moody doit aller à l'hôpital.

Son regard se plante dans le mien. Un courant de haine, de soupçons, de pensées interdites passe silencieusement entre nous. Comment peut-il me laisser sans surveillance? Qu'est-ce que je pourrais tenter? Où et vers qui pourrais-je courir?

Il hésite, pris entre deux feux, sa méfiance et son devoir de médecin. Il ne peut pas refuser un appel d'urgence. Il ne peut pas relâcher sa surveillance.

Feresteh comprend le drame qui se déroule silencieusement devant elle.

— Je vais rester avec elle, jusqu'à ce que tu reviennes.

Alors, sans un mot, il attrape sa serviette au vol et rejoint l'ambulance.

Il est parti. J'ignore quand il reviendra. Cinq heures ou trente minutes plus tard, tout dépend de la nature de l'urgence.

Mon cerveau m'ordonne de sortir de ma léthargie. J'ai prié pour avoir cette chance, je l'ai. Je m'exhorte moi-même : « Fais quelque chose! tout de suite! »

Feresteh est une amie sincère. Je pourrais remettre mon sort entre ses mains. Mais elle ignore tout d'Amahl et des intrigues de ma vie secrète. Pour son propre salut, je n'ai pas le droit de la mêler à tout cela. Son mari est déjà en prison, pour avoir simplement eu des « pensées » contre le gouvernement, et cela suffit à rendre sa situation précaire. Je n'ai pas le droit d'en rajouter.

Je laisse passer quelques minutes, je joue avec le temps comme avec des cartes inconnues. Enfin je me décide; d'une voix que je m'efforce de rendre naturelle, je dis à Feresteh :

— Il faudrait que j'aille acheter quelques fleurs pour le dîner de ce soir.

Nous sommes invités par notre voisine, Malileh. Elle

aussi veut me souhaiter bon voyage. L'excuse peut paraître plausible. C'est poli d'apporter des fleurs quand on est invité...

– D'accord, je vais avec toi.

C'est déjà bien. Feresteh a une voiture. Nous irons plus vite qu'à pied. Je m'active en m'efforçant de ne pas paraître trop pressée. J'habille Mahtob et nous sautons dans la voiture de Feresteh. Elle nous emmène jusqu'à la boutique de fleurs, à quelques rues de la maison et, au moment où elle ouvre la portière, je dis :

– Tu n'as qu'à nous laisser là. J'ai besoin d'air. Nous rentrerons à pied avec Mahtob.

C'est stupide, ridicule. Personne n'aurait envie de prendre l'air ici, dans le froid, et de rentrer à pied en dérapant sur la glace. Feresteh insiste :

– Laisse-moi vous reconduire...

– Non, je t'assure, j'ai vraiment besoin de respirer. Besoin de marcher aussi.

Je me glisse hors de la voiture avec Mahtob et lui répète gentiment :

– Laisse-nous. Rentre chez toi. Et merci pour tout...

Il y a des larmes dans ses yeux, quand elle répond enfin : « D'accord. »

Nous regardons la voiture s'éloigner. Le vent froid nous glace le visage, mais je n'y prête pas attention. Mahtob ne pose pas de questions.

Nous prenons deux taxis différents pour quitter le quartier et brouiller nos traces. Puis je m'arrête dans une rue couverte de neige, à la recherche d'une cabine de téléphone. Je forme le numéro du bureau d'Amahl d'un doigt tremblant. Il décroche immédiatement.

– Amahl, c'est ma dernière chance, l'unique dernière chance. Je dois partir dans la minute qui suit.

– J'ai besoin de temps... Tout n'est pas prêt...

– Ça m'est égal. Nous devons saisir cette chance. Si je ne pars pas maintenant, c'est fichu pour Mahtob.

– D'accord. Venez!

Il me donne l'adresse d'un appartement, près du bureau, et me supplie de faire attention à ce que personne ne me suive.

Je raccroche l'appareil et me retourne vers ma fille pour lui donner la merveilleuse nouvelle :

— Mahtob, nous partons pour l'Amérique.

Au lieu de bondir de joie, elle fond en larmes!

— Qu'est-ce qu'il y a? Cet après-midi tu m'as suppliée de partir... Tu ne veux plus?

— Si... je veux partir en Amérique, mais pas maintenant. Je veux retourner à la maison, je veux emmener Bunny, mon lapin.

Je m'efforce de garder mon calme.

— Écoute... On achètera un autre lapin en Amérique, d'accord?

Elle hoche la tête.

— On peut en acheter un tout neuf là-bas... Est-ce que tu veux aller en Amérique ou retourner à la maison avec papa?

Mahtob essuie ses larmes. Je peux lire dans les yeux de ma petite fille de six ans une détermination nouvelle. Je comprends à cet instant que Moody n'a pas réussi à la dominer. Encore moins à la soumettre. Elle a ployé, elle n'a pas rompu. Elle n'est pas une petite fille iranienne soumise. Elle est résolument ma fille, américaine.

— Je veux aller en Amérique.

— Alors, dépêche-toi, il faut trouver un taxi!

— Betty?

La lourde porte s'entrouvre en grinçant, une jeune femme répète prudemment :

— Betty?

— C'est moi.

Elle recule pour nous laisser pénétrer dans l'appartement. Nous avons mis plus d'une heure à arriver jusqu'ici. Téhéran est sous une tempête de neige et nous avons changé plusieurs fois de taxi. J'espère que tout ce temps a servi à Amahl pour préparer notre départ surprise.

— Amahl m'a dit de vous donner à manger si vous aviez faim.

Je n'ai pas faim et Mahtob non plus. Nous pensons à autre chose qu'à manger. Mais je suis consciente qu'à partir de maintenant, nous devrons saisir chaque occasion de reprendre des forces, en prévision de l'exploit qui nous attend. Un voyage incertain, dangereux, en pleine nuit, et en plein hiver... Et toutes ces journées et ces nuits qui suivront. Alors j'accepte.

La femme repousse l'écharpe noire qui recouvrait son front et le bas de son visage. Elle est jeune. Une étudiante peut-être. Que sait-elle exactement à propos de nous ? Quels sont ses liens avec Amahl ?

– Il sera bientôt de retour.

Elle nous laisse seules dans notre nouvel environnement et je me précipite pour tirer les rideaux.

L'appartement est petit et mal tenu, mais plus sécurisant que la rue. Un vieux canapé déglingué orne le salon. Il n'y a pas de lit dans la chambre. Des couvertures ont été jetées par terre.

La peur est contagieuse et je peux lire le reflet de ma frayeur dans les yeux de ma fille. Est-ce que Moody est rentré à la maison ? Est-ce qu'il a déjà appelé la police ?

Mais il y a autre chose que la peur dans les yeux de Mahtob. Excitation ? Volonté ? Espoir ?

Nous sommes enfin à pied d'œuvre. Dans l'action. Pour le meilleur et pour le pire. Tous ces longs mois de passivité éprouvante sont derrière nous.

Les questions se bousculent dans ma tête. Et si nous ne pouvons pas quitter Téhéran tout de suite ? Est-ce que nous allons rester enfermées ici plusieurs nuits ? Tant de gens m'ont dit qu'échapper à ce pays nécessitait un plan d'évasion minutieux. Nous ne respectons pas cette règle.

Comme il me l'a demandé, je préviens Amahl par téléphone de notre arrivée. J'entends sa voix familière dire : « Allô ? »

– Nous sommes là.

– Bettyyyy !... Je suis si heureux que vous soyez là ! Ne vous inquiétez pas. Tout se passera bien. Nous allons prendre soin de vous. J'ai contacté quelqu'un et nous allons travailler toute la nuit pour arriver à un résultat. Rien n'est encore décidé, mais j'ai mon idée.

– Je vous en prie, faites vite!

– Oui. Ne vous inquiétez pas. Tout va s'arranger. Maintenant écoutez-moi. La jeune fille qui vous prépare à manger doit s'en aller. Mais la première chose que je ferai demain matin sera de vous apporter le petit déjeuner. Restez à l'intérieur. Ne sortez pas de l'immeuble et tenez-vous éloignées des fenêtres. Si vous avez besoin de quelque chose, appelez-moi. Vous pouvez m'appeler toute la nuit, si c'est nécessaire.

– D'accord.

– Maintenant, j'ai pensé à autre chose, et je voudrais que vous preniez des notes...

Je pose l'appareil pour trouver un papier et un crayon dans mon sac.

– Voilà... Pour vous faire quitter Téhéran nous avons besoin que votre mari nous laisse un peu de temps. Je veux que vous l'appeliez. Vous devez le convaincre qu'il y a une chance pour que vous retourniez avec lui.

– Appeler Moody? C'est la dernière chose que je voudrais faire!

– Je sais. Mais il le faut. Écoutez-moi bien.

Il me donne des instructions précises sur ce que je dois dire et j'en prends note.

Juste après cette conversation, la jeune femme nous apporte une pizza iranienne – un peu de sauce tomate, de la viande hachée sur une pâte sèche – et deux bouteilles de Cola. Elle accepte nos remerciements avec un sourire et s'en va rapidement, mission accomplie.

Mahtob fait la moue devant le plat peu appétissant. Et je ne me décide pas non plus.

Pour l'heure, c'est l'adrénaline qui nous donne des forces. Je vérifie les notes que j'ai gribouillées, les remets au propre, les étudie, répète la conversation que je vais avoir dans ma tête. Enfin je me rends compte que je suis en train de retarder le plus longtemps possible cet appel. J'attrape le téléphone résolument et forme mon propre numéro. Moody répond à la première sonnerie.

– C'est moi.

Il jappe dans l'appareil :

– Où es-tu?

416

– Chez des amis.
– Quels amis?
– Je n'ai pas l'intention de te le dire.
– Rentre immédiatement!

Il ordonne comme d'habitude, il est agressif, c'est sa manière d'être, mais je dois passer outre et suivre les instructions d'Amahl.

– Nous devons discuter de beaucoup de choses. Je veux bien régler tous les problèmes si tu es décidé à le faire de ton côté.

Le ton de sa voix se calme, il devient plus hypocrite :

– Bien sûr que je le veux... Rentre à la maison et nous parlerons de tout ça...

– Je ne veux pas que les autres soient au courant de ce qui nous arrive. Je ne veux pas que tu racontes tout ça à Mammal ou à Majid ou à ta sœur, ou à n'importe qui. Si nous devons régler ça, c'est notre problème, et nous devons en parler ensemble. Ces derniers jours, Mammal s'est mêlé de notre vie privée, et tout s'est mal passé. Si tu n'es pas d'accord là-dessus, il n'y a aucune discussion possible.

Moody n'apprécie pas cette méfiance de ma part.

– Tu rentres, un point c'est tout, et nous discuterons de ça.

– Si je rentre, je sais que tu seras à la porte avec Mammal pour me prendre Mahtob. Et qu'ensuite tu me boucleras dans la maison, comme tu as juré de le faire.

Il est embêté. Il ne sait pas très bien comment me parler à cet instant précis. Il devient conciliant :

– Je ne ferai pas ça. J'ai annulé tous mes rendez-vous pour demain. Rentre, nous irons dîner et nous aurons toute la nuit pour parler.

– Je ne veux pas prendre cet avion vendredi.

– Je ne peux pas te promettre ça.

– Bon. Alors je le répète, je ne veux pas prendre cet avion!

Je sens le ton de ma voix monter d'un cran malgré moi. Et je me dis : « Prudence, Betty, tu es censée gagner du temps, ne discute pas. » A l'autre bout du fil, Moody crie après moi :

– Je n'ai rien à te promettre! Tu rentres immédiatement à la maison! Je te donne une demi-heure! Ou alors je ferai ce que j'ai à faire.

Il veut dire, je le sais, qu'il ira à la police; aussi j'abats l'atout que m'a suggéré Amahl. D'un ton délibéré :

– Écoute-moi bien, Moody, tu exerces la médecine illégalement dans ce pays. Si j'ai le moindre problème, je te dénonce au gouvernement.

Immédiatement il cesse de crier. Il est même suppliant.

– Non... je t'en prie, ne fais pas ça... Nous avons besoin d'argent... J'ai fait ça pour nous, tu ne peux pas me faire une chose pareille... Rentre à la maison.

– Il faut que je réfléchisse à tout cela.

Et je raccroche le téléphone. J'ignore ce qu'il va faire à présent, mais je sais qu'il n'a pas encore appelé la police et qu'il ne le fera pas, du moins pour cette nuit. Je l'espère.

Mahtob a écouté attentivement la conversation, jusqu'au bout. Je dois lui parler de ce voyage en Amérique.

– Tu es sûre que c'est cela que tu veux? Tu sais que si nous partons, tu ne reverras plus jamais ton papa?

– Je sais ce que je veux. Je veux aller en Amérique.

Elle fait preuve d'une intelligence lucide, qui me fascine une fois de plus. Le ton de sa voix est résolu, il me réconforte. Nous ne retournerons plus en arrière à présent.

Pendant les heures qui suivent, nous nous rappelons l'Amérique avec excitation. Il y a si longtemps que nous sommes parties... Ce bavardage est souvent interrompu par les appels d'Amahl. Il prend de nos nouvelles régulièrement et ne me donne que de vagues détails sur les progrès de son plan. A minuit et demi, il appelle pour la dernière fois :

– Il faut dormir maintenant. Vous aurez besoin de toutes vos forces, les jours qui viennent seront durs. Couchez-vous et à demain.

Dormir, c'est difficile. Nous prions, nous nous retournons sans cesse... Finalement Mahtob réussit à s'endormir et je reste éveillée jusqu'au moment où les premières lueurs de l'aube envahissent lentement la pièce. Presque aussitôt Amahl téléphone pour prévenir de son arrivée.

Il est là vers sept heures, portant un panier de pique-nique bourré de pain, de fromage, de tomates, de concombres, d'œufs et de lait.

Il a également apporté des livres à colorier pour Mahtob, des crayons de couleur et le sac de plastique avec les vêtements que je lui avais laissé. Il m'offre un sac en cuir, un cadeau de luxe, un cadeau d'adieu.

— J'ai travaillé toute la nuit, j'ai discuté avec beaucoup de gens, vous allez passer par la Turquie.

La Turquie? Je suis effrayée d'avance. Un vol pour Bandar Abbas et une course en hors-bord à travers le golfe Persique, un vol pour Zahidan et une équipée à travers le Pakistan, un vol pour Tokyo sur un faux passeport de famille. Tout cela me paraissait faisable. La Turquie devait être le dernier choix d'Amahl. Il m'a dit non seulement que c'était physiquement très dur, mais très dangereux.

— Betty... vous êtes en fuite à présent, vous ne pouvez pas passer par un aéroport. Vous devez quitter Téhéran en voiture. C'est un long voyage jusqu'à la frontière turque, mais c'est actuellement le plus sûr.

Quelqu'un nous guidera jusqu'à Tabriz, au nord-ouest de l'Iran, et même un peu plus loin vers l'ouest, où nous pourrons passer la frontière dans une ambulance de la Croix-Rouge. Amahl précise qu'ils veulent trente mille dollars américains.

— Je sais que c'est beaucoup trop cher. J'essaie de réduire leurs prétentions. Je leur ai proposé quinze mille dollars, même si c'est encore trop cher.

— Dites-leur d'accord. J'ignore ce qu'il reste sur notre compte en banque en Amérique, mais je m'en fiche. Je trouverai cet argent d'une manière ou d'une autre.

Amahl secoue négativement la tête.

— C'est trop cher, Betty...

Et tout à coup je réalise. Il s'agit de « son » argent. C'est de « son » argent dont nous parlons en ce moment, et non du mien. Il doit payer d'abord, sans aucune garantie que je me retrouve en Amérique et que je sois capable de le rembourser.

– Je vais essayer de les faire baisser encore. J'ai beaucoup à faire aujourd'hui. Si vous avez besoin de quelque chose, appelez-moi au bureau.

La journée s'étire lentement. Nous sommes sous tension. Prier, parler, tourner en rond... Mahtob essaie de colorier un peu ses livres d'images, mais cela ne l'occupe pas longtemps. Je fais les cent pas sur les tapis persans en lambeaux, pour me relaxer. Calmer l'excitation qui s'est emparée de moi en même temps que la peur. Est-ce que j'agis en égoïste? Je suis en train de risquer la vie de ma fille. Aussi moche que ce soit, est-ce qu'il ne vaudrait pas mieux pour elle grandir ici? Avec ou sans moi, plutôt que de ne pas grandir du tout?

Amahl est de retour vers midi. Il a réussi à faire baisser le prix à douze mille dollars.

– Allez-y, acceptez... Le prix m'est égal.

– Je ne crois pas que je pourrai obtenir moins.

– Acceptez, Amahl!

– D'accord.

Il cherche maintenant à me rassurer.

– Ces gens ne vous feront pas de mal, je vous le promets. Ce sont de braves gens. Je les ai bien observés. Et vous savez que si j'avais la moindre crainte, je ne vous confierais pas à eux. La Turquie n'était pas mon plan d'origine, mais j'ai dû faire vite. Ils prendront bien soin de vous.

La nuit de jeudi est une nouvelle éternité sans sommeil. Le canapé est si inconfortable que nous essayons de dormir par terre, sur les couvertures. Ma fille s'est endormie avec l'innocence des enfants, mais pour moi il n'y aura plus de repos tant que je ne l'aurai pas ramenée en Amérique ou que je sois morte.

Très tôt le vendredi matin, Amahl nous rapporte de la nourriture. Quelques morceaux de poulet enveloppés dans du papier journal, un plat de céréales pour Mahtob, qu'il a dû avoir du mal à trouver, d'autres livres d'images à colorier, une couverture, un *montoe* pour Mahtob, un tchador noir pour moi, et un petit tube de chewing-gum importé d'Allemagne. Tandis que ma fille fouille dans toutes ces richesses, nous discutons de la situation. Amahl a des difficultés à joindre certaines personnes, qui n'ont pas le téléphone.

– Quand partons-nous?

– Je ne sais pas encore. C'est pourquoi il faut que vous rappeliez votre mari cet après-midi. Mais pas d'ici. Je vais revenir pour rester avec Mahtob et vous irez dans une cabine payante. Vous allez noter ce qu'il faut lui dire.

Ma fille comme moi, nous faisons confiance à cet homme, instinctivement. Elle ne craint pas de rester avec lui et lui sourit en mâchant son chewing-gum.

L'après-midi, donc, je quitte la sécurité relative de l'appartement d'Amahl, pour les rues glacées et dangereuses de Téhéran. Pour la première fois depuis plus d'un an, je suis contente de me cacher derrière un tchador.

Tout est gelé. Le vent glacial me fouette le visage, tandis que je progresse lentement sur le trottoir glissant jusqu'à la cabine au coin de la rue. Mes doigts raides ont du mal à former le numéro. J'ai la liste de mes instructions sous les yeux.

C'est Mahjid qui répond au téléphone :

– Où es-tu? Où es-tu?

J'ignore la question :

– Où est Moody? Je veux lui parler!

– Il n'est pas là, il est allé à l'aéroport.

– Quand rentre-t-il?

– Dans trois heures environ.

– Je veux lui parler de ce problème.

– Je sais. Lui aussi. Viens, s'il te plaît.

– D'accord, mais demain. J'emmènerai Mahtob et mon avocat, et nous parlerons. Mais je ne veux personne d'autre dans la maison. Dis-lui que je pourrais venir entre onze heures et midi, ou entre six et huit. Ce sont les heures disponibles pour mon avocat.

– Alors viens entre onze heures et midi. Il a annulé tous ses rendez-vous pour demain. Mais n'amène pas d'avocat!

– Je ne viendrai pas sans mon avocat.

– Je t'en prie, amène Mahtob et viens toute seule. Nous réglerons ça. Je serai là.

– J'ai peur. Avant, quand Moody me battait et m'enfermait à clef, personne de la famille ne bougeait.

– Ne t'inquiète pas. Je serai là.

C'est bon de répondre par un rire ironique à l'un des parents de Moody. Je m'offre ce plaisir :

– C'est trop de bonté... Je suis déjà passée par là. Fais-lui seulement le message.

Cette conversation me laisse tremblante de frousse. Je sais pourquoi Moody est allé à l'aéroport. Il est allé retirer mon passeport iranien au comptoir de la Swissair. Il ne voulait pas me laisser une chance de le récupérer la première. Est-ce que sa prochaine démarche sera la police ?

En dépit de l'anonymat du tchador, je me sens comme nue dans les rues de Téhéran, en regagnant le petit appartement. Les policiers sont partout, leurs armes prêtes à tirer. J'ai l'impression que tout le monde me regarde.

Je connais maintenant les dangers d'une évasion. Il faut y faire face. Les passeurs du Nord-Ouest sont sûrement terribles et inquiétants, mais je me sentirai moins en danger avec eux qu'avec mon mari. De toute façon, il m'a déjà volée, kidnappée et violée. Et il est sûrement capable de meurtre.

J'arrive dans l'appartement et Amahl me dit :

– Vous partez ce soir.

Il étale une carte et me montre la route que nous allons suivre, un long et difficile voyage de Téhéran à Tabriz. Puis plus loin encore dans la montagne, contrôlée aussi bien par les rebelles kurdes que par la Pasdar. Les Kurdes étaient déjà hostiles au gouvernement du shah, ils le sont aussi à celui des ayatollahs. Amahl me met en garde :

– Si quelqu'un vous parle, ne lui donnez aucun renseignement. Ne lui parlez pas de moi. Ne dites pas que vous êtes américaine. Ne dites à personne où vous allez !

L'équipe des contrebandiers nous prendra sous sa responsabilité, pour nous amener à la frontière et nous la faire traverser en ambulance de la Croix-Rouge jusqu'en Turquie. Enfin, nous atteindrons la ville de Van, dans les montagnes de l'Est de la Turquie. Là nous serons livrées à nous-mêmes. Il nous faudra être particulièrement prudentes. Nous ne devrons pas passer la frontière à un poste de douane car nos passeports américains ne porteront pas les visas d'entrée. Les autorités turques se méfieraient. Et s'ils nous attrapaient, ils ne nous renverraient pas en Iran, mais pourraient nous mettre en prison, et nous serions peut-être séparées.

Depuis Van, nous pouvons prendre un avion ou un bus jusqu'à la capitale, Ankara, et filer tout droit à l'ambassade américaine. Et là seulement, nous serons en sécurité.

Amahl me donne une provision de pièces :

– Appelez-moi chaque fois que vous trouverez une cabine sur la route. Mais faites attention à ce que vous direz.

Il regarde au plafond un instant, cherchant une idée :

– « Ispahan », ce sera notre mot de code pour Ankara. Quand vous atteindrez Ankara, dites-moi que vous êtes à Ispahan.

J'aimerais bien m'attarder avec lui, discuter encore. Tant qu'il est présent physiquement à mes côtés, je me sens à l'abri. Mais il doit s'en aller très vite, pour fignoler encore certaines choses, en plein sabbat musulman, ce n'est pas si simple.

Est-ce que je vis mon dernier vendredi en Iran? Je prie le ciel, Dieu et Allah, pour que ce soit vrai.

Il faut penser maintenant aux choses pratiques. Qu'est-ce que je peux emporter? J'examine la lourde tapisserie que j'ai enfournée au fond de mon sac. Est-ce que j'ai besoin de ça? Non. Je n'ai besoin de rien, sinon de rentrer chez moi. La tapisserie restera là, et le safran aussi.

Je pourrai vendre les bijoux pour me procurer de l'argent qui sera nécessaire pendant ce voyage et la montre est utile, pour avoir l'heure. Je dissimule ces trésors dans mon sac, dans une chemise de nuit de Mahtob et des sous-vêtements de rechange. Ma fille range ses gâteaux de céréales et quelques albums à colorier dans son cartable.

23

Maintenant nous sommes prêtes. Il n'y a plus qu'à attendre le signal du départ. Amahl m'appelle vers six heures :

– Vous partirez à sept heures.

Une heure. Après tous ces jours, ces semaines, ces mois, il nous reste... une heure.

Mais j'ai déjà été déçue par le passé. Encore une fois je nage en plein désarroi et me réfugie dans la prière. « Mon Dieu... Qu'est-ce que je suis en train de faire ? Je t'en prie, mon Dieu, prends cette route avec nous et, quoi qu'il arrive, veille sur ma fille... »

A sept heures moins dix, Amahl arrive avec deux hommes que je n'ai jamais vus.

Ils sont plus jeunes que je ne m'y attendais. Peut-être une trentaine d'années. L'un d'eux parle quelques mots d'anglais. Il est habillé d'un jean, d'un tee-shirt et d'un blouson de moto. Il me rappelle le « Fonzi » de la télévision dans la série « Happy Days ». L'autre est barbu, il porte un vêtement de sport. Ils sont gentils avec nous.

Mais il n'y a pas de temps à perdre. J'arrange les vêtements de Mahtob, son *montoe*. Je mets le mien, il est noir et dissimule complètement mon visage, avec le tchador. Je suis bien heureuse de me cacher là-dessous, une fois de plus.

Je me tourne vers Amahl. Nous sommes émus tous les deux. Ceci est un adieu.

Il me demande encore :

— Vous êtes sûre? C'est ce que vous vouliez?

— Oui, je veux partir.

Ses yeux sont pleins de larmes :

— Je vous aime sincèrement, toutes les deux... Mahtob, tu as une maman exceptionnelle, prends bien soin d'elle.

Solennellement, mon petit bout de fille répond :

— Je le ferai.

C'est à mon tour de parler.

— Je vous suis reconnaissante de tout ce que vous avez fait pour nous. Je vous rembourserai les douze mille dollars, dès que nous serons en Amérique. Mais vous avez mis tant de cœur à nous aider, que je voudrais vous offrir quelque chose.

Il regarde Mahtob, qui a l'air d'avoir peur.

— Le seul cadeau que je souhaite, c'est de voir un sourire sur le visage de Mahtob.

Puis il écarte le haut de mon tchador, m'embrasse légèrement sur la joue.

— Maintenant, filez vite!

Nous nous glissons au-dehors avec le jeune homme qui me fait penser à Fonzi. L'autre reste derrière avec Amahl.

« Fonzi » nous pousse vers une voiture banale, garée dans la rue. Je grimpe à l'intérieur et prends Mahtob sur mes genoux. Nous filons dans le brouillard sombre de ce vendredi soir sur une route hasardeuse, pleine de dangers inconnus, vers une destination incertaine.

C'est ainsi. Nous y arriverons. Ou nous n'y arriverons pas. Le seul chemin que nous puissions prendre est celui que Dieu a choisi pour nous.

Nous nous frayons un passage au milieu des voitures, des coups de klaxon, des taxis enchevêtrés, des piétons sinistres. Je n'arrive pas à croire que Dieu avait voulu cette vie pour nous.

Les bruits d'avertisseurs, les hurlements des conducteurs nous environnent. Ce vacarme est normal, mais dans ma tête il est dirigé contre nous. C'est à nous que tous ces gens en veulent. Je maintiens mon tchador bien serré, cachant tout sauf mon œil gauche. Mais je me sens encore vulnérable.

Nous roulons ainsi pendant une demi-heure, dans la direction du nord de la ville, celle qui pourrait nous mener à la maison. Soudain « Fonzi » appuie sur le frein, donne un coup de volant et tourne dans une petite rue où il s'arrête.

– *Bia, zood bash!* Descendez vite!

Nous sortons rapidement de la voiture et on nous propulse aussitôt sur le siège arrière d'une autre voiture. Ce n'est pas le moment de poser des questions. D'autres personnes grimpent après nous dans la voiture et nous repartons aussi vite, laissant « Fonzi » derrière nous.

J'observe sur-le-champ nos nouveaux compagnons. Nous sommes assises derrière le chauffeur, un homme d'environ trente ans. Près de lui, un garçon d'une douzaine d'années et un homme plus âgé que le chauffeur. A notre droite, au milieu du siège arrière, une petite fille de l'âge de Mahtob, habillée d'un manteau à l'anglaise, et près d'elle une femme. Elles parlent en farsi, mais trop vite pour que je comprenne. Elles semblent de la même famille en tout cas.

Qui sont ces gens? Que savent-ils de nous? Est-ce qu'ils tentent eux aussi de s'échapper?

Nous approchons d'une voie express qui longe un terrain vague. Au bout de la ville, nous nous arrêtons à un contrôle de police. Un inspecteur jette un œil dans la voiture, son fusil pointé sur nos visages. Mais il ne voit qu'une famille iranienne classique, en promenade du vendredi soir, entassée à sept dans une voiture. Il nous laisse passer.

Une fois sur la voie express, une autoroute moderne, le chauffeur accélère. Nous filons dans la nuit à 130 km/h. La femme assise à l'arrière engage la conversation en mélangeant des mots d'anglais au farsi. Je me souviens de la mise en garde d'Amahl, ne rien dire à personne. Cette femme n'est pas supposée savoir que je suis américaine, mais elle me parle comme si c'était le cas. Je fais mine de ne pas comprendre et, dès que je peux, feins de dormir pour éviter la conversation. Mahtob se tient tranquille.

Amahl m'a dit que Tabriz se trouvait à environ 550 kilomètres et que nous aurions encore 180 kilomètres à franchir avant la frontière. Les autres passagers sommeillent. Dormir me ferait le plus grand bien, mais je n'y parviens pas.

Je surveille les minutes qui passent à ma montre, pour calculer notre avance. A cette vitesse, nous progressons de deux kilomètres à la minute vers la frontière...

Nous passons devant des panneaux signalant des villes inconnues. Kazvin, Takestan, Ziaabad...

Un peu après minuit, quelque part dans la campagne iranienne entre Ziaabad et Zanjan, le conducteur ralentit. Il arrête la voiture sur le parking d'une station d'essence, devant un petit café. Les autres m'invitent à l'intérieur, mais je ne veux pas risquer de me faire remarquer. J'ai toujours peur que la police ne nous recherche.

Je leur montre Mahtob qui dort dans mes bras, pour leur faire comprendre que nous restons dans la voiture.

Ils restent dans ce café assez longtemps, il me semble. D'autres voitures sont rangées sur le parking et, à travers les vitres du café, j'aperçois des gens qui se reposent apparemment de leur voyage en buvant du thé. J'envie le sommeil de Mahtob. Le temps passe plus vite quand on dort. Si seulement je pouvais fermer les yeux, dormir et me réveiller en Amérique!

L'un des hommes revient à la voiture pour me proposer un Nescafé. C'est un véritable cadeau en Iran, où il est pratiquement impossible de trouver du café. Du moins à Téhéran. Cette tasse fumante en provenance d'un bistrot aussi minable est une surprise. Le café est terriblement fort, mais je me dois de le boire, pour remercier cet homme qui a pris la peine de l'apporter. Je marmonne un remerciement, et avale la mixture. Mahtob ne bouge pas.

Enfin tout le monde remonte en voiture et nous repartons vers la frontière. L'autoroute devient une simple route à deux voies qui serpente dans la montagne de plus en plus haut. Des flocons de neige commencent à brouiller le pare-brise. Le conducteur met en route les essuie-glaces et le dégivreur, mais la tempête devient violente et la neige plus épaisse. Bientôt, la route se transforme en un miroir de glace, mais il ne ralentit pas pour autant. Je ne suis pas rassurée. Si par bonheur nous échappons à la police, nous allons sûrement périr dans un accident effroyable. Parfois la voiture dérape sur la glace, mais le chauffeur la redresse habilement. Il conduit bien, mais si nous devions nous arrêter brusquement, nous serions perdus.

L'épuisement a raison de ma peur. Je m'endors doucement, mais chaque soubresaut de la voiture me réveille à demi.

Le soleil se lève enfin sur une campagne gelée, étrangère. Les montagnes nous encerclent, recouvertes d'une neige épaisse. Au loin les sommets sont plus élevés, plus sombres et plus menaçants. Et nous filons toujours sur la route glacée.

Voyant que je suis réveillée, la femme tente à nouveau d'engager la conversation. Elle dit quelque chose à propos de l'Amérique, où elle paraît vouloir se rendre. Elle marmonne : « L'Iran est si moche... » et « on ne peut pas avoir de visas ».

Mahtob s'éveille à mes côtés, s'étire en bâillant. Je lui souffle à l'oreille :

– Fais semblant de ne pas comprendre. Ne traduis pas.

Elle me fait signe qu'elle a saisi.

Nous approchons maintenant de Tabriz et la voiture ralentit devant un contrôle. Mon cœur cesse brusquement de battre. Une troupe de soldats arrêtent certaines voitures et en laissent passer d'autres. Nous faisons partie de celles qu'ils font stopper sur le bas-côté. Un jeune officier de la Pasdar, l'air insolent, passe la tête par la fenêtre du conducteur pour l'interroger. Je retiens mon souffle, car Mahtob et moi nous ne disposons que de nos passeports américains, en cas de contrôle. Sommes-nous sur une liste de fugitifs? L'officier parle brièvement au chauffeur, puis lui fait signe de dégager, sans vérifier les identités. Visiblement chacun respire dans la voiture.

Nous pénétrons dans Tabriz. C'est une ville plus petite que Téhéran, plus propre et plus fraîche. C'est peut-être dû à la neige fraîchement tombée ou alors au parfum de liberté que je respire dans cette ville. Tabriz fait partie de la République islamique d'Iran, mais les activités révolutionnaires l'ont presque complètement épargnée.

La Pasdar et les troupes iraniennes patrouillent à travers la ville, mais j'ai le sentiment rapide que la population de Tabriz est moins soumise que celle de Téhéran. Ces gens donnent l'impression d'être leurs propres maîtres.

Comme Téhéran, à plus petite échelle, Tabriz est un contraste d'architecture moderne et de taudis. En Iran, l'Orient rencontre toujours l'Occident, et personne ne sait quel style de vie l'emportera.

La voiture traverse les rues basses de la ville, jusqu'à ce que le chauffeur s'arrête brusquement. La femme ordonne au jeune garçon de descendre. Je comprends suffisamment de mots pour apprendre que le gamin doit rendre visite à sa tante. Il lui est recommandé de ne pas parler de nous et de ce que nous faisons. Le garçon s'éloigne dans une petite rue, mais il est de retour très vite. Sa tante, dit-il, n'est pas chez elle. La femme descend à son tour et repart avec lui dans la rue. Je ne sais pas pourquoi son départ m'inquiète. Puis je réalise que, bien qu'elle me soit étrangère, la compagnie de cette femme dans la voiture me rassure. Les hommes ont l'air gentil mais je préfère ne pas rester seule avec eux. J'ai besoin de la présence d'une autre femme.

Mahtob est fatiguée. Elle murmure à mon oreille : « Je ne me sens pas bien. » Son front est fiévreux et elle me dit avoir mal à l'estomac. Je me rapproche de la portière et l'ouvre un instant pour qu'elle puisse vomir dans le caniveau. Elle ressent la tension générale, car nous attendons nerveusement depuis quelques minutes le retour de la femme. Celle-ci revient seule. Elle explique que la tante était chez elle, mais qu'elle n'avait pas entendu le garçon frapper à la porte. Elle continue le voyage avec nous et je me sens rassurée. Nous repartons une fois de plus à toute vitesse.

Deux ou trois minutes plus tard, nous sommes arrêtés à un carrefour embouteillé. Nous sommes au centre ville.

Notre chauffeur avance carrément jusqu'à un policier qui dirige la circulation.

– *Zood bash! Zood bash...* Dépêchez-vous, dépêchez-vous !

La femme s'adresse à un homme sur le trottoir, qui ouvre la portière de la voiture et nous fait signe de sortir. Nous sommes alors précipités dans une autre voiture derrière nous, tandis que notre précédent chauffeur continue à s'agiter et à discuter devant le policier, lequel ne cesse de lui dire qu'il n'a pas le droit de stationner là. S'il s'agit d'une manœuvre de diversion, elle fonctionne parfaitement. Avant que quiconque ait réalisé ce qui se passe, Mahtob et moi nous retrouvons dans la seconde voiture; l'autre femme, le mari et la petite fille s'y engouffrent après nous, et nous repartons à nouveau, en laissant l'autre chauffeur poursuivre son match verbal avec le policier. En Iran ce n'est pas extraordinaire.

La femme me désigne le nouveau chauffeur, un homme plus âgé, la soixantaine peut-être. Elle murmure à mon intention :

– Ne parle pas à cet homme... Ne lui laisse pas voir que tu es américaine.

Pourtant l'homme paraît sympathique. Il ne réalise probablement pas qu'il joue un rôle dans un drame international. Il a peut-être tout simplement reçu l'ordre de nous emmener d'un point à un autre. Peut-être ne veut-il pas en savoir davantage.

Nous traversons Tabriz en direction d'une autre ville. Le chauffeur nous emmène à travers les rues où j'ai l'impression de tourner en rond. Tout autour de nous les terribles témoignages de la guerre. Des blocs entiers de maisons détruites par les bombes. Chaque mur est criblé de traces de balles. Les soldats patrouillent à chaque coin de rue. A un moment nous nous arrêtons derrière un fourgon bleu. Deux hommes sont à l'intérieur. Le conducteur et son passager descendent et se dirigent délibérément vers nous. Ils parlent à notre chauffeur, dans une langue étrange... j'espère que c'est du turc...

Les hommes retournent à leur fourgonnette et démarrent. Nous les suivons un moment, puis tout à coup les perdons de vue dans la circulation, et nous tournons en rond. Pourquoi si longtemps? Pourquoi ne pas avancer? Nous sommes samedi, le jour où mon avocat et moi sommes supposés rencontrer Moody. Combien de temps va-t-il mettre avant de réaliser que je l'ai blousé? Est-ce que sa colère sera assez forte pour qu'il me dénonce à la police? Ou est-ce qu'il l'a déjà fait?

Je pense à Amahl aussi. Je n'ai pas pu l'appeler, comme il me l'avait demandé. Il doit se faire du souci.

Et ma famille, là-bas dans le Michigan? Est-ce que Moody leur a téléphoné? Ils ont peut-être appelé au sujet de papa? Qu'est-ce que Moody leur aura dit? Est-ce qu'ils sont maintenant inquiets pour nos vies, comme pour celle de papa? Et si nous mourions tous les trois? Papa, Mahtob et moi... J'ai envie de crier au chauffeur de se remuer, de reprendre la route!

En fin de compte, nous quittons la ville pour continuer vers l'ouest sur une autoroute. Je respire. Les heures passent en silence, interrompues seulement par un incident. Le chauffeur a grogné : « *Nakon!* » en direction de Mahtob. « Ne fais pas ça! »

Je murmure à l'oreille de ma fille :

– Ne donne pas de coups de pied sur la banquette.

Et je l'oblige à croiser ses jambes.

Dans l'après-midi, nous nous arrêtons devant une maison abandonnée, le long d'une route de campagne. Un fourgon stoppe immédiatement derrière nous, le même que nous avons vu en ville. Il a dû nous suivre. Mahtob et moi, nous devons descendre et monter à l'intérieur du fourgon. Aussitôt, il redémarre et nous nous retrouvons seules avec un nouveau chauffeur et un autre homme à l'air étrange.

Le chauffeur ressemble plus à un Indien d'Amérique qu'à un Iranien. Ses cheveux noir de jais sont soigneusement coupés et coiffés. Son visage aux pommettes saillantes, aux traits accusés, sa mine sombre, sont assez effrayants.

L'autre homme, assis au milieu, paraît plus sympathique. Petit et mince, il se comporte comme un chef. Une fois que nous sommes loin de la maison, il se retourne vers moi avec un sourire, et dit en farsi :

– Mon nom est Mosehn.

Nous roulons quelques centaines de mètres à peine, avant de tourner dans un chemin qui mène à un petit village. Quelques cabanes éparpillées. Malgré un froid mordant, des enfants courent dehors, mal vêtus et les pieds nus. La voiture s'arrête brusquement et le chauffeur court jusqu'à un mur de brique. Il grimpe pour voir au-delà si la route est libre. C'est bon. Il nous fait signe de venir. Mosehn se glisse sur le siège du conducteur et fait avancer lentement le fourgon. Un portail de fer s'ouvre, nous passons. Derrière nous, le portail se referme tout de suite et il est à nouveau verrouillé.

Mahtob et moi, nous avons dû sauter dans la boue d'une petite cour. Nous sommes tombées au milieu d'un troupeau de poules et de moutons. Nous trébuchons derrière Mosehn, pour arriver jusqu'à une sorte de grange au milieu de cette cour. Quelques-uns des animaux nous suivent.

Les murs de la grange sont en ciment, ce qui accentue le froid qui nous transperce, au point de provoquer des frissons involontaires. Chaque fois que je respire, mon souffle se transforme en un petit nuage de glace. En claquant des dents, je murmure à ma fille :

– A ton tour de faire très attention, Mahtob. Ne traduis rien sans que je te le demande. Ne montre pas que tu comprends. Dis que tu es fatiguée et que tu veux dormir. Il ne faut pas que ces gens apprennent quoi que ce soit sur nous.

J'observe l'intérieur de la grange, en serrant Mahtob contre moi pour la réchauffer. De grands morceaux d'étoffe aux couleurs criardes et cousus ensemble sont étalés par terre. Le long du mur, des couvertures. Les hommes soufflent sur un fourneau à pétrole pour l'activer. Ils approchent les pièces de tissu pour les réchauffer et nous invitent à nous asseoir. L'un des hommes, à force de souffler sur le brasier, provoque une étincelle qui tombe sur l'étoffe. Je me demande si nous ne risquons pas un incendie dans cette histoire.

Nous nous asseyons, aussi près du feu que possible, en rassemblant les couvertures humides autour de nous. Il nous reste à attendre la suite.

Mosehn et l'autre homme s'en vont. Il nous promet de revenir plus tard.

Bientôt, une femme entre dans la grange. Elle porte un costume turc, bien différent des vêtements tristes des Iraniennes. C'est une accumulation de jupes longues de couleurs vives, portées les unes sur les autres et resserrées à la taille, ce qui lui donne une tournure et des hanches impressionnantes. Un bébé d'environ un an est accroché dans son dos. Ses traits et son visage sont aussi accusés que ceux de notre inquiétant chauffeur. Je suppose qu'il s'agit de son fils.

Cette femme est en perpétuelle activité. Elle s'assoit pour nettoyer des fines herbes destinées à la préparation du *sabzi,* pendant quelques minutes. Puis elle sort. Je regarde ce qu'elle fait par la porte entrouverte. Elle arrose la cour, en faisant ruisseler l'eau partout. Puis elle rentre aussitôt à l'intérieur, ramasse les chiffons, les couvertures qui traînent sur le sol, les plie, les empile et se met à balayer le sol nu à l'aide d'un balai archaïque, constitué de longues herbes ficelées dans un bout d'étoffe. Pendant qu'elle s'active, quelques poules viennent picorer dans la pièce et elles les repousse à coups de balai, avant de se remettre au travail.

Je me demande ce qui nous attend. Est-ce que les deux hommes vont revenir? Qu'ont-ils dit à cette femme, à notre sujet? Que pense-t-elle de nous? Elle ne nous dit rien, ignore même notre présence, se consacrant à sa besogne.

Elle nous laisse seules un moment, puis revient avec du pain, du fromage et du thé. Nous sommes affamées, mais le fromage est si fort que ni Mahtob ni moi ne pouvons l'avaler. Il nous reste à boire le thé et à nous rattraper sur le pain sec.

La soirée s'écoule dans le silence et l'inaction. Nous tremblons de froid et de peur. Nous nous sentons si vulnérables, perdues quelque part à la lisière d'un pays où les conditions de vie sont des plus primitives. Si ces gens se mettaient en tête de nous exploiter d'une manière ou d'une autre, nous ne pourrions pas lutter. Nous sommes à leur merci.

Des heures passent avant le retour de Mosehn et je suis soulagée de le revoir. Son comportement a quelque chose de doux. Je me rends compte que, dans ma situation désespérée, je recherche naturellement une affinité avec celui qui peut assumer un rôle protecteur. J'étais triste et effrayée de quitter Amahl. Au début je craignais cette femme dans la voiture, puis je me suis rapprochée d'elle. Maintenant c'est Mosehn. Ma vie et celle de Mahtob sont entre ses mains. Je voudrais me sentir en sécurité avec lui.

– Qu'est-ce qu'il y a dans ton sac? demande-t-il.

Je vide le contenu sur le sol de pierre gelé. Les albums à colorier de Mahtob, nos vêtements de rechange, les bijoux, l'argent, les pièces que Ahmal m'a données pour téléphoner, nos passeports.

– *Betaman...*

Mosehn vient de dire : « Donne-moi ça. »

Après tout, ce n'est peut-être qu'un voleur. Mais pourquoi nous voler ici, et maintenant? Il n'y a aucun moyen de discuter. Je lui fais comprendre que je voudrais garder ma montre pour avoir l'heure en permanence. Et je lui tends simplement le reste. Mosehn arrange le tout soigneusement, en petits tas, et se met à trier.

– Demain, dit-il en farsi, emportez tous les vêtements que vous pourrez. Laissez le reste.

Il égrène deux colliers de perles et un bracelet assorti, puis les met dans sa poche. Pour le contenter, je lui montre mon nécessaire à maquillage et le lui tend :

– Donne-le à ta femme!

Mais a-t-il seulement une femme?

Il fait un tas de mon argent, des passeports et de mon collier d'or.

– Garde ça pour cette nuit, dit-il. Mais il faudra me les donner avant de partir.

J'acquiesce rapidement. A présent il examine le livre de classe de Mahtob. C'est son livre de vocabulaire en farsi. Il le glisse à l'intérieur de sa veste et les yeux de

Mahtob se remplissent de larmes. Elle sanglote : « Je voulais l'emporter. » Mosehn lui répond : « Je te le rendrai. »

Cet homme me paraît de plus en plus mystérieux. Ses manières sont douces, mais ses mots et ses gestes ne nous laissent aucun choix. Il nous sourit avec une condescendance un peu paternelle. Il a mis mes colliers de perles dans ses poches.

– Je reviendrai demain, dit-il.

Puis il disparaît dans la nuit noire et glaciale. La femme apparaît aussitôt et prépare les couchages. Les couvertures qu'elle avait soigneusement pliées dans un coin vont nous servir de matelas. Ainsi qu'à elle, au bébé et à son sinistre compagnon.

Il est tard, et nous nous entortillons dans les étoffes de couleur en nous serrant l'une contre l'autre, près du poêle. Mahtob tombe dans un sommeil profond.

Crevée, grelottante de froid, affamée et dévorée d'angoisse, je reste étendue contre ma fille. J'ai peur que le vieux poêle ne mette le feu aux couvertures. J'ai peur que Moody n'ait découvert quelque chose et se soit lancé à notre poursuite. J'ai peur de la police, des soldats, de la Pasdar. J'ai peur du lendemain et de cette traversée illégale de la frontière. Comment vont-ils s'y prendre ? Est-ce qu'ils vont nous conduire dans cette ambulance, en nous demandant de faire semblant d'être malades ou blessées ?

J'ai peur pour papa, maman, Joe et John. Parfois je me fais peur moi-même, à demi inconsciente dans l'obscurité, dormant par à-coups, et me réveillant en sursaut toute la nuit.

A l'aube, la grange est encore plus glaciale. Mahtob tremble de froid dans son sommeil.

La femme se lève tôt et nous apporte du thé, du pain et à nouveau ce fromage rance et immangeable. Nous mâchonnons le pain et nous brûlons les lèvres en aspirant le thé, lorsque la femme revient avec une surprise, des graines de tournesol sur un petit plateau. Les yeux de Mahtob s'agrandissent de plaisir. Nous sommes si affamées que je suis sûre qu'elle va avaler toutes les graines.

Mais elle les partage soigneusement en deux portions égales.

– Maman, il ne faut pas tout manger aujourd'hui. Il faut en mettre de côté...

Elle me désigne l'un des petits tas minuscules :

– Nous pouvons manger celui-là aujourd'hui, et garder l'autre pour demain.

Je suis étonnée de la voir agir ainsi, rationner les précieuses petites graines. Elle montre qu'elle a bien compris l'incertitude de notre situation et qu'elle s'en inquiète.

La femme s'active à nouveau dans la cour, près d'un petit fourneau assez primitif. Elle fait cuire un poulet. De toute évidence il s'agit de l'un des habitants de la cour, qu'elle a tué et plumé elle-même. Nous avons tellement faim !

L'odeur du poulet rôti pénètre dans la grange. Elle prépare maintenant le *sabzi*. Je m'assois près d'elle pour l'aider, savourant d'avance le bonheur d'un repas chaud.

Le poulet est prêt, les plats sont disposés sur le sol de la grange et nous sommes prêts à nous jeter sur le festin lorsque Mosehn arrive :

– *Zood bash ! Zood bash !...* Dépêchez-vous ! dépêchez-vous !...

La femme court au-dehors et revient les bras chargés de vêtements. Elle m'habille à toute vitesse, me transformant en une énorme poupée turque, bariolée et voyante. Il y a quatre robes superposées. La première a de longues manches, si longues qu'elles pendent dans le vide bien au-delà des poignets. La dernière est une lourde robe de velours brodée d'orange, de bleu et de rose étincelants. Une fois les quatre robes enfilées, les longues manches sont retroussées soigneusement autour des poignets, de manière à les faire bouffer comme des manchettes. Ma tête est complètement enveloppée dans une grande pièce de tissu qui pend d'un côté. Je suis une Kurde.

Mahtob continuera à porter son *montoe*.

Mosehn m'explique que nous allons faire une partie du trajet à dos de cheval. Mais je n'ai pas de pantalons...

Il disparaît un instant et revient avec un pantalon de velours côtelé. Je m'efforce de l'enfiler sous la pyramide de mes quatre robes. Je peux difficilement le fermer par-dessus mes bottes et je dois le laisser déboutonné, mais je suis sûre que ça ira.

Mosehn nous tend maintenant de grosses chaussettes de laine. Une fois nos bottes enfilées par-dessus, nous sommes prêtes.

Mosehn me réclame l'argent, le collier d'or et les passeports, ce qui me reste de nos biens, à part ma montre. Mais je ne vais pas me préoccuper maintenant de ces malheureux trésors, qui ne représentent aucune valeur dans la réalité présente. Mosehn nous répète de nous dépêcher.

Nous le suivons hors de la grange, en laissant le merveilleux poulet derrière nous, et nous grimpons dans une camionnette bleue. Nous avons le même chauffeur. Nous repassons par le village, et le chemin, pour reprendre la route.

Mosehn me répète de ne pas m'inquiéter et tente de m'expliquer de son mieux ce qui va se passer. Il parle un peu en farsi, un peu en dialecte kurde, ou en turc. Il dit que nous allons rouler un moment dans cette camionnette, puis changer pour une autre et finalement prendre la voiture rouge. Je suppose qu'il s'agit de l'ambulance de la Croix-Rouge.

Les détails sont vagues. J'espère qu'ils sont plus clairs dans la réalité que les explications de Mosehn.

Cet homme m'intrigue encore. Il semble avoir différentes personnalités. Il a mon argent et mes bijoux. Je me moque des passeports : sans visa d'entrée ils sont inutiles. Si nous parvenons jusqu'à l'ambassade d'Ankara, je sais que nous en obtiendrons d'autres. Mais l'argent? Les bijoux? Ce n'est pas leur valeur qui me tracasse, mais les intentions de Mosehn.

D'un autre côté, il se montre plein de sollicitude et de gentillesse. Plus que jamais il représente mon seul espoir, j'ai besoin de sa protection et besoin qu'il me guide. Va-t-il nous accompagner dans ce voyage?

Tout à coup, il dit en farsi :

438

– Je n'ai jamais traversé la frontière, avec personne. Mais tu es ma sœur. Et je traverserai avec toi.

Je me sens soudain beaucoup mieux.

Un moment plus tard, nous croisons une autre camionnette sur la route. Les deux conducteurs s'arrêtent côte à côte, pour une courte halte. Mosehn dit : « *Zood bash !* »

Il faut se dépêcher, toujours. Nous descendons sur la route et je me retourne vers lui, attendant qu'il nous rejoigne.

– Donne ça à l'homme dans la camionnette, dit-il en me tendant les passeports. Puis le véhicule démarre et son visage disparaît. La camionnette bleue est partie, et lui avec.

Il ne viendra pas avec nous. Nous ne le reverrons jamais.

Le deuxième véhicule fait demi-tour, recule pour que nous montions et, sans perdre de temps, le chauffeur s'engage rapidement sur une route tortueuse, qui grimpe dans la montagne.

Nous sommes dans une camionnette découverte. Une sorte de jeep. Deux hommes occupent la cabine et je tends mes passeports à l'un d'eux. Il les prend avec précaution, comme si le papier le brûlait. Personne n'a envie d'être pris avec des passeports américains.

Nous roulons quelque temps, puis la jeep s'arrête et l'homme nous fait signe de nous mettre à l'arrière, dans la partie découverte. Je ne comprends pas pourquoi il veut que nous restions là, en plein vent, mais j'obéis.

Et le voyage continue à une vitesse dangereuse. Ce chauffeur est un vrai casse-cou.

La nuit précédente dans la grange glaciale, j'ai cru que l'on ne pourrait pas avoir plus froid. Je me trompais. Tassées l'une contre l'autre sur un côté de la camionnette, nous grelottons, transpercées par un vent glacé. Mais Mahtob ne se plaint pas.

De secousses en virages abrupts, nous progressons sur la route escarpée.

Combien de temps faudra-t-il tenir ainsi ?

Le chauffeur abandonne la route et entame un cross-country à travers un terrain rocheux, ne suivant apparemment aucune piste précise. Les quatre roues du véhicule y creusent leur propre sentier. J'aperçois parfois une hutte isolée, ou un maigre troupeau de moutons.

Soudain l'homme assis dans la cabine montre le sommet de la montagne. Et je vois de loin la silhouette d'un homme debout sur un pic, un fusil sur l'épaule. C'est une sentinelle. L'homme secoue la tête en grommelant. Au fur et à mesure que nous avançons, il désigne d'autres pics et d'autres sentinelles. Soudain le bruit d'un coup de fusil déchire le silence de ce désert montagneux. Suivi rapidement d'un autre. L'écho se multiplie dans la montagne.

Le chauffeur freine immédiatement. Les deux hommes sont verts de peur et leur frayeur augmente la mienne. Mahtob se tortille comme si elle voulait se cacher à l'intérieur de moi. Nous attendons, dans un silence atroce, que le soldat, l'arme haute, accoure vers nous. Il porte un uniforme kaki sanglé à la taille. Je tiens les passeports à la main. Ne sachant pas quoi en faire, je les glisse à l'intérieur de ma botte et j'attends, serrant Mahtob contre moi. J'ai le temps de lui souffler à l'oreille :

– Ne le regarde pas. Ne dis rien.

Le soldat approche prudemment de la fenêtre de la camionnette, le canon de son fusil dirigé vers le conducteur. Ma poitrine se glace de peur, à me faire mal.

Tenant toujours le canon pointé sur le visage du chauffeur, le soldat dit quelque chose dans une langue inconnue pour moi. Puis les deux hommes se lancent dans une discussion animée. Je m'efforce de ne pas les regarder. Le ton de leurs voix monte. Celui du soldat est mauvais, autoritaire. La main de Mahtob se crispe dans la mienne. J'ai peur de respirer.

Et finalement, après ce qui m'a paru une éternité, le soldat s'en va. Le chauffeur lance un coup d'œil de soulagement à son compagnon et ils poussent un soupir tous les deux. Quelle que soit l'histoire qu'il a racontée, elle a dû paraître crédible.

Nous repartons dans un nouveau cross-country, pour atteindre finalement une grande route. Des véhicules militaires circulent dans les deux directions. Plus loin, un poste de contrôle surgit du brouillard, mais le chauffeur s'arrête avant, au bord de la route, et nous dit de descendre. L'autre homme quitte aussi la jeep et nous entraîne avec lui. Apparemment nous allons contourner le poste.

Nous suivons l'homme sur un terrain plat, un plateau montagneux recouvert de neige, de coulées de glace et de boue gelée. Nous sommes maintenant directement en vue du poste de contrôle. A découvert. J'ai l'impression d'être une cible dans un stand de tir. Nous traversons ce plateau désert pendant plusieurs minutes, jusqu'à ce que nous atteignions une autre grande route, où la circulation est intense dans les deux sens.

J'imagine que la jeep va venir nous reprendre ici, ou peut-être la voiture rouge dont Mosehn a parlé. Mais au lieu d'attendre au bord de la route, notre guide se met en marche sur le bas-côté et nous suivons, pauvres choses glacées et misérables.

Nous marchons dangereusement dans le même sens que la circulation, montant, redescendant, au pas, sans ralentir ni accélérer, terrifiées par le grondement des camions militaires qui nous dépassent. Parfois nous glissons sur la boue gelée, mais nous continuons notre chemin. Mahtob met un petit pied devant l'autre, inlassablement, sans se plaindre.

Nous cheminons péniblement ainsi pendant plus d'une heure, jusqu'au pied d'une colline particulièrement escarpée, où notre guide trouve un endroit plat, dans la neige. Il nous dit de nous asseoir et de nous reposer. En quelques mots de farsi et quelques signes, il nous fait comprendre que nous devons attendre là et qu'il va revenir. Il repart rapidement et nous nous retrouvons seules dans la neige, à le regarder disparaître par-dessus la crête de cette immense colline de glace.

Pourquoi reviendrait-il? C'est un désert ici. Amahl a payé ces hommes d'avance. Nous avons été trompées. Au nom de Dieu, je me demande bien pourquoi cet homme reviendrait jamais. J'ai peur que quelqu'un ne s'arrête pour nous poser des questions ou nous offrir de l'aide. Qu'est-ce que je devrai dire?

J'ignore depuis combien de temps nous sommes là. J'ai vu passer une jeep, conduite par l'homme qui nous a sorties de ce mauvais pas avec la sentinelle. Il nous a regardées en passant, sans faire aucun signe de reconnaissance.

Je me dis de nouveau que l'autre homme ne va pas revenir. Combien de temps allons-nous rester là? Où aller?

Mahtob ne dit rien. L'expression de son petit visage me paraît plus résolue que jamais. Elle est en train de « rentrer en Amérique »...

L'homme ne reviendra pas. J'en suis certaine à présent. Nous devons attendre ici jusqu'à la nuit, et ensuite tenter quelque chose. Mais quoi? Retourner sur nos pas, en direction de l'ouest, une mère et sa fille toutes seules, essayant de traverser les montagnes de Turquie?

Est-ce que nous pourrions seulement retrouver notre chemin vers le poste de contrôle, pour y perdre nos rêves, mais peut-être aussi nos vies? Faut-il mourir tout simplement de froid, serrées l'une contre l'autre au bord de cette autoroute?

L'homme ne reviendra pas.

Je suis bien trop paralysée par le froid et la panique pour voir approcher la voiture rouge. Elle roule sur le bas-côté et ce n'est qu'après qu'elle s'est arrêtée près de moi que je prends conscience de sa présence.

L'homme est revenu! Il nous pousse rapidement à l'intérieur du véhicule et fait signe au chauffeur de filer. Un quart d'heure plus tard, nous arrivons devant une maison sur la grande route, un peu en retrait. C'est une maison au toit carré et plat, tout en ciment.

Nous quittons la route pour prendre une allée qui mène à l'arrière du bâtiment, dans une cour peuplée d'enfants mal vêtus, courant pieds nus dans la neige, et d'un énorme chien bâtard qui aboie sans arrêt.

Du linge est pendu partout, gelé, accroché aux arbres et aux barres des fenêtres, comme des sculptures de glace.

Des femmes et des enfants se rassemblent pour nous regarder. Elles sont laides et renfrognées, avec des nez impressionnants. Ce sont des Kurdes. Leurs vêtements, qui les rendent aussi larges que hautes, ressemblent à ceux que je porte. Elles nous examinent avec méfiance, les mains sur les hanches.

« L'homme qui est revenu » dit : « *Zood bash!* » Nous nous dépêchons de le suivre en direction de la maison et nous pénétrons dans un foyer. Quelques femmes nous font signe de laisser nos bottes à cet endroit. L'épuisement et l'appréhension me tombent soudain dessus. Tout me paraît irréel, je flotte.

Les femmes et les enfants restent plantés comme des piquets à côté de nous. On nous observe, bouche bée, retirer nos bottes boueuses et gelées. Puis on nous emmène dans une grande salle froide et déserte, où une femme nous fait signe de nous asseoir.

Nous nous asseyons par terre, muettes, attentives aux femmes kurdes qui nous regardent toujours avec animosité. Les murs d'un blanc sale sont percés de deux fenêtres minuscules protégées par des barreaux de fer. Pour toute décoration, la photo d'un homme, un Kurde aux pommettes hautes et saillantes, portant un drôle de chapeau à la russe.

L'une des femmes active le feu et prépare du thé. Une autre offre quelques tranches de pain, froides et desséchées. Une autre apporte des couvertures. Nous nous enroulons dedans, mais cela ne nous empêche pas de trembler de froid.

Je me demande ce que pensent ces femmes. Ce qu'elles se disent dans leur dialecte étrange, inintelligible. Savent-elles que nous sommes américaines? Est-ce que les Kurdes haïssent aussi les Américains? Ou sont-ils nos alliés, ennemis communs de la majorité chi'ite?

« L'homme qui est revenu » s'assied par terre à côté de nous, sans rien dire. Je n'ai aucun moyen de savoir ce qui va se passer maintenant.

Un moment plus tard, une autre femme pénètre dans la pièce, elle porte le même genre de jupes larges, que j'ai déjà vues. Un petit garçon d'environ douze ans l'accompagne. La femme se dirige vers nous, dit sèchement quelque chose au gamin et lui fait signe de s'asseoir près de Mahtob. Il le fait et regarde par-dessous, avec un rire malin, celle qui doit être sa mère et qui se tient raide devant nous, comme une sentinelle.

Je commence à m'inquiéter sérieusement. Que se passe-t-il? La scène est si bizarre que la panique m'envahit à nouveau. Je ne suis qu'un pion solitaire, une renégate, à la merci de ce peuple, lui-même hors-la-loi dans son sinistre pays. Comment une pauvre femme, une Américaine moyenne, peut-elle se retrouver dans une si mauvaise passe?

Je sais comment. Je me souviens... Moody! Son visage ricanant se cache dans les ombres du mur. Le feu dans ses yeux, quand il me battait, quand il malmenait Mahtob, brille maintenant dans la chaleur du poêle... Je deviens folle. Les voix kurdes montent autour de moi, fortes, violentes, se mêlant aux hurlements de Moody. Moody!...

Moody m'a forcée à m'enfuir. Je devais emmener ma fille loin de lui. Mais Dieu! si jamais il lui arrive quelque chose... Est-ce que ces gens sont en train de tramer quelque chose? Est-ce qu'ils ont décidé d'enlever Mahtob? Qui est ce gosse, et cette mère imposante, autoritaire? Est-ce qu'ils auraient choisi ma fille comme fiancée? Le passé récent me permet de penser qu'il peut arriver n'importe quoi, dans ce pays bizarre.

Ce n'est pas possible! Ils l'auraient donc vendue, ils auraient combiné quelque sordide marché. Ce n'est pas possible! Ça ne peut pas exister! J'aurais mieux fait de rester en Iran le reste de mes jours. Comment ai-je pu entraîner ma fille dans cet enfer?

Folle... je deviens folle... Il faut que je me calme. Il faut que je me persuade que mon cerveau déraille. C'est la peur, la fatigue, la tension nerveuse, qui me donnent des cauchemars.

– Maman, je n'aime pas cet endroit... je voudrais partir...

Mahtob a murmuré dans mon oreille. Ce qui m'effraie davantage, c'est qu'elle a senti elle aussi ce que cet endroit a d'étrange, d'anormal.

Par moments, le garçon s'agite à côté de Mahtob, mais

la femme – sa mère? – le cloue du regard et il reprend sa place. De l'autre côté, près de moi, « l'homme qui est revenu » continue à garder le silence.

Nous restons ainsi peut-être une demi-heure, avant qu'un autre homme entre à son tour dans la pièce. Son apparition soudaine provoque l'agitation chez les femmes. Et elles lui apportent immédiatement du thé et du pain. Elles le surveillent en permanence pour s'assurer que son verre est constamment rempli. Il s'est assis par terre à l'autre bout de la pièce et ne fait pas attention à nous. Il a sorti un paquet de feuilles de papier à rouler, et s'efforce de fabriquer une sorte de cigarette bizarre dont le contenu est une substance blanchâtre. Marijuana? Haschisch? Opium? Je ne connais rien à ces choses, mais ce qu'il met dans sa cigarette ne ressemble pas à du tabac.

Soudain je le reconnais. C'est l'homme de la photo sur le mur. De toute évidence il est le maître de cette maison. Est-ce que toutes ces femmes sont ses épouses? Est-ce que j'ai quitté une société masculine pour une autre, où les hommes dominent encore plus les femmes?

La petite voix de Mahtob tremblote à mon oreille de nouveau :

– Maman... Quand est-ce qu'on s'en va? Je n'aime pas cet endroit. Maman?...

Je regarde ma montre, la nuit approche. Je dis à ma fille :

– Je ne sais pas ce qu'on attend. Tiens-toi prête, c'est tout.

La pièce s'assombrit lentement. Quelqu'un apporte une bougie et, au fur et à mesure que l'ombre descend sur nous, la petite lumière dansante ajoute au surréalisme de la scène. Le ronflement régulier du fourneau à pétrole nous berce dans une sorte de rêve hypnotique.

Nous restons là quatre heures durant, surveillant avec méfiance cet homme étrange et ces femmes bizarres, qui nous surveillent de même.

La tension qui règne est finalement brisée par les jappements du chien, signalant l'arrivée de quelqu'un.

Chacun dans la pièce saute sur ses pieds, en alerte. Au

bout de quelques instants, un vieil homme se glisse dans la maison. Il doit avoir soixante ans, à mon idée. Dans ce pays rude, on peut paraître plus vieux. Il porte des vêtements kaki, des surplus de l'armée probablement, un chapeau informe et un manteau de drap militaire couleur vert olive. Le maître de maison nous dit quelque chose, un genre de présentation, j'imagine.

Le vieil homme marmonne « *Salom* »... ou quelque chose d'approchant. Il traverse la pièce rapidement, se réchauffe les mains un instant à la chaleur du fourneau, bavarde avec les autres. Il est vif, plein d'énergie et semble prêt à affronter n'importe quelle situation.

L'une des femmes m'apporte maintenant des vêtements de rechange, en me faisant signe d'ôter mes robes kurdes. Puis elle m'aide à en enfiler d'autres par-dessus mes propres vêtements. Elles sont légèrement différentes, il y en a toujours quatre mais la tournure est encore plus large. Un costume d'une autre région, sûrement. Lorsque la femme a terminé de m'habiller, je suis tellement engoncée dans les superpositions de robes que j'ai du mal à bouger.

Pendant ce changement de costume, le vieil homme sautillait dans la pièce, impatient de partir. Dès que je suis prête, il nous fait signe de le suivre pour récupérer nos bottes. Il dit quelques mots et une femme souffle la bougie, nous plongeant brutalement dans le noir. Il ne reste que la vague lueur du fourneau. Alors il ouvre la porte, juste assez pour nous laisser passer et attraper les bottes. Il la referme derrière nous, doucement mais rapidement.

Mahtob a des difficultés pour enfiler ses bottes et moi, du mal à me pencher pour l'aider. Le vieil homme nous fait signe de nous presser.

Enfin prête, Mahtob prend bravement ma main. Nous ne savons pas où nous allons, mais nous sommes contentes de quitter cet endroit. Le vieil homme va peut-être nous emmener dans l'ambulance de la Croix-Rouge. En silence, nous suivons le maître de maison et notre nouveau guide, dans la nuit glaciale. Celui que j'appelle « l'homme qui est revenu » sort également. Derrière nous, la porte se referme vivement. Rapidement mais sans bruit, nous nous retrouvons à l'arrière de la maison.

Le chien aboie furieusement, ses hurlements se répercutent en écho à travers la campagne, emportés par des rafales de vent. Il court après nous, colle son nez contre moi, et nous reculons de frayeur.

J'entends le sabot d'un cheval. Le ciel est plein d'étoiles mais, curieusement, leur lumière ne nous éclaire pas, elle se diffuse à peine, derrière une brume blanchâtre et fantomatique. Nous voyons tout juste assez pour suivre notre guide.

Un cheval nous attend et celui qui fut notre hôte, durant ces quatre heures étranges, se rapproche, pour que je puisse deviner dans l'ombre les traits de son visage. Il fait des mines pour dire au revoir et je m'efforce de lui faire comprendre un « merci ».

Le vieil homme, notre guide, veut que nous montions sur le cheval. « L'homme qui est revenu » met ses mains en corbeille, pour que je puisse y poser le pied. Et le vieil homme me pousse en même temps sur le dos de la bête.

Il n'y a pas de selle, seulement une couverture que j'essaie d'arranger sous moi. « L'homme qui est revenu » hisse Mahtob à cheval devant moi. Le vent siffle dans mes jupes multiples. Je dis à ma fille d'essayer de garder la tête baissée, car il fait très froid. Je l'entoure de mes bras et saisis la crinière de l'animal. Il n'est pas aussi grand que les chevaux américains. Un croisement de mulet, presque un âne.

Le vieil homme prend rapidement les devants, passe la porte de la cour et disparaît dans le noir. « L'homme qui est revenu » se charge de nous guider derrière lui, en tenant le cheval par la bride.

Je ne suis pas montée à cheval depuis des années, et jamais sans selle. La couverture glisse et menace de m'entraîner par terre. Je m'accroche à la crinière de l'animal, avec ce qui reste de force dans mon pauvre corps épuisé. Mahtob tremble sans pouvoir s'arrêter.

Nous avançons lentement à travers un champ à découvert. Le vieil homme se retourne très souvent pour nous

mettre en garde. Certaines plaques de glace sont dangereuses, elles peuvent craquer bruyamment sous le pas des
chevaux. Et, dans ce pays de montagnes, le moindre son
se répercute en écho, comme un coup de fusil. De quoi
alerter la Pasdar qui patrouille sans arrêt. Le bruit est
maintenant notre ennemi principal.

Le paysage change peu à peu. Nous passons du plat à
des collines qui précèdent des sommets plus importants.
Le terrain devient très accidenté. Le cheval se met au
trot, nous balançant d'un côté et de l'autre, d'arrière en
avant. Il est boiteux, mais avance laborieusement et
patiemment. Il a déjà sûrement fait cent fois le chemin.

Nous atteignons le sommet d'une colline, lorsqu'il fait
un écart inattendu sur la pente raide et nous prend par
surprise. Nous tombons toutes les deux et je serre
instinctivement Mahtob contre ma poitrine, pour prendre
le choc à sa place, lorsque nous sommes projetées
brutalement sur la neige glacée. Le guide nous remet
rapidement sur pied et brosse la neige durcie qui s'est
accrochée à nos vêtements. Le visage de Mahtob, cinglé
par le vent glacé, est blême de fatigue, son petit corps
rompu par la chute. Elle est affamée, à bout de forces et
de peur, mais garde le silence, résolument. Elle est assez
forte pour ne pas pleurer.

Nous remontons sur le cheval, en nous efforçant de ne
pas lâcher la crinière, de nous accrocher à chaque
soubresaut de l'animal, qui nous mène en haut de la
colline et au-delà, vers une destination invisible et inconnue.

Nous n'avons pas encore atteint les sommets les plus
difficiles. Comment vais-je arriver au bout de cette folle
équipée? Je ne tiendrai pas éternellement sur ce cheval...

La nuit est devenue plus froide encore, plus sinistre.
Les étoiles ont disparu. Cette saleté de neige glacée vient
nous gifler le visage en rafales. Les collines se succèdent,
puis font place aux montagnes de plus en plus escarpées.
Mais il est moins difficile de les escalader, car nous
sommes protégées du vent. Dans la pente, le cheval

avance vite, dérapant seulement sur certaines plaques de glace, au travers des bosquets enneigés dont les branches nous cinglent le visage.

Les descentes sont plus traîtres. Chaque fois que nous atteignons la crête d'une montagne, il nous faut lutter contre la force du vent, contre les flocons durcis, qui nous criblent la peau aussi cruellement que les plombs d'un fusil. Ici la neige s'est accumulée. Des congères se forment à notre passage et menacent d'engloutir l'homme qui nous guide à pied, « l'homme qui est revenu »...

Mes bras sont endoloris, je ne sens plus mes doigts de pied. Il me prend l'envie de pleurer, de me laisser tomber de cheval et de m'évanouir sur place, pour tout oublier. Nos pieds vont geler, sûrement, après cette terrible nuit. Pauvre Mahtob qui ne cesse de trembler, comme si son corps, ses membres, ne lui obéissaient plus.

Je lutte avec un acharnement désespéré pour garder l'esprit clair, deviner le chemin dans le noir, ne pas lâcher, bras et jambes crispés sous l'effort. Si je savais combien de temps il nous faudra tenir ainsi !...

Je ne peux même pas évaluer le temps qui passe. Même si je pouvais voir l'heure à ma montre, je ne pourrais lâcher une seconde la crinière du cheval, de peur de tomber à nouveau. Le temps et l'espace se confondent dans un vide immense. Nous sommes perdues dans ce noir désert de glace pour l'éternité.

Tout à coup, des voix. Je les entends au-dessus de moi et mon cœur fait un bond de plus. C'est la Pasdar, sûrement. Après avoir enduré tout cela, nous allons nous faire prendre.

Mais « l'homme qui est revenu », ne semble pas inquiet. En quelques secondes, nous nous retrouvons au milieu d'un troupeau de moutons. Il me paraît incroyable de trouver des moutons à pareille altitude, et dans ce froid. Comment font-ils pour survivre ? Leur viande doit être dure. Je me surprends à envier leur manteau de laine.

Nous approchons des voix et je m'aperçois que le vieil homme parle au berger, un homme habillé de noir. Tout ce que je peux deviner de lui, c'est le contour de son visage et son grand bâton.

Le berger parle à voix basse maintenant avec « l'homme qui est revenu ». Il lui prend les rênes des mains et fait avancer le cheval, laissant ses moutons derrière nous. Il se sert de son bâton pour équilibrer sa marche. Je regarde derrière moi, cherchant instinctivement mon protecteur, mais il est parti, tout simplement, sans dire au revoir.

Le vieil homme avance toujours devant nous en éclaireur. Le berger suit. Nous montons et redescendons d'autres montagnes. Puis encore d'autres. Je parviens à me maintenir sur le cheval, mais j'ai l'impression que mes bras sont détachés de mon corps, peut-être gelés sur place, devant moi. Je ne les sens plus. Comme je ne sens plus mes larmes, elles ne peuvent couler qu'intérieurement.

Nous n'y arriverons pas. C'est trop dur. Après tout ça, toutes ces peurs, nous n'y arriverons pas. Ma fille n'est qu'un tremblement silencieux, c'est l'unique signe de vie en elle.

A un moment, je regarde au-dessus de moi, pour estimer la hauteur d'une nouvelle ascension. Et là-haut, sur une crête plus haute encore que les précédentes, j'ai une vision fantomatique, dessinée dans le noir sur fond de ciel neigeux. Des chevaux... et des hommes. Ils sont plusieurs.

Cette fois c'est sûr, c'est la Pasdar.

De tous les dangers qui peuvent nous tomber dessus, c'est la Pasdar qui m'effraie le plus. Tomber entre ses griffes est la chose la plus effrayante que je puisse imaginer. J'ai tellement entendu d'histoires à propos des policiers de la Pasdar... Tous sont des monstres. Ils violent les femmes par principe, surtout les jeunes, avant de les tuer. Je me rappelle avec effroi cette phrase épouvantable, qui leur sert de proverbe : « Une femme ne doit pas mourir vierge. »

Si je pouvais être plus malade de peur et d'angoisse que je ne le suis déjà, cette seule idée m'anéantirait.

Nous continuons d'avancer.

Encore un moment, et j'entends les voix, au-dessus de moi. Plus fortes cette fois, on dirait qu'ils discutent. Je n'ai plus aucun doute et aucun espoir, nous allons être prises par la Pasdar. Je serre ma fille contre moi de toutes mes forces. Je la défendrai jusqu'à la mort. Cette fois les larmes jaillissent de mes yeux, gelées, douloureuses, creusant mes joues comme au fer rouge.

Prudemment le berger immobilise le cheval.

Nous écoutons.

Le vent nous apporte l'écho des voix. Il y a plusieurs hommes au-dessus de nous et, de toute évidence, ils ne craignent pas de signaler leur présence. Mais le ton de leur conversation me paraît maintenant plus calme.

Nous attendons le retour du vieil homme, mais il ne se montre pas. Dix minutes passent dans une tension extrême.

Finalement, le berger estime que nous pouvons continuer en sécurité. Il tire sur les rênes et nous avançons en direction des voix. Elles se rapprochent et les oreilles du cheval se dressent, à l'écoute du bruit des autres chevaux.

Nous arrivons au milieu d'un cercle d'hommes qui bavardent normalement, comme s'ils faisaient une promenade banale. Ils sont en selle, avec trois chevaux supplémentaires.

L'un d'eux s'adresse à moi sur un ton paisible.

– *Salom...*

« Salut ? » Même en pleine tempête, cette voix me semble familière, mais il me faut un bon moment avant de pouvoir examiner le visage...

C'est Mosehn! Il est venu tenir sa promesse! Mosehn, le chef de cette bande de hors-la-loi, qui m'avait dit : « Je n'ai jamais passé la frontière avec quelqu'un... » Il est là, il me répète qu'il n'a jamais franchi cette frontière avec quelqu'un...

– Mais toi, je vais te faire passer. Descends de cheval maintenant.

Je lui tends d'abord Mahtob, avant de descendre moi-même. Mes jambes ne me portent plus. Je tiens à peine debout.

Mosehn m'explique un changement dans notre plan. Cet après-midi, lorsque nous avons été stoppés par les

451

coups de feu du soldat, nous n'avons échappé à la capture que grâce à la présence d'esprit de notre chauffeur. Il a inventé une histoire pour expliquer notre présence, aussi près de la frontière. L'incident a mis tout le monde sur le qui-vive. Mosehn pense à présent qu'il serait trop dangereux de franchir le poste en ambulance et de risquer un nouvel interrogatoire. Nous allons donc continuer à cheval et passer en Turquie loin de toutes les routes, dans les lointaines montagnes, désertes et sauvages.

— Mahtob montera sur un autre cheval avec un de nos hommes.

Mais ma fille se met à pleurer tout à coup :

— Non, je veux pas...

Après cinq jours de voyage épuisant, des heures d'angoisse, sans manger, les nerfs de Mahtob désorientée, terrorisée en silence, finissent par lâcher. Les larmes jaillissent de ses yeux, formant de petites perles glacées sur son foulard. C'est la première fois qu'elle pleure, sa première crise de désespoir, depuis qu'elle a décidé de rentrer en Amérique, sans son Bunny... Ma brave petite fille a enduré tout cela sans se plaindre jusqu'à maintenant, jusqu'à ce qu'on la menace de la séparer de moi.

— Je veux rester avec toi, maman...

— Chut, Mahtob... Chut! Nous avons fait beaucoup de chemin ensemble. Nous sommes tout près de la frontière. Si nous faisons encore un petit effort, nous allons la traverser et après nous pourrons aller en Amérique. Sinon, il nous faudra retourner avec papa! Je t'en prie, ma chérie, essaie... essaie encore...

— Je veux pas aller sur un cheval toute seule...

— Il y aura un homme avec toi.

— Je veux pas aller sur un cheval sans toi.

— Tu dois le faire. Eux, ils savent pourquoi c'est mieux comme ça. Je t'en prie, fais-le. Il faut les croire.

Quelque part tout au fond d'elle, Mahtob trouve un peu de courage, encore un peu, pour dire oui. Elle essuie ses larmes. Elle va faire ce que dit Mosehn, mais seulement après avoir réglé un petit détail.

— Je veux aller aux toilettes.

Ici, dans ces montagnes, dans cette nuit noire, encerclée par ces hommes étranges, en pleine tempête de neige, elle veut faire ses besoins...

– Mahtob... écoute-moi. Je suis désolée, je ne sais pas si c'est possible. Je ne sais pas où tu peux faire ça... ni comment...

Elle est à bout de forces, son corps est agité de spasmes dans ce vent glacial, mais elle s'est endurcie.

– Je peux me retenir.

Elle a dit cela avec détermination. Et elle ajoute :

– Je suis costaud, je peux faire tout ce qu'il faut faire pour aller en Amérique, maman. Mais je déteste papa, c'est lui qui nous a obligées à faire ça.

Elle tend elle-même les bras pour qu'un homme la hisse à cheval. Mosehn m'aide à monter sur un autre et un nouveau guide prend les rênes. Les hommes marchent, ils sont là pour guider les chevaux, et traîner deux autres bêtes en réserve. Je regarde derrière pour voir ce que fait Mahtob. Je peux entendre le pas de son cheval, mais je ne peux pas le voir, ni Mahtob. Je lui parle dans ma tête : « Sois forte, mon bébé. » Et je me dis la même chose.

Cette nuit affreuse n'a pas de fin. Les montagnes sont plus escarpées que tout à l'heure. Nous grimpons, nous redescendons, quand allons-nous atteindre cette frontière ? Si nous y arrivons.

J'attire l'attention de l'homme qui guide mon cheval et lui montre le paysage :

– Turquie ?

– Iran, Iran...

Nous nous trouvons maintenant devant un sommet que les chevaux ne pourront pas franchir en portant une charge. Mosehn nous demande de descendre et de continuer à pied, il faut grimper plus haut, dans la glace.

Mes jambes sont trop fatiguées. Je me prends les pieds dans ces jupes trop longues et mes bottes dérapent sur la glace. L'un des hommes me rattrape juste avant que je tombe. Il me soutient puis, en me prenant sous les bras, il m'aide à monter. Derrière nous, un autre homme hisse Mahtob sur ses épaules et la transporte de cette manière. Je fais de mon mieux, mais je ralentis le groupe, à force de glisser, de tomber, empêtrée dans mes robes.

Lorsque nous atteignons enfin la crête, je suis tellement épuisée, et mon cerveau si embrumé, que je me persuade que c'est fini. Nous avons grimpé la plus haute montagne, ce doit être la frontière... je demande à l'homme qui me soutient :

– Turquie? Turquie?

– Iran, Iran...

Il faut remonter sur les chevaux, pour attaquer le flanc inverse. Nous sommes aussitôt assaillis par d'énormes rafales de neige. Mon cheval se tord les pattes de devant en négociant la pente, et je sens mes pieds traîner dans la neige. Mon guide le pousse et le tire, jusqu'à ce que le courageux animal se redresse sur ses pattes, prêt à continuer.

Nous atteignons le bas de la montagne, pour cheminer au bord d'un ravin, un vide effrayant, une trouée gigantesque dans le méplat qui sépare cette montagne de la suivante.

Mon guide se retourne et approche son visage très près pour que je puisse le voir, il met un doigt sur ses lèvres. Je retiens mon souffle.

Les hommes attendent en silence, plusieurs minutes. Dans la montagne nous sommes hors de vue, protégés par la nature du terrain. Mais au-dessus de nous, le plateau enneigé est illuminé par la lueur du ciel. Là-bas nos ombres vont se découper sur ce fond lumineux. A nouveau mon guide m'intime le silence.

Enfin, l'un des hommes avance avec précaution. Je peux voir sa silhouette découpée comme une ombre chinoise, lorsqu'il traverse le plateau. Puis elle s'estompe à la vue.

Il revient quelques minutes plus tard et murmure quelque chose à l'oreille de Mosehn. Lequel à son tour murmure à l'oreille de mon guide. Il parle ensuite d'une voix à peine audible :

– Nous te ferons passer d'abord. Le sentier le long du ravin est trop étroit, trop dangereux. On te fait passer d'abord, et après on portera l'enfant.

Mosehn n'attend pas que je pose la moindre question. Il avance. Mon guide prend solidement les rênes du cheval.

Rapidement et silencieusement, il met ses pas dans les pas de Mosehn. Nous nous éloignons de Mahtob et je prie pour qu'elle ne s'aperçoive pas de mon absence.

Nous avançons maintenant sur le plateau, à découvert, aussi vite et aussi silencieusement que possible. Bientôt nous découvrons un sentier à pic, à peine assez large pour le cheval. Il est gelé, à flanc de montagne, et descend dans le ravin pour remonter de l'autre côté du plateau. Ces hommes sont habitués à ce métier et, en dix minutes, nous avons traversé.

Mon guide reste avec moi, tandis que Mosehn retourne chercher Mahtob.

Je demeure sur mon cheval, toujours silencieuse, tremblante et angoissée, dans l'attente de son apparition. Mes yeux tentent de percer la nuit. Pourvu qu'il fasse vite, vite... pourvu qu'elle ne pique pas une crise d'hystérie, en se croyant abandonnée au bord de ce ravin...

Enfin la voilà, ses deux mains accrochées, enserrant le genou d'un homme; elle avance, en tremblant toujours de froid de manière incontrôlée, mais vigilante et silencieuse.

Et c'est là que mon guide pointe son doigt sur le sol :

– Turquie! Turquie!

Le soulagement me ferait presque tomber à genoux. *Alhamdoallah!*... Merci, mon Dieu...

En dépit de ce froid incroyable, une délicieuse sensation de chaleur m'envahit. Nous sommes en Turquie. Nous sommes sorties d'Iran! Ma chaîne de prisonnière vient de tomber, mais nous sommes encore loin de la liberté.

Si les gardes frontières turcs nous trouvent, ils ouvriront le feu sur notre bande d'intrus. Et si nous survivons, ils nous arrêteront. Et là, il faudra répondre à des questions bien difficiles. Mais une chose est sûre, Amahl me l'a dit et redit, ils ne nous ramèneront pas en Iran.

Rétrospectivement, je m'offre une terreur supplémentaire. Je réalise seulement que, pendant vingt minutes, j'ai attendu au bord de ce ravin ma fille arrive. J'étais en Turquie et elle était encore en Iran! Dieu merci, j'ai ignoré cette étrange situation jusqu'à ce que le danger soit passé.

Maintenant le vent froid nous assaille à nouveau. Nous sommes encore dans la montagne, encore dans cette tempête de neige. Une ligne imaginaire sur une carte ne suffit pas à nous réchauffer. Quel sera le prix de cette liberté? Je suis convaincue que certains de mes orteils sont hors d'usage. J'espère que Mahtob est en meilleur état que moi.

Nous attaquons une autre montagne, trop raide pour les chevaux. Cette fois, je dégringole de ma monture et m'étale dans la neige, avant que mon guide ait pu m'aider. Avec l'aide de Mosehn, il me remet sur mes pieds et les deux hommes me soutiennent pour continuer notre avance. Combien de temps mes nerfs tiendront-ils? J'ai l'impression que je vais bientôt m'évanouir.

Pendant un bon moment, mon esprit se détache carrément de mon corps. Une partie de moi observe l'autre, ce corps humain désespéré, qui peut-être ne sera pas capable de gravir cette montagne. Je me vois tenter de reprendre mon souffle sur le dos du cheval qui redescend la pente. Puis je m'observe luttant avec acharnement pour tenir debout au sommet d'une autre montagne. Je demande à Mosehn :

– Combien de montagnes encore?

– *Nazdik*... me répond-il. Près.

Près? Ça veut dire quoi? J'essaie de trouver un peu d'espoir dans cette information succincte. Mais je voudrais tant me reposer, j'aimerais tant un peu de chaleur.

Est-ce qu'il n'y a pas un endroit où nous pourrions reprendre des forces et souffler un peu?

Je me retrouve une fois de plus à l'assaut d'un sommet terrible. Cette montagne est la plus haute, la plus escarpée de toutes celles que nous avons rencontrées, ou alors c'est un effet de mon immense fatigue.

Mosehn me murmure dans l'oreille :

– Celle-là, devant nous, c'est la dernière.

Alors, en descendant de cheval, mes jambes se dérobent complètement. Je m'écroule désespérément dans la neige, incapable de me redresser sans l'aide des deux hommes. Je ne saurais dire si mes jambes sont encore rattachées à mon corps. Il me semble, malgré le froid implacable, que je brûle de partout.

— *Da dahdeegae,* me dit le guide, en pointant son doigt tout en haut. Dix minutes...

— Je t'en prie, laisse-moi me reposer...

Mais il ne le permet pas. Il me remet de force sur mes pieds et me pousse en avant. Je glisse et tombe si brutalement qu'il perd prise et lâche mon bras. Je dégringole plus bas sur la pente, pendant quelques mètres, avant de m'arrêter et de rester là, dans une léthargie reposante. Le guide se précipite vers moi. Je bafouille :

— Je n'y arrive pas.

Il appelle rapidement Mosehn à son aide. Dans le brouillard où je me trouve, je m'aperçois tout de même qu'il est seul. Mahtob n'est pas avec lui.

— Où est-elle? Ma fille? Où est-elle?

— Elle va bien. Un homme l'a transportée là-haut.

Les deux hommes me soulèvent, calent mes bras autour de leurs épaules, me coincent entre leurs deux corps solides et me soulèvent du sol. Puis ils entament la montée en me traînant ainsi, jambes pendantes dans la neige.

En dépit de mon poids, ils montent avec aisance et ne paraissent pas s'essouffler. Régulièrement ils relâchent leur prise pour essayer de me faire marcher seule. Et régulièrement, mes genoux flanchent et ils sont obligés de me rattraper avant que je redégringole la pente. Je les supplie de me laisser me reposer. Et le désespoir dans ma voix finit par inquiéter Mosehn.

Je gémis une dernière fois :

— Je ne peux plus... Je n'y arriverai pas...

Alors il m'aide à m'étendre dans la neige, cherche à vérifier ma température, d'une main glacée sur mon front. Je distingue à peine son visage, mais il a l'air désolé et inquiet pour moi.

— Je n'y arriverai pas...

C'est fini, je vais mourir cette nuit. Je n'irai pas plus loin, mais j'ai réussi à faire sortir ma fille d'Iran. Elle, elle va continuer.

Ça suffit.

— Laisse-moi là... Emmène Mahtob, reviens me chercher demain...

— Non!

La voix de Mosehn est coupante, sèche, elle me fait honte, plus qu'une gifle en pleine figure. Je m'insulte moi-même. Tu n'as pas honte? Comment peux-tu te conduire comme ça? Tu as attendu si longtemps cette liberté, et maintenant tu flanches? Je dois continuer.

— D'accord... allons-y...

Mais il n'y a rien à faire. Je suis incapable de bouger. Alors les deux hommes me remettent à nouveau sur pied, comme une poupée de chiffon; je m'agrippe à leurs épaules, les bras écartelés, et ils grimpent, ils me tirent, me traînent. La neige, parfois, leur arrive au-dessus des genoux. Ils vacillent sous le poids de ce corps mort qu'ils entraînent dans leur chute. Mais ils ne se découragent pas. Chaque fois que nous tombons, ils se redressent sans un mot, m'attrapent par les bras et me tirent à nouveau plus loin.

Le monde devient brouillard. J'ai perdu conscience.

Des années plus tard, il me semble, une voix parvient à mon cerveau cotonneux :

— Maman?

Mahtob est près de moi. Nous sommes au sommet de la montagne. Mosehn dit :

— Tu peux faire le reste du chemin à cheval.

Les deux hommes me soulèvent, un bras et une jambe chacun, et me déposent sur le dos du cheval. Mon corps est raide et froid, je suis à plat ventre, ma tête dans le cou de l'animal. Et nous redescendons le flanc de la montagne. Je me débrouille, je ne sais comment, pour me maintenir dans cette position, jusqu'à ce que nous atteignions le bas. Nous sommes toujours dans l'obscurité, mais je sens que l'aube approche. Mosehn se plante devant moi et pointe son doigt au loin. Je discerne de vagues lumières.

— C'est là que nous allons, dit-il.

Enfin nous approchons d'un abri. Je lutte pour me maintenir en selle, pour la dernière partie de ce long voyage, dans cette nuit infernale.

Nous chevauchons environ dix minutes avant que je perçoive les aboiements des chiens. Nous atteignons une maison accrochée un peu plus loin à flanc de montagne. Quelques hommes s'avancent et nous regardent avec méfiance. C'est un abri minuscule, une hutte délabrée, un havre solitaire et isolé pour contrebandiers, le long de la frontière turque.

Les hommes accueillent maintenant notre groupe, en discutant et gesticulant. Ils entourent Mosehn et le félicitent apparemment de la réussite de sa mission. L'homme qui chevauchait avec Mahtob la dépose doucement par terre et se joint à eux.

Ils m'ont provisoirement oubliée et, incapable de passer ma jambe par-dessus le dos du cheval, je lâche prise tout simplement et m'écroule sur le ciment du porche. Je suis paralysée. Mahtob court pour m'aider mais les hommes, décidément, et même Mosehn, semblent avoir oublié complètement notre présence. Les uns emmènent les chevaux à l'abri, les autres disparaissent dans la chaleur de la maison.

En rassemblant mes dernières forces, je rampe à l'aide de mes bras, laissant traîner derrière moi mes jambes inutiles. Mahtob essaie de me tirer. Je crapahute des épaules sur le ciment rude et glacé. Les yeux fixés sur la porte d'entrée. Je parviens ainsi jusqu'au seuil et Mosehn s'aperçoit enfin de mes efforts. Avec un autre homme, il me traîne à l'intérieur de la hutte. Lorsqu'il retire mes bottes, je pleure de souffrance, mes pieds sont gelés. On nous transporte avec Mahtob au centre de la pièce et on nous étend devant un fourneau à bois, qui ronfle et diffuse une chaleur intense.

Il me faut longtemps, longtemps avant de pouvoir seulement bouger un muscle. Je reste étendue, prudemment, en essayant de récupérer la chaleur du feu par tous les pores de ma peau, sous les vêtements glacés.

La chaleur me pénètre peu à peu, réchauffant graduellement telle ou telle partie de mon corps. Elle me ramène à la vie. Je réussis à sourire en direction de Mahtob. « On a gagné ! On est en Turquie ! »

Enfin j'arrive à m'asseoir. Je m'efforce de faire bouger

les doigts de mes pieds et de mes mains, je désespère de revoir le sang circuler, mais je suis enfin récompensée, je brûle. C'est une douleur intense, cuisante, que provoque le sang affluant à nouveau dans mes veines.

Je reprends mes esprits et examine le décor autour de moi. La peur me saisit à nouveau. Cette hutte est pleine d'hommes. Rien que des hommes. Il n'y a que Mahtob et moi, près du feu. Pas d'autre femme. La lucidité de cette constatation fait renaître mes angoisses. Nous sommes en Turquie, d'accord, mais nous sommes à la merci d'une bande de contrebandiers hors-la-loi. Je ne dois pas l'oublier. Je me demande tout de même si ces hommes nous auraient emmenées si loin avec tant d'efforts pour nous faire du mal ensuite. Est-ce que Mosehn est capable de cela ?

Devinant mes craintes peut-être, un homme nous apporte du thé chaud. J'enfourne plusieurs morceaux de sucre dans ma bouche et aspire le thé au travers, comme font les Iraniens. D'habitude je n'aime pas le sucre dans le thé, mais j'ai besoin d'énergie et j'encourage Mahtob à faire comme moi. Ça fait du bien.

Il se passe une heure peut-être avant que je m'estime capable de marcher. Je me redresse et me tiens en équilibre sur mes pieds, incertaine.

En voyant cela, Mosehn nous fait signe à toutes deux de le suivre au-dehors, et il nous mène à une autre hutte.

Celle-là est pleine de femmes et d'enfants, qui dorment enroulés dans des couvertures, ou discutent près du feu.

A notre arrivée une femme se précipite pour nous accueillir. Elle porte le costume kurde. Mosehn dit :

— Voilà ma sœur !

Il remet du bois dans le feu, puis ajoute :

— Demain on vous conduira à Van.

Et il retourne dans la hutte des hommes.

Van, c'est l'endroit où s'arrêtent les contrebandiers. A partir de là, ils ne sont plus responsables de nous. Lorsque nous y arriverons demain, nous serons livrées à nous-mêmes.

La sœur de Mosehn nous tend des couvertures, lourdes, épaisses et chaudes, et nous trouve une place sur le sol, près d'un mur mais loin du feu.

La hutte est froide et humide. Nous grelottons sous les couvertures. Mais je répète ma petite chanson dans l'oreille de ma fille :

– On est en Turquie. On est en Turquie... On est en Turquie... Est-ce que tu arrives à y croire? On est en Turquie...

Elle me tient serrée très fort, jusqu'à ce qu'elle tombe dans un sommeil profond. Elle se sent bien dans mes bras et j'essaie de puiser du réconfort pour moi-même dans ce sommeil confiant. Ma tête bourdonne encore. Chaque partie de mon corps est une souffrance. Je suis affreusement affamée. Le sommeil vient difficilement pendant les heures qui suivent. Je passe mon temps à prier, à remercier Dieu de nous avoir accompagnées si loin, à lui demander de nous assister encore. Je l'implore de protéger le reste du voyage. Sans lui, nous ne pourrons pas y arriver.

Je suis à demi inconsciente, lorsque Mosehn vient nous réveiller à huit heures du matin. Il paraît en pleine forme, après si peu de repos. Mahtob s'éveille doucement, puis elle se souvient... Nous sommes en Turquie! Alors elle saute sur ses pieds, prête à partir.

J'ai repris un peu de forces et d'optimisme. Nous y sommes, dans cette Turquie, et Mahtob est avec moi. C'est déjà une victoire. Mais j'ai l'impression d'avoir été battue par tout le corps. J'ai retrouvé la sensibilité de mes doigts, pieds et mains, c'est déjà ça. Je suis prête à partir moi aussi. Mosehn nous fait monter dans une petite camionnette, avec des chaînes aux roues. L'un des contrebandiers est au volant.

Nous suivons une route montagneuse, qui tourne et longe un ravin. Aucune barrière de protection, mais l'homme est un bon conducteur et les chaînes mordent bien dans la neige. Nous descendons, descendons encore, toujours plus profondément à l'intérieur de la Turquie toujours plus loin de l'Iran.

Nous nous arrêtons dans une ferme, construite à flanc

461

de montagne. A l'intérieur nous attend un repas de thé, de pain et de fromage rance. Je suis tellement affamée que j'arrive à en avaler un peu. Mais je bois plusieurs verres de thé pour le faire passer, avec autant de sucre que possible.

Une femme apporte à Mahtob un verre de lait de chèvre, bien chaud. Elle le goûte, mais préfère le thé.

Puis une autre, énorme, édentée, ridée, vieillie par le climat rugueux de la montagne arrive à son tour. On dirait qu'elle a quatre-vingts ans. Elle nous apporte des vêtements. Mahtob comme moi, nous retrouvons habillées d'un nouveau costume régional, toujours kurde, mais aux variantes spécifiques de la Turquie.

Nous restons là sans rien faire, pendant un moment, et je commence à m'impatienter. Je demande à quelqu'un ce qui se passe et j'apprends que Mosehn est allé en ville chercher une voiture. J'apprends également que l'énorme femme qui nous a habillées est sa mère. Son épouse est également présente. Ce qui répond à une question. Mosehn est turc, il n'est pas iranien. Bien qu'actuellement, si on y réfléchit, il ne soit rien du tout, puisqu'il est kurde et qu'il ne reconnaît pas la réalité de cette frontière que nous avons passée cette nuit.

L'action redémarre avec le retour de Mosehn qui a trouvé une voiture. Il me tend un paquet emballé dans du papier journal, puis nous pousse en vitesse dans la voiture. J'enfouis rapidement le paquet dans mon sac et me retourne pour remercier la mère de Mosehn de son hospitalité mais, à ma grande surprise, elle grimpe sur le siège arrière, en nous faisant signe qu'elle va nous accompagner.

L'un des contrebandiers prend le volant, un jeune garçon s'assoit à côté de lui.

Et nous partons, comme une bonne petite famille de Kurdes turcs, en promenade dans le paysage montagneux environnant. La haute taille et l'ampleur de la mère de Mosehn font que Mahtob, assise contre elle, disparaît presque complètement. C'est peut-être l'effet recherché... La mère de Mosehn semble apprécier ce voyage rapide à travers les montagnes et fume des cigarettes turques à la fumée âpre et épaisse.

Au bas de la montagne, le conducteur ralentit. C'est un poste de contrôle. Ma tension monte. Un soldat turc examine l'intérieur de la voiture, parle avec le conducteur, vérifie ses papiers, mais ne nous demande rien. La mère de Mosehn lui envoie au visage d'énormes bouffées de cigarette. Il nous fait signe de repartir.

Nous roulons maintenant sur un chemin qui court à travers la haute plaine. Toutes les vingt minutes ou presque, nous devons stopper à nouveau, pour un contrôle. Et à chaque fois, mon cœur en prend un coup. Nous passons pourtant facilement. La mère de Mosehn a bien travaillé en nous habillant comme elle l'a fait.

Cette fois, le conducteur stoppe à l'entrée d'une autoroute d'où part un autre chemin qui mène à un village assez misérable. Le jeune garçon descend et s'éloigne sur la route. Nous repartons en direction de Van.

Dans l'animation du départ, je réalise que je n'ai pas dit au revoir à Mosehn, que je ne l'ai pas remercié. Je me sens un peu coupable.

Puis je me souviens du paquet. Je ne l'ai pas ouvert. Je fouille dans mon sac et, en écartant le papier journal, j'aperçois nos passeports, mon argent et les bijoux. Tous mes dollars américains sont là. Et les rials iraniens ont été convertis en un mince paquet de billets turcs. Mosehn m'a tout rendu... sauf le collier d'or. C'est une fin curieuse à cette brève rencontre. J'ai confié ma vie et celle de ma fille à cet homme. L'argent et les bijoux ne m'intéressaient pas plus que ça. Il a dû estimer que le collier d'or serait son pourboire personnel.

Nous nous sommes arrêtés au croisement d'un autre chemin, qui mène à un autre village misérable. La mère de Mosehn allume une cigarette à son dernier mégot, elle descend de voiture et elle aussi s'en va sans dire au revoir.

Maintenant nous sommes seules avec le conducteur, en route pour Van.

A un endroit précis du voyage, en plein milieu d'une campagne déserte, le conducteur se range sur le bas-côté et nous fait signe de retirer nos habits kurdes. Nous nous retrouvons dans nos vêtements américains. Maintenant nous sommes des touristes américaines, il ne nous manque qu'un visa approprié sur nos passeports...

Le voyage en camionnette tire à sa fin et les villages sont de plus en plus importants le long de la route. Nous arrivons dans la banlieue de Van.

J'essaie d'indiquer une direction au conducteur : « Aéroport ! » Mahtob trouve le bon mot en farsi et le visage du garçon s'illumine. Il a compris.

Il nous conduit devant un bureau aux vitres décorées d'affiches de voyage et nous recommande de rester dans la voiture, pendant qu'il pénètre à l'intérieur. Il revient quelques minutes plus tard et, toujours avec l'aide de Mahtob, je comprends que le prochain avion pour Ankara est dans deux jours.

C'est beaucoup trop long. Nous devons partir tout de suite pour Ankara, avant que quelqu'un ne nous interpelle et ne nous pose des questions.

Avec un brin d'espoir je demande : « Autobus ? » Le conducteur paraît perplexe. Autobus ? Puis il comprend. Autobus, il connaît. Il se remet au volant et nous conduit à travers les rues de la ville jusqu'à un dépôt de cars. Il nous recommande encore de ne pas bouger de la voiture et va aux renseignements. Quelques minutes encore et il revient pour demander : « Lires ? »

Je lui tends le paquet de billets turcs, il en prend quelques-uns et repart. Mais il est bientôt de retour, sourire aux lèvres, brandissant deux billets de bus pour Ankara. Il s'explique laborieusement en farsi avec Mahtob.

— Il dit que le bus part à quatre heures. Il dit qu'il arrivera à Ankara demain vers midi.

Je regarde ma montre. Il n'est qu'une heure. Je n'ai pas très envie de traîner dans cette station de cars pendant trois heures. Par contre j'aimerais bien autre chose. Je prononce le seul mot que je connaisse, *gazza,* en portant ma main à ma bouche. « Nourriture ? »

Depuis que nous avons quitté Téhéran, nous n'avons mangé que du pain dur et des graines de tournesol trempées dans du thé.

Le conducteur examine les lieux, puis nous fait signe de

le suivre. Il nous amène près d'un petit restaurant et nous fait entrer. Puis dès que nous sommes assises, il dit en se frottant les mains :

– *Tamoom! Tamoom!...* C'est fini.

Nous le remercions de notre mieux, de son aide, et il est près des larmes en nous quittant.

Commander d'étranges aliments, sur un étrange menu dans ce pays étrange, n'est pas simple. J'ignore ce qui va arriver sur la table. Mais nous sommes surprises de découvrir un plat délicieux de poulet grillé avec du riz. C'est reconstituant.

Nous avalons le plat jusqu'au dernier morceau. Pour tuer le temps, nous parlons de l'Amérique. En secret, je m'inquiète pour mon père. Mon estomac est plein, mais je suis affamée de nouvelles de ma famille.

Soudain Mahtob sourit :

– Oh, regarde! c'est l'homme qui nous a amenées ici!

Je regarde autour de moi et découvre en effet notre chauffeur, qui se dirige vers nous. Il a dû se sentir coupable de nous laisser seules, avant que nous soyons en sécurité dans le car.

C'est donc tous les trois que nous repartons vers la gare routière. Là, notre conducteur s'adresse à un Turc, peut-être le chef de station, et lui parle de nous.

Le Turc nous salue chaleureusement. Une fois encore notre conducteur dit : « *Tamoom, tamoom!* » Une fois encore ses yeux se remplissent de larmes. Il nous laisse à la garde de l'homme.

Ce dernier nous montre des sièges, près d'un fourneau à bois. Un garçon d'une dizaine d'années nous apporte du thé. Nous attendons.

Lorsque quatre heures arrivent, le Turc revient vers nous et demande : « Passeports? »

Mon cœur fait un bond, je le regarde stupidement, en faisant semblant de ne pas comprendre.

Il répète : « Passeports? »

J'ouvre mon sac et fouille à l'intérieur, avec hésitation, je n'ai pas envie du tout qu'il examine nos passeports.

Il secoue alors la tête et arrête ma main qui faisait

semblant de chercher. Puis il se tourne vers d'autres passagers, pour vérifier leurs papiers. J'essaie de comprendre. Cet homme est probablement responsable de cette vérification. Il doit s'assurer que tous les passagers sont en règle. Il sait que nous avons des passeports, il les a aperçus au fond de mon sac, mais il ne veut pas en savoir davantage. Je me demande ce que lui a dit notre conducteur.

Nous voyageons encore dans un monde d'intrigues, un monde de frontières et de vérifications de papiers, d'explications chuchotées et de hochements de tête incompréhensibles.

Une voix officielle fait une annonce et je comprends le mot « Ankara ». Aussitôt, nous suivons le flot des passagers à l'intérieur d'un autocar moderne pour longues distances.

Nous trouvons deux places à l'arrière, sur la gauche. Beaucoup de passagers sont déjà à bord et d'autres arrivent. Les sièges sont tous occupés. Le moteur tourne et il fait chaud.

Tout ce qui nous sépare encore de la sécurité, c'est un voyage d'une vingtaine d'heures dans un autocar pour Ankara.

Nous sommes hors de la ville en quelques minutes, roulant très vite le long de routes montagneuses en lacet et recouvertes de glace. Le chauffeur prend souvent des risques dans les virages, au ras des ravins sans garde-fou. Mon Dieu, nous ne sommes pas venues aussi loin pour mourir dans un accident de car?...

Je suis épuisée. Je souffre encore, mon corps est endolori et des douleurs lancinantes, souvenirs du passage de la frontière m'empêchent de dormir vraiment. Je reste à moitié consciente, inquiète encore mais réchauffée, rêvant à demain.

Je m'éveille en sursaut au milieu d'une nuit noire. Le chauffeur a freiné brutalement et le car a fini par s'arrêter après un dérapage dangereux. Dehors le blizzard fait rage. D'autres autocars sont arrêtés devant nous. Plus loin, dans un tournant de la route, je peux voir la chaussée obstruée par d'énormes congères. Certains véhicules sont coincés dans la neige et bloquent la route.

Non loin de là j'aperçois quelques constructions. Un hôtel ou un restaurant. Beaucoup de passagers quittent le car pour le confort de ce havre proche. Ils savent que nous sommes bloqués là pour longtemps.

Il est près de minuit. Mahtob dort profondément à mes côtés et j'observe cette scène d'hiver à l'extérieur, à travers la brume incertaine. Je me rendors presque aussitôt.

Les heures passent. Je reprends conscience de temps à autre. Je m'éveille tout à fait, grelottant de froid, car la chaleur de l'autocar est partie. Mais je suis trop fatiguée pour bouger. Je me rendors à nouveau.

Finalement, au bout de six heures, nous repartons sur un terrain enneigé à perte de vue.

Mahtob s'étire, se frotte les yeux et regarde un moment, hébétée, à travers le carreau, avant de réaliser où nous sommes. Elle pose la question de tous les enfants qui voyagent :

– Maman, quand est-ce qu'on arrive?

Je lui explique que nous sommes en retard.

Le car continue sa route pendant des heures à une vitesse inquiétante étant donné l'état de la neige. Il se fraye un chemin dans le blizzard. Plus il va vite, plus il frôle les congères et dérape dans les virages, et plus je me dis que nous allons vraiment mourir stupidement sur la route d'Ankara.

Tard dans l'après-midi, le bus fait une halte et nous rencontrons la mort. On s'agite beaucoup sur la route devant nous et, lorsque notre car avance lentement pour poursuivre son chemin, nous découvrons le terrible accident qui vient d'avoir lieu. Une demi-douzaine de cars se sont heurtés dans le même virage, où ils ont dérapé sur la glace et se sont retournés. Des passagers inconscients ou blessés gisent dans la neige. D'autres leur portent secours. J'ai l'estomac retourné.

Notre chauffeur, pour prendre le virage, doit faire le tour de ce désastre avec lenteur et je m'efforce de ne pas voir, mais je ne peux m'en empêcher.

Une fois l'embouteillage mortel dépassé, le chauffeur appuie à nouveau sur le champignon et repart de plus belle. Que Dieu nous protège encore et nous amène saines et sauves à Ankara!

La nuit revient, une seconde nuit, alors que nous devions faire un voyage d'une vingtaine d'heures. Je me pose la même question que Mahtob : Quand arriverons-nous?

Toujours épuisée, passant du sommeil à l'éveil, j'ai encore mal au moindre mouvement. Chaque muscle de mon corps me fait souffrir. Je me tourne et me retourne sur mon siège, incapable de trouver une position confortable.

Il est deux heures du matin, lorsque nous arrivons dans une gare moderne au centre d'Ankara. Nos vingt heures de voyage sont devenues trente-deux heures de fatigue. Mais c'est fini.

Nous sommes le mercredi 5 février 1986. Il y a une semaine que nous avons échappé aux griffes de Moody. Je pense que tout ira bien maintenant.

A la sortie de la gare, un homme crie l'appel international : « Taxi! Taxi! » Je marche rapidement vers lui, en tenant Mahtob par la main. Je crains encore la police.

Sans savoir s'il existe un hôtel Sheraton à Ankara, j'indique ce nom au chauffeur.

– *Na!*

– Hôtel Hyatt?

– *Nan!*

– Khub Hotel?...

En farsi cela veut dire « Bon Hôtel ». N'importe lequel, mais bon. Il semble avoir compris et nous conduit rapidement dans un quartier d'affaires de la ville. Comme nous tournons dans une rue, il ralentit et me montre du doigt un bâtiment sombre, fermé pour la nuit :

– *Amrika!* dit-il.

L'ambassade! Nous y serons demain matin, aussitôt que les bureaux seront ouverts.

Le chauffeur de taxi nous emmène un peu plus loin, tourne sur un grand boulevard et stoppe devant un immeuble élégant, de style moderne, dont le fronton indique en anglais : *Hôtel Ankara.*

Il nous demande de patienter et pénètre dans l'hôtel pour revenir bientôt avec un employé de la réception qui parle anglais.

– Nous avons une chambre pour la nuit, oui, madame. Avez-vous vos passeports?

– Oui.

– Entrez, je vous prie.

Je donne un large pourboire au chauffeur de taxi. Et nous suivons l'employé à l'intérieur d'un vestibule confortable. Là je remplis les fiches d'hôtel, en utilisant l'adresse de mes parents dans le Michigan, à Bannister.

– Puis-je avoir vos passeports? demande l'employé.

– Oui.

Je les sors de mon sac, décidée à utiliser la méthode préconisée par Amahl. En tendant les documents à l'employé, je lui mets en même temps dans la main la somme exorbitante pour lui de cent cinquante dollars, en monnaie américaine.

– C'est pour la chambre... dis-je négligemment.

L'employé fait plus attention à l'argent qu'à nos passeports. Il sourit largement, puis nous accompagne dans ce qui nous semble être la plus belle chambre d'hôtel du monde.

Il y a deux lits moelleux, deux canapés de repos, une grande salle de bains moderne avec un dressing, et la télévision. Lorsque l'employé nous laisse seules, enfin, nous sautons de joie, nous éclatons littéralement de bonheur.

– Est-ce que tu te rends compte, Mahtob? Nous pouvons nous brosser les dents et prendre un bain... et dormir!...

Mahtob se rue vers la salle de bains, elle veut se laver définitivement de l'Iran.

Soudain on frappe légèrement à la porte :

Je pense immédiatement à un ennui avec les passeports.

– Qui est là?

– L'employé de la réception...

J'ouvre la porte pour le trouver planté derrière, nos deux passeports à la main.

– Où avez-vous eu ces passeports, madame? Il n'y a pas de visas, pas de cachet d'entrée en Turquie?

– Écoutez... il y a un problème, mais je vais le régler demain à l'ambassade. Dès demain matin!

– Mais vous ne pouvez pas rester là! Ces passeports ne sont pas bons. Je dois appeler la police!

Oh non! Pas après tous les dangers que nous avons affrontés!

– Je vous en prie... Ma fille est dans la salle de bains. Nous sommes fatiguées. Nous avons faim et nous avons froid. Laissez-nous seulement rester pour cette nuit et demain j'irai à l'ambassade, dès le matin, je vous promets.

– Non! je dois appeler la police. Vous devez quitter cette chambre.

Ses manières sont courtoises, mais sa décision très ferme. Aussi désolé qu'il soit, il ne veut pas risquer son job. Il attend que je rassemble nos malheureux biens dans mon sac. Puis nous escorte jusque dans le hall.

Je me dis tristement que nous avons connu la liberté pendant deux grandes minutes. J'essaie encore :

– Je vous donnerai plus d'argent... Je vous en prie, juste pour cette nuit...

– Non. Nous devons faire un rapport à la police, sur tous les étrangers qui viennent ici. Je ne peux pas vous laisser rester.

– Est-ce qu'on ne pourrait pas attendre dans le hall jusqu'à demain matin? Je vous en prie, ne nous obligez pas à sortir dans la rue par ce froid... J'ai une idée! Pouvez-vous appeler l'ambassade? Nous pourrions trouver quelqu'un là-bas qui arrangerait tout ça, cette nuit?

Il veut bien nous aider, dans les limites de la loi. Il parle avec quelqu'un pendant un moment, puis me tend le téléphone: C'est à un marine américain en service de nuit que j'ai affaire.

D'une voix tranquille, il demande :

– Quel est le problème, ma'am?

– On ne veut pas que nous restions ici, parce que nos passeports n'ont pas de visas. Nous cherchons un endroit où aller. Pouvons-nous venir?

– Non. Vous ne pouvez pas venir ici!

Il a fait claquer sa voix comme un ordre, cette fois.

– Qu'est-ce que nous pouvons faire alors?

La voix militaire devient glacée.

– Comment êtes-vous arrivées en Turquie avec des passeports sans visas?

– Je ne peux pas vous le dire au téléphone! Réfléchissez!

Il repose la question :

– Je vous demande comment vous êtes arrivées en Turquie sans visas?

– A cheval.

Le marine éclate de rire et se moque de moi.

– Écoutez, ma petite dame, il est trois heures du matin. J'ai pas le temps de parler avec vous de trucs comme ça. Votre problème ne concerne pas l'ambassade, il concerne la police. Allez à la police...

– Vous ne pouvez pas me faire ça! J'ai échappé à la police pendant une semaine et maintenant vous voudriez m'y envoyer? Vous *devez* m'aider.

– Non. Nous ne pouvons rien faire pour vous.

La frustration, la colère me submergent. Je raccroche. A une rue de la liberté, il y a encore cette saleté de bureaucratie. Je dis à l'employé que je dois attendre le matin pour voir quelqu'un à l'ambassade. Et une fois encore, le supplie de nous laisser attendre dans le hall. Il refuse encore, mais il a l'air gentil, peut-être a-t-il une petite fille lui aussi. Sa courtoisie me donne l'idée d'une autre tactique :

– Est-ce que vous pouvez appeler les États-Unis en P.C.V.?

– Oui.

En attendant l'appel de Bannister, l'employé donne des ordres et quelqu'un accourt avec un pot de thé, des verres et de jolies petites serviettes de table. Nous dégustons le thé et savourons ce moment de détente, en espérant ne pas retourner dans cette nuit noire et froide.

A Ankara nous sommes mercredi, mais c'est encore mardi à Bannister, quand je parle à maman.

– Maman! Mahtob et moi nous sommes en Turquie!

471

– Merci, mon Dieu!

Avec des larmes de soulagement, elle m'explique que la nuit dernière ma sœur Carolyn a téléphoné à Téhéran et que Moody, très en colère, lui a dit que nous étions parties et qu'il ne savait pas où nous nous trouvions. Ils se sont fait beaucoup de souci évidemment.

Je pose une question en craignant la réponse :

– Et papa?

– Il se maintient. Il n'est plus à l'hôpital, il est là. Je peux tirer l'appareil jusqu'à son lit.

Papa crie dans le téléphone :

– Betty! Je suis si heureux que tu t'en sois sortie. Viens aussi vite que tu peux. Je vais tenir jusqu'à ce que tu arrives!

Sa voix a faibli, au milieu de la phrase.

– Je sais que tu m'attendras, papa. Quand on veut, on peut...

Maman reprend l'appareil et je lui demande de contacter l'officier qui s'est occupé de nous au département d'État, afin qu'il joigne quelqu'un à Washington et que l'on avertisse l'ambassade d'Ankara. Puis je raccroche en promettant de rappeler dès que je serai à l'ambassade.

J'essuie mes larmes et affronte le problème du moment.

– Qu'est-ce que je suis supposée faire à présent?

L'employé me regarde, et je regarde Mahtob :

– Je ne peux pas l'emmener dans la rue en pleine nuit!

– Prenez un autre taxi et faites-vous conduire dans un autre hôtel. Quelqu'un vous acceptera peut-être. Ne montrez pas vos passeports, si ce n'est pas nécessaire.

Manifestement il ne pense plus à appeler la police. Il veut simplement éviter d'avoir des ennuis. Et lorsque le taxi arrive, il indique le nom de l'hôtel Dedeman.

Là, le réceptionniste est plus sympathique. Lorsque je lui dis que je dois faire régulariser nos passeports le lendemain, il demande :

– Avez-vous des ennuis avec la police?

– Non.

– D'accord.

472

Puis il me fait remplir les fiches avec un faux nom. Je signe de mon nom de jeune fille : Betty Lover.

Une fois dans la chambre, nous prenons chacune un merveilleux bain chaud. Nous nous brossons les dents et nous évanouissons dans un sommeil fabuleux. Au matin, j'appelle Amahl.

Je l'entends crier de joie :

— Betty! Où êtes-vous?

— Ispahan!

Nouveaux cris de joie lorsqu'il entend notre nom de code pour Ankara.

— Est-ce que ça va? Tout a bien marché? Ils ont été bien avec vous?

— Oui. Oh oui... merci, merci encore. Oh Dieu! merci à vous!

Ma fille et moi nous gorgeons d'un petit déjeuner somptueux, des œufs, des patates douces au ketchup, un vrai jus d'orange et un vrai café à l'américaine.

Puis nous prenons un taxi pour l'ambassade des États-Unis d'Amérique. Pendant que je paie le chauffeur, Mahtob me tire par le bras :

— Regarde, maman, regarde...

Elle me montre du doigt le drapeau américain qui flotte librement dans le vent.

A l'intérieur, je donne mon nom à un réceptionniste qui se tient assis dans une cage de verre à l'épreuve des balles. Je tends les passeports.

Quelques instants plus tard, arrive un homme. Il se présente comme étant Tom Murphy, vice-consul. Il a été averti par Washington.

— Je suis réellement désolé de ce qui s'est passé cette nuit. Je vous promets que ce garde n'aura pas de prime de zèle l'année prochaine... Voulez-vous rester quelques jours et visiter la Turquie?

— Oh non! Je veux prendre le premier avion!

— Très bien. Nous mettons vos passeports en règle et vous serez dans l'avion cet après-midi. En route pour la maison.

Il nous demande d'attendre quelques minutes dans le hall. Nous nous asseyons sur un canapé. J'aperçois un autre drapeau américain, suspendu dans l'entrée, et l'émotion me monte à la gorge.

– Est-ce que tu te rends compte, Mahtob? Est-ce que tu te rends compte que nous rentrons vraiment à la maison!

Et nous prions simplement. « Merci, mon Dieu. Merci! »

Quelqu'un a donné des crayons à Mahtob, ou elle les a dénichés toute seule, je ne sais pas. Elle crayonne pour s'occuper. J'ai la tête si vertigineuse, si pleine de souvenirs, que je ne fais pas attention à ce qu'elle fait, jusqu'à ce qu'elle me montre son dessin. En haut d'une page, il y a un soleil jaune d'or. En bas, il y a quatre rangées de montagnes noires. Au milieu, un bateau à voiles, comme celui que nous avions à Alpena. D'un côté il y a un avion, ou un oiseau... Et dessinée en noir, une maison kurde typique, comme beaucoup de celles que nous avons rencontrées sur la route. Elle a ajouté des trous d'obus dans les murs.

Au centre, un drapeau, rouge, blanc et bleu, qui claque dans le vent. Au crayon noir, Mahtob a écrit un mot, sur le drapeau. Bien qu'elle l'ait parfaitement écrit, j'ai du mal à lire, à travers mes larmes qui coulent librement de mes yeux. En lettres enfantines, Mahtob a gribouillé : *AMERICA.*

POST-SCRIPTUM

Mahtob et moi, nous sommes arrivées dans le Michigan le 7 février 1986. La liberté pouvait aussi être amère. Nous étions heureuses de revoir Joe et John, et maman, et papa. Notre retour a aidé papa à retrouver des forces. Pendant quelque temps il nous parut plus vigoureux et joyeux. Puis il est mort de son cancer, le 3 août 1986. Deux ans après notre départ pour Téhéran. Il nous manque terriblement.

Maman s'efforce de vivre sans lui, elle pleure souvent, mais remercie Dieu d'avoir sorti sa fille et sa petite-fille de l'enfer. Elle craint cependant l'avenir.

Joe et John nous ont rejointes, et nous vivons ensemble. Ce sont de bons fils, presque des hommes maintenant, qui nous soutiennent de toutes leurs jeunes forces.

Je n'ai pas de nouvelles de mes amies Chamsey, Zaree, Alice et Feresteh. Aucune d'elles n'était au courant de mon plan d'évasion et j'espère que son succès n'aura causé de tort en retour à aucune d'entre elles. Je ne peux pas mettre leur sécurité en danger, en essayant de les contacter.

Hélène Balassanian travaille toujours à la section des intérêts américains auprès de l'ambassade de Suisse à Téhéran. Elle fait ce qu'elle peut pour aider d'autres personnes dans des situations semblables à la mienne.

J'ai envoyé un petit mot à Hamid, le propriétaire de ce magasin de vêtements d'hommes, à Téhéran, dont le téléphone était mon point de contact avec Hélène, Amahl et les autres. J'ai reçu une réponse datée du 2 juillet 1986, qui m'est parvenue par l'intermédiaire d'une tierce personne... Cette lettre dit en partie :

Ma chère et courageuse sœur Betty,

Comment expliquer ce que j'ai ressenti en recevant votre lettre. Je suis resté assis un bon moment derrière mon comptoir, et après, je me suis senti très content. J'ai appelé ma femme pour lui raconter. Elle est également heureuse. Pour nous tous, c'est formidable de savoir que vous êtes rentrée chez vous et que vous y êtes heureuse. Vous savez que je vous aime bien ainsi que votre merveilleuse petite complice « M ». De toute ma vie, je ne vous oublierai pas.

Mon magasin a été fermé, il y a cinquante jours maintenant. On m'accuse d'avoir vendu des tee-shirts imprimés de lettres en anglais, aussi nous ne pouvons pas travailler en ce moment. Ici, la situation devient pire de jour en jour. Je pense que vous avez vraiment eu de la chance.

Dites bonjour à « M » et transmettez à vos parents nos sentiments affectueux.

Puisse Dieu vous protéger,

Hamid.

Un banquier sympathique m'a prêté l'argent pour rembourser Amahl immédiatement. Fin 1986, il avait fait des plans pour sa propre évasion, mais ils furent interrompus par la naissance d'une controverse à propos des armements américains pour l'Iran. Cela a contribué à renforcer la surveillance. Tandis que j'écris ces lignes, il attend toujours de pouvoir partir.

Cette crise aux États-Unis au sujet des expéditions d'armes fut une grande surprise pour moi, comme pour tous ceux qui ont vécu en Iran ces quelques dernières années. Là-bas, c'était une idée très répandue que les États-Unis aidaient les deux parties, dans cette guerre interminable entre l'Iran et l'Irak.

La réadaptation à la vie américaine a été difficile pour Mahtob, mais elle s'y est faite avec la souplesse de l'enfance. Elle me rapporte de bonnes notes de l'école et elle est redevenue une enfant gaie comme un soleil. Parfois son père lui manque. Le père d'avant, celui que nous aimions toutes les deux, et non cet homme affreux qui nous a gardées en otage en Iran. Son Bunny aussi lui manque. Nous avons cherché dans toutes les boutiques de jouets, mais nous n'avons pas réussi à en retrouver de pareil.

Après notre retour en Amérique, j'ai rencontré Teresa Hobgood, attachée au département d'État, qui a aidé ma famille durant ces dix-huit mois d'épreuve. Elle est d'accord avec mon idée de raconter mon histoire, afin de mettre les autres en garde. Le service dans lequel Teresa travaille suit les cas des femmes américaines et des enfants gardés contre leur volonté, en Iran et dans les autres pays islamiques. Il a répertorié plus de mille cas.

Ma fille et moi, nous vivons en sachant que nous ne serons jamais vraiment hors d'atteinte du pouvoir de Moody, même à l'autre bout du monde. Sa vengeance peut nous tomber dessus à tout moment, venant de lui-même ou par l'intermédiaire de son innombrable légion de « neveux ». Moody sait que s'il parvenait à convaincre Mahtob de revenir en Iran, les lois aliénantes de la société iranienne le soutiendraient totalement.

Ce qu'il ignore, c'est que ma vengeance serait aussi totale que son pouvoir éventuel. J'ai maintenant des amis puissants aux États-Unis et en Iran, qui ne lui permettront jamais de gagner. Je ne peux pas donner de détails sur les précautions que j'ai prises. Il suffit de savoir que Mahtob et moi vivons maintenant sous des noms d'emprunt, dans un lieu inconnu, quelque part en Amérique.

De Moody je ne sais rien, à part les nouvelles rapportées dans une lettre d'Ellen datée du 4 juillet 1986, envoyée chez ma mère, et qu'on m'a fait parvenir. Ellen écrit :

Chère Betty,
J'espère sincèrement que cette lettre te trouvera heureuse et en forme. J'attendais que tu m'écrives la

première pour me dire ce qui est arrivé. Après tout, je te considère comme une amie proche.

Peu de temps après ton départ, nous avons rendu visite à ton mari. Je l'ai même aidé à téléphoner un peu partout. J'étais inquiète. Tu peux imaginer que j'ai pensé au pire. Je suis toujours anxieuse de savoir ce qu'il t'est arrivé.

Nous n'avons pas vu le docteur Mahmoody, depuis quelques mois. Nous sommes passés un jour, mais il n'était pas là. Souvent pendant cet hiver, et même après le nouvel an iranien, nous avons tenté d'entrer en contact avec lui. Chaque fois, le bonhomme de neige que tu avais fait avec Mahtob était un peu plus petit. Il a fondu doucement, jusqu'au jour où il n'y avait plus qu'une écharpe rouge par terre. Il s'est évaporé dans les airs, exactement comme il semble que tu l'aies fait...

FIN

*Achevé d'imprimer en août 1989
sur les presses de l'Imprimerie Bussière
à Saint-Amand (Cher)*

PRESSES POCKET - 8, rue Garancière - 75285 Paris
Tél. : 46-34-12-80

— N° d'imp. 8970. —
Dépôt légal : septembre 1989.
Imprimé en France